U0573825

国家社科基金
GUOJIA SHEKE JIIN HOUQI ZIZHU XIANGMU
后期资助项目

哈贝马斯交往合理性
理论研究

侯振武　著

The Research of
Habermas' Theory
of Communicative
Rationality

北京师范大学出版集团
BEIJING NORMAL UNIVERSITY PUBLISHING GROUP
北京师范大学出版社

图书在版编目（CIP）数据

哈贝马斯交往合理性理论研究/侯振武. --北京：北京师范大学出版社，2025.4. -- ISBN 978-7-303-30278-9

Ⅰ.B516.59

中国国家版本馆 CIP 数据核字第 2024AT8223 号

HABEIMASI JIAOWANG HELIXING LILUN YANJIU

出版发行：北京师范大学出版社 https：//www.bnupg.com
北京市西城区新街口外大街 12-3 号
邮政编码：100088

印　　刷：北京盛通印刷股份有限公司
经　　销：全国新华书店
开　　本：787 mm×1092 mm　1/16
印　　张：21
字　　数：360 千字
版　　次：2025 年 4 月第 1 版
印　　次：2025 年 4 月第 1 次印刷
定　　价：89.00 元

策划编辑：郭　珍　　　　　　责任编辑：赵雯婧
美术编辑：王齐云　　　　　　装帧设计：王齐云
责任校对：张亚丽　　　　　　责任印制：赵　龙

国家社科基金后期资助项目
出 版 说 明

　　后期资助项目是国家社科基金设立的一类重要项目，旨在鼓励广大社科研究者潜心治学，支持基础研究多出优秀成果。它是经过严格评审，从接近完成的科研成果中遴选立项的。为扩大后期资助项目的影响，更好地推动学术发展，促进成果转化，全国哲学社会科学工作办公室按照"统一设计、统一标识、统一版式、形成系列"的总体要求，组织出版国家社科基金后期资助项目成果。

全国哲学社会科学工作办公室

序

　　法兰克福学派是西方马克思主义思潮中持续时间最久的学派，其社会批判理论一直是学界重要的研究课题。而哈贝马斯是该学派第二代最具影响力的代表，其理论的原创性与综合性在当代哲学图谱中是少有的，因而更是令人瞩目的焦点。仅就国内学界而言，对于哈贝马斯理论的相关研究已持续四十余年，成果丰硕，至今不衰。以如此有难度的理论家和如此丰富的研究成果为选题，无疑是一项挑战。令人欣喜的是，侯振武博士的这部著作很好地完成了这项挑战。

　　若从《公共领域的结构转型》算起，哈贝马斯已在思想界活跃了数十载，其著述已不止"等身"。这些著述涉猎甚广，仅就哲学领域而言，就涉及哲学基础问题、认识论、道德哲学、政治哲学、美学、宗教学等方面。那么，这些方面只是兴之所至的零散之论，还是应当在某种程度上被视为整体？哈贝马斯虽常常以后形而上学哲学家自称，但对于自己的理论，依然希望能得到一种整体性的理解。概览学界研究，关于哈贝马斯理论各个方面的探讨不断推进，但相对而言，从整体性角度展开的研究，则是匮乏的。如哈贝马斯在为自己的《哲学文集》（*Philosophische Texte*）各卷导言之合集所写的自序中谈道，"这几十年来，我不安地感到，与我们学科领域的不可避免的专业化过程相关联，我的论著不再被人们看做是要提出一个完整的哲学观了"①。那么，我们应当如何才能将哈贝马斯的理论看作"完整的哲学观"？

　　我认为，在这一问题上，侯振武博士选择的切入点是准确的，这就是现代性与理性问题。作为法兰克福学派社会批判理论的代表，哈贝马斯的理论旨趣必然有着现实指向，而这一指向最为重要的对象，就是现代性问题，即如何理解现代性、如何批判现代性之缺陷以及如何拯救现代性。这当然是一个相当宏大的问题，不同学科领域的理论家对此自会有不同的回答。作为深受德国哲学传统影响的理论家，在面对现代性问题时，哈贝马斯抓住的是理性，这在其为现代性所作的"哲学史"——《现代性的哲学话语》中即可见一斑。在此，哈贝马斯尤为重视的是德国古典

---

　　① ［德］尤尔根·哈贝马斯：《哲学导言：交往理性五论》，童世骏、郑宁宁译，上海，上海译文出版社，2023，自序第 2 页。

哲学传统以及之后马克思实践哲学所提供的资源，侯振武博士将其概括为"实践理性的双重化"。与此同时，哈贝马斯敏锐地把握到最初在社会学领域中频繁出场的合理性话语对于哲学传统中理性观念的冲击，并将这种冲击融入德国传统当中，创造出了成为自己理论之标签的"交往合理性"概念。当然，如果仅限于对作为概念的"交往合理性"进行分析，尚不能实现对哈贝马斯所谓"完整的哲学观"的理解。为此，侯振武博士特别提出了"交往合理性理论"的表述，并将其作为这部著作的主题。既为理论，那么就要论证诸概念间的联系以及这些联系如何构成一个体系。通过对交往合理性与认知-工具合理性、道德-实践合理性、审美-表现合理性之间的关系，对后三者以交往合理性为枢纽而建构的关系的详细阐述，这部著作很好地完成了论证任务。这也是这部著作上篇的主要内容。

如果我们将哈贝马斯的理论放到一个更宽泛的哲学史视野当中，那么可以发现，哈贝马斯试图应对一个可以说与人类始终伴随着、在现代性进程中日益凸显的难题，这就是人的活动的受动性与能动性之间的关系问题。

从哲学角度来说，在这一问题上，从古代、中世纪哲学到近代哲学，曾发生过"范式转换"，古代、中世纪哲学采用实体性哲学的方式，近代哲学则采用主体哲学的方式。在实体性哲学中，主导方式是目的论式的。目的论的前提是把一事物设想为受最高目的支配，于是，对该事物的理解便从找出决定它的目的因入手。这种解释方式的特点是只关注事物的最终目的，并不考虑事物的运动或发展过程。如果以这种方式理解人的活动，那么被决定的也只是最终结果，而过程则未得到注意。这就模糊了人的能动活动与超越于人的力量作用之间的张力，因此这一张力在此时期尚未突出地成为一个重大问题。但近代意识发生了根本性的变化，一方面自我意识凸显，成为近代哲学思维得以进行的基础，使近代哲学成为一种主体性哲学；另一方面，则是从近代科学中发展出一种对于世界的机械必然性的意识。如此，近代意识便导致了一个巨大的矛盾：一方面是有广延的客观的物质世界，它服从机械因果关系的支配，人作为肉体性存在无疑要服从这一世界的规律；另一方面则是无广延的主观的精神世界，拥有意识、目的、情感等，这又是特属于人的能动活动领域。在古代和中世纪那里尚且模糊的人的能动作用与超越于人的力量作用之间的紧张关系，便明明白白地凸显了出来。由此，"人是什么"便成为近现代哲学的根本问题。在近代意识的基础上，要想推进此问题的解决，从逻辑上说，似乎只有两条道路，或者走向彻底的唯心主义，如费希特、黑格尔等人的方案，或者走向彻底的唯物主义，如法国唯物主义者的方案。但前者把人的本质归结为精神性存在，而后者则把人完全等同于必然性的奴隶，都不是合理的解决方式。

马克思在《1844年经济学哲学手稿》中提出"人是对象性活动"的命题，为破解这一已经陷入两难困境的问题提供了方案。从费希特到黑格尔的德国唯心主义，从某种意义上说，都在强调主体的绝对性，"绝对"即为"无对"，而"对象性"则恰恰意味着"有对"，这凸显出了主体的受动性维度。但这并不意味着马克思又重新回到了费尔巴哈作为感性关系的、"直观的"对象性，而是提出了具有能动性的对象性，亦即对象性"活动"。可以说，"人是对象性活动"这一命题，既规定了人的能动性，同时亦规定了对于能动性的限制，因而是一种对于人的现实存在的恰当描述。这一命题的提出，缘于马克思对于异化劳动的思考，而劳动或物质生产实践活动，也就成为马克思实践哲学中最为基础的对象性活动。

从宽泛的意义上来说，哈贝马斯继承的是马克思所开创的这一实践哲学传统，哈贝马斯的理论也是在受动与能动的关系中考察现实的人的对象性活动，不过，与马克思不同，哈贝马斯的这种考察的支撑性逻辑是劳动与互动的二元论。在他看来，在劳动这种工具活动或目的活动中，虽不可否认主体的能动性，但这种能动性受制于既定目的或劳动程式。而在互动或交往行为中，主体既有受动性的方面，诸如商谈活动的有效性、程序预设性的要求等，行为者要想实现沟通和共识，就必须满足这些要求，同时，这些要求只是形式性的，而要真正达成沟通和共识，则必须充分发挥行为者的能动性，因为每次行为的伙伴可能有着不同的利益、价值取向、文化储备等。哈贝马斯在马克思当时未曾充分阐述的交往问题上的确贡献颇多，不过，暂且不论哈贝马斯对劳动的这种理解的偏狭之处（这种理解已招致很多批评），就其倚重的交往行为以及交往合理性而言，他也并未合理解决受动与能动之间的张力，哈贝马斯更为看重的实际上是制约主体的形式性要求。本书下篇所呈现的对哈贝马斯的种种批评，无论是哈贝马斯的弟子霍耐特，还是亨利希、泰勒等人，从根本上来说，都指向了这一点。

当然，这一内含于人类活动当中的张力及其表现形态，会随着人类实践活动的变化而变化，因此，我们也许难以希冀某一位理论家能够彻底回答这一问题。但这一问题对于理解人类活动及生存又是十分关键的，因此，这是一个不可解又必须提出的难题，勇敢地面对这类难题，恰恰是我们人类之理性"本能"。而马克思的确为我们提供了一个可能的思考路径，其关键依然是"人是对象性活动"这一马克思哲学本体论的第一原理。这一原理不仅体现在《1844 年经济学哲学手稿》所代表的马克思早期思想当中，对于以《资本论》及诸政治经济学批判手稿为代表的马克思后期思想来说，这一原理依然是指引性的，它在这里获得了一种科学维度，使得我们能够对自身活动的条件进行经验性把握。在《1844 年经济学哲学手稿》中，马克思对人类活动的把握是一种哲学解释学或历史解释学的方式。这种把握方式提供给我们的，只是一种描述性的、直接的知识，如果我们只停留于解释世界的层面，这一描述在某种意义上可以说克服了受动与能动的张力。但马克思没有停留于此，正如他所说，问题在于改变世界。而这就需要能够有效指导改变世界活动的理论，为此，马克思转向了政治经济学研究。这一转向是"人是对象性活动"这一哲学本体论命题向经验科学领域的推进。对于以霍克海默和阿多诺为代表的法兰克福学派第一代来说，政治经济学批判依然是他们的理论基石之一，而有些匆忙地与前辈"切割"的哈贝马斯，其理论版图中缺失了政治经济学批判这一板块，这不能不说是一种缺憾。

从总体上来说，侯振武博士的这部著作既以交往合理性为抓手，在逻辑上和时间上全面展现了哈贝马斯的理论工作，又呈现了这一工作的意义与影响，体现了他在西方马克思主义哲学特别是法兰克福学派理论方面的深厚积累。他在本科阶段就以阿多诺的启蒙辩证法为主题撰写了学年论文，之后经免试推荐跟随我攻读硕士和博士学位。在研究生学习期间，他继续夯实了德国古典哲学与法兰克福学派理论的研究基础，最终完成了以《哈贝马斯交往合理性理论研究》为题的博士学位论文。论文获评天津市和南开大学优秀博士学位论文，2019 年又获准国家社科基金后期资助项目立项。这部著作就是在其博士学位论文基础上修改而成的，也体现了他近些年进一步研究和思考的成果。在该书即将出版之际，侯振武博士邀我作序，作为导师，我欣然应允。这部著作是他的第一本学术专著，希望他由此出发，在未来的学术生涯中，越走越好。

是为序。

王南湜
甲辰年孟秋于寓中

目　录

导 论

一、问题缘起

在法兰克福学派第一代思想领袖阿多诺和霍克海默去世之后，学派的发展进入了"理论多歧路"的第二代。作为其中代表之一的尤尔根·哈贝马斯，虽然长期游离于社会研究所的组织体制之外，但不可否认的是，其思想旨趣最终成为继第一代之后法兰克福学派社会批判理论的新传统。不仅如此，哈贝马斯在当今国际思想界中的影响力同样是毋庸置疑的。如托马斯·麦卡锡所说："在人文学科或社会科学领域，还没有哪个领域没有感受到他的影响；无论在宽度上，还是在广度上，在大量专业文献中，他都是大师。"[①]哈贝马斯之所以能够在学派内外具有这种影响力，当然是因为其理论工作。哈贝马斯自登上学术舞台之后，先后提出过各种理论，如早年使其在学术界崭露头角的公共领域理论、为学派社会批判理论寻找规范性基础之初步尝试的认识兴趣理论，又如被视为其最具标识意义的交往行为理论，再如更为具体的商谈伦理学、民主法治国理论、美学理论等。表面看来，这些理论似乎是缺乏内在逻辑关联的"大杂烩"，不过，这种表象并不符合哈贝马斯一直以来的理论风格。正如理查德·伯恩斯坦所说：

> 哈贝马斯在处理人类的探索范围和复杂性时最显著、最令人印象深刻的特征是，无论分析何事，他总是将其组织成一个融贯的整体。有一种视野的统一性影响着他的工作。……在面对社会现代性与文化现代性时，他经由他所遵循的不同路径，试图提出一种有力的、综合性的、批判性的理解，这种理解能够澄清历史、当下视域与未来愿景。[②]

---

① 〔美〕托马斯·麦卡锡：《哈贝马斯的批判理论》，王江涛译，上海，华东师范大学出版社，2010，序言第 1 页，译文有改动。

② Richard J. Bernstein, "Introduction", in *Habermas and Modernity*, Richard J. Bernstein, ed., Cambridge: The MIT Press, 1991, p. 3.

因此，我们深入探查哈贝马斯思想发展理路之后就能发现，有一个关键问题能够将这些时间跨度长达半个世纪的理论勾连起来，这就是现代性发展过程中的理性统一问题，或者准确来说，现代不同合理性的统一问题。①

哈贝马斯认为："随着现代经验科学、自律艺术和用一系列原理建立起来的道德理论和法律理论的出现，便形成了不同的文化价值领域，从而使我们能够根据理论问题、审美问题或道德-实践问题的各自内在逻辑来完成学习过程。"②从理性角度来说，康德将"理性分为客观认识潜能、道德认识潜能以及审美判断潜能这样一种建筑术"③的做法已经反映了上述分化过程。哈贝马斯则将之转换到合理性语境当中，认为上述过程意味着各个领域按照各自逻辑独立地开始了合理化过程，形成了认知-工具合理性(die kognitiv-instrumentelle Rationalität)、道德-实践合理性(die moralisch-praktische Rationalität)和审美-表现合理性④(die ästhetisch-expressive Rationalität)。为简便起见，下文同时提到这三者时将其统称为"三种基本合理性"。据此，哈贝马斯认为，三种基本合理性的分离已然成为不可否认的事实。不过，这种分离又给现代性带来了严重的问题，形成了种种病态现象，或曰"社会病理"。面对这种状况，在哈贝马斯的理论构想中，交往合理性应当实现现代性语境下新的理性统一，换言之，要在保持三种基本合理性各自独立逻辑的同时，实现它们的综合统一。从现代合理性图谱的角度来说，交往合理性似乎也应当被视为其中之一。不过，交往合理性的特殊之处在于，它是一种"复数的、非整体的、非分离主义的"⑤合理性。也就是说，交往合理性承认三种基本合理性在文化价值领域、制度化和在个人生活中具有的独立性，因而它放弃了传统形而上学的同一化的基础主义处理方式；同时，鉴于这三种合理性的分离

---

① 从整个理性观念发展的连续性角度来说，合理性话语的出现可以说是理性观念自身中强调重点的一种转变，即从起源、第一者向程序、论证的转变，而这二者原本就应当是理性的应有之义。

② 〔德〕于尔根·哈贝马斯：《现代性的哲学话语》，曹卫东译，南京，译林出版社，2011，第1页。

③ 〔德〕于尔根·哈贝马斯：《后形而上学思想》，曹卫东、付德根译，南京，译林出版社，2012，第14页。

④ 哈贝马斯有时也使用"审美-实践合理性"(die ästhetisch-praktische Rationalität)这一表述。

⑤ Jürgen Habermas, "A Reply", in *Communicative Action: Essays on Jürgen Habermas's The Theory of Communicative Action*, Axel Honneth & Hans Joas, eds., Jeremy Gaines & Doris L. Jones, trans., Cambridge: The MIT Press, 1991, p. 222.

所造成的否定性结果，交往合理性又将在实现它们之间某种程度上的统一的过程中发挥作用。

然而，上述问题虽然潜在地支撑、引导着哈贝马斯理论的思考路向，但哈贝马斯本人对此并未做过集中论述，因此也遭到了不少质疑、批评甚至误解。本书无意为哈贝马斯辩护，而是试图呈现哈贝马斯围绕上述问题展开的工作，以便对之做同情式理解。为此，本书提出了"交往合理性理论"的表述，并认为这一理论正是哈贝马斯提出的完成现代性叙事的理性统一方案。具体来说，它主要包含两部分：一是交往合理性概念自身的结构，这部分属于交往行为理论，而且也是交往行为理论的核心内容；二是交往合理性在现代合理性图谱中发挥的作用，这已然超出了交往行为理论的范围，将涉及道德-伦理、法律-政治、审美-表现、认识等具体领域，与以这些领域为主题的单个理论是有交叉的。

二、本书的研究结构

总体来说，以往国内外关于交往合理性理论相关内容的研究不乏力作，但尚未对交往合理性在现代合理性图谱中的作用做出充分系统的分析。具体来说，相关研究主要集中于交往合理性内在结构、交往行为理论与其之后思想的关系，哈贝马斯理论与其他现代性理论、后现代主义等关系的分析，虽然对交往合理性与三种基本合理性之间的关系有所论及（特别是在关于交往行为理论与其之后理论的讨论中），但往往过于简略。

针对此，本书力图完成两方面的工作：一方面，基于哈贝马斯不同时期的文本，系统分析交往合理性理论是如何实现现代合理性语境中的理性统一任务的；另一方面，基于这种分析，呈现交往合理性理论在提出过程中以及提出之后，哈贝马斯对前辈理论家的反思以及与当代学人的争辩交锋。根据这一研究思路，本书分为上下两篇共九章。

上篇是对交往合理性理论本身的分析。该篇结合哈贝马斯提出交往合理性理论的哲学史背景，在分析交往合理性结构的基础上，重点分析它同道德-实践合理性、审美-表现合理性和认知-工具合理性这三种基本合理性之间的关系。据此，该篇分为三部分共六章。

第一部分（第一章）探讨德国古典哲学以来的理性观念发展史，以之作为交往合理性理论的背景。这包括三个方面：一是德国古典哲学传统为理性统一问题提供的理论资源，即实践理性双重化道路；二是马克思的以生产劳动实践为基石的理性观念；三是哈贝马斯重建法兰克福学派理性理论的最初尝试，即认识兴趣理论。

第二部分(第二章)从元理论、方法论与理论-现实三个层面出发，分析交往合理性的结构。在元理论层面上，交往合理性是保持有限的整体性关联的程序合理性，这表现为有效性的兑现，并以达成沟通与共识为取向。在方法论层面上，交往合理性是一种作为科学之示范者与解释者的哲学的合理性，因此它既是解决社会理论的意义理解问题的合理性，也是现实交往行为中行为意义解释的合理性。在理论-现实关系层面上，交往合理性是以解放兴趣为自身兴趣的批判的实践合理性，因此它能够成为生活世界克服系统殖民化的理性动力。

第三部分(第三章至第六章)依然从元理论、方法论与理论-现实三个层面出发，分别具体阐述交往合理性同三种基本合理性的关系。一是交往合理性与道德-实践合理性的关系(第三章和第四章)。针对道德-实践合理性领域中出现的混乱现象以及合法领地被侵蚀的状况，交往合理性为其恢复重建提供了恰当的空间与动力。同时，根据哈贝马斯所继承的德国实践理性传统及其关于生活世界结构的分析，道德-实践合理性是交往合理性在现代社会中发挥作用的主要实现通道，是阻击系统侵蚀生活世界的防线的主力，因此交往合理性要想达成生活世界重建的目标，就必须在为道德-实践合理性提供规范性条件的同时，使后者发挥自身理性潜力。这一关系具体体现在道德-伦理与法律-政治两个领域中。二是交往合理性与审美-表现合理性的关系(第五章)。针对审美-表现合理性对自身定位不清的问题，交往合理性予以纠正，使之能够真正发挥其解放潜能，从而在生活世界重建中与之合作。三是交往合理性与认知-工具合理性的关系(第六章)。针对认知-工具合理性膨胀带来的理论上的失误以及现实中的自身存在危机和系统对生活世界的殖民化，交往合理性将之限制在适当范围内，并引导它与其他合理性实现良性互动。

下篇是在上篇基础上呈现交往合理性理论引发的反思与争辩。该篇提炼出交往合理性理论的三个最为重要的因素，即马克思主义方向、主体间范式与社会批判旨趣，通过展现这一理论在上述要素上面对的问题与争辩来锚定其位置。

第七章考察交往合理性理论对于马克思交往思想的发展及其表现出的偏离历史唯物主义的倾向。马克思的交往思想区分了物质交往与精神交往，按此，交往合理性在本质上是一种精神交往理性，哈贝马斯对交往合理性的系统论述在一定意义上补充和发展了马克思的交往思想，是当代马克思主义交往理论的代表性成果。不过，哈贝马斯对生产劳动概念的狭隘理解、由此而来的对它与交往之间关系的误解以及对精神交往的过度强调，使交往合理性理论存在着偏离历史唯物主义的倾向。

第八章呈现交往合理性理论在主体间范式与主体范式之争下的形象。哈贝马斯在建构其理论的过程中，对传统主体哲学中处理主体与理性关系的方案进行了批判，并基于此批判提出主体间范式转换的主张，这一范式为理解现代性问题提供了新的启发性视角，同时也构成了交往合理性理论得以展开的框架。而哈贝马斯的范式转换主张及其对理性的新规定也遭遇了批评。典型的是当代主体哲学家迪特·亨利希、被哈贝马斯归入主体范式的社群主义者查尔斯·泰勒，他们分别从理性之承载者和理性之内涵这两个方面与哈贝马斯展开了争辩。

第九章阐述交往合理性理论在法兰克福学派社会批判理论谱系中的地位与作用。虽然霍克海默和阿多诺的工具理性批判理论和交往合理性理论之间的差异不断为哈贝马斯本人及研究者所强调，但不可否认的是，二者之间依然有着诸多的内在连续性。同时，交往合理性理论又构成了哈贝马斯之后的学派第三代理论家建构社会批判理论的出发点，在这一方面，阿克塞尔·霍耐特是一个典型。他在继承主体间范式的同时，又认为交往范式不足以支撑对人类丰富的主体间互动的考察，因此他通过以承认范式取代交往范式来更新，发展了交往合理性理论中道德-实践领域部分的工作。

现代合理性图谱中的
交往合理性理论

引　言

在面对现代性时，哈贝马斯继承了法兰克福学派第一代理论家，特别是霍克海默和阿多诺的基本态度，即批判与拯救。所谓批判是指，承认现代性在发展过程中的确存在着诸多问题，并深入这些问题背后探讨其症结所在。所谓拯救是指，以恰当的方式解决现代性问题的症结并由此重新规划现代性，而不是完全抛弃现代性的理论与实践。在哈贝马斯的理论中，这看似矛盾的两方面是相互支撑的，而支撑的节点就是理性问题，由此，交往合理性理论构成了哈贝马斯现代性态度的集中表达。

根据哈贝马斯的构想，在现代合理性图谱中，认知-工具合理性、道德-实践合理性与审美-表现合理性是三种基本合理性，而交往合理性并不属于其中，也不是第四种基本合理性，更不是传统理性观念中包罗万象的"元理性"。如果将交往合理性归于三种基本合理性之中，那么它显然无法解决三者之间的冲突所造成的现代性问题。如果将交往合理性视为不同于三者的第四种基本合理性，那也不过是叠床架屋，同样无助于问题的解决，而且要注意的是，这里的"基本"，是从不同领域之间的质性差别上说的，就此而言，根据哈贝马斯自己对现代性的诊断，交往合理性是没有其特定领域的。而如果重新回到传统的理性观念，那么在哈贝马斯看来这显然是放弃了现代性发展已经获得的成果。

排除了以上选项之后，哈贝马斯的交往合理性理论究竟是如何展开的？或者说，交往合理性应当如何处理同现代性中三种基本合理性的关系？这正是本篇所要阐明的。

第一章 交往合理性理论的“前史”

交往合理性理论是哈贝马斯整体理论的基础性与关键性内容，是其不断思考现代性问题而提出的理性解决方案。同时，这一理论虽以现代作为自己的时代背景，但它同时又处于西方哲学史上理性观念的嬗变过程当中。就此而言，交往合理性理论所面对的现代合理性统一任务，实际上是现代性这一新条件下的老问题。因此，在正式进入这一课题之前，我们有必要考察交往合理性理论之前的理性发展史，将其作为理解这一理论的背景。

第一节 德国古典哲学的实践理性双重化

在理性观念的发展过程中，一直存在着理性的分裂-统一的“循环”，其关键是理论理性与实践理性的关系问题。虽然对理性问题的讨论自古希腊时期就已开始，但理性的分裂与统一问题并不是一个十分严峻的问题。在这一时期，初生的理性观念存在着两条发展线索：一方面，以超越的能动性为内核的努斯和以普遍的规律性为内核的逻各斯在自然哲学中被提出后，逐渐融为一体，由此奠定了理性的基本内涵；另一方面，融合了努斯与逻各斯的理性既表现在人的认识和实践当中，也表现为作为二者统一根据的、至高无上的理性神。在中世纪时期，这一问题掩藏在上帝的圣光之下，不过两种理性的冲突逐渐显现。特别是在中世纪后期：

> 一个变得如此不明确的上帝有彻底消失的危险。上帝成了一种空洞的超越性，无法为人类提供量度……个人被抛回到他自身。内转为个人赋予了一种新的意义，即使它促使个人将其个体性遗弃在其内在的深渊中。在中世纪的灵性中，我们看到了现代主体主义的一个根源。①

---

① 〔美〕卡斯滕·哈里斯：《无限与视角》，张卜天译，长沙，湖南科学技术出版社，2014，第 196 页。

随着近代哲学以人或其自我意识为样本的主体性抬升，人的理论理性与实践理性在真正意义上成为主题，二者的统一问题也由此真正成为棘手而又必须解决的当务之急。这正是理性主义与经验主义都试图予以解决的。在这两种路向的争辩中，理性问题得到了深化。然而同时，其力不从心的困境也逐渐暴露出来了。无论是理性主义还是经验主义，其目的都是证成理性，但最终，一方走向了独断论（莱布尼茨-沃尔夫体系），另一方走向了怀疑论（休谟）。这根源于，随着作为人的理性之赋予者的上帝或理性神逐渐隐退，甚至是被归入与理性相对的信仰领域，这两种路向均未能找到一个能够确定何为理性的标准。如果这一问题不解决，那么人类的各种形态的理性能力之间不仅无法交流，而且它们自身的合法性也会遭受质疑。面对这一困境，德国古典哲学自康德开始，提供了一种将实践理性双重化的方案。与之前的实践理性观念相比，这一道路包含着两种不同意义上的实践理性。其一是作为理性统一基础的一般实践理性，其二是与理论理性相对的狭义的实践理性，即道德实践理性。这两种实践理性的关系是：前者为后者提供了建构的基础与发挥作用的动力、资源，以及它与理论理性互动的根据；后者凭借与前者的内在亲近，可以作为前者的落实途径或更为具体的体现，并因此是优先于理论理性的。

一、作为理性统一基础的实践理性

无论是康德还是其之后的德国古典哲学家，都没有明确地将各自理论中的基础称为实践理性，而是一般用实践理性来称呼道德-实践领域中的理性。但是，正如本书将要表明的，从理性角度来看，那些具有基础性地位的概念在褪去了抽象光环之后，在一定意义上可以被视为人类主体的、内蕴理想性自由的实践的理性，它是认知活动与道德实践的共同基础。

在这一点上，康德是开创者和奠基者。在面对理性统一问题时，康德提出了"纯粹理性"以提供概念上的保障。但是，正如哈贝马斯所言，"康德的理性概念分为不同的环节，它们只在形式上具有统一性"[①]，而要实现理性的真正统一，就不能仅满足于这种形式性。在此，与该问题紧密相关的另一概念则为我们理解隐含在康德体系中的理性统一机制提供了契机，也为康德之后的德国古典哲学家提供了弥合理性裂痕的武器，

---

① 〔德〕于尔根·哈贝马斯：《现代性的哲学话语》，曹卫东译，南京，译林出版社，2011，第23页，译文有改动。

这就是自由概念。

在康德的先验哲学体系当中，自由概念的地位是关键性的："自由的概念，一旦其实在性通过实践理性的一条无可置疑的规律而被证明了，它现在就构成了纯粹理性的、甚至思辨理性的体系的整个大厦的拱顶石。"①一方面，自由是由道德实践理性提出的道德律来证明的，而后者又是以自由为基础的；另一方面，在思辨理性中，自由虽然还是尚未得到切实明证的先验自由，甚至对它的讨论还陷入了二律背反，但作为悬拟的、可思维的无条件者，它成为因果观念（这是自然科学，甚至思辨理性最为重要的范畴之一）必不可少的悬设。因此，按照康德的体系，自由联结着思辨理性与道德实践理性。

不过，由于二元论，康德的自由概念本身也是分裂的。既然作为"拱顶石"，两个理性领域中的自由应该是同一的，但是，自由跨越两界的作用如何能够归于"同一个"自由？按照《纯粹理性批判》中第三个二律背反关于先验自由的定义，自由是"某物通过它发生，而无需对它的原因再通过别的先行的原因按照必然律来加以规定，也就是要假定原因的一种绝对的自发性，它使那个按照自然律进行的现象序列由自身开始"②。如果脱离具体语境，我们可以将这种自由理解为一种绝对的、自发的能动性，这可称为一般的自由概念。正是这样一种自由概念与纯粹理性概念本质相关。如果不是从类型学意义上来理解纯粹理性（即作为思辨理性、道德实践理性和判断力的复合体），而是从概念或形式的意义上来理解，即纯粹理性作为不同理性能力的抽象，那么，它也可以说是一种元能力，推动这种能力起作用的正是一般的自由。正是二者的这种关系，使得自由在不同的理性领域当中都是必不可少的。一方面，在思辨理性中，不仅因果观念需要自由，而且实现经验认识的最高根据——先验自我意识同样需要自由。试想，如果没有自由的能动性，先验自我意识如何能够开启所谓综合统一的进程？因此，康德将纯粹统觉或本原的统觉这一表象称为自发性的行动。③ 另一方面，自由在道德实践理性中的重要性更为明显，关于此，本节在讨论道德实践理性时还会论及，因而这里暂不讨论（以下在讨论费希特、谢林和黑格尔时，也将仅限于简略提及）。

---

① 〔德〕伊曼努尔·康德：《实践理性批判》，邓晓芒译，杨祖陶校，北京，人民出版社，2003，第2页。

② 〔德〕伊曼努尔·康德：《纯粹理性批判》，邓晓芒译，杨祖陶校，北京，人民出版社，2004，第375页。

③ 参见〔德〕伊曼努尔·康德：《纯粹理性批判》，邓晓芒译，杨祖陶校，北京，人民出版社，2004，第89页。

由上可见，在康德这里，一般意义上的自由正是纯粹理性发挥作用、能够实现理性统一的原动力。但在康德本人这里，这一思想并未得到足够充分的阐发，康德更为关心的依然是对不同理性形态的划界。在他之后，费希特、谢林和黑格尔都在不断强化这种自由，自此，理性的统一便与自由以及以之为动力的行动、运动密不可分。

费希特强调，其知识学是要深化康德的先验哲学体系，找到康德未能予以深入阐述的最终根据，这种根据也正是费希特试图使康德划分的诸理性形态获得实质性统一的根据。这就是"创造一切对象的本原行动"①，即"自我"，它是"一切意识的基础，是一切意识所唯一赖以成为可能的那种东西"②。在《全部知识学的基础》中，费希特"找出"了"绝对自我设定自身"这一绝对无条件的第一原理，这种直截了当的设定是自我的第一个行动，也是理性统一的最高原理与出发点。当然，这种自我虽然是绝对的，但却是抽象的。既然是一种行动，那就必须有行动对象，而第一个行动对象正是不同于自我的"非我"：自我设定非我。非我是自我对设起来的，这种对设直接源于绝对自我的本原行动。随着这第二条原理的出现，矛盾出现了：这两条原理都是自我本原行动的必然结果，但它们却是相互抵牾的，因为同一个自我不能既设定自我而又同时设定作为自我之对立面的非我。因此便有了第三条原理来综合上述两条原理，即绝对自我在自我之中对设一个可分割的非我，以此与可分割的自我相对立。这种综合是最初的也是最高的综合，这同样是一种本原行动。因此，作为理性统一基点的自我并不是静态的，其内部具有丰富的活动性。当然，这种综合只是体系开端处的矛盾的解决，在自我与非我的综合之下，依然存在着其他的"对立标志"，而这需要新的综合。在不断的对立－综合过程中，直到不再能实现综合，便进入了实践领域，而在此之前的这个过程，则是理论部分的领域。进入这两个领域后，自我分别呈现为理论自我与实践自我，它们是理论理性与道德实践理性的基点。

与此同时，费希特继承并明确规定了康德那里的一般的自由概念，同时试图将其进一步系统化。在他这里，承担自由的是作为理性统一之基础的绝对自我，或者说，这种自由体现在绝对自我的本原行动当中。绝对自我正是因为具有这种自由，才能够直截了当地设定自身，并由此出发在自身内部设定有限的非我和有限的自我相对立，以及最终实现这

---

① 梁志学：《费希特柏林时期的体系演变》，北京，中国社会科学出版社，2003，第62页。

② 〔德〕费希特：《全部知识学的基础》，王玖兴译，北京，商务印书馆，2010，第6页。

二者的综合以解决二者对立所带来的矛盾。随着进入理论知识学和实践知识学，自由也有了不同的表现形态，而其核心依然是对立-综合的矛盾运动。就理论方面而言，理论自我凭借想象力，"把自己想象为主体，而把非我想象为限制和规定自己的客体，并且把某种不依赖于自我的实在性赋予自我之外的客体"①。这种想象力是一种自由的想象力，它贯穿于理论自我的全部活动当中。因此可以说，自由的想象力是绝对自我的本原行动在理论知识学中的体现，是理论自我行动的本质。就道德实践方面而言，自我与非我的矛盾依然存在，自我是自由而独立的，非我则总是在限制自我，而自我反过来又要克服这样一种限制。这里的矛盾需要通过"理性的命令"来解决，这种命令表现为"应当"（Sollen），即自我应当克服非我的限制和阻碍，最终恢复到自身同一的状态。由此，绝对自我及其本原行动也就获得了另一种具体的表现形态。

相较于康德，费希特的工作强化了不同理性形态统一的根据。不过，在费希特这里，作为根据的自我的一切行动都伴随着非我，如果没有非我，那么自我只是空洞抽象的。非我在自我内部画下的裂痕，使得费希特的主观的理性统一方案依然不尽如人意。因此后期费希特试图把出发点假定为作为主客统一体的理智直观，这种转向并未突破前期侧重功能性的限度，理智直观依然是一种行动。谢林继承并超出了费希特的理论框架，强化了作为出发点的绝对自我，即以客观的"绝对"来取代费希特的"自我"。

谢林将自己的哲学体系称为同一哲学，其开端与基础是无差别的、同一的"绝对"。他将这"绝对"理解为一种超越于人类理性的理性，它"发现了主体和客体的无差别性；这种无差别性既不是存在物，也不是非存在物"，而是"那种能够无限存在的东西和急于成为存在的东西，即必然被作为前提的东西"。② 在这一基础上产生了两个基本学科即自然哲学与先验哲学，它们是对"绝对"的不同方面的回答。使客观的东西成为第一位的东西，并从中引出主观的东西，这是自然哲学的任务；而将主观的东西当作第一位的，并由此引出客观的东西，则是先验哲学的任务。这二者虽方向相反，但都是在绝对的同一性的基础上进行的阐发。在先验哲学中，"绝对"表现为自我意识，它是理论理性与道德实践理性统

---

① 舒远招：《德国古典哲学——及在后世的影响和传播》，长沙，湖南师范大学出版社，2005，第134页。

② 〔德〕尤尔根·哈贝马斯：《理论与实践》，郭官义、李黎译，北京，社会科学文献出版社，2010，第157页。

一的直接根据。不同于费希特，在谢林这里，自我无须设定非我就能够凭借自身而获得实在性，同样无须非我而自身就是主体与客体的绝对同一。在此基础上，谢林在先验哲学中划分了理论哲学与实践哲学，以分别讨论理论自我与实践自我，这二者分别是理论理性与道德实践理性的根据。自我意识经历了从理论理性到道德实践理性的发展过程，其统一根据也在于"绝对"或自我的绝对同一的活动。谢林探讨了理论自我的三个主要行动，即感觉、创造性直观和反思。在这三者中，自我逐渐从感觉自我提升为理智自我，换言之，自我逐渐摆脱未自觉状态而实现对主客同一的自觉。而随着从反思到绝对意志活动，理论自我转变为实践自我，通过后者的自由活动，道德世界被创造出来。

除了将"绝对"作为理性统一的最终基础，谢林还像康德那样，对审美或艺术进行了讨论。不过，在他这里，艺术并不仅仅是不同理性的中介，甚至是"绝对"的最本真的体现。而在晚期，谢林接续这种浪漫主义倾向，转向了宗教哲学，使得理性统一再度建立在宗教式信仰的基础上，而这无疑是与他思想中的另一传统——理性主义相抵牾的，也是他与黑格尔的关键分歧所在。黑格尔接续了费希特、谢林寻找理性统一基础的工作，在德国古典哲学传统中实现了对康德先验路向的完成。

黑格尔最初是追随谢林的。在《费希特和谢林哲学体系的差别》中，黑格尔站在绝对同一立场上批评了费希特从主观自我出发设定客观非我的思路。《精神现象学》的问世则标志着黑格尔哲学思想的初步独立与形成，也正是在这部著作中，黑格尔阐明了绝对精神的运动过程。与谢林的"绝对"一样，绝对精神也是一种客观的世界本原，他有时亦将其称为绝对理性。同时，为了避免"黑夜观牛一切皆黑"，黑格尔将辩证法和历史引入绝对精神当中。在《精神现象学》的"序言"中，黑格尔提出："一切问题的关键在于：不仅把真实的东西或真理理解和表述为实体，而且同样理解和表述为主体。"[①]此即著名的"实体即主体"的原则。绝对精神是这种同一的最高表现形式或就是这种同一本身。当然，这种同一在运动开始之初就是存在的，但毕竟是抽象的，它要经历一系列的自我分化、自我建立并最终达到具体的普遍的同一的辩证运动，这构成了绝对精神自身的历史。换言之，绝对精神的自由性正体现在产生矛盾-解决矛盾的过程当中，而不是"如手枪发射"般的理智直观中。这意味着，绝对精神不仅是承载一切变化的基质，而且自身也有着丰富的活动性。也正是凭

---

① 〔德〕黑格尔：《精神现象学》上卷，贺麟、王玖兴译，北京，商务印书馆，1979，第10页。

借这种运动，绝对精神成为理论理性与实践理性的统一基础。

在黑格尔看来，理性是绝对精神或绝对理性实现自身的必不可少的发展阶段。在经过了（狭义的）意识、自我意识之后，绝对精神进入了主观精神的第三阶段，即理性阶段。这一阶段本身又包含三个环节：第一个环节是观察的理性即理论理性，它的对象是自然和精神，其任务是将感觉和知觉所提供的事物对象转变为概念；第二个环节是道德实践理性，在此环节中，理性的自我意识通过活动而得到实现；第三个环节是自在自为的实在的个体性，这实际上已经进入了客观精神阶段，也就是理性的外化、客观化，建立起诸如道德伦理、法律国家等一系列非制度的和制度化的规范。

正是凭借对实践理性的这种新理解，德国古典哲学家在理性统一问题上实现了一次"哥白尼式革命"，即颠覆了自古希腊以来理论理性高于实践理性的传统地位。就文本而言，这场革命更为明显地体现在哲学家关于道德实践理性的讨论当中。

二、优先于理论理性的道德实践理性

自苏格拉底以来，道德实践理性一直是哲学家讨论的课题之一，不过，直到康德才明确地提出了其相对于理论理性的优先性。康德认为，理论理性与道德实践理性区分开的基本依据是，前者是与自然概念本质相关的，而后者则是与自由概念本质相关的："通过自然概念来立法是由知性进行的并且是理论性的。通过自由概念来立法是由理性造成的并且只是实践性的。"[①]因此，不同于理论理性，在道德实践理性中，规定的根据必须是完全排除经验的，也就是说，经验在这里扮演的是消极的、否定性的角色。正是由于道德实践理性的这种特性，在康德看来，道德实践理性或理性的实践兴趣拥有相对于理论理性或理性的思辨兴趣的优先性："我们根本不能指望纯粹实践理性从属于思辨理性，因而把这个秩序颠倒过来，因为一切兴趣最后都是实践的，而且甚至思辨理性的兴趣也只是有条件的，唯有在实践的运用中才是完整的。"[②]进一步追溯，道德实践理性之所以具有这种地位，是因为它证成了自由的实在性，因而将纯粹理性具体地、彻底地实现出来。所以康德认为，道德实践理性提

---

① 〔德〕伊曼努尔·康德：《实践理性批判》，邓晓芒译，杨祖陶校，北京，人民出版社，2003，第167页。

② 〔德〕伊曼努尔·康德：《实践理性批判》，邓晓芒译，杨祖陶校，北京，人民出版社，2003，第167页。

出的道德律是自由的认识理由："如果不是道德律在我们的理性中早就被清楚地想到了，则我们是决不会认为自己有理由去假定有像自由这样一种东西的。"①当然，道德实践理性能够证成自由，原因在于道德自由是一般自由的证成形式，因而这就将道德实践理性与"实践的"纯粹理性联系起来了。由此，康德确立了道德实践理性相对于理论理性的优先性，而这也成为之后的德国古典哲学的基本原则之一。

费希特的实践知识学所围绕的依然是自由问题，所不同的是，费希特不再仅仅将自由视为实践理性据以出发的"理性事实"，而且试图对其能动性做出分析，这就是贯穿费希特的知识学体系根本矛盾——自我与非我之间的矛盾。费希特认为，理论理性虽然找到了解决这一矛盾的方法，即综合，但却不能最终解决它，而道德实践理性正是对这一矛盾的继续解决，并且能够完成这一任务。在实践知识学中，自我设定非我受自我的限制，但这是矛盾的。一方面，自我"设定自己是非我的限制者，自我是能动的；另一方面，自我在设定自己为非我的限制者时，就受到非我的限制，又是被动的"②。解决这一矛盾的关键在于自我对非我的限制，由于实践自我的最终根据是绝对自我，因而它总是力图克服异己的、来自非我的东西，从而追求自己的纯粹存在。正是在这一努力中，实践自我运用自身的理性，展现出一种实践自由，由此进入了一个向绝对自我无限趋近的过程。费希特的工作使得道德实践理性相对于理论理性的优先地位更加具有了逻辑性。同时，基于实践自我的这种能动性，费希特还对冲动、感觉或感情、渴望等康德道德哲学中所涉及的与道德实践密切相关的要素做出了规定，使之与道德实践理性一起，共同实现自我的实践自由。

谢林也在完成了对理论理性的讨论之后，转入了对道德实践理性的阐发，并且同样承认后者相对于前者的优先性。不过，在他看来，这两种理性形态之间的关联，不是自我-非我矛盾的结果，而是自我自身运动的结果："通过反思，自我最终就从客体或对象中解放出来了，从而有可能进行自由的（道德实践）活动。"③在关于实践的讨论中，谢林将自律作为意志的根本规律，而意志能够实现自律，其原因在于自我的理性或理

---

①　〔德〕伊曼努尔·康德：《实践理性批判》，邓晓芒译，杨祖陶校，北京，人民出版社，2003，第2页。

②　〔德〕费希特：《全部知识学的基础》，王玖兴译，北京，商务印书馆，2010，第211～212页。

③　俞吾金等：《德国古典哲学》，北京，人民出版社，2009，第172页。

智，理智的自我决定或理智本身对自己的行动是一种广义的意志活动，而正是这种活动，使得理智成为自身对象。就此而言，道德实践理性不仅仅是关于道德问题的，而且进一步提升了理论理性中的理智直观原则。

与谢林不同，黑格尔并不是将道德实践理性视为理智直观的更高阶段，而是将之视为绝对精神辩证运动的、继理论理性之后的一个环节。因此，从理论理性到道德实践理性的过渡，是绝对精神从观察世界到干预世界的过渡。在道德实践理性环节自身中也存在着三个阶段。第一个阶段是道德实践理性蔑视由理论理性所获得的外部世界的客观规律，在外部世界中为所欲为，而其后果是理性个体遭遇挫折而意识到有必要对现实世界的普遍性进行把握，这就进入第二个阶段。在此阶段中，理性的把握一方面是实践性的，即干预外在世界，另一方面则是将这种干预自以为是地加以普遍化。显然，这种普遍化依然是主观的，由此造成了不同个体之间的对抗。随之便进入了第三阶段，即世界进程，在此阶段，理性发展出了德行，即与世界进程对抗而自愿自我牺牲的精神。以上三个阶段既是道德实践理性的不同类型，也是其不断提升的过程。

如果仅将"实践的"同现实的人联系起来，那么上述作为基础的纯粹理性或绝对理性的确难以称为实践理性。但是，这里有一条将它们贯穿起来的红线，即自由以及与之本质相关的能动性（虽然这不仅仅是人的意义上的自由）。因此，在将实践与行动或运动等同的意义上，将上述理性称为"实践的"也是可行的。相应地，德国古典哲学家关于道德实践理性的理解，是试图将这种作为基础的理性引向现实、使之在现实中发挥作用的重要步骤。

对于交往合理性理论来说，德国古典哲学提供的这一理性统一方案是极为重要的。正如本书将要表明的，哈贝马斯在实现了主体间范式转换之后重启了德国古典哲学中的实践理性双重化道路。当然，哈贝马斯并不是简单地"复辟"这一道路，原因不仅在于德国古典哲学所仰赖的主体范式与哈贝马斯的理论是冲突的，而且在于作为马克思主义传统中面对现代理性问题的理论家，哈贝马斯必须认真对待马克思对理性问题的探讨，而这一探讨的要义在于主张一种超出了单纯思辨精神、更为注重人的现实性与有限性的实践理性观念。

第二节　马克思的以生产劳动为基石的实践理性观

德国古典哲学中关于实践理性问题的探讨，是一种思辨的实践哲学路向，而真正使得实践理性观念成为现实的，则是马克思的实践哲学。在继承了前述理性与自由的关系的同时，马克思将立足点确立在人的现实的实践活动当中，继续了德国古典哲学中实践理性的双重化道路。哈贝马斯认为，马克思的实践概念的核心是生产劳动，因此在他这里，实践理性的双重化集中表现在前后期关于生产劳动的理解差异上。在前期即从《1844 年经济学哲学手稿》到《德意志意识形态》时期，马克思强调的是生产劳动自身所具有的自由内核，而在后期即《资本论》及其手稿时期，他则将生产劳动与自由进行了一定程度的分离。

　　早期马克思受到了费尔巴哈的影响，后者认为理性只能是人的理性，或者说是人的类本质展现自身的能力。在《1844 年经济学哲学手稿》中，马克思采用了费尔巴哈的关于人的"类本质"的表述。然而，不同于后者将人的类本质归结为类意识，马克思认为，人的类本质是一种"自由的自觉的活动"，也就是"改造对象世界"的生产劳动。与之相反，异化劳动是人的理性能力的异化，即理性不再是作为主体的人彰显自身本质的能力，而是一种压制人本质的异己存在。不过，在这一时期，马克思更多地看到了生产劳动是自由自觉的活动，而没有看到生产劳动首先是为了满足生存所需的物质生活资料，这样的类本质是与人的自然性不相关的。在《神圣家族》中，马克思受到法国唯物主义的影响，不再将人的类本质当作论证自由的出发点，而是转向了具有唯物主义倾向的"利己主义的人"这一规定。在之后的《关于费尔巴哈的提纲》和《德意志意识形态》中，马克思进一步将人的本质规定为社会关系的总和，人是现实的个人，他们"是从事活动的，进行物质生产的，因而是在一定的物质的、不受他们任意支配的界限、前提和条件下活动着的"[1]。这样的现实的个人，既不是唯心主义所理解的纯粹能动的精神性存在，也非以往唯物主义所理解的纯粹受动的肉体性存在，而是能动与受动的统一。因此，生产劳动不仅体现了人类理性的能动性，也为理性能力的发挥提供了物质基础。

　　综观上述变化，马克思对于生产劳动和自由的理解越来越深入，但有一点是没有改变的，即生产劳动与自由是同一的，这就是说，人在生产劳动中所展现的理性能力是与人的自由本质同一的，而不仅仅是某一领域中的自由。如果按照之前德国古典哲学的框架来理解，这种理性相当于一种一般意义上的理性，不同的是，它现在具有了现实性，不再是思辨的精神领域内的理性。由此，也就不再能使用以黑格尔为代表的

---

① 《马克思恩格斯文集》第 1 卷，北京，人民出版社，2009，第 524 页。

大全理性观来处理理性统一问题了。一方面，马克思是在承认不同理性能力的异质性基础上来解决理性统一问题的。本身与自由相同一的生产劳动意义上的实践理性固然是第一性的，但理论理性自身以及其他形态的实践理性具有不可还原为这种实践理性的独特性，从后者不能连贯地推演出前者。另一方面，我们虽然能够在马克思思想中抽象出一种类似于德国古典哲学中的一般的理性概念，从类型学角度来看，在其中，生产劳动意义上的实践理性是最基本的，但并不仅仅只有这种理性。这种一般的理性概念应当是一种社会实践理性，是"社会实践主体在长期的实践活动中形成的主体性能力"①，它虽然典型地展现在生产劳动中，但还应当展现在道德行动、革命行动等其他类型的社会实践活动当中。

不过，马克思这一时期对生产劳动的理解也存在缺陷，即"未能恰切地处理好理想性与现实性的关系"②。从《1844年经济学哲学手稿》到《德意志意识形态》，马克思主要是基于一种理想性价值原则来批判资本主义的悖谬现实，但如果没有对如何实现这种理想性价值做出具体的可行的说明，那么无论是批判还是建构也就只能停留在应当之中。这也成为马克思在《资本论》及其手稿时期生产劳动及相应的理性观念发生变化的重要动因。

在《资本论》及其手稿时期，生产劳动不再在一般实践理性的意义上得到理解，而是体现着一种狭义实践理性。这依然可以从与自由的关系的角度来分析。

首先，内在而言，生产劳动本身不再是一般自由的典范或自由的根本表现形式。在这一时期，马克思认为，人的真正的自由的领域不在物质生产，因为在这一领域，人不可能摆脱自然必然性的支配。而真正的自由王国是在必然王国的彼岸，它才是作为目的本身的人类能力的发展。这一自由王国，如果我们不纠结于具体内涵的话，则可以等同于与前期生产劳动内在相关的那种一般自由。由此，前期在一般实践理性意义上理解的生产劳动观念被动摇了。

其次，外在而言，生产劳动为自由发展提供物质基础。马克思认为，随着生产力的提高与分工的逐渐消灭，生产劳动带来了自由时间的增长，因而马克思认为劳动必要时间或工作日的缩短是自由全面发展的根本性条件。可见，在他看来，生产劳动依然是特属于人的有意识的实践行动，

---

① 关锋：《实践的理性和理性的实践》，北京，人民出版社，2009，第130页。

② 王南湜：《马克思主义价值论何以可能？——一个前提性的考察》，《当代中国价值观研究》2016年第1期，第19页。

是人的理性的彰显。

综上而言，马克思早期关于生产劳动的理解更多地体现着生产劳动意义上的实践理性作为理性统一基础的含义（同时也包含着狭义的实践理性方面，与德国古典哲学不同的是，这主要表现在生产劳动自身上，因为相对于道德实践理性而言，生产劳动无疑具有更为直接的物质性和改造世界的能动性）；而在后期，马克思认识到生产劳动自身的非自由性，虽然它依然是自由实现的物质基础，也体现了人的理性能力，但却不再能纳入康德以来的、马克思早期曾使用的讨论方式，即通过狭义实践理性来实现自由、实现一般实践理性，而是与后者存在着一种否定性的统一关系。换言之，在后期，马克思重新回到了与康德类似的工作，即领域划分：将物质生产领域与自由领域分离开。

由此，德国古典哲学中实践理性的双重化道路，经过马克思实践哲学的淬炼，似乎又回到了起点：理性诸形态何以统一？随着科学与技术性劳动的日益紧密结合，劳动生产率的提高以及相应必要劳动时间的缩短并未带来预期的自由解放。卢卡奇不再像马克思那样对科技与革命之间的关系持乐观立场。哈贝马斯认为，接续卢卡奇，霍克海默和阿多诺主张，在现代性的资本主义模式中，认知-工具合理性已经膨胀为一种总体性的工具理性，可以说，这是现代性自身提供的一种理性统一方案，但却并非真正恰当的。对于工具理性的批判，构成了以霍克海默和阿多诺为代表的法兰克福学派第一代的现代性批判的关键内容。由于本书下篇还将具体讨论交往合理性理论与工具理性批判的关系，这里就暂不论述。

第三节　最初的重建尝试：认识兴趣理论

哈贝马斯认为，霍克海默和阿多诺的以工具理性批判为关键的现代性批判是"破"有力而"立"不足，而他要做的工作就是要"立"，要为完成现代性事业提供一条可行的理性方案。认识兴趣理论就是他最初的尝试，即提供一种认识论进路的现代性批判方案。

实际上，就法兰克福学派内部而言，从认识论角度切入社会并非哈贝马斯的首创，阿多诺早已做过类似尝试。在 20 世纪 30 年代流亡英国牛津期间，阿多诺以作为一种唯心主义认识论方案的胡塞尔现象学为标靶，站在历史唯物主义立场上对之展开了"元批判"：既揭示胡塞尔现象学自身理论上的种种二律背反，又试图进一步追溯其背后的社会历史原因。这些思考最终在 20 世纪 50 年代以《认识论元批判——胡塞尔与现象学的二律背反研究》为题出版。阿多诺的这次尝试对于唯心主义认识论来说，的确是具有破坏力的，也是对马克思主义认识论纲领的一次精彩而大胆的运用，表明了在马克思主义视域中，认识论问题与社会理论问题是不可分割的。不过，阿多诺虽然揭示出了认识和虚假认识的社会基础，但是缺乏对这个基础本身及其与认识之间的奠基性关系的进一步的规定。哈贝马斯的认识兴趣理论可以被视为对阿多诺未走出的这一步的推进。这一理论是由三个环环相扣的层次构成的，即认识—认识兴趣—行为领域。正是在对这三个层次的追索过程中，哈贝马斯触及了他所欲确立的规范性基础。

哈贝马斯首先区分了三类知识。第一类是经验-分析的科学知识或自然科学知识，第二类是历史-解释学的科学知识或人文科学知识，第三类是批判性的社会科学知识。其中哈贝马斯最为看重的就是批判性的社会科学知识，因为在他看来，无论是马克思的意识形态批判理论还是法兰克福学派一直力图建构的社会批判理论都属于这种知识，它可以以批判的方式给人们的互动规定方向。只有当人们通过批判反思逐步认识到自己的境遇，才能产生一种从社会压抑中解放出来的诉求。

以上三类知识都是在人类历史中逐渐形成的，推动其形成的原因就是认识兴趣。兴趣概念所指的是一种关系范畴，它是"同某一对象的存在或者行为的存在的表象相联系……它表达着我们感兴趣的对象同我们实现欲望的能力的关系"[①]。在哈贝马斯看来，认识兴趣是一种理性的兴趣，它可以说是"准先验的"，这就是说，它既是人们认识与行动的条件，但又不是超历史的、永恒的，而是"产生于同劳动和语言相联系的社会文化生活方式的需求中"[②]，是人们以往互动活动的产物。基于此，哈贝马斯提出了与上述三种认识类型相应的三种认识兴趣。第一种"技术的认识兴趣"，它关注的是认识自然规律来实现对现实的技术性控制。第二种是"实践的认识兴趣"，它对于前者的过分膨胀具有限制作用，关注的是促成有效的交往和沟通。第三种是"解放的认识兴趣"，这是对人的自由自主的兴趣，因此，这种兴趣能够推动人们对人类自我形成的历史进行经

---

① 〔德〕尤尔根·哈贝马斯：《认识与兴趣》，郭官义、李黎译，上海，学林出版社，1999，第 201 页。
② 〔德〕尤尔根·哈贝马斯：《理论与实践》，郭官义、李黎译，北京，社会科学文献出版社，2010，第 7 页。

验的反思，进而能够规定技术的认识兴趣和实践的认识兴趣的合理方向。①

正如霍耐特所说，"哈贝马斯从一开始就试图在一个行动理论的框架内创建他的社会理论"②，因此，对于哈贝马斯来说，兴趣本身不能被认为是仅仅属于认知的，其与人的行为密切相关，也应当从行为合理性的角度来理解。因此，在将认识形成的动力追溯到认识兴趣之后，哈贝马斯将兴趣产生的原因进一步追溯至人的行为上。自然科学及其技术的认识兴趣，植根于生产劳动当中。生产劳动处理的是人与自然的关系，它是人为了实现生存发展需要而运用一定的生产工具对自然进行利用的行为，这里的自然主要是指人化的自然界以及人造物所构成的世界，是生产劳动的对象及其成果所构成的世界。人文科学及其实践的认识兴趣，植根于互动当中。这种行为是互相承认对方为平等的行为主体的行为者，以语言或符号为媒介、在一定的互动规范的约束下完成的。因此，互动所表示的就是主体间的社会关系，并由此构成了作为这些关系总和的社会世界。

至此我们可以发现，解放的认识兴趣似乎没有其相应的独立的行为领域，因为就人的行为领域来说，它和实践的认识兴趣都指向了主体间的互动。因而，哈贝马斯认为这种认识兴趣"具有一种推论出来的性质"③，是要以另两种认识兴趣为前提的。如此一来，解放的认识及其兴趣就是不稳固的，它对另两种认识及其兴趣的约束力也是打了折扣的。但反过来，如果解放的认识及其兴趣有一个与劳动和互动相区别的、并列的领域，那么它对另两种认识及其兴趣的约束机制就是有待说明的。因此，认识兴趣理论并未完成哈贝马斯为它制定的任务，而这正是交往合理性理论要继续完成的。

---

① 如本书之后将要表明的，在哈贝马斯之后的理论发展中，这三种理性兴趣不再限于单纯认识范围，而是融入了交往合理性理论当中，成为其得以证立的重要部分。因此，本书在之后的相关章节中，还将详细论述哈贝马斯对这三种理性兴趣的理解，这里仅择其要而述之。

② 〔德〕阿克塞尔·霍耐特：《权力的批判：批判社会理论反思的几个阶段》，童建挺译，上海，上海人民出版社，2020，第 283 页。

③ 〔德〕尤尔根·哈贝马斯：《认识与兴趣》，郭官义、李黎译，上海，学林出版社，1999，第 328 页。

第二章 交往合理性的结构

哈贝马斯认为，相对于当前占据统治地位的、通过非法扩张自己边界而实现理性统一的认知-工具合理性，交往合理性是更为全面和恰当的，因为它能够协调三种基本合理性实现良性互动。那么，按照第一章关于德国哲学中实践理性传统的分析，交往合理性可以被视为作为统一基础的实践理性、一种一般合理性。因此，在个别地方，哈贝马斯也使用了"交往理性"（die kommunikative Vernunft）一词，如《交往行为理论》中交往理性与工具理性所关涉对象的对比①，又如《现代性的哲学话语》中交往理性与以主体为中心的理性的对比②。这种用法所凸显的，是对以往理性观试图实现的理性统一目标的继承，并在此过程中，更新其实质内容，即并非简单地向传统基础主义意义上的理性复归。哈贝马斯指出，"只有在理性的多元性的声音中，理性的统一才是可以理解的"③，这就是说，我们不能从交往合理性中逻辑地推演出其他合理性，这同时意味着，交往合理性的全面性并不意味着它是三种基本合理性所构成的复合统一体。

基于以上，本书将交往合理性在现代合理性图谱中所起的作用形容为"枢纽性发动机"。所谓"枢纽性"是就结构而言的。一方面，交往合理性能够将三种基本合理性联结在一起，而这种联结的前提又是它们之间的异质性；另一方面，这些合理性如果丧失了交往合理性这个枢纽，要么不能共同充分地、恰当地发挥其作用，要么会被某一个合理性统摄（如认知-工具合理性的片面扩张）。所谓"发动机"是就内容而言的。交往合理性是植根于生活世界当中的，是生活世界合理化的结果，同时也是其正常发展的理性动力。如本章第三节将要表明的，生活世界为三种合理性所面对的形式的世界提供了资源、内容，交往合理性因此具有了三种

---

① 参见 Jürgen Habermas, *Theorie des kommunikativen Handelns*, Bd. 1. *Handlungsrationalität und gesellschaftliche Rationalisierung*, Frankfurt am Main: Suhrkamp Verlag, 1995, S. 532-533.

② 参见〔德〕于尔根·哈贝马斯：《现代性的哲学话语》，曹卫东译，南京，译林出版社，2011，第 345～379 页。

③ 〔德〕于尔根·哈贝马斯：《后形而上学思想》，曹卫东、付德根译，南京，译林出版社，2012，第 139 页，译文有改动。

基本合理性的核心要素(并不是三种合理性本身,因而也并未完全将它们纳入自身当中),并为之提供规范性标准和相应的论证形式。

对于交往合理性上述作用的呈现,哈贝马斯采用的是哲学与社会理论相结合的方式。早在 1960 年的《介于哲学与科学之间:作为批判的马克思主义》一文中,哈贝马斯就批评了将马克思主义还原为"纯粹的"科学或"纯粹的"哲学的做法。这两种做法看似对立,但最终都会消弭马克思主义批判的、改变世界的力量。① 而他所要做的,正是继承马克思以及法兰克福学派的综合主旨,面对已经出现危机的现代性,无论是单纯哲学的还是单纯社会理论的路向都不足以解决问题。因此,如马丁·泽尔所说,"作为社会理论家的哈贝马斯接受了韦伯的现代价值领域(被视为有效性领域)分离的理论;而作为哲学家的哈贝马斯则并未完全确信,这种分离已经变成一个彻头彻尾的现实"②。一般而言,哲学维度偏重综合与统一性,它将提供超越性、普遍性的方面,而社会理论维度则偏重分析与多元性,它将提供经验性、具体性的方面。据此,从哲学与社会理论的双重维度出发,哈贝马斯在三个层面上展开了对交往合理性理论的阐发:元理论层面,即关于基本概念的规定与澄清;方法论层面,即关于元理论的基本概念如何进入其所建构的对象领域或对之发挥作用;理论-现实关系层面,即基于包括元理论与方法论在内的理论,对经验现实进行分析与批判。具体到本章分析交往合理性本身内在结构的任务,这三个层面分别表现为:在元理论层面上,交往合理性为三种基本合理性提供了概念意义上的规定,这主要是指关于不同有效性要求的规定;在方法论层面上,交往合理性为这三者提供了检验或达到各自有效性要求的基本程序(商谈与批判);在理论-现实关系层面上,根据元理论和方法论上的规定,交往合理性既能为这三者提供探析各自问题的视角,也能为之框定各自实现的合法领域,从而使得三者最终都服务于生活世界的正当合理化。当然,以上仅是从交往合理性这一方面来说,由于三种基本合理性的异质性,交往合理性与它们的各自关系也是不同的,这将在本书之后的章节中予以详论。

---

① 参见〔德〕尤尔根·哈贝马斯:《理论与实践》,郭官义、李黎译,北京,社会科学文献出版社,2010,第 181 页。

② Martin Seel,"The Two Meanings of ' Communicative ' Rationality:Remarks on Habermas's Critique of Plural Concept of Reason",in *Communicative Action:Essays on Jürgen Habermas's The Theory of Communicative Action*,Axel Honneth & Hans Joas eds.,Jeremy Gaines & Doris L. Jones,trans.,Cambridge:The MIT Press,1991,p. 37.

第一节　交往合理性的性质

在哲学维度上，作为一种实践的合理性，交往合理性属于反对基础主义、先验主义的后形而上学合理性，同时，这种合理性又不放弃整体性关联。在社会理论维度上，神话的和宗教-形而上学的世界观瓦解之后，交往合理性作为支配交往行为的合理性，其特征表现为指向三个形式的世界的有效性要求的兑现，并以达成沟通与共识为取向。

一、后形而上学的合理性

哈贝马斯认为，在前现代社会，哲学的理性观念处于形而上学传统当中，这一传统包含四方面要素：同一性思想、唯心主义、作为意识哲学的第一哲学和强大的理论概念。据此，形而上学的理性观就是运用唯心主义的思维方式，将差异性作为不真实的现象，最终归结到客观的或主观的理性这一同一性本质，将一种理论抽象得出的关系理解为本质性的存在关系。现代性进程开启之后，这种倾向并未立刻改变，黑格尔哲学带来了形而上学理性观的最后辉煌。不过，之后随着现代性的不断发展、随着现代社会中不同理性领域的不断分离，这种理性观遭到了哲学内外的攻击而逐渐瓦解。在这种攻击之下，哈贝马斯认为，我们当今所面对的应当是后形而上学时代。对传统形而上学上述要素的攻击也就形成了后形而上学的突破点。与这种情况相应，交往合理性概念是一种后形而上学的"带有怀疑色彩，但并不悲观失望的理性概念"①。因此，我们能够根据这些突破点，在哲学上给予交往合理性以基本规定。

其一，交往合理性是一种保持有限整体性关联的程序合理性。在形而上学观念中，"理性被认为是一种实质理性，它能统辖世界本质，并从中识别自身。因此，理性是整体与其组成部分的统一"②。然而，随着近代以来自然科学、自律道德和自主艺术的发展，

> 合理性萎缩成了形式合理性，因此，内容上的合乎理性（Vernüftigkeit）蒸发为结果有效性。这种有效性依赖于人们尝试解

---

① 〔德〕于尔根·哈贝马斯：《后形而上学思想》，曹卫东、付德根译，南京，译林出版社，2012，前言。

② 〔德〕于尔根·哈贝马斯：《后形而上学思想》，曹卫东、付德根译，南京，译林出版社，2012，第34页。

决问题时所遵守的程序上的合乎理性……程序合理性不再能够保证多元现象具有先验的统一性。①

交往合理性提供了交往活动中达成共识的前提条件，而这种共识是通过某种程序性的过程取得的，因此交往合理性同样是一种程序合理性，它必须承认大全式理性向多元合理性转变这一基本事实，但它并不止步于此。哈贝马斯认为，以交往合理性为核心的哲学并不"因此就非得要彻底放弃与作为形而上学之标志的整体性的联系"。不过，不同于形而上学中的理性，对于交往合理性来说，

> 整体和同一性的建立并不必然意味着抹杀差异与个性。应当说，在这里程序和规则起着重要的，甚至是决定性的作用……同一性和整体以主体间自由认同的方式，通过民主和合理的程序建立起来时，它便是对压制和统治的否定，便是真实的。②

因此，这种整体性不再是唯心主义在理论上所设想的普遍统一性，而是"哲学与之保持一种非对象化关系的生活世界"③，是一种现实的整体。总而言之，交往合理性一方面放弃了形而上学赋予理性的基础主义地位，因而如哈贝马斯所要求的，不能与古典先验哲学混为一谈；而另一方面，由于它植根于生活世界，它又要展现出不同合理性之间的内在联系，以此来保有整体性。

其二，交往合理性是一种准先验的合理性。在形而上学传统中，无论理性是作为客观的世界理性、理性神，还是作为主观的非经验性的能力，对于处在一定社会和历史语境中的现实的人来说，它始终是一种超越性的存在。因此，关于理性的种种探讨无疑都预设了理性与现实的人的对立。这种状况在德国古典哲学时期达到了顶峰，黑格尔以辩证法的方式构建了作为绝对精神的理性，但这只是将先验理性与现实的人之间的对立消弭在这种超越性的理性自身当中，而未真正解决问题。因此，在黑格尔之后，理性观念本身的矛盾以及现代性的发展，都要求实现对

---

① Jürgen Habermas, *Philosophische Texte*, Bd. 5. *Kritik der Vernunft*, Frankfurt am Main：Suhrkamp Verlag, 2009，S. 182.

② 〔德〕哈贝马斯、章国锋：《哈贝马斯访谈录》，章国锋译，《外国文学评论》2000 年第 1 期，第 29 页。

③ 〔德〕于尔根·哈贝马斯：《后形而上学思想》，曹卫东、付德根译，南京，译林出版社，2012，第 37 页。

理性观念的更新，这也正是在现代性条件下依然试图完成理性统一重任的交往合理性理论所必须面对的重大问题。这里的关键就在于交往合理性所具有的"准先验性"。一方面，交往合理性提供的一系列预设是任何具体的交往行为达成沟通和共识时必须遵守的，是一种先在的和客观的东西。正是因此，三种基本合理性由于不再以某种先验理性为标准，其本身的正当性也就需要经过交往合理性的考量。另一方面，与三种基本合理性一样，交往合理性本身也要在人们的现实活动中起作用，而不是某种超越时空界限的能力。

其三，交往合理性是一种实践的合理性。自苏格拉底以来，实践理性一直是哲学家们讨论的课题之一。不过，实践理性一直陷于独立性与确定性的两难困境当中（这在古希腊时期尤为明显），即当它试图成为独立于理论理性的另一种理性形态时，它就面对确定性问题，而当它通过与理论理性同一化而获得确定性时，则要面对独立性问题。① 因此，在一定程度上，实践理性是被淹没在理论理性的阴影之下的。这种情况直到德国古典哲学才发生了重大改变。然而，古典哲学的思路最终囿于精神的思辨性，而未能真正触及实践的现实性，因而也未能对现代性及理性的新变化做出恰当的反应，而这些恰恰是包括哈贝马斯在内的马克思主义者试图达成的。为此，哈贝马斯主张：

> 哲学应当揭示出一种已经在日常交往实践中起作用的理性。在此，命题真实性、规范正确性和主观真诚性这些要求虽然限于一个具体的、语言所揭示的世界范围内；但是这些可批判的要求同时超越了它们各自表达和使用时所处的语境。在日常沟通实践的有效范围内，出现了一种跨越更多维度的交往合理性。这种交往合理性同时还为以系统方式被扭曲的交往和生活方式提供了一种尺度，这些交往和生活方式表现为对随着向现代性过渡过程而逐渐增长的理性潜能有选择地加以充分利用。②

以这样的交往合理性为核心的实践的合理性学说，一方面继承了德国哲学中的实践理性传统，试图实现新的理性统一；而另一方面，它又承认

---

① 参见侯振武：《实践理性观念的发生及其问题——从苏格拉底到亚里士多德》，《南京师大学报（社会科学版）》2013 年第 1 期，第 25～29 页。

② Jürgen Habermas, *Philosophische Texte*, Bd. 5. *Kritik der Vernunft*, Frankfurt am Main: Suhrkamp Verlag, 2009, S. 200-201.

现代性进程中形成的不同合理性具有相对独立性之现实，因而这种统一是非同一的、有限的。

二、交往行为①的合理性

哈贝马斯认为，在后形而上学思潮中，发生了由意识哲学向语言哲

---

① 这里需要对与"交往"相关的几个概念做些区分，包括日常交往实践、交往行为(模式)、交往式言语行为。

（1）日常交往实践。不同于交往行为(模式)和交往式言语行为，"日常交往实践"并非一个严格的理论术语，在其中并不具体划分不同的言语行为类型，有效性要求只是潜在地发挥作用而未被主题化。不过，这实际上也暗含了作为理论术语的交往行为(模式)的一个重要的基本特征，即它不局限于特定行为领域，三种基本合理性所支配的行为都有相对应的特定行为领域。这种非特定性恰恰是交往行为及与之相应的交往合理性的优势所在。

（2）交往行为(模式)。相较于日常交往实践，"交往行为(模式)"更多是理论分析时所使用的，它是将日常交往实践中隐含的形式特征(包括有效性要求、论证程序等)抽取出来，进行理想化分析，同时，考察日常交往实践出现问题时所需要的不同论证类型(哈贝马斯有时也将这种论证称为特殊的交往形式)，交往行为与三种基本合理性支配下的行为的区别与联系，也是在此时进行分析的。不过，在《交往行为理论》中，哈贝马斯关于交往行为(模式)与其他三种行为(模式)之间关系的定位并不明确，并未对所谓后三者是交往行为(模式)的"临界状态"、是三种"纯粹类型"的交往行为等说法做出解释，而随着其工作进入更为现实的层面，这一问题被搁置了。根据本书的理解，交往行为(模式)与其他三种行为(模式)的关系是双重的。一方面，就其他三种行为(模式)的取向为沟通而言，它们都是交往行为(较为特别的是认知-工具合理性的情况：如果行为者之间就对客观世界的认识展开商谈，则是以沟通为取向的；而如果行为者之间采取的是策略行为，则是以目的为取向的)。另一方面，其他三种行为所主题化的有效性是各自不同的，即指向的世界是不同的、不全面的，因而其合理性仅就特定领域而言是合理的。但涉及其他行为类型时则并不必然是合理的，而在现实的日常交往实践中，我们往往会同时涉及多个行为。比如，一个规范调节行为："我命令你在一分钟内把水拿给我。"只要双方认同这种命令关系，那么言说者向听者提出这一命令就是合理的，即满足了规范正确性。但我们同时可以质疑说，如果在客观上，一分钟可及的范围中没有水，那么这个命令就是不合理的。这实际上是考虑到了另一有效性要求，即关涉客观世界中事态的真实性要求。这恰恰说明了交往行为的完成行为式立场的重要意义。不同于其他三种行为(模式)，交往行为(模式)要求全面性，因此要求考虑所有的基本有效性要求。比如上例，在交往行为(模式)的视域下，我们可以从三个有效性角度来考察其合理性：在一分钟内听者所及范围是否有水，这涉及真实性要求；言说者是否有权命令听者，这涉及正确性要求；言说者是否是真的需要水，这涉及真诚性要求。由此来看，双方如果仅就命令关系达成共识，并不意味着能真正地完成沟通过程，因为还存在言说者的主观上不真诚与客观上周围没有水的情况，而这是超出规范行为模式处理能力的。因此哈贝马斯提出："即使一个表达只属于一种交往样态，并且明确地将一种相应的效用要求主题化了，诸交往样态以及与它们相应的效用要求依然处于一种完整的相互指涉关系当中。因而，在交往行动中适用如下规则，赞同一个被主题化了的效用要求的听者，也承认其他两个潜在地被提出的效用要求；否则，他就必须解释他的不同意见。"（Jürgen Habermas, *Theorie des kommunikativen Handelns*, Bd. 2. *Zur Kritik der funktionalistischen Vernunft*. Frankfurt am （转下页注）

学的转换。受此影响，在《重建历史唯物主义》中，哈贝马斯就已勾勒出他今后的交往合理性理论的基本内容，这些内容构成了从抽象到具体的链条，而被置于这一链条之首的就是语用学问题。[①] 在交往合理性理论中，哈贝马斯自己的语用学理论即普遍语用学或形式语用学[②]构成了哲学维度与社会理论维度之间的桥梁。一方面，交往合理性的哲学定位为普遍语用学的分析提供了背景，而后者则将之具体化了，能够将交往合理性阐释为诸有效性要求的达成。另一方面，普遍语用学是哈贝马斯对日常交往实践中达成沟通和共识所需要满足语言条件的分析，也是社会理论能够进入经验分析层面的规范基础。根据以上两方面，我们将首先概述普遍语用学对交往行为有效性要求的分析，再展现哈贝马斯关于此的社会理论分析。

哈贝马斯指出，"普遍语用学的任务是确定并重构可能沟通(Verständigung)的普遍条件"[③]，这些条件是交往行为为达成沟通与共识

(接上页注)Main：Suhrkamp Verlag，1995，S. 184.)在此意义上，其他三种行为(模式)之所以是纯粹类型的交往行为，是因为它们未以主题化的方式涉及其他有效性要求，但必须潜在地满足另外两种有效性。同时，在交往行为的完成行为式立场下，我们可以看到命题内涵相同的言语行动之间有效性样态的转换(参见〔德〕尤尔根·哈贝马斯：《交往行为理论》第1卷，曹卫东译，上海，上海人民出版社，2018，第423页注释84)。所以，交往行为的合理性标准既是最全面的，也是最苛刻的，它不仅考虑到各种合理性情况，而且要求它们之间具有相互约束与互补关系。

最后，交往式言语行为，可以被视为从言语行为角度对交往行为的规定，主要侧重于论证方面(或方法论层面)，它所囊括的具体的言语行为包括直接与有效性要求发生关系的言语行为(如肯定、否定、确保、辩护等)，以及与有效性要求论证工作发生联系的言语行为(如论证、辩解、反驳、假设等)。

① 参见〔德〕尤尔根·哈贝马斯：《重建历史唯物主义》，郭官义译，北京，社会科学文献出版社，2013，第95～96页。

② 在1971年普林斯顿大学的克里斯蒂安·高斯讲座中，哈贝马斯提出了"普遍语用学"概念。而在1976年发表的《什么是普遍语用学》一文的注释中，哈贝马斯提到，他已对"普遍语用学"这一表述感到不满，而是更倾向于使用舒茨提出的形式语用学概念(参见 Jürgen Habermas, *Communication and the Evolution of Society*, Thomas McCarthy, trans., Boston：Beacon Press, 1979, p. 208)。不过，基于"普遍语用学"在哈贝马斯理论中的标志性意义，本书接下来依然采取了这一表述来指称哈贝马斯的语用学理论。

③ Jürgen Habermas, *Vorstudien und Ergänzungen zur Theorie des kommunikativen Handelns*, Frankfurt am Main：Suhrkamp Verlag, 1995, S. 353. 关于 Verständigung，有的研究者亦将其译为"理解"。按一般用法，该词的确有"理解"之意，但在哈贝马斯明确指向主体间互动语境时，本书倾向于将其译为"沟通"，因为"沟通的目的是要达成一种共识，而共识的基础是主体间对于有效性要求的认可"(〔德〕尤尔根·哈贝马斯：《交往行为理论》第1卷，曹卫东译，上海，上海人民出版社，2018，第173页)；而"理解"一词，在中文语境中可以是单向性的，如对自然科学中的自然规律或数学中的原理公式的理解。因此，例如，在《交往行为理论》的"社会科学中的意义理解问题"(转下页注)

所必需的语用学条件，因为"在执行任何一种言语行为时，每个交往行为者都必须提出若干普遍有效性要求并假定它们的可兑现性。就他打算参与一个沟通过程而言，他不得不提出……普遍的要求"①。通过对日常交往行为进行语用学分析，哈贝马斯得出了如下四个基本的有效性要求：

> 言说者必须选择一个可以理解的表达，以便言说者和听者能够相互理解；言说者必须具有共享一个真实的命题内容的意图，以便听者能够分享言说者的知识；言说者必须真诚地表达他的意向，以便听者能够相信言说者的表达（信任他）；言说者必须选择一种在现存的规范与价值看来正确的表达，以便听者能够接受这个表达，从而使二者，即听者与言说者能够基于一种公认的规范背景而相互一致。②

上述四个方面可以概括为可理解性、真实性、真诚性和正确性。这些有效性要求具有同等的基础性地位，它们构成了交往合理性作为语用学意义上的合理性的基本内涵，这也体现了交往合理性的"准先验性"，即每一交往行为都必定预设（即便不能完全达成）某些具有一定超越性、普遍性的前提，它们是交往行为者不能随意改变或抛弃的。

不过，这种合理性依然是抽象的，因为它只是交往行为的媒介即语言所表现出的合理性，并非交往行为的全部内容。而要将对交往合理性的讨论落实到现实社会当中去，就必须进入坚持关注整个社会问题的社会理论当中。为此，在元理论层面上，哈贝马斯引入了"形式的世界"概念，以此取代已经瓦解了的神话的和宗教-形而上学的世界观，并将之与上述有效性要求结合起来。

哈贝马斯认为，世界观"构成了社会群体的背景知识，并且确保其各

（接上页注）部分中，哈贝马斯提到，社会科学解释者参与沟通过程的目的是理解，而"沟通"则更侧重于主体间的互动，因而"我们的确必须把试图理解符号表达意义的观察者的解释工作与用沟通机制来协调其行为的互动参与者的解释工作区别开来"（〔德〕尤尔根·哈贝马斯：《交往行为理论》第1卷，曹卫东译，上海，上海人民出版社，2018，第138页）。基于以上理由，本书在引用相关译本时，如遇将互动语境中的Verständigung译为"理解"的，将统一改为"沟通"，而不再做单独说明。

① Jürgen Habermas, *Vorstudien und Ergänzungen zur Theorie des kommunikativen Handelns*, Frankfurt am Main: Suhrkamp Verlag, 1995, S. 354.

② Jürgen Habermas, *Vorstudien und Ergänzungen zur Theorie des kommunikativen Handelns*, Frankfurt am Main: Suhrkamp Verlag, 1995, S. 354-355.

种行为取向之间能有一种内在的联系"①。在人类历史中，最初出现的是神话世界观，不过，神话世界观虽然能够起到一定的社会整合作用，但却无力"使我们所说的合理行为取向成为可能"②，因为"根据这样一种世界观，任何一种现象经过神话力量的作用，都可以和其他一切现象协调一致，这样不仅出现了一种以叙事方式解释世界并使之变得可信的理论，而且同时出现了一种以想象方式把握世界的实践"③，也就是一种以神秘主义方式抹除了自然与文化之差异的实践。继之而起的是宗教-形而上学世界观，这种世界观比神话世界观更为精致，但其在本质上却是与之相同的，即强调世界的整全性和同一性，在一种超越性的世界视角下来理解人与自然以及人与人之间的关系。相应地，这种世界观下的对于理性的理解也是大全式的。然而，随着现代性的展开，这种传统的世界观也已逐渐不能适用。

与现代社会各个领域的分化相应，现代世界观呈现为解中心化的趋势。在这一背景下，哈贝马斯通过改造波普尔的世界理论，提出了三个"形式的世界"概念，即客观世界、社会世界和主观世界。客观世界表征的是实际存在的"事态的总体性，而事态可能是一直存在的，也可能是刚刚出现的，或是通过有目的的干预而带来的"④。社会世界是"由规范语境构成的，而规范语境明确了哪些互动属于合理人际关系的总体性"⑤，互动双方都属于社会世界成员。主观世界是指个体主体的"主观经验的总体性"⑥。由于交往合理性放弃了传统形而上学的基础主义，所以它能够接受现代世界观所产生出的这三个形式的世界概念。据此，"行为者的行为具有多大程度的合理性，主要取决于我们为行为所设定的世界关

① 〔德〕尤尔根·哈贝马斯：《交往行为理论》第 1 卷，曹卫东译，上海，上海人民出版社，2018，第 66 页。

② Jürgen Habermas, *Theorie des kommunikativen Handelns*, Bd. 1. *Handlungsrationalität und gesellschaftliche Rationalisierung*, Frankfurt am Main：Suhrkamp Verlag, 1995, S. 73.

③ 〔德〕尤尔根·哈贝马斯：《交往行为理论》第 1 卷，曹卫东译，上海，上海人民出版社，2018，第 71 页，译文有改动。

④ 〔德〕尤尔根·哈贝马斯：《交往行为理论》第 1 卷，曹卫东译，上海，上海人民出版社，2018，第 116 页。

⑤ 〔德〕尤尔根·哈贝马斯：《交往行为理论》第 1 卷，曹卫东译，上海，上海人民出版社，2018，第 118 页，译文有改动。

⑥ 〔德〕尤尔根·哈贝马斯：《交往行为理论》第 1 卷，曹卫东译，上海，上海人民出版社，2018，第 121 页。

联"①，而所谓"程度"，则表现在有效性要求的满足上。诸有效性要求同世界的关系如下：真实性要求同客观世界相关，正确性要求同社会世界相关，真诚性要求同主观世界相关。② 交往行为相较于三种基本合理性支配下的行为的独特性在于，它不仅同时涉及三个世界，而且是通过反思的方式与世界建立联系的，即交往行为者"不再是直接与客观世界、社会世界或主观世界中的事物发生联系，而是用其表达的有效性可能会遭到其他行为者的质疑这一点来对自己的表达加以限制"③，而面对可能的质疑，交往行为者会就引发争议的有效性展开论辩，并用合理的论据要求对这种有效性加以辩护或者反驳。与上述三种有效性、三个世界相应，论证形式也各有不同：理论商谈是真实性要求的论证形式，实践商谈是正确性要求的论证形式，审美批判（以及疗法批判）是真诚性的论证形式。④ 因此，"在沟通过程中，言语者和听众同时从他们的生活世界出发，与客观世界、社会世界以及主观世界发生关联，以求进入一个共同的语境"⑤，而这也为交往合理性支配下的交往行为发挥综合作用提供了可能。在交往行为中，"言语者把三个形式的世界概念合成一个系统，并把这个系统一同设定为一个可以用于达成沟通的解释框架"⑥。这一"系

---

① 〔德〕尤尔根·哈贝马斯：《交往行为理论》第 1 卷，曹卫东译，上海，上海人民出版社，2018，第 113 页。

② 可理解性要求并不涉及同某个世界的关系，而是涉及交往行为主体同语言的关系。如哈贝马斯指出的，"当交往不被扭曲地展开时，可理解性就是一个实际上已经被兑现了的要求"，因此不同于另外三种基本有效性要求，我们应当"将'可理解性'看作交往的条件，而不是在交往中提出的商谈性或非商谈性的有效性要求"（Jürgen Habermas, *Vorstudien und Ergänzungen zur Theorie des kommunikativen Handelns*, Frankfurt am Main：Suhrkamp Verlag, 1995, S. 139）。

③ 〔德〕尤尔根·哈贝马斯：《交往行为理论》第 1 卷，曹卫东译，上海，上海人民出版社，2018，第 130 页。

④ 在《交往行为理论》中，哈贝马斯指出，商谈与批判这两种论证形式的差别在于，前者的有效性要求及达成的共识可以作为普遍性，而后者则不能。按此，哈贝马斯后来所讨论的，也是本书第三章将涉及的伦理商谈应当命名为伦理批判。而在审美领域中，哈贝马斯虽主要地使用审美批判，但偶尔也使用审美商谈的表述（如 Jürgen Habermas, *Der philosophische Diskurs der Moderne：12 Vorlesungen*, Frankfurt am Main：Suhrkamp Verlag, 1985, S. 7；又如 Jürgen Habermas, *On the Pragmatics of Communication*, Maeve Cook, ed., Cambridge：The MIT Press, 1998, p. 415）。综合哈贝马斯理论的发展来看，他对于商谈与批判之间的这种区分并未特别坚持，他更看重的是二者作为基于"好的理由"的论证形式共有的预设，这也是本节接下来要呈现的。

⑤ 〔德〕尤尔根·哈贝马斯：《交往行为理论》第 1 卷，曹卫东译，上海，上海人民出版社，2018，第 126 页。

⑥ 〔德〕尤尔根·哈贝马斯：《交往行为理论》第 1 卷，曹卫东译，上海，上海人民出版社，2018，第 130 页，译文有改动。

统""解释框架"指的是生活世界，三个形式的世界不同于生活世界，它们
是后者分化的结果，交往合理性应当全面地植根于生活世界并全面地从
中吸取资源，只有如此，它才有能力将三个世界综合起来。

第二节　哲学和科学新关系的建构与交往行为意义的解释

在哲学意义上，交往合理性作为一种后形而上学合理性，要求以它
为核心所建构的哲学重新思考其作为一门学科的地位，即放弃传统的评
判科学的最终权威的"法官"角色，而是应当成为包括社会理论在内的科
学的示范者与解释者。在社会理论意义上，交往合理性的作用主要在于
交往行为意义的解释，这包括两个层面：一是从旁观者视角来说，交往
合理性要在社会理论的意义理解问题上发挥作用，这是"试图理解符号表
达意义的观察者的解释工作"；二是从行为者视角来说，交往合理性要在
日常交往实践活动中的"用沟通机制来协调其行为的互动参与者的解释工
作"中起作用，这是交往行为参与者自身对于交往行为意义的解释。不
过，这两种解释工作的区分只是功能上的，它们的理性根据都在交往合
理性上，因而它们的结构是一致的，由此，这两项解释工作都要满足合
理论证的一般预设。

一、交往合理性视域下的哲学：作为科学的示范者与解释者

哲学和科学的关系问题是与现代社会相伴而生的。在前现代时期，
由于哲学和科学尚未分化，这一问题并未凸显，二者处于一种整体与部
分、上位者与下位者的双重关系当中。而随着近代以来自然科学的快速
发展，17 世纪还能勉力维持的哲学与科学表面上的亲密关系，在 18 世
纪初被消除了，哲学的领地在科学的冲击下被严重压缩了，"全部形而上
学的财富只剩下思想之类的东西和天国的事物"[1]，哲学无论是作为一门
学科还是作为知识体系的合法地位都遭到了质疑。哈贝马斯认为，康德
在此问题上的处理标志着一种新的为哲学辩护的模式，即将发现认识之
可能的先验条件这一任务赋予哲学，从而在哲学和科学之间建立起新的
统治关系，试图使哲学理性成为评判科学理性的最高法官。但在哈贝马
斯看来，这一方案是可疑的。在康德哲学中，理性自身就是存在张力的，
因而是不稳固的。康德放弃了传统形而上学中的理性概念，取而代之的

---

[1]《马克思恩格斯文集》第 1 卷，北京，人民出版社，2009，第 329 页。

是一种形式上统一，但实质上其各个要素已经分化了的理性概念。同时，康德又并未放弃传统的基础主义诉求，试图用哲学来阐释科学之基础，而形式上统一的理性概念显然是不能满足这一要求的。

对于哈贝马斯来说，"由康德的形式的、分化了的理性概念所暗示的，是一种现代性理论"，即在实现理性统一过程中，"拒斥实质合理性，信仰程序合理性"①应当是更为重要的。但是，康德之后的德国古典哲学家们却"逆流而动"，不断寻找理性统一的实质基础，并由此强化了哲学理性的统治地位。而这种论点在黑格尔之后遭到了批判，甚至有思想家试图取消哲学的理性要求。由此，哲学理性不仅遭受外界的科学理性的攻击，在其内部又再次陷入了前康德时期的混乱局面。

哈贝马斯指出，这些问题的症结在于哲学将自身的理性要求同法官地位内在地捆绑在一起。那么，当哲学放弃了传统的统治地位，换言之，在哲学的话语模式由形而上学转向后形而上学之后，它是否依然能够承担起"合理性之捍卫者"的职能？哈贝马斯认为，在放弃了传统的可疑角色之后，"哲学依然能并且应当在示范者与解释者这些更为适当的功能中保有其合理性要求"②，而它之所以能够做到这一点，正是因为它依赖于交往合理性。基于交往合理性，哲学的这两种功能之间是存在着递进关系的。所谓示范者指的是，基于交往合理性对其他合理性的综合，哲学保有突破刻板学科划分的冲动，能够重建已经分化了的各个学科之间的内在联系，特别是自然科学与人文社会科学之间的联系。而它能够实现这一点，原因则在于其解释者功能，因为这一功能所指向的，是专家文化或分化了的科学同整体性的生活世界之间的关系，以交往合理性为核心建立起来的新哲学是二者的中介。基于此，我们可以具体来看看这种新哲学是如何实现这两种功能的。

首先，哲学成为科学的示范者。交往合理性提出的有效性要求是全面的，而这些要求则分别典型地属于三种基本合理性领域。所以，在现代性进程中，虽然"理性已经分化为三种要素——现代科学、实证法与后俗成③道德，以及独立的艺术与制度化的艺术批评"，但是，指向交往合

---

① Jürgen Habermas，*Philosophische Texte*，Bd. 5. *Kritik der Vernunft*，Frankfurt am Main：Suhrkamp Verlag，2009，S. 61.

② Jürgen Habermas，*Philosophische Texte*，Bd. 5. *Kritik der Vernunft*，Frankfurt am Main：Suhrkamp Verlag，2009，S. 62.

③ 哈贝马斯将道德意识分为前俗成、俗成和后俗成三个阶段，相关论述详见本书第三章。

理性并以此为理性基础的哲学"与这种分离是没什么关系的"①。在交往合理性的要求下，这种哲学并不去干扰各个要素的独立逻辑，而是试图成为不同学科之间的中介，使得它们之间能够相互渗透。概言之，哲学使得认知-工具、道德-实践与审美-表现这三个维度之间实现相互作用，哈贝马斯将之称为"从一种商谈过渡到另一种商谈、把一种专业语言翻译为另一种专业语言的特殊能力"②。实际上，在当前，这种互动已经发生了：

> 例如，在人文科学中，非客观主义的方法使得道德与审美批评发挥作用，而没有规定真理问题的优先性。另一个例子是……责任伦理学、信念伦理学以及普遍主义伦理学中的功利主义观念，已经使得对后果的计算与对需要的解释发挥作用。最后……在现实的、政治上忠诚的艺术中，认知的与道德-实践的要素再次发挥作用。③

以交往合理性为核心的新哲学，就是要为已经进行的以及将来可能出现的学科间互动提供规范及恰当程序。

其次，哲学成为科学的解释者。胡塞尔在解释欧洲科学危机时指出，科学的迅速发展使得人们遗忘了原本的生活世界，为此他强调生活世界对于科学世界或理论世界的奠基性意义。在哈贝马斯看来，胡塞尔试图将科学同生活世界重新沟通起来的意图无疑是正确的，因为生活世界为科学的产生和发展提供了背景性资源，但向先验自我的还原企图却是一种唯心主义的倒退。而交往合理性作为一种实践的合理性，则是试图在实践哲学的视域下将生活世界提升到哲学的高度，并将已经分化了的价值领域中的合理性同整体性的生活世界沟通起来。而这一点的实现，有赖于哲学所具有的指向无条件者的特质。

哈贝马斯认为，这一特质虽然是形而上学传统的产物，但在后形而上学语境中，它可以具有新的含义，这就是对交往行为之有效性要求的指向。在交往行为中，

---

① Jürgen Habermas，*Philosophische Texte*，Bd. 5. *Kritik der Vernunft*，Frankfurt am Main：Suhrkamp Verlag，2009，S. 77.
② 〔德〕哈贝马斯：《再论理论与实践的关系》，李理译，《哈贝马斯在华讲演集》，中国社会科学院哲学研究所编，北京，人民出版社，2002，第147页，译文有改动。
③ Jürgen Habermas，*Philosophische Texte*，Bd. 5. *Kritik der Vernunft*，Frankfurt am Main：Suhrkamp Verlag，2009，S. 78.

　　我们在会话中提出的有效性要求超越了特殊的会话语境，指向了超出场合的时空范围的东西。任一共识都是基于根据或理由的。根据有一种特殊的性质：迫使我们进入是或否的立场。因此，被固定在以达成沟通为取向的行为结构中的，是一种无条件性要素。并且，正是这种无条件要素，使得我们为自己观点提出的有效性，区别于惯常实践的单纯事实接受。①

　　由于具有这种无条件性要素，交往合理性在两个方面体现出了"先验性"。一方面，它与作为所有科学之"源头"的生活世界之间出现了一种"密切相关而又支离破碎的关系"。另一方面，它提供了一种"理想的言说情境"，从而就具有了批判、反思的力量，由此，"哲学也适合担任科学体系这边的角色，即担任解释者的角色。这样，哲学便把科技、法律和道德等专家文化与交往的日常实践沟通了起来"②。

　　当然，在哲学与科学的关系中，哈贝马斯更为关心的是哲学和社会理论的关系。他提出："凭借交往的、参与到以沟通为取向的言语使用中的理性，社会理论再一次地要求哲学承担起系统性任务。社会理论可以与一种哲学建立合作关系，后者承担了为合理性理论做准备工作的任务。"③哈贝马斯所要建立的社会理论是一种具有整体视野的重构科学，它要掌握的是"经验与判断中的、行为与言语沟通中的合理性基础"，与之相应，哲学不是为现代文化价值领域的分离这一事实做哲学论证，而是"作为合理性理论的递送者（Zubringer）"④。在这样一种关系中，作为重构科学的社会理论不再像实证主义那样对合理性问题做经验主义的缩减，而是在分析、占有经验现象的同时具有普遍主义的要求，即分析行为中的无条件要素。接下来，我们将由此出发来考察这种重构的社会理论是如何实现上述任务的，以及这与交往参与者对于其所参与的交往行为意义的解释是何关系。

---

① Jürgen Habermas, *Philosophische Texte*, Bd. 5. *Kritik der Vernunft*, Frankfurt am Main：Suhrkamp Verlag, 2009, S. 79-80.

② 〔德〕于尔根·哈贝马斯：《后形而上学思想》，曹卫东、付德根译，南京，译林出版社，2012，第 37 页。

③ Jürgen Habermas, *Theorie des kommunikativen Handelns*, Bd. 2. *Zur Kritik der funktionalistischen Vernunft*, Frankfurt am Main：Suhrkamp Verlag, 1995, S. 583-584.

④ Jürgen Habermas, *Theorie des kommunikativen Handelns*, Bd. 2. *Zur Kritik der funktionalistischen Vernunft*, Frankfurt am Main：Suhrkamp Verlag, 1995, S. 587.

二、交往行为意义的双重解释及其论证预设

哈贝马斯是从旁观者与行为者的双重视角出发来探讨关于交往行为意义的解释的。如前所述,旁观者视角指的是社会理论家运用批判解释学方法,将交往行为作为研究课题来进行解释,行为者视角指的是交往行为参与者本身对于他们所参与的交往过程的理解。在哈贝马斯看来,这两种解释都要求在合理的论证预设下展开,因此,这种论证预设不仅是理论研究的方法论所需要的,而且更为重要的是,它们也是交往行为者理解自身与他者行为的方法论所需要的。

(一)社会理论家对交往行为意义的解释

在《交往行为理论》中,就篇幅而言,关于社会理论中意义问题的讨论,仅占整部著作的二十分之一左右。但这并不意味着这一问题是不重要的。恰恰相反,哈贝马斯在这里关于方法论问题的讨论,正是在交往合理性理论框架下,对其持续了二十年的思考做出的浓缩与总结,这一思考的开端是对当时占据社会理论研究统治地位的实证主义观念的批判。

从历史上来说,社会科学是"仿照近代自然科学,特别是牛顿力学而建构起来的,因而,其之'科学性'也就不可避免地类同于自然科学之'科学性',亦即并非对于社会世界之超然的解释性描述,而是亦指向改变世界的活动"[1]。因此,对于作为一种社会科学的社会理论来说,对人的活动的关注不可避免。同时,由于社会科学与自然科学之间的"亲缘性"以及自然科学在"科学性"上的优势地位,实证主义主张科学方法的统一性,即"尽管不同的研究领域所适合的概念和方法存在差异,但是自然科学的方法论程序适用于人的科学;研究逻辑在两个领域都是相同的",并且研究目标的实现方式也是相同的,"即在以假设构建的普遍规律下包含个体案例"[2]。

然而,如果认同这种同化,社会科学本身的合法性就是存疑的。而在这一合法性问题中,方法论是关键。如果社会科学没有自己正当独立的方法论,那么即便不断强调其理论对象与自然科学是不同的,它也不能对自己的对象做出合理阐明,也就不能坚守自己的领地。因此,在哈

---

[1] 王南湜:《社会科学对象的建构性与当代中国社会科学的建构》,《学习与探索》2019年第8期,第18页。

[2] 〔美〕托马斯·麦卡锡:《哈贝马斯的批判理论》,王江涛译,上海,华东师范大学出版社,2010,第172~173页。

贝马斯之前，实证主义的这些观念就已经遭到了现象学、解释学的反驳，以霍克海默和阿多诺为代表的法兰克福学派第一代理论家们也着力对之展开批判，这甚至于 20 世纪 60 年代在德国社会学界中引发了一场关于实证主义方法论的争论，哈贝马斯也参与了这场争论。正是在批判实证主义的基础上，哈贝马斯开始思考什么才是属于社会学或社会理论研究的方法论，这就将他的注意力引向了意义理解问题，因为作为面对人的活动及其结果的社会理论，从理论角度上来说，其根本任务是如何合理地理解人类行为的意义。

首先，意义（Sinn）①概念是威廉·狄尔泰最先使用的。他认为，不同于自然科学根据外在经验来解释事物现象，人文社会科学应当借助主观经验来把握人的行为方式，其结果便是形成对人类行为的意义的理解。韦伯接受并发展了狄尔泰的意义概念。不过，不同于狄尔泰过于强调主观方面，韦伯认为："'社会的'行动则指行动者的主观意义关涉到他人的行为，而且指向其过程的这种行动。"②这意味着，人的行为意义不是纯粹主观的，而是具有主体间维度的。不过，在哈贝马斯看来，韦伯并没有由此深入下去，"没有将'意义'同可用于沟通的语言中介联系起来，而是将之与一个最先被理解为孤立的行为主体的意见和意图联系起来"③。而哈贝马斯所采取的恰恰是前一种方式，即主张语用学的意义理论，认为意义的合理性取决于语言功能运用的有效性要求的满足。如此一来，哈贝马斯的社会理论就能利用语用学进入对交往行为意义的分析，因为社会理论的对象领域，正是在其考察前已经用语言符号先行建构起来的。

与语言表达意义的情况类似，对交往行为意义的考察的基本问题是，交往行为究竟意味着什么。哈贝马斯认为，如吉登斯指出的那样，社会理论承担着双重的解释学任务，一个是如自然科学那样解释通过观察或

---

① 弗雷格曾对 Sinn 与 Bedeutung 做出区分，前者指的是语词本身的意义，后者指的是语词所指向的对象。这二者固然是要有所区分的，但以这两个本就相近的词来分别指代这两种含义，特别是 Bedeutung 的用法，弗雷格之后，在重要的哲学家中，大概只有曾支持弗雷格真值语义学的早期维特根斯坦继承了（参见陈嘉映：《语言哲学》，北京，北京大学出版社，2003，第 42 页）。在哈贝马斯这里，弗雷格只是其所批判的形式或真值语义学的代表者之一，哈贝马斯是着眼于整个语义学理论范围的，因此他也没有接受弗雷格的用法，而是用 Bedeutung 来概称作为协调行为之中介的语言表达的意义。同时，他又接受了韦伯关于 Sinn 的用法，用其来指行为本身的意义。

② 〔德〕马克斯·韦伯：《社会学的基本概念》，顾忠华译，桂林，广西师范大学出版社，2005，第 3 页。

③ Jürgen Habermas, *Theorie des kommunikativen Handelns*, Bd. 1. *Handlungsrationalität und gesellschaftliche Rationalisierung*, Frankfurt am Main: Suhrkamp Verlag, 1995, S. 377.

实验而获得理论数据的问题，另一个是理论形成过程中出现的意义理解问题，这后一方面意味着，"理解问题是在获得数据的时候就出现了，而不是在用理论描述数据的时候才出现的"。因此，社会理论家"不能把他在客观领域里'得到'的语言当作中性工具加以'使用'。他不能不依靠某个成员或他自己的生活世界的前理论知识，就'径直'去使用语言"①。这种理解不同于完全外在于对象领域的方式进行的观察，而是应当持一种完成行为式立场进行的观察。这意味着，社会理论家要理解其对象领域，自身必须是具有言语和行为能力的、能够进入生活世界的、交往过程的潜在参与者，这就与有效性要求联系起来了。既然也要参与到交往行为过程中，社会科学家的解释工作也是受到交往合理性支配的。那么，本身也是社会理论家的哈贝马斯，其方法论是什么呢？

早在《论社会科学的逻辑》中，哈贝马斯就曾对当时的社会理论中意义理解的方法论进行了批判，这包括现象学方法论、语言学方法论和哲学解释学方法论。哈贝马斯对这三者的批判是有内在逻辑的，我们这里所关心的是后两者之间的递进关系。哈贝马斯认为，语言学方法论超越了现象学方法论，因为它不再以意识哲学的方式，"从意识行动中建构的世界的先验参考框架下"来把握意义和行为的关系，"而是通过对语言意义的逻辑分析进行的"②。但其问题恰恰是过于执着于对语言意义的分析，将语言游戏规则非历史地固定化了，这实际上是将社会理论的方法论狭隘化为语言分析的方法论。伽达默尔的哲学解释学由于对传统即内容方面的侧重，所以其对语言的理解能够摆脱这种非历史性。在哈贝马斯看来，当时主要的社会理论研究方法论中，哲学解释学方法论是最为恰当的，相对于其他方法论，它注意到了人们相互理解对方语词和行为的能力，强调不同交往参与者之间的背景预设及其差异在解释中的作用。但是，哈贝马斯对这种方法论依然是不满意的，因为它没有认识到意识形态和物化的社会作用，是非批判、非反思的。

由上可见，语言学与哲学解释学之间本就存在着内在关联。这对于作为这两种方法论的批判结合者的哈贝马斯来说也是适用的。通过批判地吸收前人成果，哈贝马斯提出了自己的方法论——批判解释学。他认为，哲学解释学所辩护的传统中，可能存在着扭曲了人们之间的合理交

---

① 〔德〕尤尔根·哈贝马斯：《交往行为理论》第 1 卷，曹卫东译，上海，上海人民出版社，2018，第 143 页。

② Jürgen Habermas, *On the Logic of the Social Sciences*, Shierry Weber Nicholsen & Jerry A. Stark, trans., Cambridge: the MIT Press, 1998, p. 117.

往的因素，而批判解释学正是要揭示这些要素，并利用普遍语用学分析所得的无条件要素来对其进行批判。在《交往行为理论》中，哈贝马斯在前述关于意义理解的新规定的基础上，通过与社会现象学、人种学和哲学解释学对比的方式，突出了自己的批判解释学的优势。

社会现象学一方面依靠具有特殊性内涵的生活世界，另一方面又试图寻找价值中立的超然立足点来摆脱特殊性、寻找普遍性。而批判解释学主张，解释者必须将意义理解与有效性联系起来，为此，他们要放弃"观察者借助其特权地位而具有的优越性"，潜在地参与到交往过程当中，由此，解释者"原则上接受了与他们试图理解其表达的那些人同样的地位……投身于一个相互批评的过程中"[1]。

人种学与社会现象学类似，甚至将相对主义与绝对主义的矛盾激进化了，并且因对特殊性的强调而使得"特殊性的机会主义战胜了普遍性"。对此，批判解释学承认，"在日常交往中，表达从来都不是孤立的，它的意义内涵来源于一定的语境"，"如果不参与到语境的形成与发展过程中去，解释者就无法获得对语境的前理解，而这种前理解是理解一定语境当中的表达所必不可少的"[2]。同时，批判解释学又要克服可能由此导致的相对主义，为此，解释者就"必须指向直接的参与者所指向的那些有效性要求，所以，他可以从言语内在所固有的合理性出发，对参与者为他们的表达所提供的合理性予以真正对待，并加以批判检验"[3]。

哲学解释学虽然倡导将理解和有效性要求关联起来，但如前所述，它缺乏一种批判反思的维度。对此，批判解释学认为，在任何解释中，解释者诉诸某一标准是不可避免的，但这并不意味着这一标准就必然是合理的，而批判这种标准的标准是言说者、行动者的表达有效性条件。这就要求批判解释学进行合理的重构：

> 就合理的重构阐释了表达的有效性条件而言，它们也解释了异常情况，通过这种间接的立法权威，它们获得了一种批判的功能。就它们将个别有效性要求之间的差异扩展出传统界限而言，它们甚

---

[1] Jürgen Habermas, *Philosophische Texte*, Bd. 1. *Sprachtheoretische Grundlegung der Soziologie*, Frankfurt am Main: Suhrkamp Verlag, 2009, S. 345.

[2] 〔德〕尤尔根·哈贝马斯：《交往行为理论》第 1 卷，曹卫东译，上海，上海人民出版社，2018，第 160 页。

[3] 〔德〕尤尔根·哈贝马斯：《交往行为理论》第 1 卷，曹卫东译，上海，上海人民出版社，2018，第 166 页，译文有改动。

至能够建立起新的分析标准。①

　　除了要为社会理论研究提供合理的方法论，哈贝马斯还试图借此将自然科学与社会科学沟通起来，这也正是前述哲学层面方法论所要求的。在《论社会科学的逻辑》中，针对自然科学和社会科学在方法论上的对立，哈贝马斯主张：“社会科学必须解决这两种方法论之间的张力，从而让它们和平共处，因为正是社会科学中的研究实践要求对分析的方法论与解释的方法论之间的关系进行反思。”②这就涉及严格区分自然科学和社会科学的情况下解释学的普遍适用性。哈贝马斯主张，解释学并不去干涉自然科学本身的方法论，但它能够“把重要科学信息翻译成社会生活的语言”，使它们“在日常语言的对话中，变得明白易懂”③。

（二）交往行为者对交往行为意义的解释

　　社会理论对行为意义的解释与交往参与者的解释是不同的，因为作为旁观者的解释者的目的和作为直接参与者的解释者的目的是不同的，前者追求的不是“一种能够达成共识的解释”④，而这正是后者的目的。⑤ 如果要达成这一目的，就需要相应的资质和方法：只有凭借交往资质，交往参与者才能通过运用合理的方法，达成交往目的；反过来，交往资质是在合理的交往过程（这也是一个学习过程）中获得并发展的。

　　吸取了语义学中非历史性的教训，哈贝马斯试图在发展逻辑当中来阐明交往资质问题。作为一种理性能力，交往资质无疑是属于个体行为者的，但是它不应当是传统哲学所理解的一种无历史的、孤立主体的既定的先验能力，而应当是在主体间的互动过程中不断进步的，而这个过程正是主体的自我同一性的形成过程。因此，他借助并综合皮亚杰、米德、科尔贝克等人关于个体形成与发展的学说，来阐述他关于交往资质

---

① Jürgen Habermas, *Philosophische Texte*, Bd. 1. *Sprachtheoretische Grundlegung der Soziologie*, Frankfurt am Main: Suhrkamp Verlag, 2009, S. 352-353.

② Jürgen Habermas, *On the Logic of the Social Sciences*, Shierry Weber Nicholsen & Jerry A. Stark, trans., Cambridge: the MIT Press, 1998, p. 3.

③ 〔德〕尤尔根·哈贝马斯：《解释学要求普遍适用》，《哈贝马斯精粹》，曹卫东选译，南京，南京大学出版社，2004，第140页。

④ 〔德〕尤尔根·哈贝马斯：《交往行为理论》第1卷，曹卫东译，上海，上海人民出版社，2018，第139页。

⑤ 当然，二者之间还是有一定的相通性。哈贝马斯认为，可以将前者视为后者的一个特例，这一特例形成了一种专家知识。对于社会理论家的解释工作来说，行为者与世界的关系是具有构成性意义的，这种意义集中体现在社会理论家的意义解释工作与解释对象即交往行为的有效性上，而这对于交往行为者对自身行为的合理性的解释也是具有构成性意义的。

发展的理解。关于交往资质发展阶段的划分，在《重建历史唯物主义》中，哈贝马斯先后提出过两种方案，即四阶段论和三阶段论。相对于四阶段论，三阶段论得到了更为充分的阐发，并且能够将前者纳入其中①，因此本书围绕三阶段论来讨论。

首先，在自然认同阶段，个体第一次将自身与周边环境区分开。其次，在角色认同阶段，个体"学会了充当社会角色，即学会了作为有能力的成员参加互动"。最后，在自我认同阶段，个体"学会了怀疑社会角色和行为规范的有效性……这种对待有前提的公认的要求的态度，要求暂时停止行为强制，或者像我们所说的，要求商谈，因为商谈可以用论证来说明实际问题"②。从互动的角度来讲，这三个阶段都可以被纳入宽泛意义上的交往行为当中（分别是不完美的互动、完美的互动和交往行为与对话），它们是三种不同水平上的交往行为。不过，哈贝马斯主要关心的是第三个阶段，因为正是在这一阶段上，交往资质得到了明显的体现，或者说，是一种高要求的交往资质。在此，互动效果或沟通的达成，不仅要求交往行为者能够在一定的规范下为自己的表达与行为提供合理的根据，而且要求一种解释性活动能力，即当规范自身受到质疑时，能够对规范进行反思，并有能力在互动过程中达成关于规范的新的共识。

相应地，在运用这种资质时，也存在着两种意义上的交往行为，即日常交往行为和表现为论证形式的交往行为。在任一日常交往行为中，听者理解并赞同言说者的表达中的有效性要求，双方没有必要将某一或某些有效性要求主题化，因此有效性要求是作为预设的、隐默的前提发挥作用的，在其中，交往合理性表现为表述的理智形式。然而，有效性要求的完全满足是一种理想状态（因为这种完全满足意味着所有潜在参与者都予以认同，而这在现实中是不可能实现的，绝大多数情况也只是接近满足），当言说者提出的有效性要求遭到质疑时，原有的共识就不再存在了，双方如果想要达成新的共识（无论是言语的还是行为的），就需要进入论证程序。在此，交往合理性表现为一种论证合理性。在论证过程中，言说者提出的有效性要求遭到听者的挑战，那么言说者有责任用理

---

① 关于四阶段论的说明，参见〔德〕尤尔根·哈贝马斯：《重建历史唯物主义》，郭官义译，北京，社会科学文献出版社，2013，第8~9页。它与三阶段论的对应关系是，第一、第二阶段（即共生的发展阶段和以自我为中心的发展阶段）相应于后者的第一阶段，第三阶段（即以社会为中心的和客观的发展阶段）和第四阶段（即普遍的发展阶段）分别相应于后者的第二和第三阶段。

② 〔德〕尤尔根·哈贝马斯：《重建历史唯物主义》，郭官义译，北京，社会科学文献出版社，2013，第55页，译文有改动。

由来支持他的表述或主张的有效性要求，而听者也类似地有责任提供理由来支持他所做出的"是"或"否"的回应。双方所使用的理由都是在无强制的前提下提出的，它们必须具有合理的推动力，能够说服对方、兑现自己的有效性要求。

换言之，交往行为中达成的共识不是对个性和多元性的抹杀，相反，

> 是建筑在对个性和多元性的承认之上的。但承认多元性和个性决不意味着异质多元的话语可以不遵守任何规则，可以超越语言交往的有效性要求。问题的实质在于，通过何种途径来达到差异中的同一。真正的共识……它所依据的乃是建筑在逻辑合理性之上的话语规则的统一，目的是使论证的有效性要求在形式和程序上的实现获得保证。换句话说，符合有效性要求的、在平等的主体间达成的共识，强调的是一种程序和规则的合理性。①

这对于交往行为意义的旁观者解释与行动者解释都是适用的。这种程序和规则正是交往合理性所要求的论证及其一系列预设。

(三) 合理论证及其预设

无论是哪种形式的论证，要想取得有效成果，从程序上来说就必须满足一系列预设。关于此，哈贝马斯在不同时期有着不同的表述。在《真理理论》《真理与社会》等文章中，他使用的是"理想的言说情境"："我将如下这种言说情境称为理想的，在其中，交往既不会被外在偶然的影响所阻碍，也不会被源自交往自身结构当中的强制所阻碍"②，"只有对理想言说情境的预期才能确保事实上达成的任何依附于它的共识都是一种理性共识"③。而要实现这一情境，需要满足两个日常(trivial)条件和两个非日常条件。前者是进入论证的必要条件，但并不保证论证是在无强制、无扭曲的情况下进行的。而后者正是要保证这一点的，它们涉及互动语境如何组织。这四个条件分别是：

---

① 〔德〕哈贝马斯、章国锋：《哈贝马斯访谈录》，章国锋译，《外国文学评论》2000年第1期，第29页。

② Jürgen Habermas, *Vorstudien und Ergänzungen zur Theorie des kommunikativen Handelns*, Frankfurt am Main: Suhrkamp Verlag, 1995, S. 177.

③ Jürgen Habermas, *On the Pragmatics of Social Interaction*, Barbara Fultner, trans., Cambridge: Polity Press, 2001, p. 97. 需要做一说明的是，在原文中，哈贝马斯使用的概念是"商谈"而非"论证"。哈贝马斯在这里对"商谈"概念的使用应当是一般意义上的，即与论证同义，而非特指那种有效性要求可普遍化的论证形式，为避免混淆，这里将四个条件中的"商谈"概念一律替换为"论证"。

第一，"所有潜在的论证参与者必须具有同等的机会来运用交往式言语行为，以便他们随时展开论证，并能够通过言词与反言词、问题与回答来将论证持久化"①。换言之，不仅对话角色可以普遍交换，而且承担这些角色，即做出言语行为的机会也是平等的。"从这种一般的对等性假设中，我们能够得出四类言语行为的特殊规则"②，即涉及可理解性、真实性、正确性与真诚性的言语行为的各自规则，它们分别适用于特定类型的论证过程。

第二，"所有论证参与者必须具有同等的机会，来提出阐释、断言、劝告、解释与辩护，并质疑、奠基或驳斥其有效性要求，以便在主题化和批判期间不会有成见被引入"。

第三，"只有如下这样的言说者才能进入论证，他们作为行为者，拥有同等的机会运用能够表达其态度、情感与愿望的表现式言语行为。因为只有个体陈述的游戏空间的相互一致，以及行为语境中接近与疏离的互补性平衡，才为如下一点提供了保障，即行为者也作为论证参与者而真诚地面对自身，并使其内在自然变得透明"。

第四，"只有如下这样的言说者才能进入论证，他们作为行为者，拥有同样的机会运用调节式言语行为，也就是说，做出命令与反抗、允许与禁止、做出承诺与接受诺言、做出解释与要求解释等。因为只有行为期待的完全相互性……才为如下一点提供了保障，即在形式上平等共享开始言说和继续言说的机会，实际上也能被用来悬搁现实强制，并转入摆脱了经验和行为的论证交往领域当中"③。

在之后的著作之后，哈贝马斯不再使用"理想的言说情景"这一表述，但他并未对其所表达的基本内容做根本性修改。在《什么是普遍语用学》一文中，他进一步从语用学角度，将上述条件概括为"可能沟通的普遍条件"或"交往的一般预设"④。在建构道德-实践理论时，他又提出了"论证的预设"概念，并对上述四个条件做了更为简洁的表述：

---

① Jürgen Habermas, *Vorstudien und Ergänzungen zur Theorie des kommunikativen Handelns*, Frankfurt am Main: Suhrkamp Verlag, 1995, S. 177.

② Jürgen Habermas, *On the Pragmatics of Social Interaction*, Barbara Fultner, trans., Cambridge: Polity Press, 2001, p. 98.

③ Jürgen Habermas, *Vorstudien und Ergänzungen zur Theorie des kommunikativen Handelns*. Frankfurt am Main: Suhrkamp Verlag, 1995, S. 177-178.

④ Jürgen Habermas, *Vorstudien und Ergänzungen zur Theorie des kommunikativen Handelns*. Frankfurt am Main: Suhrkamp Verlag, 1995, S. 353.

　　包容性，任何能够做出相关贡献的人都不会被排除出参与过程；平等享有交往自由，所有人都有平等的机会来提供贡献；真诚性，参与者必须意谓他所说的内容；排除外在规定的或内在于交往结构中的强制，参与者对可批判的有效性要求的是/否的立场，只能通过合理的理由的说服力量来激发。①

　　进而，他又将上述条件主要归于论证的过程层次（真诚性原则被归于程序的辩证层次）。按照亚里士多德逻辑学，论证规则或预设可以分为三个层次：论证产生的逻辑层次、程序的辩证层次和过程的修辞层次。首先，处于论证产生的逻辑层次上的是逻辑规则和语义规则，从这一层次来看，"论证是为了产生本质上强有力的论据，凭借它们，我们能够兑现或拒绝有效性要求"。其次，处于程序的辩证层次上的是主宰论证过程的具体规则，这因不同的论证形式而不同，比如有责任原则、管辖原则、关联原则等。从这一层次来看，"论证是沟通过程，这些过程是以如下方式组织起来的：支持者与反对者以一种假定的态度，并且摆脱了行动压力与经验压力的情况下，能够检验已经成问题的有效性要求"。最后，处于过程的修辞层次上的是免于压制、强制和不平等的理想言说情境，从这一层次来看，"论证言语是交往过程，根据其达成一种合理激发的一致这一目标，它必须满足若干未必可能的（unwahrscheinlich）条件"②。

　　以上对于三个层次的呈现只是概述，在第三章讨论商谈伦理学的普遍化原则时，我们还会回到这些层次上来。此外，虽然本书将仅讨论道德商谈中上述预设或规则的具体情况，但按照哈贝马斯的理解，它们既然是一般论证得以无强制、无扭曲实现的条件，那么它们应当适用于所有类型的论证，不过在不同论证中，需要根据具体情况，再在这些一般条件基础上做些增补修改。

第三节　解放兴趣与生活世界

　　就哲学层面而言，基于交往合理性的哲学对传统的大全理性观的放弃，以及对自身与科学的关系的调整，使得它能够重新理解包括自身在

---

① Jürgen Habermas, *Philosophische Texte*, Bd. 3. *Diskursethik*, Frankfurt am Main: Suhrkamp Verlag, 2009, S. 441.
② Jürgen Habermas, *Philosophische Texte*, Bd. 3. *Diskursethik*, Frankfurt am Main: Suhrkamp Verlag, 2009, S. 87-89.

内的理论同现实实践的关系。在这方面，这一新哲学继承了德国实践哲学传统，再次明确了实践相对于理论的优先性，并以解放作为交往合理性自身的理性兴趣，而这最终要追溯到生活世界的奠基性上。就社会理论层面而言，基于交往合理性的哲学为社会理论研究提供了概念与方法论上的导向，由此，这种研究内在地包含着解放指向。因此，在分析社会现实时，它所选择的是系统-生活世界框架，其目的是，一方面，分析现实的生活世界合理化过程中发生的异化，即系统对生活世界"殖民"的成因；另一方面，按照生活世界的内在结构，提出以交往合理性重建生活世界的方式，即生活世界合理化的正当方式（这一点将在第六章中予以详细讨论）。同时，与生活世界的结构相应，理论上规定的交往行为也具有了更为丰富的内涵："交往行为不仅是一个沟通过程，即就某个世界中的某物进行沟通，而且，行为者同时参与到互动当中，由此他们形成、证实并更新他们对社会群体的从属性以及他们自己的同一性。"①

一、解放兴趣与生活世界的奠基性

交往合理性作为一种实践的合理性，它的解放兴趣包含着实践优先性的指向。进一步来说，这依赖于对于交往行为来说具有奠基性意义的生活世界，它是解放兴趣的现实基础。

(一)交往合理性的解放兴趣及其内涵

在哲学传统中，理论与实践的关系"始终与美好的和正确的、与个人和公民的'真正的'生活和共同生活相联系"。而自现代性进程开启以来，特别是在 18 世纪，"旨在实践，同时又依赖于实践的理论，研究的不再是……按其本质来说是不变的人类的行为和关系。确切地说，理论现在同创造自己、规定其本质（人性）的人类的客观发展联系相关联"②，这集中表现为德国古典哲学中出现的实践理性双重化道路，但其抽象思辨性的"外壳"阻遏其深入现实当中。与此同时，另一种观点则凸显了现实性指向，这就是实证主义依据自然科学发展而得出的理论-实践观，在这里，"理论与实践的关系更多地表现为对技术（有经验科学保障的技术）的有目的的、合理的使用"。但这种观点同样是成问题的，因为它将技术力量与实践力量混淆了，其目标不过是"既非实践的又非历史的、以一种完

---

① Jürgen Habermas, *Theorie des kommunikativen Handelns*, Bd. 2. *Zur Kritik der funktionalistischen Vernunft*, Frankfurt am Main: Suhrkamp Verlag, 1995, S. 211.

② 〔德〕尤尔根·哈贝马斯：《理论与实践》，郭官义、李黎译，北京，社会科学文献出版社，2010，第 237 页。

美的社会的管理方式，从技术上获得对历史的支配"①。在这里，理论在将自身精细化（学科的不断划分）的同时，也将自身领域收缩了，因为这种观点并未包括哲学，因而也就丧失了理论之于实践所具有也应当具有的批判性力量。可见，上述两种视角虽然都主张实践相对于理论的优先性，但却因各自的局限性而不能真正破解二者关系之谜，这就需要某种综合，既要处理哲学与科学之关系，又要面对这二者所构成的理论整体同现实实践的关系。

哈贝马斯认为，上述路向虽有其不足，但都一再表明，"理论对于实践的经典领先地位不得不让位于越来越清楚的相互依存关系"②，并且在这种关系中，实践要优先于理论。换言之，理论具有"后来性和事后性"，因此它"不能把实践丢在自己的'后面'"③，即不能忘却实践对于理论的某种决定性作用。在交往行为理论提出之后，哈贝马斯进一步对理论和实践的关系做了规定，本章第二节所阐明的基于交往合理性的哲学作为科学之示范者和解释者的地位，正是这一规定在方法论层面上的反映。他认为，哲学可以利用其所获得的批判性知识来使人们意识到被扭曲了的生活世界，因此生活世界的解放需要这样一种理论来实现启蒙。如果进一步追问这种哲学何以能够或者说必须对理论与实践的关系做出新的规定，那就要归之于交往合理性的"理性的意志"，即以反思批判为旨归的解放的理性兴趣。

如麦卡锡所说，哈贝马斯强调的是"一种建立在不受控制的交往基础上的社会关系中的兴趣"④。这是一种唯物主义意义上的解放的理性兴趣，它是理性感知社会的能力的表征，是"对人的启蒙，……以便他们能够就此达成一种解放性共识，并为之赢取相应的行为"⑤，因此，其实质是通过一种批判性的反思来实现主体的自由和成熟。在这种兴趣引导下，交往合理性能够实现双重任务：一方面，"通过纯粹反思而脱离"，即能够站在更高的视角上来反思人类发展和文明创造的历史及其问题，批判

---

① 〔德〕尤尔根·哈贝马斯：《理论与实践》，郭官义、李黎译，北京，社会科学文献出版社，2010，第238页，译文有改动。

② 〔德〕于尔根·哈贝马斯：《后形而上学思想》，曹卫东、付德根译，南京，译林出版社，2012，第33页，译文有改动。

③ 〔德〕尤尔根·哈贝马斯：《理论与实践》，郭官义、李黎译，北京，社会科学文献出版社，2010，第114、107页。

④ 〔美〕托马斯·麦卡锡：《哈贝马斯的批判理论》，王江涛译，上海，华东师范大学出版社，2010，第116页。

⑤ Dietrich Böhler, "Zum Problem des 'emanzipatorischen Interesses' und seiner Gesellschaftlichen Wahrnehmung", in *Continental Philosophy Review*, 1970 (June), S. 28.

畸形的主体间关系；另一方面，"具体地、身体力行地参与到历史情境当中"①，即在批判反思所做的理论准备下，现实地克服交往异化，从而实现自我解放与生活世界的重建。

以上是就交往合理性自身而言的。同时，交往合理性作为试图实现新的综合的合理性，必须对另外两种理性兴趣形式，即技术兴趣和实践兴趣发挥作用。在认识兴趣理论时期，哈贝马斯未能为解放兴趣找到恰当的行为领域，因而也就限制了这种兴趣作用的发挥。而随着交往行为理论的提出和成熟，这一问题也得到了解决。相对于技术兴趣和实践兴趣，解放兴趣指向的是"不受控制的交往基础"，这无疑具有某种理想化色彩，因此解放兴趣具有推论出来的性质，我们或可以将之称为"二阶的"理性兴趣。但是，这种兴趣又是现实的，因为技术兴趣和实践兴趣并不必然能够保证人的自由的实现："'技术的'兴趣指向的是对自然的支配，但同时因此也指向对不可控的自然暴力的摆脱。'实践的'兴趣指向的是人们在其历史中相互沟通，但同时因此也指向对政治上强制的、非反思的传统的文化暴力的摆脱。"②就此而言，解放兴趣构成了其他两种兴趣的核心和归宿，因而又是"高阶的"，是理性的"元兴趣"，即理性对自身的兴趣。③此外，在认识兴趣理论中，审美-表现合理性是没有相应的位置的。通过哈贝马斯此后关于审美-表现合理性的论述可以推知，这种合理性也具有一种解放兴趣，不过它不同于交往合理性的解放兴趣（为示区分，在不加限定的情况下，本书均是在后一种意义上使用解放兴趣这一概念），而说是与技术兴趣和实践兴趣同属一个层次，它在交往合理性的解放兴趣给予其重新定位的前提下，与之形成了一种合作关系，这将在第五章中予以讨论。

（二）生活世界的哲学特征

最先提出生活世界概念并给予其哲学阐释的是胡塞尔，他指出，生活世界对于"处于共同生活中的我们"来说是"预先给定的世界，作为对我们有效存在的世界，我们还共同地属于这个世界，属于这个我们大家的

---

①　Fred R. Dallmayr，"Reason and Emancipation: Notes on Habermas"，in *Man and World*，1972(5-1)，p. 96.

②　Dietrich Böhler: "Zum Problem des 'emanzipatorischen Interesses' und seiner gesell-schaftlichen Wahrnehmung"，in *Continental Philosophy Review*，1970（June），S. 28.

③　参见〔德〕尤尔根·哈贝马斯：《认识与兴趣》，郭官义、李黎译，上海，学林出版社，1999，第 201 页。

世界，作为在这种存在意义上预先给定的世界"①。由此可见，在胡塞尔的生活世界概念中，蕴含着主体间维度，并且强调了生活世界对于生活于其中的人们的既定性和背景性。因此，哈贝马斯主张："在交往行为中作为语境表现出来的生活世界概念，应当以现象学的生活世界分析为引导来进行。"②不过，在借助胡塞尔现象学对这一概念进行哲学阐释时，哈贝马斯与之又存在着根本差异。如前所述，他认为，胡塞尔一直是在唯心主义范围内打转，最终以先验自我为生活世界奠基，而他所欲凸显的恰恰是生活世界本身对于主体间关系的奠基性。所以哈贝马斯认为："处于生活世界视域中心的，不再是胡塞尔那里的一种先验自我的意识生活，而是至少两个参与者，即他者与自我之间的交往关系。"③

在前面的论述中，我们已经不断涉及生活世界的奠基性，无论是理性兴趣，还是以之为动力形成的专家知识，都是来源于生活世界的。这种奠基性具有如下三个特征。

第一，直观性。生活世界是"日常存在的不可逾越的、只能直观地跟随的经验视域"④，它"构成了一种前提网络，这种网络是直观地在场的，因此是可信和透明的，同时是不可忽视的"⑤。在我们的行动过程中，它表现为某些潜在的信念，它们始终是牢不可破的、直到其出于某种原因自行消解，同时它也表现为以直观的方式"认识"到的东西，不过这种知识是要加引号的，因为它并不是严格的理论化意义上的知识。

第二，非对象性。与直观性相应的是，我们不能以理论的、纯然旁观的方式把握生活世界，它总是作为隐含的、前反思的、我们"不能至其背后而只是非对象地塑造的经历背景"⑥，是言说者和听者之间进行沟通并达成共识的背景性语境，在日常生活中与我们的行动相伴随。因此，

---

① 〔德〕胡塞尔：《欧洲科学的危机与超越论的现象学》，王炳文译，北京，商务印书馆，2001，第132页。

② Jürgen Habermas, *Theorie des kommunikativen Handelns*, Bd. 2. *Zur Kritik der funktionalistischen Vernunft*, Frankfurt am Main：Suhrkamp Verlag，1995，S. 183.

③ Jürgen Habermas, *Philosophische Texte*, Bd. 5. *Kritik der Vernunft*, Frankfurt am Main：Suhrkamp Verlag，2009，S. 208.

④ Jürgen Habermas, *Philosophische Texte*, Bd. 5. *Kritik der Vernunft*, Frankfurt am Main：Suhrkamp Verlag，2009，S. 204.

⑤ Jürgen Habermas, *Theorie des kommunikativen Handelns*, Bd. 2. *Zur Kritik der funktionalistischen Vernunf*, Frankfurt am Main：Suhrkamp Verlag，1995，S. 198.

⑥ Jürgen Habermas, *Philosophische Text*, Bd. 5. *Kritik der Vernunft*, Frankfurt am Main：Suhrkamp Verlag，2009，S. 204.

"交往行为的主体总是在生活世界的视野内达成共识"①。在我们的认识与行动当中被对象化的，不过是这一背景中的某个片段、情境。

第三，总体性。"生活世界是一种总体化力量。总体化既指社会空间的总体，也指历史时间的整体，是由所有时空构成的总体。"②这种总体类似于无法穿透的"灌木丛"，它能够将不同的要素混杂起来。因此，我们作为有限主体，只能是在这一总体中，通过运用不同的知识（广义的）范畴，依靠问题经验，将这些要素分门别类。因此，生活世界也是专家文化或价值领域所涉及的不同主题的总体，并为之提供资源。

当然，就现实情况而言，生活世界并非没有问题的。哈贝马斯认为，从社会理论的角度来说，自现代性进程开启以来，生活世界就逐渐陷入了合理化的"辩证法"。一方面，与现代社会不同合理性领域的分离相应，生活世界的合理化意味着其结构性要素的分化，这是生活世界自身的一种发展。另一方面，在这一合理化过程中，从生活世界中分离出的系统反过来侵蚀了生活世界，造成了生活世界的殖民化，由此而引发了现代性的危机。

二、生活世界合理化的辩证法：结构分化与殖民化

哈贝马斯结合韦伯的合理化论题与社会理论中关于生活世界的研究，将现代性视为生活世界的合理化过程。在此过程中，生活世界的结构发生了分化，这促进了生活世界自身与交往合理性的发展。但随着分化的日益深入，合理化的另一面也展现了出来，这就是系统对生活世界的殖民，而这种异化状态的消除又要依赖于交往合理性及其解放兴趣。

（一）生活世界的结构分化

最初从社会理论视角来考察生活世界的，是胡塞尔的学生、现象学社会学的代表人物阿尔弗雷德·舒茨。不过，在哈贝马斯看来，舒茨并未突破胡塞尔所框定的意识哲学的窠臼，这就使得他对生活世界的考察也是"从唯我论的意识出发的"，因此是"从孤立的行为者的主观经验的镜像中来理解生活世界的结构"。③相较于此，哈贝马斯凭借主体间范式做出的关于生活世界概念的哲学阐释，试图发展出一种更为可信也更为现

---

① 〔德〕尤尔根·哈贝马斯：《交往行为理论》第1卷，曹卫东译，上海，上海人民出版社，2018，第97页。

② 舒红跃：《从胡塞尔到哈贝马斯：多重语境下的"生活世界"概念》，《德国哲学》2011年卷，邓晓芒、戴茂堂主编，北京，中国社会科学出版社，2012，第281页。

③ Jürgen Habermas, *Theorie des kommunikativen Handelns*, Bd. 2. *Zur Kritik der funktionalistischen Vernunft*, Frankfurt am Main: Suhrkamp Verlag, 1995, S. 196-198.

实的生活世界概念。

哈贝马斯从文化、社会①和个体三个方面分析了生活世界的结构。而这三个方面又可以从静态与动态这两个视角出发来考察。

首先，从静态视角来看，这三个方面形成了生活世界的三个基本的结构性要素，即文化要素、社会要素和个性要素。文化要素是指一种知识储备，"当交往参与者就某个世界中的某物进行沟通时，他们就从这种知识储备出发来进行解释"。社会要素是指合法秩序，"经由它，交往参与者调节他们对社会群体的从属性，并因此确保团结"。个体要素是指一种能力或资质，"它们使得一个主体能够言说和行动，因而使得他能够参与到沟通过程当中，并主张他自己的同一性"②。

其次，从动态角度来看，生活世界的这三个结构性要素既是生活世界再生产过程的"结果"，也是新的再生产过程的"原料"，由此形成了生活世界之中三个基本的符号再生产过程，即文化再生产、社会性整合和个体社会化。文化再生产"确保的是，在语义学维度中，新出现的情境与现存的世界状况关联起来：它确保传统的连续性和足以用于日常实践的知识的连贯性。连续性和连贯性是由被视为有效的知识的合理性来衡量的"。社会性整合"确保的是，在社会空间维度中，新出现的情境与现存的世界状况关联起来：它关心的是借助合法调节的人际关系来协调行动，并在对于日常实践来说足够充分的范围内巩固群体的同一性"。个体社会

---

① 哈贝马斯的理论涉及了多个与"社会"相关的概念，这里须预先做些区分。

(1)历史性的社会概念。比如古代社会、现代社会、资本主义社会等，就外延而言它是最宽泛的，包括系统、生活世界和社会世界等概念。针对以往社会理论研究中仅从系统视角或仅从生活世界视角来展开所造成的局限，哈贝马斯提出要将这种历史性的社会同时构想为系统和生活世界，即从系统-生活世界双重视角来考察之。

(2)生活世界中的社会方面。这一方面又包括两个概念，即结构性的社会要素的社会和作为再生产过程的社会性整合。

(3)作为三个形式的世界之一的社会世界，它与生活世界的社会方面的区别在于，在交往行为中，它是一个被主题化了的"社会"，而后者作为总体性背景之组成部分，不能被主题化，但二者可以指向相同的内容，即制度性秩序，这一内容"本质上来说……也作为规范的东西……下降到形式的世界概念之中"，其"具有一种双重地位——一方面作为社会世界……组成部分，另一方面作为生活世界的结构性要素"(Jürgen Habermas, *Theorie des kommunikativen Handelns*, Bd. 2. *Zur Kritik der funktionalistischen Vernunft*, Frankfurt am Main：Suhrkamp Verlag, 1995, S. 204)。

在这些概念中，就名称而言，容易混淆的是历史性的社会概念，作为生活世界之一方面的社会，以及包含在前者当中的社会要素，为简便起见，下文中将对历史性的社会概念加限定语，而将另两者分别称为社会方面和社会要素。

② Jürgen Habermas, *Theorie des kommunikativen Handelns*, Bd. 2. *Zur Kritik der funktionalistischen Vernunft*, Frankfurt am Main：Suhrkamp Verlag, 1995, S. 209.

化"确保的是，在历史时间的维度中，新出现的情境与现存的世界状况关联起来：它确保不断更替的世代获得普遍化了的行为能力，并且它关心的是个体生活历史和集体生活形式之间的和谐一致"①。

　　在现代性的条件下，生活世界的文化、社会和个体三个方面固然是彼此分化的，但它们之间并非孤立隔绝的。因此某一要素的再生产过程不可避免地会涉及另外两种要素。一方面，每一要素都是以一个再生产过程为主，同时都会涉及另外两个再生产过程，因而每一要素都是三个再生产过程浓缩积淀的结果，同时也将进入新的再生产过程当中；另一方面，任何一个再生产过程并非封闭于某一要素自身内进行的，而是会同时涉及三个要素，因此，某一要素的变化必然会通过再生产过程引起另两要素的相应变化。根据静态和动态这两个视角，哈贝马斯将生活世界的内容概括如下（表 2-1）：②

表 2-1　维持生活世界的结构要素及其再生产过程

再生产过程	结构要素		
	文化	社会	个体
文化再生产	能够达成共识的阐释图式	合法化	社会化模式教育目标
社会性整合	责任	合法组织的人际关系	社会从属性
社会化	解释成就	符合规范的动机	互动能力（人格同一性）

　　由此，我们便可以进入对于现代性合理化的另一面的分析——系统对生活世界的殖民。抽象地说，根据生活世界的文化、社会与个体三个方面的上述特性，可以任选一方面进入这一分析。哈贝马斯选取的是社会方面。这并非出于某种理论偏好，而是因为，在他看来，以货币和权力为媒介的经济子系统和政治管理子系统正是从社会方面并且仅仅是从这一方面中分化出来的③，那么只有从社会方面入手，才能够最为准确地把握殖民化的历程与机制。

---

① Jürgen Habermas, *Theorie des kommunikativen Handelns*, Bd. 2. *Zur Kritik der funktionalistischen Vernunft*, Frankfurt am Main: Suhrkamp Verlag, 1995, S. 212-213.

② Jürgen Habermas, *Theorie des kommunikativen Handelns*, Bd. 2. *Zur Kritik der funktionalistischen Vernunft*, Frankfurt am Main: Suhrkamp Verlag, 1995, S. 214.

③ 参见〔德〕于尔根·哈贝马斯：《后形而上学思想》，曹卫东、付德根译，南京，译林出版社，2012，第 85 页；〔德〕哈贝马斯：《在事实与规范之间：关于法律和民主法治国的商谈理论》，童世骏译，北京，生活·读书·新知三联书店，2014，第 69 页。

（二）系统对生活世界的殖民

从社会理论角度来说，对系统做出更为充分阐述且成为哈贝马斯重要理论对手的，是尼克拉斯·卢曼。卢曼提出了"社会诸系统"的说法，即将社会的经济、政治、法律、道德、艺术等领域都视为子系统。这些子系统是自创生、自我指涉的，而每一子系统又构成了其他子系统存在与变革的环境。因此，现代社会的问题就是系统本身的问题，需要以技术的方式来分析和解决。在哈贝马斯看来，卢曼的系统理论接受了主体哲学的遗产，不同之处是以系统"代替了具有自我意识能力的主体"[①]，而且，限于这种主体范式，卢曼"没有掌握建立在语言基础上的主体间性概念"[②]，在他这里，"根本没有主体间共有的价值、规范和沟通过程"[③]，因此，主体间范式下的生活世界概念所要求的规范性维度就难以在卢曼系统理论中占有一席之地。

因此，哈贝马斯虽然也将系统作为观察社会的视角之一，并且他对系统的理解与卢曼有诸多类似之处，但二者的出发点是根本对立的，他试图从系统与生活世界之间的张力和联系出发来对现代社会做出诊断。

一方面，系统和生活世界有着不同的对应行为领域，并因此为社会提供了不同的整合方式。系统是服务于生活世界的物质再生产的，其对应的是以成功为取向的形式地建构的行为领域（工具或目的行为领域），在社会整合问题上，它提供的是功能性整合或系统性整合原则："行为系统是通过对个体决策的非规范操控而得到整合的。"[④]虽然这一系统也是属人的，但决策并非主体间通过交往达成的，因而是"非规范"的。与之相反，生活世界的符号再生产对应的是主体间以沟通为取向的、交往地建构的行为领域（交往行为领域），在社会整合问题上，它提供的是社会性整合[⑤]原则："行为系统是通过共识而被整合的，这种共识或是规范地

---

① 〔德〕于尔根·哈贝马斯：《现代性的哲学话语》，曹卫东译，南京，译林出版社，2011，第 413 页。
② 〔德〕于尔根·哈贝马斯：《现代性的哲学话语》，曹卫东译，南京，译林出版社，2011，第 421 页。
③ 〔德〕尤尔根·哈贝马斯：《后民族结构》，曹卫东译，上海，上海人民出版社，2019，第 192 页。
④ Jürgen Habermas, *Theorie des kommunikativen Handelns*, Bd. 2. *Zur Kritik der funktionalistischen Vernunft*, Frankfurt am Main: Suhrkamp Verlag, 1995, S. 226.
⑤ 这里出现了两个与"社会"相关的整合问题。按照前文关于"社会"概念的区分，哈贝马斯用 die gesellschaftliche Intgration 表述"社会整合"，而用 die soziale Integration 表示生活世界中的再生产过程之一，即"社会性整合"。就外延而言，前者是包含后者的。

确保的，或是交往地获得的。"①

另一方面，在现代社会中，系统与生活世界虽然领域与整合方式各异，但也正是因此，二者应相互协作：系统为生活世界提供经济基础和政治管理，生活世界则发挥对系统的引导规约作用，由此共同实现社会整合。但现实是，在现代性展开的过程中，随着整合危机的出现，"系统性整合机制侵蚀了那些只有在社会性整合条件下才能实现其功能的行为领域"②，并由此造成了生活世界的一系列病态现象，而这反过来也威胁到系统自身乃至整个现代社会的持存。因此，要理解现代性危机，就需要首先理解为何会出现整合危机。这一危机是在社会的进化过程中出现的，关于此，我们可以分别从系统和生活世界来理解。

从系统的角度来看，社会进化指的是系统的逐步成型及由此带来的它与生活世界的分离。在部落社会时期，现代社会意义上的系统和生活世界的区分并未出现。虽然如此，依然可以看到二者的萌芽，即存在着两种再生产过程——物质再生产和符号再生产。在这一时期，由于系统尚未成型，我们可以说这两种再生产过程都是属于生活世界的。③ 不过同时，部落社会分化的萌芽已经在孕育了，其诱因首先就出现在物质再生产领域当中。在这一领域中，出现了对分工合作的要求，进而要求权力关系和交换关系的制度化，在这里，已经蕴含了权力媒介和货币媒介。当然，部落中的组织权力还不具有严格政治权力的形式，交换机制也只是在有限的范围内发挥着经济功能。随着部落的瓦解和国家的产生，权力机制脱离了部落时期的亲属结构，转变为国家组织机制，以此为条件

---

① Jürgen Habermas，*Theorie des kommunikativen Handelns*，Bd. 2. *Zur Kritik der funktionalistischen Vernunft*，Frankfurt am Main：Suhrkamp Verlag，1995，S. 226.

② Jürgen Habermas，*Theorie des kommunikativen Handelns*，Bd. 2. *Zur Kritik der funktionalistischen Vernunft*，Frankfurt am Main：Suhrkamp Verlag，1995，S. 452.

③ 虽然哈贝马斯并未做这样明确的表述，但我们可以通过他的其他表述来间接地证实这一点。哈贝马斯多次在与生活世界的符号再生产相对的意义上使用"生活世界的物质再生产"概念，如"只要我们考虑的是生活世界的物质再生产，那么所涉及的就不是生活世界自身的符号再生产，而只是生活世界同其周边环境的交换过程"(Jürgen Habermas，*Theorie des kommunikativen Handelns*，Bd. 2. *Zur Kritik der funktionalistischen Vernunft*，Frankfurt am Main：Suhrkamp Verlag，1995，S. 348)；又如，"只有物质再生产的功能领域才能经由操控媒介从生活世界中分化出来，生活世界的符号子系统只能经由以沟通为取向的行为的基本媒介来进行再生产"(Jürgen Habermas，*Theorie des kommunikativen Handelns*，Bd. 2. *Zur Kritik der funktionalistischen Vernunft*，Frankfurt am Main：Suhrkamp Verlag，1995，S. 391)。当然，符号地建构的生活世界是哈贝马斯通常所指的生活世界，也是现代社会中已与系统分离了的生活世界，因此本书在未做限定的情况下，也是在此意义上使用生活世界概念的。

产生了商品市场，这是由货币媒介和交换关系来控制的。然而，在进入现代社会之前，系统依然并未完全发展出来，因为政治与经济并未明确分化开来，诸多经济行为实际上是政治权力的附属物。而在现代性进程开启之后，经济从政治秩序中分离出来，货币媒介和权力媒介分别具有了形成结构的力量，因而在系统内部，经济子系统和政治管理子系统相互独立。至此，系统不仅具有了相对于生活世界中社会方面的独立性，更具有了相对于整个生活世界的独立性。

从生活世界的角度来看，社会进化指的是生活世界自身结构的分化。系统的不断成型意味着系统复杂性的不断提升，而这种提升的动力正是来自生活世界的结构分化，哈贝马斯将其要点按照生活世界的三方面做了如下概括："(1)持续修正流变的传统；(2)把制度所要求的合法性转变为制定与论证规范的商谈程序；(3)对于社会化的个体来讲，只有通过高度抽象的自我认同，才有可能实现富有风险的自我操控。"①其中，对于系统复杂性提升来说最为关键的，是社会方面的制度化。

> 只有当引入一种新的系统机制时，可能的复杂性水平才有可能提升；但是，每一处于领导地位的系统分化机制……必须被制度化……这些基础制度形成了一系列进化性更新，这些更新只有在如下条件下才会出现，即生活世界被充分地合理化，特别是道德和法律达到相应的发展阶段，即一种新的系统分化层面的制度化，要求重建行为冲突的道德–法律的(即意见一致的)调节的制度性核心领域。②

就此而言，系统的发展依赖于生活世界的符号再生产，特别是社会方面的合理化。

综上而言，系统复杂性增长和生活世界结构的分化带来了各种行为领域的相对独立化，不同社会群体之间的利益、价值取向等也日益多元化，整个社会自身也就面临着动荡甚至解体的危险，因此就需要整合机制的不断更新。分化了的系统和生活世界分别提供系统性整合和社会性整合。这两种整合虽分属两个领域，但却能以将经济和政治管理子系统锚定在生活世界当中的制度为通道，实现相互的影响，也就是说，这个

① Jürgen Habermas, *Kleine Politische Schriften* VII, *Die nachholende Revolution*, Frankfurt am Main: Suhrkamp Verlag, 1990, S. 88.
② Jürgen Habermas, *Theorie des kommunikativen Handelns*, Bd. 2. *Zur Kritik der funktionalistischen Vernunft*, Frankfurt am Main: Suhrkamp Verlag, 1995, S. 259.

通道"可以作为生活世界对形式地组织起来的行为领域的影响的通道，或是作为系统对交往地构成的行为语境的影响的通道"①。但现代性发展的现实表明，只有后一种可能变成了事实，货币和权力所操控的经济和政治管理子系统具有一种不可阻挡的内在动力，推动着它们侵入生活世界当中。这种侵入当然不是重新回到前现代社会时期生活世界包容系统的状况，恰恰相反，是系统吞并了生活世界。由此，在生活世界合理化过程中出现了一种悖谬现象："合理化了的生活世界使得子系统得以产生与成长，而子系统的独立命令反过来毁灭性地作用于生活世界自身。"②那么，系统对生活世界殖民的内在动力从何而来，并如何发挥作用？

正如系统的复杂性提升依赖于生活世界符号再生产的结构分化一样，系统殖民生活世界的内在动力虽然是属于前者的，但却可以追溯至后者之中，这就是交往成本和分歧危机的日益增长。在现代性进程中，生活世界出现了符号再生产的结构性分化和三个形式的世界之间的分化。在交往行为中被主题化的事物或问题，是处于形式的世界当中的。三个形式的世界又分别主要地对应于三个有效性要求。同时，某一种交往样态，虽然只是将某一相应的有效性要求主题化了，但又潜在地关涉着其他有效性要求。这种规则显然不是来自这三个相互独立的形式的世界，而是来自生活世界。互动参与者总是在一种他们所共同规定的情境中活动，这一情境的内容可以被分门别类地归入三个形式的世界，而这种内容的整体性来源则是生活世界，"一个情境表现了生活世界的一个片段，这个片段是依照一个主题来划定的"③。

为了实现这种分化前提下的流动性、综合性、完整性，生活世界的各个符号要素通过相应的再生产过程也必须能够相互指涉。但也正是这种分化加大了相互指涉的难度。社会成员的行为逐渐脱离既定的规范性语境，并越来越依赖于以沟通为取向的交往行为。而随着这种行为扩展到越来越多的行为领域当中，交往行为媒介，即语言媒介日益不堪重负，因为这依赖于行为者的解释能力，为了达成共识所需要的投入越来越大，误解、分歧甚或互动过程崩溃的风险也就越来越高。由此，社会性整合机制负担日重。但同时，现代社会又需要在更高层次上实现重新整合，

---

① Maeve Cooke, *Language and Reason: A Study of Habermas's Pragmatics*, Cambridge: The MIT Press, 1997, p. 136.

② Jürgen Habermas. *Theorie des kommunikativen Handelns*, Bd. 2. *Zur Kritik der funktionalistischen Vernunft*, Frankfurt am Main: Suhrkamp Verlag, 1995, S. 277.

③ Jürgen Habermas, *Theorie des kommunikativen Handelns*, Bd. 2. *Zur Kritik der funktionalistischen Vernunft*, Frankfurt am Main: Suhrkamp Verlag, 1995, S. 194.

否则它"就无法得益于其各部分复杂性的增长，并且作为一个整体成为这些分化收益的牺牲品"①。

　　面对这种情况，出现了两种缓解机制可供选择：交往的一般化形式和系统性整合。前者的媒介是影响和价值约束，它们并未取代语言中达成的一致，而是浓缩了它，使之变得更为抽象，并因此保持了同生活世界语境的联系。哈贝马斯主要关心的，也是现实中占据主导地位的，是系统性整合，它的媒介是货币和权力，它们取代了语言沟通媒介。

　　系统需要的不是交往行为，而是以量化、计算为原则的行为（如经济上的规划、政治管理上的官僚制等）。在系统中，虽然决策表面上看来是由具体的人以及人与人之间的互动做出的，但实际上它不需要"负责任"的主体，系统中的行为主体也没有必要借助交往中介来达成共识，只要按照以货币和权力为核心建构起的一套规则行事即可。如此一来，系统性整合的效率显然高于社会性整合。同时，系统和生活世界虽然逐渐相互独立，但二者作为人的行为领域之间的关系并未被彻底切断。在系统成型后，这种关系表现在二者之间的互动或交换关系中："从经济子系统和国家子系统的立场来看，同它们各自邻近的生活世界领域的互动，具有平行相连的交换关系的形式。"②正是通过这种交换通道，系统最初干扰了生活世界的正常运转，哈贝马斯将之称为生活世界的媒介化。在这种媒介化中，系统对生活世界的影响是隐秘的，并在其中形成了一种结构暴力，"它不是作为自身表现出来，而是占有了可能沟通的主体间性形式"③。而当系统性整合取代了社会性整合，系统就开始入侵生活世界。由于系统所对应的是工具的或目的的行为领域，是以成功为取向的，无论其行为协调机制还是操控媒介，实际上都不适用于生活世界符号再生产，由此导致了一系列的病态现象。④ 所以，导致殖民化的，"不是媒介所操控的子系统及其组织形式同生活世界的脱节，而只是经济合理性和政治管理合理性的干涉形式，它们干涉了那些拒绝被转变为操控媒介和

---

①　〔德〕哈贝马斯：《在事实与规范之间：关于法律和民主法治国的商谈理论》，童世骏译，北京，生活·读书·新知三联书店，2014，第 425 页。

②　Jürgen Habermas, *Theorie des kommunikativen Handelns*, Bd. 2. *Zur Kritik der funktionalistischen Vernunft*, Frankfurt am Main: Suhrkamp Verlag, 1995, S. 472. 关于这一过程，本书将在第四章第三节中予以详细讨论。

③　Jürgen Habermas, *Theorie des kommunikativen Handelns*, Bd. 2. *Zur Kritik der funktionalistischen Vernunft*, Frankfurt am Main: Suhrkamp Verlag, 1995, S. 278.

④　此处仅限于讨论生活世界殖民化所造成的一系列病态现象的内涵，而关于生活世界的病态现象的生成过程，则将在第六章第三节中结合哈贝马斯关于晚期资本主义的分析予以讨论。

权力媒介的行为领域，而这些领域之所以抗拒，是因为它们……依然依赖于作为行为协调机制的沟通"①。结合生活世界的结构要素和再生产过程，哈贝马斯将生活世界中的病态现象归纳如下（表2-2）②：

表 2-2　生活世界的病态现象

领域中的破坏	结构要素		
	文化	社会	个体
文化再生产	意义丧失	合法化丧失	取向与教育危机
社会性整合	集体认同动荡	失范	异化
社会化	传统崩溃	动机丧失	精神病态

关于这些病态现象，我们可以分为两组来考察，一是文化、社会与个体的核心领域，二是生活世界的其他子领域。

第一，文化、社会与个体的核心领域中的病态现象。所谓核心领域指的是生活世界三个要素本身的再生产过程，根据表2-1，它们在生活世界中提供的内容分别是：能够达成共识的阐释图式、合法组织的人际关系和互动能力（人格同一性），与之对应的病态现象分别是：意义丧失、失范与精神病态。

意义丧失概念来自韦伯，它表示的是现代性过程中实质理性的崩溃，以及由此而来的多元文化价值领域的分化与冲突。在使用这一概念时，哈贝马斯并未完全继承韦伯的理解。哈贝马斯认为，文化价值领域的分化是合理化的必然结果，其本身是不成问题的，关键在于，随着操控系统的命令侵入生活世界，文化被压缩在专家文化当中，"文化现代性的爆破性内容被平息掉了"③，并且其他文化价值领域被要求以认知-工具领域为样板，以至于"行为者的文化知识储备再也不能满足随着新境况而出现的沟通需要了"④。

失范是系统性整合取代社会性整合而直接导致的，它是在传统社会制度消亡、现代社会制度形成过程中出现的。系统的入侵使得货币与权力成为新的行为协调媒介，这使得原有的合法组织的人际关系（包括道德-伦理的和法律的）失去了协调行为的能力，"行为者再也不能从合法秩序

① Jürgen Habermas, *Theorie des kommunikativen Handelns*, Bd. 2. *Zur Kritik der funktionalistischen Vernunft*, Frankfurt am Main: Suhrkamp Verlag, 1995, S. 488.
② Jürgen Habermas, *Theorie des kommunikativen Handelns*, Bd. 2. *Zur Kritik der funktionalistischen Vernunft*, Frankfurt am Main: Suhrkamp Verlag Verlag, 1995, S. 215.
③ Jürgen Habermas, *Theorie des kommunikativen Handelns*, Bd. 2. *Zur Kritik der funktionalistischen Vernunft*, Frankfurt am Main: Suhrkamp Verlag, 1995, S. 484.
④ Jürgen Habermas, *Theorie des kommunikativen Handelns*, Bd. 2. *Zur Kritik der funktionalistischen Vernunft*, Frankfurt am Main: Suhrkamp Verlag, 1995, S. 212.

的储备出发来满足随着新境况而出现的协调需要了"①。

个体精神病态是在扭曲了的社会化过程中产生的。由于系统这种超人结构的压制，个体的社会化不再是其获得互动能力从而与他者正常交往的过程，而成为压抑人性、造成种种精神疾病的过程。个体由此丧失了正常的交往能力，而扭曲了的"行为能力不足以保持共同规定的行为情境的主体间性"②。

第二，生活世界其他子领域中的病态现象。这涉及生活世界三要素之间的交互关系。

在文化方面出现了集体认同动荡和传统崩溃。在现代社会中，随着拜物教化了的货币与权力成为人与人之间的交往媒介并制度化，人们在文化认同意义上的原子化现象日益严重，这就导致对他者的、非经济性(特别是道德-实践意义上的)的责任观念日益淡薄，集体认同被动摇了。个体所能依赖的传统文化内容不再适用，并且系统命令对这种传统也是排斥的，传统崩溃而又无从建立起新的、丰富的解释成就。

在社会方面出现了合法化丧失和动机丧失。合法化涉及政治管理子系统与公共领域，它表现为公民对于政治管理子系统及政治制度的认同度降低。动机涉及经济子系统，它表现为经济活动参与者为个体的逐利性，通过国家对经济的管控而为政治管理子系统所控制，并伴随在经济活动中对规范的遵守由内在遵从变为外在强制。

在个体方面出现了取向与教育危机和异化。取向与教育涉及个体对于文化知识储备的掌握，这一领域的危机表现为教育体系更多地要求学习者掌握以科学为样板的专家文化或职业技能，而较少涉及道德-伦理等属于共同体取向的方面与审美-表现等属于个体自身发展的方面。异化概念是马克思开始用于描述资本主义社会的，它以劳动异化为核心，进而导致了人自身以及人与人关系的异化。哈贝马斯更多的是关心交往异化，即个体在扭曲了的社会性整合过程中出现的关系异化、社会从属性丧失。

由上可见，现代性发展过程中认知-工具、道德-实践与审美-表现诸领域当中出现的问题，症结都在于作为总体性背景和内容提供者的生活世界的危机。那么，应当如何在保存生活世界结构分化的积极成果的同时，消除生活世界的危机？在哈贝马斯看来，答案还在生活世界自身当

---

① Jürgen Habermas, *Theorie des kommunikativen Handelns*, Bd. 2. *Zur Kritik der funktionalistischen Vernunft*, Frankfurt am Main: Suhrkamp Verlag, 1995, S. 213.

② Jürgen Habermas, *Theorie des kommunikativen Handelns*, Bd. 2. *Zur Kritik der funktionalistischen Vernunft*, Frankfurt am Main: Suhrkamp Verlag, 1995, S. 213.

中。关于这方面的具体回答，本书将在接下来的各章中，结合不同合理性领域的情况予以详论，故此处仅简略提及。

现代社会中系统与系统性的整合同生活世界与社会性整合的分离是应当保留的，因此要想在保留现代性成果的同时避免殖民化，就需要重新建立起生活世界，使社会性整合在其正当领域内发挥其作用，进而实现它们同系统、系统性整合的良性互动，最终实现现代社会的健康发展。支配系统进化的是认知-工具合理性，而真正适应于生活世界的，应当是以解放兴趣为自身理性兴趣的交往合理性，这种兴趣，从生活世界的角度来说，就是要实现生活世界的正当合理化。

交往合理性是生活世界合理化过程中合理性潜能释放的结果，"生活世界合理化的程度，取决于内在于交往行为的、以商谈的方式释放出来的合理性潜力在多大程度上渗透并融化生活世界的结构"①。因此，也只有交往合理性，才能赋予针对生活世界殖民化的对抗以内在逻辑和动力。在此前提下，生活世界已经分化了的各个要素结构能够实现新的综合。这一点实现的关键是社会性整合正常地发挥作用，进而使得生活世界的社会方面正常化。如果这一点能够实现，那么，不仅生活世界自身能够正常化，而且以其为背景以及内容之来源的形式的世界也能够正常化，系统也就能够被限定在合理的范围之内。当然，在《交往行为理论》中，以上这些并没有被成体系地建构起来，相较于对现代性危机的诊断，这种重建是更为繁复的工作。而这正是哈贝马斯在此之后逐渐展开的。其中的第一步，就是对道德哲学问题的研究。这一问题所属的道德-实践领域是一系列生活世界殖民化现象的焦点②，因此在最初转向这一领域时，

---

① 〔德〕哈贝马斯：《在事实与规范之间：关于法律和民主法治国的商谈理论》，童世骏译，北京，生活·读书·新知三联书店，2014，第 121 页，译文有改动。
② 在一次与托本·赫韦德·尼尔森的访谈中，哈贝马斯就道德理论在《交往行为理论》所阐发的关于现代病态现象的社会批判理论中的地位做了简单说明。他宣称，在他用货币化和官僚化来分析生活世界的殖民化时，道德理论是绝对没有位置的（参见 Jürgen Habermas, *Philosophische Texte*, Bd. 3. *Diskursethik*, Frankfurt am Main: Suhrkamp Verlag, 2009, S. 142）。这似乎否定了本书的主张。但是，哈贝马斯的这一说明是成问题的。首先，他只是否定地表述了道德问题与生活世界殖民化问题的关系，并未正面回应尼尔森所提出的如何理解从作为现代病理学的社会批判理论到道德理论的发展过程这一问题。其次，哈贝马斯的这一否定也是不清楚的，他只是说道德理论对于分析生活世界殖民化的成因没有帮助，却并未从现实角度否认道德领域在生活世界殖民化过程中所发挥的作用。哈贝马斯的这种否定有可能是为了避免研究者对他的理论做出一种韦伯式误读，即认为交往合理性不过是韦伯意义上的价值合理性的变种，现代性问题可以通过价值合理性来解决。实际上，这种误读的确是存在的，而这显然低估了哈贝马斯交往合理性理论的抱负与意义。关于这种误解，本书在第三章和第九章第一节中还将详细讨论。

哈贝马斯曾认为，"在现代条件下道德商谈是社会性整合的主要机制"①。同时，由于生活世界的每一个再生产过程都对生活世界的所有要素的维持做出了贡献，所以，"道德……以一种现代社会所特有的方式，渗透到已经分化了的文化、社会和个体诸层面"②。

① 〔英〕詹姆斯·戈登·芬利森：《哈贝马斯》，邵志军译，南京，译林出版社，2010，第103 页，译文有改动。
② Jürgen Habermas，*Theorie des kommunikativen Handelns*，Bd. 2. *Zur Kritik der funktionalistischen Vernunft*，Frankfurt am Main：Suhrkamp Verlag，1995，S. 140.

第三章 作为交往合理性之实现通道的
道德-实践合理性(Ⅰ)：道德-伦理

在《交往行为理论》中，哈贝马斯对自己所要建构的理论提出如下要求："坚定地追求那些交织着的道路，在这些道路上，科学、道德和艺术相互交往。"①与之相应，关于交往合理性概念分析所获得的成果，应当进入解释上述领域的经验理论当中，展现出与这些学科相应的诸形式的世界同生活世界之间的合理关系，并最终为实现生活世界的重建提供方案。据此，哈贝马斯可以选择上述领域中的任何一个为突破口，进入具体的建构过程当中。如前所述，哈贝马斯选择的是社会世界及与之相应的道德-实践合理性。这一选择既是他分析生活世界殖民化的结果，又正符合他所继承的实践理性观念双重化道路与马克思主义的实践哲学传统。

一般认为，哈贝马斯关于道德-实践合理性问题的讨论是建立在其关于交往合理性概念的讨论之上的，这是不成问题的。但如果进一步追问的话，这种观点可以做两种相反的理解。一是，交往合理性归根结底就是一种道德-实践合理性，因此哈贝马斯关于后者的讨论，就是一种充实交往合理性概念内容的工作。二是，交往合理性不同于道德-实践合理性，关于后者的研究不是交往合理性概念的"填充物"，而是以某种方式与交往合理性概念内在地联系着。从哈贝马斯整体理论的连贯性和有效性上来说，哈贝马斯不可能接受第一种理解。就连贯性而言，如果交往合理性可以在道德-实践合理性的意义上来理解，那么哈贝马斯在处理道德-实践领域问题时就是悄然放弃了这一可作为其思想标志的概念。就有效性而言，哈贝马斯的理论构想是，既要承认现代社会合理性多元化的事实，又要在此前提下实现各个合理性的有限统一。如果交往合理性是一种道德-实践意义上的合理性，那么它就是现代社会的三种基本合理性之一，仅凭其自身显然难以担此重任。

实际上，哈贝马斯本人已经否定了第一种理解。他在反驳查尔斯·泰勒关于交往合理性的指责时强调，"交往合理性是不能完全由其道德-实践构件来概括的。日常交往实践横跨了一个宽广的有效性图谱；规范

---

① Jürgen Habermas, *Theorie des kommunikativen Handelns*, Bd. 2. *Zur Kritik der funktionalistischen Vernunft*, Frankfurt am Main: Suhrkamp Verlag, 1995, S. 585.

正确性要求只是其有效性众多方面中的一个"。因此，道德-实践领域"不能涵盖日常交往实践的合理内容，而只能从其诸方面中的一个方面掌握它"①。《在事实与规范之间》中，哈贝马斯也提到，交往合理性"扩展到整个有效性要求的谱系……因此超出了道德-实践问题领域"②。不过，哈贝马斯并未对此区分做深入的讨论，仅凭上述说法显然难以令人信服。

　　基于以上，本书主张的是第二种理解，确而言之，是将道德-实践合理性作为交往合理性实现的"通道"。这涉及两个关键问题：一是道德-实践合理性在哈贝马斯语境中的适用范围；二是"通道"的含义。

　　首先是关于道德-实践合理性的适用范围。道德-实践合理性是在生活世界的社会方面或社会世界中支配规范行为的合理性，并体现在相应的观念、规范与意识当中，其关涉的问题包括道德-伦理和法律。③ 关于此，我们可以从两个方面来理解。一方面，就文本而言，在哈贝马斯处理道德-伦理、法律等具体问题之前，他一般是将道德与法律并置于一个领域当中。如在《交往行为理论》中，他说道："规范调节行为体现了一种道德-实践知识……这种知识以法律观念和道德观念的形式流传。"④另一方面，就概念传承而言，我们可以将道德-实践合理性视为单一大全理性中道德-实践要素的继承者。在之前关于这一要素的讨论中，特别是在德国古典哲学中，道德-伦理与法律是密不可分的，例如，康德在《历史理性批判文集》中关于道德与法律关系的讨论，黑格尔在《法哲学原理》中关于道德、伦理与法律关系的讨论等。

　　其次是关于"通道"的含义。根据实践理性双重化道路，这也包括两

---

① Jürgen Habermas, "A Reply", in *Communicative Action: Essays on Jürgen Habermas's The Theory of Communicative Action*, Axel Honneth & Hans Joas, eds., Jeremy Gaines & Doris L. Jones, trans., Cambridge: Polity Press, 1991, p. 219.

② 〔德〕哈贝马斯：《在事实与规范之间：关于法律和民主法治国的商谈理论》，童世骏译，北京，生活·读书·新知三联书店，2014，第6页，译文有改动。

③ 因此，将道德-实践合理性称为规范-实践合理性也许更为恰当，但由于哈贝马斯并未采用这一术语，本书也就勉从前者。不过，哈贝马斯曾使用过与此类似的"规范合理性"来作为道德与法律合理化的共同标准，这种合理性的内容是，"直接以通过讨论或对话可以解决的论证问题为衡量标准，间接以制度上对公认要求的命题化和对论证的检验的先决条件是否已经具备为标准。检验的对象是，一种有问题的规范是否表达了普遍化的或者能够相互妥协的利益（价值），以致这种规范能够被所有潜在的有关者（当他们参加实际对话时）所接受并且众所周知的抉择更为人们所喜爱"（〔德〕尤尔根·哈贝马斯：《重建历史唯物主义》，郭官义译，北京，社会科学文献出版社，2013，第191页）。

④ Jürgen Habermas, *Theorie des kommunikativen Handelns*, Bd. 1. *Handlungsrationalität und gesellschaftliche Rationalisierung*, Frankfurt am Main: Suhrkamp Verlag, 1995, S. 447.

个方面。一方面，交往合理性为道德-实践合理性提供了探讨其有效性要求、商谈方法论以及解决现实困境之"源泉"，为其建构性地恢复了应有地位与作用（关于这一点的讨论，是接下来的两章的任务之一）。另一方面，道德-实践合理性是将交往合理性之种种要求落到实处的主要表现者，这既体现在其面对生活世界殖民化时的作用（关于这一作用的讨论，是接下来的两章的另一任务），也体现为它与其他两种基本合理性之间的关系（关于这一关系，第五章与第六章将会有所涉及）。

第一节　当代道德理论与道德领域的有效性要求

自古希腊以来，道德问题就一直为哲学家们所不断探讨争辩，形成了各种各样的道德理论。当然，在这里，我们没有必要梳理数千年来的道德问题史，而只须关注哈贝马斯所面对的当代理论境况[①]，特别是他所批判的那些理论，以明晰他的理论边界，进而引出哈贝马斯自己对道德理论基本问题的理解，即道德-实践合理性向道德规范提出的有效性要求。[②]

一、当代道德理论的分歧及其批判

对于道德理论来说，无论具体主张有何差异，首先，需要解决的都是"苏格拉底困境"，即如何在理论上规定基本道德概念。因此，在建构自己的道德理论的过程中，哈贝马斯以上述问题为线索，对当代具有代表性的道德理论进行了批判性分析。面对现代性道德危机时，从理论上

[①]　就文本而言，除了关于后俗成的道德意识的讨论之外，哈贝马斯并未对当代道德状况做过较为全面的阐述。在商谈伦理学正式提出及回应批评的过程中，哈贝马斯所重视的是对包括批评者在内的当代道德理论的批判性分析，因此，本书在此对哈贝马斯的这种分析做一概述，以作为元理论层面之部分。第三节将试图从哈贝马斯的理论工作出发，在生活世界殖民化视域下，补充以现实分析。

[②]　哈贝马斯在《交往行为理论》中提出的三种基本有效性要求的划分是简单明了的，但在其之后的理论发展中，这种简单性似乎成了一种障碍，特别是关于规范正确性的要求。正如哈贝马斯在与尼尔森的访谈中说到的，在《交往行为理论》中，道德-实践问题还处于背景当中，因此对相应的有效性要求也只是做了一般性解释，而没有考虑到在道德、伦理、法律等具体情况下的有效性形态差异。不过，由于道德问题在道德-实践领域当中所具有的典型地位，即道德的规范正确性要求是道德-实践领域有效性要求的典型表现，这种不区分也是讲得通的（在明确区分了道德与伦理之后，哈贝马斯将道德规范的有效性要求更多地称为"应然有效性"[Sollengeltung]，而关于伦理领域的有效性要求，将在第二节中讨论）。遗憾的是，如芬利森指出的，哈贝马斯在之后的理论发展和修正过程中，并不太在意与之前的理论的协调，不过这种不协调并不足以推翻之前的理论建构。

来说，我们至少有三个方向可以选择：

> (1)更努力地从现代道德哲学的框架内部寻找摆脱危机的资源，修补框架，完善论证；(2)回归前现代的伦理学，利用古人提供的资源帮助我们找寻新的道路；(3)撇开古代和现代的伦理思想，另起炉灶，创造一种真正意义上的"后现代"伦理学。①

哈贝马斯正是沿着这三个方向对当代道德理论展开了批判性分析。

作为现代性的坚定捍卫者，哈贝马斯选择的显然是第一条道路，不过，在这条道路上还存在着一些在哈贝马斯看来未能成功的方案，它们可以按照认知主义和非认知主义两种基本立场来分类：前者包括直觉主义和实在主义，后者包括情感主义、命令主义和规定主义。

直觉主义的代表人物是摩尔，他一方面认为诸如"善"这样的伦理观念具有非自然属性、是无法定义的，另一方面则试图通过将之与自然属性类比来证明其真理性。当代道德实在主义是这种直觉主义的继承者。不过，为了遏制直觉主义导向怀疑主义和相对主义的可能性，道德实在主义否认了摩尔伦理观念不可定义、不可分析的观点，强化了认识道德规范的基础，"试图用形而上学的手段复原对规范和价值的本体论证明。它主张从认知的方式来把握世界中的事物，这种事物具有本质的力量，能够引导我们的愿望，约束我们的意志"②。

在哈贝马斯看来，这种革新并未改变这两种理论之间的家族相似性，因为它们的基本立场是相同的，即将道德的规范性陈述等同于描述性陈述，由此将道德问题转换为认识问题。但是，这样一种方案必然是要失败的，直觉主义和实在主义在运用客观主义研究方法的同时力图避免自然主义谬误，但最终还是陷入其中而不得出路，"因为规范性陈述是不能被证实或证伪的；也就是说，它们不能以与描述性陈述相同的游戏规则被检验"③。在描述性陈述的情况中，我们对认识对象采取的是一种对象化态度，而在规范性陈述的情况中，我们对他者的道德行为应当采取的是一种参与者的态度，这二者是根本不同的，这也正是休谟区分"是"与

---

① 刘玮：《亚里士多德与当代德性伦理学》，《哲学研究》2008 年第 12 期，第 99 页。

② Jürgen Habermas, *Philosophische Texte*, Bd. 3. *Diskursethik*, Frankfurt am Main: Suhrkamp Verlag, 2009, S. 313-314.

③ Jürgen Habermas, *Philosophische Texte*, Bd. 3. *Diskursethik*, Frankfurt am Main: Suhrkamp Verlag, 2009, S. 44-45.

"应当"的根据所在,只有基于此,才能为道德理论划定合法地盘。

其次,摩尔直觉主义的继承者除了道德实在主义外,还有与后者持相反立场的情感主义,这正是直觉主义内蕴的怀疑主义因素的产物。情感主义同样关注道德感或道德直觉,不过并不试图对其做出客观证明,而是将之归因于道德行为者的偏好、欲望和厌恶等主观情感。命令主义也持一种主观主义态度,与情感主义不同的是,它将道德陈述视为言说者试图使他人行动的命令。黑尔主张的规定主义是对命令主义的发展,他是从命令与评价相结合的角度来分析规范性陈述的。他将逻辑三段论应用到道德语言的分析当中,最终得出的最高道德评判权威是行为者自身要做什么这一点,并同时将之视为普遍的规定。在哈贝马斯看来,以上三者都局限于单一主体的视域之内,这使得它们不能真正地对主体间适用的道德规范的普遍有效性问题做出合理的解答,而是将道德真理的存在视为源自日常直觉性理解的幻象。因此,哈贝马斯又将它们称为"元伦理学的怀疑主义":

> 它们宣称,实际上,我们的道德语词的意义在于说出了什么,对于这一点来说,经验句子、命令或意向句子是更为恰当的语言形式。这些句子类型,没有哪个能够与一种真实性要求或一般的论证所需的有效性要求相联系。①

哈贝马斯认为,以上这两类理论,虽然立场与方法对立,但不过是一枚硬币的两面,因为它们"都是从如下错误前提出发的,即有且仅有描述性命题的真实性的有效性,规定着一般任何陈述能被有理由地接受的意义"②,所不同的是,一类认为道德伦理观念具有描述性的真理性,因而是可认识的,另一类则认为道德伦理观念不具有描述性的真理性因而是不可认识的。最终,它们都无法真正说明道德实践活动及其合理性。而这一结果引发了本部分一开始提到的另外两条道路,在这两条道路上分别产生了两股思潮:德性伦理学和后现代伦理学。

当代德性伦理学的主流是新亚里士多德主义,其代表人物麦金泰尔也是哈贝马斯在道德伦理问题上的主要论战对手之一。麦金泰尔认为,

---

① Jürgen Habermas, *Philosophische Texte*, Bd. 3. *Diskursethik*, Frankfurt am Main: Suhrkamp Verlag, 2009, S. 47.

② Jürgen Habermas, *Philosophische Texte*, Bd. 3. *Diskursethik*, Frankfurt am Main: Suhrkamp Verlag, 2009, S. 44.

康德、克尔凯郭尔、狄德罗等人所进行的论证道德合理性的现代启蒙筹划已经失败，并且这种失败是必然的，因为它以普遍抽象的方式，强调道德法则对所有理性存在者具有同等效力，而没有考虑具体个人所处的社会历史背景。为此，麦金泰尔主张，包括正义在内的各种德性的规定和认知依赖于各个不同的传统，而它们又与具体的语言、生活形式交织在一起，因而只有通过对传统做出连续性解释，才能合理地解决现代道德论争。哈贝马斯对麦金泰尔的反驳集中在支持其观点的两则主张上：不存在超越语境的合理性，而只存在植根于传统的不同合理性形式；无须假设一种奠基性的超越语境的合理性，不同文化之间的交往依然是可能的。这二者归于一点就是超越性的合理性标准不仅是不需要的，而且是不存在的。对此，哈贝马斯认为，不同传统之间的竞争意味着需要新的合理性标准，而"如果不同的合理性形式内在于不同的传统，那么将没有沟通它们的桥梁"①。哈贝马斯认同米德，主张一种普遍主义的道德观，这就是说，道德"可以被理解为一种交往合理化的结果，被理解为内在于交往行为中的合理性潜能的释放的结果"②。同时，不同于传统的普遍主义道德观，新的道德观不能在主体范式下，而应当在主体间范式下来构建，以能够与多元传统、价值观相结合。这种道德观的基本洞见是，"我们在评判道德相关问题时采取的立足点，必须允许公正地考虑所有相关者的已知利益，因为道德规范使得一种共同的、一般的利益发挥作用"③。由此，我们依然有必要继续发掘现代性自身所提供的解决道德问题的可能性，并且能够在这种可能性下拷问流传下来的各种德性概念如何是继续有效的。

　　不同于前两条道路的情况，哈贝马斯并未正面地与后现代伦理学进行过论战。不过，哈贝马斯曾多次对后现代主义的思维方式进行过分析批判，而且如霍耐特所说，"现在，道德理论领域……已经变成了后现代理论进一步发展的关键中介"④。因此，从自身理论建构的角度来说，哈贝马斯必须面对后现代伦理学的挑战。后现代主义作为一种思潮，其最

①　Jürgen Habermas，*Erläuterungen zur Diskursethik*，Frankfurt am Main：Suhrkamp Verlag，1991，S. 213.

②　Jürgen Habermas，*Theorie des kommunikativen Handelns*，Bd. 2. *Zur Kritik der funktionalistischen Vernunft*，Frankfurt am Main：Suhrkamp Verlag，1995，S. 141.

③　Jürgen Habermas，*Theorie des kommunikativen Handelns*，Bd. 2. *Zur Kritik der funktionalistischen Vernunft*，Frankfurt am Main：Suhrkamp Verlag，1995，S. 141.

④　〔德〕阿克塞尔·霍耐特：《正义的他者：哈贝马斯与后现代的伦理挑战》，侯振武译，《当代中国价值观研究》2018 年第 1 期，第 110 页。

主要的特征是对现代性的抽象主体性原则、普遍主义的反叛，试图解构一切以逻各斯为中心构建起来的体系。然而，如果后现代主义不想变成非理性的荒诞游戏，就必须基于一定的概念、原则来回应现代性问题。在道德理论问题上，霍耐特认为，后现代主义的出发点是"对特殊性、异质性做道德考量"，由此形成的伦理学围绕的是"这样一种观念，即只有在恰当地处理非同一物时，人类正义的要求才能实现"①。根据霍耐特的观点，当前具有代表性且能够与哈贝马斯理论产生交集的后现代伦理学理论家主要有三位：利奥塔、斯蒂芬·K. 怀特和德里达。

利奥塔从语言句子之间的竞争关系出发，走向对道德上的不正义问题的分析。他认为，在现代社会中，以语言为媒介的某些商谈类型，已经获得了一种以制度方式确保的统治地位，其他的商谈类型几乎被永久性地从社会表达中排除出去了，这就造成了不正义。而如果要有效地阻止这一点，那么只能是允许那些被排斥的商谈进入社会交往之中，即"为所有主体提供公开表达自己的利益与需要的公平机会"②。怀特认为，现代道德理论的根本错误在于对他者之特质的忽视。由此，他与当代德性伦理学一样，求助于对德性的解释，所不同的是，他不是回到亚里士多德传统，而是诉诸海德格尔的"泰然处之"观念："在'安静的'环境中……我们不再将他者视为我们履行道德义务的单纯客体，而是着眼于其人格的完全差异性来阐释他。"③实际上，如霍耐特所认为的，这两种后现代伦理学不仅不能构成对哈贝马斯商谈伦理学的反对，而且它们提出的见解可以在后者的框架中得到更好的理解，或者至少是兼容的。哈贝马斯所主张的道德商谈原则虽然坚持普遍主义立场，但并非独白式的，相反，它要求的是，每一具有商谈能力的主体必须具有同等的机会，以便能够在服务于解决道德行为冲突的商谈中无强制地表达其利益和要求。

值得注意的是德里达的观点。他以友谊和现代法为切入点，认为存在着两种正义：面对可普遍化的他者的平等对待责任和面对具体他者的"绝对他者性"的无限义务（如救济或慈善），并认为二者之间的矛盾不可调和，因为平等对待的理念必然限制以非对称义务为核心的救济原则，而后者的实施则意味着疏离前者。哈贝马斯意识到了这一问题，并试图

---

① 〔德〕阿克塞尔·霍耐特：《正义的他者：哈贝马斯与后现代的伦理挑战》，侯振武译，《当代中国价值观研究》2018 年第 1 期，第 111 页。

② 〔德〕阿克塞尔·霍耐特：《正义的他者：哈贝马斯与后现代的伦理挑战》，侯振武译，《当代中国价值观研究》2018 年第 1 期，第 113 页。

③ 〔德〕阿克塞尔·霍耐特：《正义的他者：哈贝马斯与后现代的伦理挑战》，侯振武译，《当代中国价值观研究》2018 年第 1 期，第 116 页。

在其理论框架中调和二者。他提出正义与团结是一枚硬币之两面，前者涉及规范辩护，后者涉及规范的应用。但救济原则的无限性义务毕竟不同于团结，后者基于社会化个体的可公开展现的特殊性，而非"无限特殊性"，所以哈贝马斯最终还是否认上述不能满足平等化或对称性的救济原则能够成为一种正义原则。① 不过，救济原则的提出并未导致现代社会中建构在平等理念基础上的道德理论的崩塌，因为正如德里达所说，二者之间的冲突又是具有创造性的，救济视角开启了的道德理想，也正是逐步实现平等对待的努力所能够指向的，并且有助于我们形成一系列道德情感。

二、道德规范的有效性要求

根据交往合理性，道德-实践合理性的标准在于规范正确性，与此相应，道德-实践领域就是规范调节的行为领域，这种行为领域是与客观世界、社会世界相关的，因为它的出发点是，"行为者能够将他们的行为语境中的事实部分与规范部分区分开，也就是说，把条件与手段同价值区分开"②，在这里，条件和手段构成了客观世界中的事态，而价值则构成了社会世界中的规范性语境。当然，哈贝马斯关注的重点是规范行为与作为规范语境之总体的社会世界的关系，这就涉及对于规范的态度，就此而言，道德-实践合理性包含遵守和论证两个方面。一是关于规范的遵守。哈贝马斯指出，行为者遵守现存规范，这表明该规范在行为者之间发挥了实际的协调作用，不过，这并不必然意味着该规范满足了正确性的有效性要求③，人们有可能因为某种强制性因素而被迫遵守，而不是

---

① 哈贝马斯在其法律理论中提及了具有类似于"绝对他者性"的个人的主观自由，同时考虑到法律和道德的互补性，这一点对于道德领域也许有一定的借鉴意义。他将法律主体的私人或主观自由规定为一种消极自由，即"退出交往的以言行事义务的公共空间，转而进行相互观察和以成功为取向的相互影响"（Jürgen Habermas, *Faktizität und Geltung: Beiträge zur Diskurstheorie des Rechts und des demokratischen Rechtsstaats*, Frankfurt am Main: Suhrkamp Verlag, 1998, S. 153）。

② Jürgen Habermas, *Theorie des kommunikativen Handelns*, Bd. 1. *Handlungsrationalität und gesellschaftliche Rationalisierung*, Frankfurt am Main: Suhrkamp Verlag, 1995, S. 134-135. 在这里，哈贝马斯是在韦伯价值合理性的意义上使用"价值"概念的，这不同于他区分了道德与伦理之后使用的价值概念，就外延而言，前一种价值概念是大于后一种的。

③ 由此可见，相比于普遍语用学中关于正确性的规定，哈贝马斯这里更为强调的不再是规范的现存特征，而是其可辩护性。这就意味着，不仅人们要在规范之下就相关的行为或观点展开商谈，而且要对规范本身的合理性展开商谈，这也就与他的商谈理论的道德理论更为符合。

出于好的理由自愿认同。二是关于规范的论证。这指的是关于规范的有效性的商谈，所谓的实践商谈也主要是指这种商谈。

在《交往行为理论》中，哈贝马斯虽然提到了规范的实际作用和规范有效性，但并未对其做出区分，而在之后的《道德意识与交往行为》中则明确了这一差异：

> 我们必须在规范是主体间被承认的这一社会事实，与它值得被承认之间做出区分。我们有充足的理由认为，一个为社会所接受的规范的有效性要求是未得到辩护的。相反，一个具有实际上可以被兑现的有效性要求的规范，并不必然会得到现实的承认或赞同。①

规范的实际作用是行为者遵守现行规范的结果，它标示的是他们与社会世界的直接关系；而规范有效性则是这种遵守具有合理性的前提，它标示的则是行为者与社会世界的反思关系，这正是交往合理性提供给道德-实践合理性的。如果不解决后一关系，前一关系的合理性也就无从谈起，社会世界也就无从构建，道德-实践合理性也就成了无根之物。因此，只有考察规范有效性问题，才能实现对怀疑主义和相对主义的彻底反驳，这当然适用于对作为一种社会规范的道德规范的考察。

哈贝马斯明确宣称，商谈伦理学坚持的是认知主义的立场，因为"如果参与者拒绝承认他们的道德争论具有认知内涵，日常道德实践就将难以为继"②。不过，商谈伦理学既不坚持客观主义立场，也没有采取主观主义的研究方法，而是转换到主体间视域中，其对象是行为者在道德领域中的活动。在这种视域转换的背景下，哈贝马斯主张，"规范的有效性要求的基础不是缔约双方的非理性行为意志，而是合理地激发的对规范的承认，这些规范在任何时候都可以接受质疑"③。基于此，我们应当将规范正确性视作一种类似于而非同一于真实性的、可以通过商谈兑现的有效性要求。如果这一点成立，那么我们就既能坚持道德规范或道德陈述的认知内涵（不仅仅是其命题内容的认知内涵），又能避免自然主义谬误。那么问题是，这种类似性应当如何理解？对此，我们可以将之分解

---

① Jürgen Habermas, *Moral Consciousness and Communicative Action*, Christian Lenhardt & Shierry Weber Nicholsen, trans., Cambridge: Polity Press, 2007, p.61.

② 〔德〕尤尔根·哈贝马斯：《包容他者》，曹卫东译，上海，上海人民出版社，2018，第46页。

③ 〔德〕尤尔根·哈贝马斯：《合法化危机》，刘北成、曹卫东译，上海，上海人民出版社，2019，第115页，译文有改动。

为如下的问题：这两种有效性要求之间的一致之处和不同之处分别是什么？

真实性要求与正确性要求的一致之处有二。其一，二者都以商谈作为兑现方式，因此都依赖于一种辩护实践，这指的是，

> 言说者能够合理地激发听者去接受这样一个提议，这不能从所说东西的有效性出发来解释，而要从言说者的如下具有协调作用的保证出发来解释，即如有必要，他将努力兑现被视为有效的要求……在真实性或正确性要求的情况中，言说者能够以商谈的方式，即通过举出理由来兑现其保证。①

其二，二者都需要做出区分，即在可接受的有效性要求和已被接受的特定的现存判断或规范之间做出区分，并且"将真实判断同那些被认为是真实的判断区分开的能力，是与将有效的道德判断同那些仅仅事实上被接受的道德判断区分开的能力相一致的"②。

真实性要求与正确性要求的不同之处有三。其一，二者指涉的世界不同，前者对应于客观世界，而后者则主要对应于社会世界。其二，二者同言语行为的关系不同。"真实性作为有效性要求，属于记述式言语……但是，我们不能以类似的方式将正确性归于调节式言语行为。因为这样一来就会将与调节式言语行为相结合的有效性要求，让渡给一个已经被预设了的规范的实际效用"③，而规范的实际效用又是调节式言语行为的前提。因而"规范有效性要求……只是以推论的方式出现在言语行为当中"④，即形成了如下序列：规范正确性要求——规范的实际效用——调节式言语行为的合规范性。换言之，规范有效性要求应当"存在于相对于道德行为和调节式言语行为的更高阶段结构中"，"特定的命令或禁令是从为其奠基的规范中获得有效性的"；而陈述的真实性要求则存在于单个断言当中，作为更高阶段结构的理论，必须"将其有效性归于能

---

① Jürgen Habermas, *Philosophische Texte*, Bd. 3. *Diskursethik*, Frankfurt am Main：Suhrkamp Verlag, 2009, S. 51.

② Jürgen Habermas, *Philosophische Texte*, Bd. 3. *Diskursethik*, Frankfurt am Main：Suhrkamp Verlag, 2009, S. 391.

③ Jürgen Habermas, *Vorstudien und Ergänzungen zur Theorie des kommunikativen Handelns*, Frankfurt am Main：Suhrkamp Verlag, 1995, S. 147.

④ Jürgen Habermas, *Philosophische Texte*, Bd. 3. *Diskursethik*, Frankfurt am Main：Suhrkamp Verlag, 2009, S. 53.

从其中推导出的一系列真实命题"①。其三，由于指涉的世界不同，"一种商谈地获得的共识为陈述的真实性带来的内涵，不同于它带给道德判断或规范的正确性的内涵"②。

当所有的相关论据都被考虑到、所有异议都被排除了，理论商谈达成的共识有权让我们认为一个命题具有真实性。但是，具有相对独立性的客观世界是一个超出辩护的参照点，因此，一旦新的证据出现，那么无论多么认真地建立起关于命题的共识，以及多么好地为命题进行辩护，都有可能被证明是错的。与之相反，道德规范所指涉的社会世界并不能构成这样一种超出辩护的参照点，而是依赖于有效性要求。在道德领域中，新的论据并不一定导致原来的规范性命题的失效，在商谈过程中，人们必须"通过采用他人的视角，才会实现一种包容性的'我们的视角'"③，从而实现对原有命题的修正，而不是彻底放弃，同时，这种修正也影响了社会世界内容的构成。

哈贝马斯认识到，虽然我们可以通过对规范正确性要求的分析来证实道德规范的可辩护性和认知内涵，但正如前面那些理论之间的演变与争论所表明的，在当今的后俗成时代，各种传统实际上再也不能要求一种普遍的约束效力，道德理论再也不能对多样的个体生活形式和集体生活形式做出预先判断，几乎不可能给出关于道德问题的实质性解答，不能给出指导我们行动的实质性规范。然而，作为社会存在者，我们的行为总是需要一定的规范来指引。哈贝马斯认为，唯一的解决途径就是转向主体间的程序性商谈，将能够获得所有参与者赞同的规范"回溯到合理意志形成的程序当中"④。就此而言，同交往合理性一样，道德的实践合理性也是一种程序合理性，我们关于规范有效性的讨论应当是在程序意义上展开的。

---

① Jürgen Habermas, *Philosophische Texte*, Bd. 3. *Diskursethik*, Frankfurt am Main: Suhrkamp Verlag, 2009, S. 157.

② Jürgen Habermas, *Philosophische Texte*, Bd. 3. *Diskursethik*, Frankfurt am Main: Suhrkamp Verlag, 2009, S. 410.

③ Jürgen Habermas, *Philosophische Texte*, Bd. 3. *Diskursethik*, Frankfurt am Main: Suhrkamp Verlag, 2009, S. 414-415.

④ Jürgen Habermas, *Philosophische Texte*, Bd. 3. *Diskursethik*, Frankfurt am Main: Suhrkamp Verlag, 2009, S. 145.

第二节　商谈伦理学的基本原则与商谈类型

在道德-伦理领域中，哈贝马斯提出了两种实践商谈形式，即道德商谈与伦理商谈。前者针对的是具有普遍有效性的道德规范，后者涉及的则是具有相对有效性的伦理价值。就论证原则而言，二者都遵循商谈伦理原则（可简称为商谈原则），所不同的是，道德商谈还须遵循普遍化原则，而伦理商谈因其有效性不具有普遍性，不能遵循普遍化原则。

一、商谈原则与普遍化原则

哈贝马斯虽然以商谈原则和普遍化原则作为商谈伦理学的两条基本原则，但无论是就讨论篇幅还是对商谈伦理学的建构意义而言，后者无疑是胜过前者的。因此，我们将首先对前者做简要讨论，之后将重点放到对后者的分析上。

商谈原则的内容是，"有效的只是所有可能的相关者作为合理商谈的参与者所能够同意的那些行为规范"[1]。这一原则是实践商谈中对规范有效性概念的落实，它表明了规范的可辩护性和可认知性。关于这一原则，我们可以从两方面来理解。一方面是指涉的规范的范围。哈贝马斯指出，这一原则"处于抽象层面上，这一层面虽然具有规范性内容，但它对于道德与法律来说依然是中立的"[2]。这就是说，这一原则所指的规范包括道德规范和法律规范，因此它不是专属于道德的。另一方面是其效用范围。我们可以将这一原则改写为如下表述："一条规范如果要想具有有效性，那就必须获得所有可能的相关者作为合理商谈的参与者的同意。"显然，我们可以说，满足这一条件并不必然意味着具有规范有效性，它并不能必然排除违背商谈参与者理性意愿的因素。因此，这一原则所表达的是有效的行动规范的必要条件，它"只能行使消极功能，负责指明哪些规范无效"[3]。

阿尔布雷希特·韦尔默认为，在当今以康德作为出发点的各式道德哲学中，只有哈贝马斯和阿佩尔倡导的商谈伦理学是在认真地试图恢复康德意义上强有力的道德的实践理性概念，它承担着双重辩护的任务：

---

① 〔德〕哈贝马斯：《在事实与规范之间：关于法律和民主法治国的商谈理论》，童世骏译，北京，生活·读书·新知三联书店，2014，第 132 页，译文有改动。

② Jürgen Habermas, *Faktizität und Geltung*：*Beiträge zur Diskurstheorie des Rechts und des demokratischen Rechtsstaats*，Frankfurt am Main：Suhrkamp Verlag，1998，S. 138.

③ 〔英〕詹姆斯·戈登·芬利森：《哈贝马斯》，邵志军译，南京，译林出版社，2010，第 78 页。

"既要为证成道德规范辩护的可能性作辩护，也要为一种无条件的道德‘应当’的合理意义作辩护。"①关于前一方面，我们已经围绕规范有效性问题进行了分析，而后一方面则涉及商谈伦理学中最为明显地体现着普遍主义的普遍化原则。

相对于商谈原则，哈贝马斯又将普遍化原则称为道德原则，认为它是在前者的影响下适用于道德领域的原则，是一种用来解决道德问题的商谈原则。②"对于商谈原则的操作来说，所缺乏的是一种能够说明如何辩护道德规范的论证规则"③，因为它的主要功能在于，明确有效规范如果可以得到论证所要满足的基本条件，即作为必要条件的普遍同意，而未说明这一条件如何达成，而普遍化原则作为它的操作原则，弥补了这一点。④ 哈贝马斯提出，对于道德规范我们之所以可以持一种认知主义立场，是因为"随着普遍化原则而发生作用的论辩规则，使得有可能对道德实践问题作合理的决定"⑤。因此，道德规范有效性问题必须与普遍化原则结合起来。普遍主义道德是"一种基于原则的道德"，是"一种只承认普遍规范的系统"，而原则是"用来建立规范的元规范"。⑥

按照哈贝马斯的规定，普遍化原则的内容是，"在有效规范的情况中，对规范的普遍遵循对每个人利益之满足的可预见后果和附带效应，能够为所有人无强制地接受"⑦。当然，这里的"对每个人的利益之满足"，并不是"个体利益的聚合，而是对单纯特殊利益的超越"⑧，这种超

---

① 〔德〕阿尔布雷希特·韦尔默：《伦理学与对话——康德和对话伦理学中的道德判断要素》，罗亚玲、应奇译，上海，上海译文出版社，2013，第 32 页。

② 参见 Jürgen Habermas, *Philosophische Texte*, Bd. 3. *Diskursethik*, Frankfurt am Main：Suhrkamp Verlag, 2009, S. 359.

③ Jürgen Habermas, *Philosophische Texte*, Bd. 3. *Diskursethik*, Frankfurt am Main：Suhrkamp Verlag, 2009, S. 355.

④ 从商谈原则作为实践商谈原则来说，它并不缺少论证规则，因为它必须符合本书第二章第二节中提及的一般论证的三层次预设，它们本身就可以作为论证规则。而与普遍化原则相比较来说，商谈原则缺乏的是在达成普遍同意的过程中，需要考虑的内容性要素是什么，而如果没有这种要素，论证规则依然只是抽象的，论证过程只能是纯粹形式化的。

⑤ 〔德〕哈贝马斯：《在事实与规范之间：关于法律和民主法治国的商谈理论》，童世骏译，北京，生活·读书·新知三联书店，2014，第 190 页。

⑥ 〔德〕尤尔根·哈贝马斯：《合法化危机》，刘北成、曹卫东译，上海，上海人民出版社，2019，第 93 页。

⑦ Jürgen Habermas, *Erläuterungen zur Diskursethik*, Frankfurt am Main：Suhrkamp Verlag, 1991, S. 12.

⑧ Thomas McCarthy, "Practical Discourse：on Relation of Morality to Politics", in *Habermas and the Public Sphere*, Craig Calhoun, ed. , Cambridge：The MIT Press, 1996, p. 54.

越正是通过行为者站在公正立场上展开商谈来实现的。此后，哈贝马斯又对这一原则做了更新、更为严格的表述："一个规范，当且仅当对它的普遍遵守对每个人的利益和价值取向的可预见影响及副作用能够为所有受影响的人自由地、共同地接受时，这个规范才具有有效性"①。相较于商谈原则，普遍化原则是道德规范得以生效的充要条件，它既能证明也能证伪道德规范，这种全面性使得它能够充当类似于逻辑三段论中大前提的角色。因此，哈贝马斯又将它称为"搭桥原则"（Brückenprinzip），其作用是"为描述性提示（这种提示指向的，是在满足被一般地接受的需要时运用规范的后果）到规范的过渡提供辩护"②。也就是说，普遍化原则本身虽然不是一条具体的道德规范，但它却能成为沟通具体的道德事件和一般道德规范的桥梁，正如在经验科学中，归纳原则能够成为具体观察和一般假说之间的桥梁那样。

那么，普遍化原则为何是合理的呢？哈贝马斯认为，它"是由一般论证的预设所暗示（implizieren）出来的"③。据此，我们可以从第二章第二节论及的这种预设的三个层次出发，来阐明普遍化原则的合理性，当

---

① Jürgen Habermas, *Philosophische Texte*, Bd. 3. *Diskursethik*, Frankfurt am Main：Suhrkamp Verlag，2009，S. 355。

② Jürgen Habermas, *Vorstudien und Ergänzungen zur Theorie des kommunikativen Handelns*, Frankfurt am Main：Suhrkamp Verlag，1995，S. 167.

③ Jürgen Habermas, *Philosophische Texte*, Bd. 3. *Diskursethik*, Frankfurt am Main：Suhrkamp Verlag，2009，S. 86。有论者据此认为，普遍化原则是一般论证所包含的前提。这种观点主要是基于哈贝马斯在《道德意识与交往行为》中的表述，但这是一种接近阿佩尔立场的误读。阿佩尔认为，论证所必需的语用学预设在道德上绝不是中立的，我们的交往活动总是已经在浸染了伦理价值的生活世界界限内进行（这与查尔斯·泰勒的观点相近，本书将在第八章中讨论泰勒的观点）。的确，哈贝马斯在《道德意识与交往行为》中的表述是不清晰的，没有明确他与阿佩尔的差别，甚至他还说过，普遍化原则是实践商谈的论证规则。然而，如果我们考虑到他后来对于商谈伦理学的修正，并引入商谈原则来考虑的话，上述结论就是与哈贝马斯的逻辑相悖的。首先，他指出，商谈原则分化为道德领域中的普遍化原则与法律政治领域中的民主原则，因此，普遍化原则的前提是商谈原则，而后者又应当符合一般论证预设。因此，为了避免误解，本书将 implizieren 译为暗示而不是包含，这表明这二者之间存在某种推导关系（参见 Jürgen Habermas, *Erläuterungen zur Diskursethik*, Frankfurt am Main：Suhrkamp Verlag，1991，S. 32。不过，如芬利森所言，哈贝马斯并未对此做出详细论述）。其次，修正之后，无论是一般论证预设，还是商谈原则和普遍化原则，最终的根据都在于交往合理性，而它正如哈贝马斯一再强调的，不仅仅是道德-实践所能概括的，我们可以而且必然能够从这样一个综合性的合理性概念中得出道德-实践维度，但这并不意味着它就是一种道德-实践合理性。就此而言，交往合理性在道德-实践意义上是中立的。这并未动摇道德-实践合理性，恰恰相反，一旦我们能够确证交往合理性的内涵是理性自身所要求的，那么这正为我们的道德-实践行为奠定了理性基础。哈贝马斯的这种修正，是与其对交往合理性的定位更加协调的。

然，将这种阐明视为普遍化原则的操作性表述或者道德商谈的展开程序也许是更为恰当的(虽然从商谈类型来说道德商谈对于商谈伦理学来说是最为重要的，但由于接下来的论述实际上就是对道德商谈程序的讨论，而且在上节中也已讨论了其有效性要求，因此这里不再单辟一部分来呈现这种商谈类型)。为了体现普遍化原则作为道德原则的意义，本书将会加入道德相关内容来重新表述各个层次中的具体要求。①

首先，论证产生的逻辑层次。这一层次包含三点要求。第一，每个言说者都不应当自我矛盾，即在同一个道德论证过程中，言说者应当保持自我一贯性。第二，每个将谓词 P(如道德上有效的或正确的)用于一个道德规范 N 上的言说者，必须准备将 P 用于每一其他在所有方面都与 N 相等同的道德规范上。第三，不同的道德论证参与者，不应当以不同的意义来表述同一个道德规范。以上三点体现的是对有效的道德规范的可理解性要求，这是正确性要求得以满足的逻辑条件。

其次，程序的辩证层次。第一，每个言说者都只能断言他所相信的道德规范，这实际上是要求言说者所提出的道德规范满足真诚性这一要求。第二，谁要是抨击一个目前不受质疑的或作为论证前提的道德规范 N，那么他就必须给出这样做的理由，这种理由应当有能力质疑 N 的正确性，否则其他参与者有权依然将 N 视为正确的并将其作为论证前提。

最后，过程的修辞层次。第一，每一个具有言说与行动能力的主体都可以参与道德商谈，这体现了包容性要求。第二，每一人都可以质疑任何道德规范及关于规范的断言，都可以将任何相关断言引入道德商谈，都可以表达他的观点、渴望与需要，这体现了平等享有交往自由的要求。第三，每个言说者都不会因内在于或外在于商谈的强制而不能行使上述权利，"参与者对可批判的有效性要求的是/否的立场，只能通过合理的理由的说服力量来激发"②。这体现的是理由的唯一合理推动力量。以上这三点虽然没有直接涉及规范正确性，但却是言说者能够围绕这一有效性要求展开合理商谈的"理想言说情境"。哈贝马斯认为，对普遍化原则

---

① 关于这些具体要求的一般表述，参见 Jürgen Habermas, *Philosophische Texte*, Bd. 3. *Diskursethik*, Frankfurt am Main: Suhrkamp Verlag, 2009, S. 87-90。这是哈贝马斯借鉴罗伯特·阿列克西的论证理论而提出的，不过与之又有所不同。在《法律论证理论》第二版中，阿列克西是从基本规则、理性规则和论证负担规则三个层次进行分析的(参见〔德〕罗伯特·阿列克西:《法律论证理论——作为法律证立理论的理性论辩理论》，舒国滢译，北京，中国法制出版社，2002，第234～246页)。

② Jürgen Habermas, *Philosophische Texte*, Bd. 3. *Diskursethik*, Frankfurt am Main: Suhrkamp Verlag, 2009, S. 441.

以及商谈伦理学来说，这一层次是最为重要的，因为它们表达出了他所认为的论证理念的规范性内核："相互承认的观念，即每个参与者都将其他人视为具有同等初始可信性的要求和必须被表达出来的辩护需要的源头，而这种源头是独立自治的。"①

二、伦理商谈及其有效性要求

"从字面上说，道德和伦理生活这两个表述的意义并无区别。'道德'听起来有古罗马习俗的意味，而'伦理生活'则是对希腊语'Ethos'的翻译，意为一城邦之居民的生活方式，与'Nomos'或实定法律相区别。"②从哲学史来看，真正将二者区分开的，是康德和黑格尔。在最初的商谈伦理学研究中，哈贝马斯在讨论黑格尔对康德道德哲学的批判时提到了道德与伦理的关系，不过他自己尚未对道德与伦理做出区分。随着工作的深入，哈贝马斯也意识到了这一区分的重要性。他不仅多次围绕康德和黑格尔来讨论道德与伦理问题，而且在他自己的理论架构中，还形成了道德与伦理的分界线，这就是作为道德论证原则的普遍化原则，这是因为，从规范的角度来说，道德规范要求具有普遍的有效性，而伦理规范只能具有相对的有效性。

哈贝马斯对于伦理问题有一个简单的定义，即"举凡涉及美好生活或没有虚度的生活概念的问题，都称作'伦理问题'"。而要合理地解决伦理问题，"应当立足于得力的价值判断，应当依靠一切群体的自我理解和未来的生活设计"③。因此，伦理问题的基础性概念就是价值④，这是一种主体间共享的偏好，是人们在进行目的行为时所参照的特殊标准，它们因个体、文化而异，是不能普遍化的。据此，伦理商谈"使得治疗性建议得以可能，这些建议涉及个体生活历史或集体生活形式的语境；它指向的是第一人称单数或复数的自我理解或生活规划的真切

---

① Stephen K. White, *The Recent Work of Jürgen Habermas: Reason, Justice and Modernity*, Cambridge: Cambridge University Press, 1995, p. 56.

② 〔德〕于尔根·哈贝马斯：《再谈道德与伦理生活的关系》，童世骏译，姜锋校，《哲学分析》2020 年第 1 期，第 92 页。

③ 〔德〕尤尔根·哈贝马斯：《包容他者》，曹卫东译，上海，上海人民出版社，2018，第 279～280 页。

④ 在《交往行为理论》中，哈贝马斯主要是在文化价值的意义上来讨论价值问题的，而这里所讨论的则是行动意义上的价值观问题。不过，既然都是对于价值问题的讨论，那么二者之间应当具有一定的相关性，这一点将留待第五章讨论。

性(Authentizität)要求"①。这就是说,经过伦理商谈之后获得承认的伦理价值应当满足真切性这一有效性要求。根据哈贝马斯做出的三个"形式的世界"的划分,伦理问题属于处理人际关系的社会世界,而根据哈贝马斯在其普遍语用学中的规定,适用于社会世界的有效性要求是正确性。在商谈伦理学中,哈贝马斯将正确性这一有效性要求归于道德规范。由此,如何理解同样面对社会世界的伦理领域的真切性要求就成为一个有待说明的问题。这可以从两个方面来看。

一方面,满足真切性要求的伦理价值不是道德规范那样普遍的、二元的(要么有效要么无效),而是相对的、逐级的。哈贝马斯认为,由于伦理价值只有在特定的历史共同体当中才是有意义的,因此,当共同体成员就此问题达成共识即对被讨论的伦理价值的真切性形成一致意见之后,该价值就对共同体成员具有约束力。不过,不能由此认为该价值必然适用于其他共同体,也不能因其他共同体的价值与自己所坚持的价值不同而否定前者。因此,"价值确立的是一种比较关系,它们告诉我们,哪些善比其他的善更有吸引力"。由此就形成了如下场景:"不同的价值相互角逐,争取优先性;一旦它们在一种文化或生活方式中获得主体间的共同认可,它们就构成了一个紧张而又充满变化的结构。"②无论是个人还是集体,都可以同时接受不同的甚至是相互冲突的价值。这些价值在接受者这里形成了一种价值组合,它们虽然会在优先级上有差别,也就是真切性程度上有所差别,但在优先级上占据高位的价值并不能够决然排除占据低位的、与自身不同甚至冲突的价值。

另一方面,真切性要求虽然不属于基本有效性要求,但依然拥有其独特地位。就有效性与世界的关系而言,真切性不是与真实性、正确性、真诚性平行的,因为没有与之对应的"第四个世界",如果我们将三个世界所对应的三种有效性要求称为基本的有效性要求,那么真切性显然不属此类。但同时,它又具有相对的独立性,我们不能以道德商谈完全取代伦理商谈,否则就有可能陷入康德道德哲学的形式主义和严格主义危机。对于道德-实践领域来说,伦理商谈和真切性要求的提出,既表明了

---

① Jürgen Habermas, *Philosophische Texte*, Bd. 3. *Diskursethik*, Frankfurt am Main: Suhrkamp Verlag, 2009, S. 445. 关于真切性的内涵,哈贝马斯并未给出更多说明。我们实际上可以将之理解为《交往行为理论》中为围绕价值论证所规定的恰当性要求,这所指的都是论证参与者共同承认的价值对于指导自己行为具有一定历史与文化限度的可信性、可靠性。

② 〔德〕尤尔根·哈贝马斯:《包容他者》,曹卫东译,上海,上海人民出版社,2018,第98页。

该领域的复杂性也扩展了它的问题域。此外，伦理商谈还能够起到某种中介作用。在《论实践理性的实用意义、伦理意义与道德意义》一文以及《在事实与规范之间》中，哈贝马斯都曾提到从实用商谈到伦理商谈再到道德商谈的进程。在此意义上，伦理商谈构成了实用商谈与道德商谈的中介环节。哈贝马斯关于实用商谈做了如下规定："在实用商谈中，我们论证技术和策略上的建议……它用于将经验知识同假设的目标设定与偏好联系起来，并根据得到辩护的准则来评估（完全可知的）决策的后果。"①这就是说，作为实用商谈之前提的偏好、倾向，正是伦理商谈的对象。本书第六章将表明，实用商谈是理论商谈的一种形式，它指向的是真实性要求。在前文关于真实性与正确性之间类似关系的讨论中，二者的一致性仅仅是形式上的、是外在的，我们必须在二者的差异性基础上来理解这种一致性。而通过真切性，二者就能够取得一种间接但内在的关系。一方面，实用商谈预设了价值或目标的合理性，而一旦价值自身出现问题，那就需要进入伦理商谈；另一方面，价值观虽然不是严格意义上的道德规范，但却可以从对人的行为具有约束力这一角度出发，被纳入广义的行为规范当中，当我同他者之间或某一群体同其他群体之间在价值问题上发生冲突，就需要进入道德商谈，因为它涉及的是一般价值问题，即什么对于所有人来说是同等地善的。

当然，由于道德商谈在哈贝马斯商谈伦理学中的重要性，对于伦理商谈的讨论多是在与道德商谈区分时进行的。除了有效性要求之外，关于伦理商谈的程序，哈贝马斯并未给出如道德商谈的普遍化原则那样的论证规则。不过，既然是一种论证，它也应当符合一般论证预设。② 也正是因此，伦理商谈的有效性虽然是相对的，但并不会由此陷入相对主义和怀疑主义。

第三节　实践兴趣的复兴与生活世界内的道德–伦理合理化

在现代性的发展过程中，虽然产生了道德–伦理危机，但同时，这一发展中也蕴含着解决危机的可能性，这一张力正是哈贝马斯提出其道德–伦理理论的现实依据。在道德伦理领域中，哈贝马斯的理论旨在实现

---

① Jürgen Habermas, *Philosophische Texte*, Bd. 3. *Diskursethik*, Frankfurt am Main: Suhrkamp Verlag, 2009, S. 372.

② 关于这一点的具体讨论，可参见侯振武：《哈贝马斯理论中的伦理问题探析》，《当代中国价值观研究》2020 年第 4 期，第 90 页。

解放兴趣引导下的实践兴趣的复兴，和生活世界框架内道德-伦理的正当合理化。

一、现代道德状况①及其成因

每一时代的理论都是当时历史的产物，无论是哈贝马斯对其他道德理论的批判还是自己的理论建构，都是对当代道德状况的回应。因此在这里，本书将首先对这一状况做一描述，而后分别从哲学和社会理论角度来展现哈贝马斯对这一状况之成因的理解。

哈贝马斯认为，在现代合理化进程中，确如韦伯所认为的那样，存在着认知-工具合理性对于道德-实践合理性的胜利，这种胜利不仅导致道德领域遭到侵蚀，而且使得传统道德规范体系瓦解。因此，关于现代性开启以来的道德状况，哈贝马斯同他的理论对手们的观点基本上是一致的，即认为传统道德体系逐渐丧失了约束力，这造成了当今道德世界的不稳定。这至少表现在三个方面：

第一，道德观念的分歧。虽然表面看来我们现在运用的道德语词与传统并无不同，但如麦金泰尔所说，这些道德语词"最显著的特征乃是它如此多地被用于表达分歧；而这些分歧在其中得以表达之各种争论的最显著的特征则在于其无休无止性"②。我们再次陷入了苏格拉底式困境，再也得不到关于道德观念的令人信服的定义。因此，"我们诚然还拥有道德的幻象，我们也继续运用许多关键性的语汇，但是无论理论上还是实践上我们都已极大地（如果不是完全地）丧失了我们对于道德的把握力"③。虽然哈贝马斯显然不会赞同将道德观念称为幻象，但道德观念分歧与使用道德语词的混乱现象却是不争的事实。

第二，道德规范形式化。随着道德观念的分歧，由这些观念所组成的传统实质性规范也丧失了权威地位和规范力，似乎越是形式化的道德规范就越具有广泛的适用性。然而同时，形式化的道德规范一旦失去坚实的内容作为支撑，那么它的广泛的约束力就是空洞的。由此，道德规范的形式化与内容之间的冲突也就日益尖锐了。

---

① 在这里，为了行文方便，本书暂且放下哈贝马斯关于道德与伦理的区分，而是如本章第一节那样笼统地称其为道德，因为接下来将要谈到的内容是道德问题与伦理问题所要共同面对的。

② 〔美〕阿拉斯戴尔·麦金泰尔：《追寻美德：道德理论研究》，宋继杰译，南京，译林出版社，2013，第7页。

③ 〔美〕阿拉斯戴尔·麦金泰尔：《追寻美德：道德理论研究》，宋继杰译，南京，译林出版社，2013，第2～3页。

　　第三，道德意识个体化，这与前两种趋势相辅相成。哈贝马斯认为，在当今后俗成的道德意识阶段中，不同于传统时代道德意识与社会制度的紧密结合，"道德在如下意义上被去制度化了，即它作为对行为的内在控制，只包含在个体系统当中"①。如此一来，道德问题被视为主体的个体领域的私人化选择，人们相互之间的道德选择和信仰的道德权威日益多样化，并不断产生着冲突龃龉。

　　以上主要是从危机方面来呈现现代道德状况。实际上，如果按照哈贝马斯关于现代性的基本观点，"传统的和实质的道德都变得过时"这一结论并不纯然是否定的。道德领域的现代化，正如整个现代性事业那样，依然是尚未完成的，这种现代化自身虽然造成了危机，但同时也蕴含着合理重建的契机与潜力。

　　随着启蒙运动的发展，道德领域逐渐摆脱宗教神学的束缚，出现了以自律为核心的新道德观："所有正常个体都同样有能力按照一种自治的道德生活在一起。"②因此，人们必须在自身当中寻找道德规范与道德实践的根据。在这方面，德国古典哲学贡献尤大，但也将理论上的困境凸显了出来。在此，我们可以以哈贝马斯道德理论的重要资源——康德道德哲学和黑格尔伦理学为例。康德的道德主体是理性存在者，因此对于道德来说，单个主体与多个主体之间并无本质差别，人即便作为拥有各种感性欲望的、有限的理性存在者而言是需要他人的，但这并不是构成道德的积极要素，而是应当被不断压制克服的。③ 因此，这样的道德主体"作为一个单独的个体，只诉诸他自己的理性，寻找不会自我悖反的准

---

① Jürgen Habermas，*Theorie des kommunikativen Handelns*，Bd. 2. *Zur Kritik der funktionalistischen Vernunft*，Frankfurt am Main：Suhrkamp Verlag，1995，S. 261.

② 〔美〕J. B. 施尼温德：《自律的发明：近代道德哲学史》上册，张志平译，上海，上海三联书店，2012，第 4 页。

③ 在《实践理性批判》辩证论部分关于"至善"的讨论中，康德似乎将之前已被排除的最为重要的经验性要素——幸福再度引入了道德之中，使之成为至善的必要组成部分。但实际上，康德在这一过程中已经对幸福的规定做了改变。在要素论中，康德对幸福的规定是："一个有理性的存在者对于不断伴随着他的整个存在的那种生命快意的意识。"（〔德〕伊曼努尔·康德：《实践理性批判》，邓晓芒译，杨祖陶校，北京，人民出版社，2003，第 26 页）在此，幸福的基础是生命这种经验性的东西，这对于道德法则来说是否定性的，据此，我们可以将这种幸福称为经验性的。在辩证论中，康德在坚持幸福的有限性的同时，指出幸福是"任何时候都以道德的合乎法则的行为作为前提条件的"（〔德〕伊曼努尔·康德：《实践理性批判》，邓晓芒译，杨祖陶校，北京，人民出版社，2003，第 152 页），在此，幸福的基础则是道德法则，据此，我们可以将这种幸福称为道德性的。因此，真正构成至善的是道德性的幸福，其典型表现便是"永福"，它与经验性的幸福之间同样存在否定性的关系。

则，从中得出一条绝对命令"①。这种主体的实践兴趣是一种纯粹的、个体化的理性兴趣，或者用哈贝马斯的术语，一种独白式的兴趣。在这种兴趣支配下，即便我们可以将绝对命令看作类似于普遍化原则的论证原则，但主体却无须一种主体间的论证实践，而只须"反求诸己"。

青年时期的黑格尔意识到了康德道德哲学的这种抽象性和个体性，因此转而关注以原始基督教的宗教团契和古希腊城邦为典范的伦理生活。但在《精神现象学》之后，他同样试图在主体哲学范围内克服抽象主体性导致的危机。伦理总体是主体-实体之统一体的绝对精神的一个环节，任何差异和对立都在后者的独白式自我发展中得到了统一。所以，黑格尔以客观唯心主义的方式强化了独白式主体性，而且其所带来的更为严重的后果是，可能使康德道德哲学中的主体自律因服从于客观的绝对精神而消失。

实际上，从自律道德观出现的现实基础来看，这种理论上的困境的出现也有其必然性。自律道德观的基础是现代性进程中主体自由的不断增长，这摧毁了以往以政治权力为轴心的不平等的人身依附关系，在资本主义社会中，取而代之的是以量化和等价交换为轴心的经济关系和与之相应的政治关系。在哈贝马斯看来，这标志着系统同生活世界的脱节的完成，新的经济和政治管理子系统作为这一过程的结果，是现代性合理化的必要组成部分。但也正由于这种分化，系统性整合并不能成为现代社会整合的唯一机制。然而现代性的发展现实恰恰相反，在分化之初，系统就为对生活世界的殖民化开辟了道路。经济关系的可量化性、可交换性观念为现代社会中的主体带来的，是形式性平等，这实现了人与人的相似性的确信。在这一意识下，平等化的个体有理由相信，适用于自己的东西同样适用于他人，那么这种东西便有可能会形成超个体结构，在现代社会中，这就是经济和政治管理子系统。

正是在此背景下，道德的实践兴趣逐渐被技术兴趣同化。这不仅表现在道德理论上将真实性与正确性同一化的倾向，而且表现在社会行为当中。一旦系统性整合成为社会整合的唯一机制，那么作为社会问题之一的道德问题、道德行为（包括伦理价值）冲突自然也可以通过屈服于这种整合而解决，而无须"负责任"的主体通过主体间沟通达成共识，而"责任"概念（从义务论角度来看）本来是道德-伦理中占据关键位置的。这种

---

① Hannah Arendt, *Lectures on Kant's Political Philosophy*, Chicago: The University of Chicago Press, 1992, p. 49.

屈服的典型表现是，道德与原本与之紧密结合的法律分离，后者正如韦伯法律理论及实证主义法学理论所表现的那样，成为系统工具行为组织社会秩序的手段。原本作为道德-实践合理性之表现形式、人际关系的有效维持及冲突的有效解决所依赖的法律，变成单纯服从于认知-工具合理性的工具。

上述状况意味着，现代社会既不能从过去的传统中获得规范性资源，也不能屈服于当前的困境，而是必须再次"从自身当中获得规范性"①，"必须根据自己所剩下的惟一的权威，即理性，来巩固自己的地位"。② 哈贝马斯认为，与前现代道德观念向现代道德观念的历史转变过程相伴随的，是实在主义的道德世界观向理想主义道德世界观的根本性转变，这已经在传统社会关系的崩解中表现出来了。在前现代时期，人们在这样一个假设下展开道德活动，即存在着一种单一客观的、独立于人的共同道德尺度，根据它，人们可以评判道德行为与道德表述是否正确。在哈贝马斯看来，这种假设是一种幻象，虽然这种幻象在协调行为方面是有效的，但随着现代性的展开，这种道德尺度的客观性幻象已经被打破了。哈贝马斯认为，正如康德道德哲学所表明的那样，现代道德规范的正确性并非来自其实质性内容，而是来自其合理结构，来自对程序合理性的满足。在哈贝马斯看来，这种程序合理性的本质应当是主体间的或社会性的，他正是要将评判道德规范之有效性的理性标准，置于道德行为者能够以商谈方式就道德问题达成共识的条件之中。因此，作为现代化之结果，后俗成时代的道德规范的有效性应当是以程序的、主体间的方式建构起来的。

在哈贝马斯看来，他所批判的那些道德理论，虽然力图解决某些道德问题，但忽视了这些问题并非道德自身的问题，而是整个现代性病症的体现，并且没有意识到与此同时现代性也为解决道德问题提供了合理性潜力。因此，它们或是表现为对现代性病症的非反思顺应（如直觉主义和实在主义将道德问题的主体间互动等同于自然科学的主客体关系，这正是与系统性整合侵蚀社会性整合相契合的），或是不自觉地走向了怀疑主义（如情感主义、命令主义和规定主义），甚或走向了对传统的复归或是试图瓦解现代性所谓的后现代主义。而哈贝马斯则是试图从现代道德

---

① Jürgen Habermas, *Der philosophische Diskurs der Moderne: 12 Vorlesungen*, Frankfurt am Main: Suhrkamp Verlag, 1985, S. 16.

② 〔德〕尤尔根·哈贝马斯：《后民族结构》，曹卫东译，上海，上海人民出版社，2019，第182页。

状况危险与机遇的张力出发，实现批判性的拯救。

二、作为解放兴趣之落实的实践兴趣的复兴

解放兴趣是理性自身自由本性的表现，是理性实现自身启蒙所必需的。在现代性的条件下，面对生活世界的殖民化，理性依然有必要承担起自身启蒙的任务。如上一章所述，交往合理性植根于生活世界，并且成为生活世界之正当合理化的理性推动力。而随着生活世界的结构分化，理性也从单一大全式理性发展为多元合理性的复合体，交往合理性作为一种综合合理性，既要以各个合理性之相对独立为前提，又要实现"多元声音中的理性统一"，即各个合理性之间的平衡互动。然而，现代性发展现状却是一种病态的理性"统一"形式：认知-工具合理性占据了统治地位，以之为理性内核的经济与政治系统脱离了生活世界，并反过来入侵了生活世界，使得道德-实践合理性遭到压制。这导致的进一步后果就是实践兴趣的贬低或同化。与之相对，实践兴趣的复兴正是阻击这种病态统一的途径之一。

哈贝马斯认为，在现代性的正当合理化进程中，单凭实践兴趣对技术兴趣的约束还是不充分的，因为语言不仅是交往的媒介，而且有可能被用于欺骗。并且，现实状况是，由于技术兴趣的片面扩展，对于实践兴趣存在着一种实证主义的理解，即仅仅将科学活动视为实践上"合理的"，因为"它使得对包括自然以及社会在内的所有'客体'的技术统治得以可能"①。这两方面都促成了对日常交往的扭曲和操纵，这就需要解放兴趣的批判与反思。就此来看，这三种兴趣之间存在着某种递进式关系，即技术兴趣对实践兴趣的依赖，实践兴趣对解放兴趣的依赖。

而如果我们仔细考察这其中的递进逻辑的话，就会发现，实践兴趣与解放兴趣之间存在着"先天的"亲缘性，解放兴趣与实践兴趣一样，都是以人、具体来说是以人的主体间活动为指向的。实践兴趣"在指导人们的认识生活实践问题的过程中，会使人们认识到自己有必要建立起一种自由的生活方式，这种对自由生活方式的欲求恰恰是通过对自己的现实生活的批判反思才获得的。这进一步表明，只有在解放兴趣中，实践兴趣才能在认识中真正付诸实施"②。所以，解放兴趣和实践兴趣一起，构

---

① Dietrich Böhler, "Zum Problem des 'emanzipatorischen Interesses' und seiner gesell-schaftlichen Wahrnehmung", in *Continental Philosophy Review*, 1970（June）, S. 23.

② 李淑梅、马俊峰：《哈贝马斯以兴趣为导向的认识论》，北京，中国社会科学出版社，2007，第 320 页。

成了防止技术兴趣僭越的防线，实践兴趣必须在解放兴趣的指导下才能发挥其效能，反过来，正是在实践兴趣的复兴中，解放兴趣的成果落到了实处。

当然，严格来说，解放兴趣意义上的理性自由并不具有道德-实践属性，实践兴趣作为理性兴趣最终所指向的是这种解放兴趣，因而其也继承了对于自由的追寻，并集中表现为对道德-实践意义上的自由的追寻。那么，在交往合理性理论的语境中，我们应当如何理解这种追寻？

关于此，我们有必要回到实践兴趣这一概念提出的原点：康德道德哲学。在康德之前，自由的归属一直是存在争议的，唯理论者主张自由属于理性，而唯意志论者则主张自由属于意志。康德的方案是理性意志化和意志理性化，纯粹的意志就是实践理性本身，这就是说，理性既是衡量道德实践的尺度，又是创造尺度、满足尺度的动力。因此，讨论实践的理性兴趣必须涉及意志，康德关于实践兴趣的另一规定也确证了这一点：理性"实践运用的兴趣则在于就最后的完整的目的而言规定意志"①。那么，如何规定意志才是自由的？众所周知，康德给出的答案是意志自律，即实践理性的自我立法，由此订立的法则是纯粹形式的、独立于一切质料的。由此，康德意义上的理性实践兴趣在于纯粹形式的意志自律。

哈贝马斯认同意志自律，并且也赞同意志自律与普遍化检验之间的内在关系。但是他并不认同康德在主体范式下做出的解释，而是认为自律概念是"只有在主体间的框架下才能完全展开的概念"②，只有在主体间范式下，这一现代性道德所特有的内核才能真正地在现实中发挥效力。据此，意志自律或意志与理性的统一不应当归诸单一个体来进行，而是"只有在社会语境中才是能被合理期望的，这些语境在如下意义上已经是自身合理的了：它们确保由好的理由所激发的行为将必然不与一个人自己的利益相冲突"③。由此，商谈成为形成合理意志的场所，这又包括道德商谈和伦理商谈两种情况。在伦理商谈中，理性与意志是相互规定的，它们依然不能摆脱商谈参与者事实上已经身处其中的生活方式。在道德

---

① 〔德〕伊曼努尔·康德：《实践理性批判》，邓晓芒译，杨祖陶校，北京，人民出版社，2003，第 164 页。

② 〔德〕尤尔根·哈贝马斯：《对话伦理学与真理的问题》，沈清楷译，北京，中国人民大学出版社，2005，第 10 页，译文有改动。

③ Jürgen Habermas：*Philosophische Texte*，Bd. 3. *Diskursethik*，Frankfurt am Main：Suhrkamp Verlag，2009，S. 136.

商谈中，理性与意志则从偶然地存在的规范情境中抽离出来，在此，自律的意志把理性内化了，"道德规范的'有效性'指明规范'值得'被普遍承认，这只是因为道德规范能够联结接受者的意志"①。

　　同时，哈贝马斯也不赞同康德排除经验意志的主张，这涉及意志脆弱性问题。哈贝马斯意识到，在现实状况中，行动者是多元的，他们的意志也是多元的、容易发生冲突的，虽然"以商谈方式产生、主体之间共享的信念同时也具有一种提供动机的力量"，但"这不过是较好理由所具有的微弱动机力量"②，它不能完全决定人的行为，也不能弥合道德判断和道德行为之间的分裂。康德也遇到了这一问题，为此，他引入了对道德律的敬重感，同时他基于二元划分而坚持认为这种道德情感虽然能够对感性情感发挥作用，但却是理性引起的。哈贝马斯放弃了康德的这一颇有些怪异的方案。一方面，哈贝马斯肯定内疚、羞耻、同情等所组成的道德情感之网是不可避免的，这种情感之网在道德现象的建构、在与道德相关的具体情况中做出判断以及在道德辩护当中都发挥着重要作用。另一方面，哈贝马斯承认意志脆弱性问题是不能由道德认知来解决的，这就需要引入法律和政治制度。不同于道德上仍具有一定虚拟性（virtuell）的自由意志，法律共同体中形成的政治意志当然要符合道德洞见，但它所表达的是"一种主体间共享的生活形式，表达既定的利益状况和从实用角度选择的目标"③。由此可以说，法律和政治制度构成了实践兴趣的制度保障，这将在第四章中予以详论。

三、道德–伦理的合理化：观念、规范与意识

　　对于哈贝马斯来说，

　　　现代性是从如下二者关系的角度来分析的，一是作为"工具合理性"之体现的自治的货币和权力系统，二是作为"交往合理性"之体现的生活世界。这一方法使得如下一点变得明显，即商谈——特别是道德商谈——能够通过补充意义基础，来补偿因宗教终结而导致的

---

① 〔德〕尤尔根·哈贝马斯：《对话伦理学与真理的问题》，沈清楷译，北京，中国人民大学出版社，2005，第56～57页。
② 〔德〕哈贝马斯：《在事实与规范之间：关于法律和民主法治国的商谈理论》，童世骏译，北京，生活·读书·新知三联书店，2014，第181页。
③ 〔德〕哈贝马斯：《在事实与规范之间：关于法律和民主法治国的商谈理论》，童世骏译，北京，生活·读书·新知三联书店，2014，第186页。

意义、价值和信念的共同资源的缺失。①

据此，我们可以将现代合理化中道德-伦理方面的合理化，作为生活世界正当的合理化的优先部分来考察。那么，从生活世界角度来讲，道德-伦理领域的这种优先性具体表现在哪些方面呢？哈贝马斯认为："在分析时，我们可以区分出作为传统的组成部分的道德观念、作为规范系统的组成部分的道德规范和作为个性的组成部分的道德意识。但是，道德观念、道德规范和道德意识是一个而且是同一个道德。"②因此，本书将按照这三个层面，来分析哈贝马斯关于正义相对于善的优先性的观念、道德规范的运用商谈与准则、后俗成的道德意识阶段的论述。

（一）正义相对于善的优先性

自古希腊哲学家开始关注道德-实践问题以来，在道德问题与伦理问题区分开之前，正义与善一直都作为美德观念被探讨，并且长久以来善（特别是至善）优先于正义，如柏拉图曾将正义规定为达到至善的具体□□之一。可以说，善不仅是值得追求的伦理价值，善之最高者即至善□成为评定道德规范的标准。直到康德时，才以讨论道德法则与善恶概□的方式，隐晦地提出了道德上的正义的优先性："善和恶的概念必须不□□道德的法则（哪怕这法则表面看来似乎必须由善恶概念提供基础），□正如这里也发生的那样）在这法则之后并通过它来得到规定。"③这□善恶概念总是与人的愉快和不愉快的情感相结合的，如果以此作□的规定根据，那么这便是一种经验性的他律，而不是出于理性的□虽然康德从未明确将绝对命令称为正义原则，但如奥诺拉·奥尼□□，在康德这里，法则的可普遍性要求对于正义具有规范性的意义，□康德也没有如传统伦理学那样将正义视作一种美德。

追随康德开启的方向，哈贝马斯坚持一种义务论的道德-伦理观，即道德优先于伦理，正义优先于善。这种义务论首先规定的是"我们应当做

---

① James Gordon Finlayson, "Modernity and Morality in Habermas's Discourse Ethics", *Habermas II*, vol. II, David M. Rasmussen & James Swindal, eds., London: SAGE Publications Ltd., 2010, p. 182.

② Jürgen Habermas, *Theorie des kommunikativen Handelns*, Bd. 2. *Zur Kritik der funk-tionalistischen Vernunft*, Frankfurt am Main: Suhrkamp Verlag, 1995, S. 139.

③ 〔德〕伊曼努尔·康德：《实践理性批判》，邓晓芒译，杨祖陶校，北京，人民出版社，2003，第 85～86 页。

什么，即是说，我们应当服从于什么，而不考虑我们特定的目标或利益"①。讨论正义问题的道德商谈，应当摆脱自我中心的或种族中心的视角，平等地尊重每个人，平等地考量所有人的利益。所以，正义问题与一种特定的集体及其生活形式是没有什么内在关联的。与之相反，涉及善的伦理商谈没必要切断与自我中心主义视角或第一人称视角的关系，由于伦理价值涉及个体或集体的自我理解，在与其他共同体成员进行商谈时，我或我们对于自己所持有的伦理价值更具发言权。因此，在哈贝马斯看来，虽然我们也可以用善来形容道德规范，但道德规范涉及的是对所有人而言的同等地善，在此意义上，所谓的"善恶之分"已经变为"对错之别"。

当然，正义与善、道德与伦理并非只有区分而无联系，二者之间是能够达成一致的，其前提依然是正义优先于善。在现代性的条件下，价值观多元化日益加深，这是道德规范奠立或更新时所必须考虑的内容，但却不是其得以证立的基础。如前所述，确立道德规范的普遍化原则包含了道德规范应当考虑价值取向这一要求，这似乎与哈贝马斯所坚持的义务论相悖，然而事实并非如此。必须承认的是，道德规范绝不是与价值观无涉的，否则它们就不能共同构成社会世界以及生活世界的社会方面。道德规范所谓的价值中立是指它的有效性不服从于任何一种既定的价值取向，而只有可普遍化的价值取向才能作为其考虑要素，在﹖决定性要素不是价值取向的内容，而是可普遍化，这归根结底是﹣序性要求。因此，我们可以说道德规范体现了、考虑了价值取向能说取决于它，而是取决于程序。也正是在这种程序中，正义﹣一致关系得以实现。这可以概括为向上和向下的互动过程。向上﹚的是伦理商谈需要上升到道德商谈。伦理商谈涉及的是不同价值耳间善的优先次序的安排，如果商谈参与者最终达成了共识，则伦理﹙就得以完成。但同样会存在商谈失败的情况，伦理分歧依然存在而无法调和，此时就需要进入"较高抽象层次的正义商谈，在这种商谈中将考察：在承认这些分歧的同时，什么是平等地有利于所有参与者的"②。因为在正义商谈即道德商谈中，"一个特定集体的种族中心视角扩展为一个

---

① Lasse Thomassen，*Habermas：A Guide for the Perplexed*，London & New York：Cotinuum International Publishing Group，2010，p. 86.

② 〔德〕哈贝马斯：《在事实与规范之间：关于法律和民主法治国的商谈理论》，童世骏译，北京，生活·读书·新知三联书店，2014，第 384 页。

无限交往共同体的无所不包视角"①。所谓向下过程指的是道德商谈应将其形成的规范落实为伦理商谈不可违背的原则。当某个特定伦理价值取向甚至伦理商谈所获得的共识违背了有效的道德规范或正义原则，那么就需要重新开启伦理商谈过程。由此，道德理想交往共同体的实现，同时也就意味着伦理上个体或群体的自我实现：

> 在一个拥有现代社会所有资源并且良好组织起来的社会中，即在正义的、解放了的社会中，社会个体将不仅享有自治和很高参与度，而且享有相对广泛的自我实现范围，即有意识的规划和追求个体生活计划的范围。②

总之，随着传统的实质道德规范的瓦解和价值观念的多元化，如果我们依然坚持伦理优先性，首先从伦理角度出发来解决道德-伦理冲突，无疑会陷在麦金泰尔所说的无休无止的争论当中不能自拔，而道德商谈作为一种更高阶的论证形式，为伦理讨论设定了边界和标准。并且，无论是道德商谈还是伦理商谈，它们所需要的参与主体，不是屈从于系统性整合的孤独主体，这种主体在其行为中无须也无力考虑他者的价值取向及其行为对他者的可能后果，而是需要能负责任的、有意识的社会化，他们处于一种理想的交往共同体当中，这种交往共同体在面对具道德-伦理问题时，就会具体化为一种道德-伦理共同体。当然，在一点的过程中，由于正义所代表的道德领域与善所代表的伦理领于两个层面上的，二者之间依然需要有一条沟通渠道，这就涉及规范的运用问题。

（二）道德规范的运用商谈与准则

与康德的绝对命令同样形式化的普遍化原则，自其被提出起就面对康德也曾遇到的诘难，即这一原则在现实的道德冲突中如何切实地发挥作用。例如，韦尔默就认为，由于哈贝马斯像康德那样坚持普遍化原则的普遍性、绝对性，它就不能现实地发挥解决道德冲突的作用，因为"只有随着特殊物和普遍物之间实现调解的问题，真正的道德问题才开始出

---

① 〔德〕哈贝马斯：《在事实与规范之间：关于法律和民主法治国的商谈理论》，童世骏译，北京，生活·读书·新知三联书店，2014，第 198 页。

② Jürgen Habermas, *Philosophische Texte*, Bd. 3. *Diskursethik*, Frankfurt am Main：Suhrkamp Verlag, 2009, S. 148.

现"①。对于哈贝马斯来说，道德固然需要涉及特殊物，但并不能因此否认普遍化原则的存在必要性，也不能像阿佩尔那样直接在这一原则本身之内添加上应用部分，因为普遍化原则虽然要沟通普遍与特殊，但它考虑特殊物的目的恰恰是要超越特殊物，而不是以特殊物为前提来考虑规范的适用性。所以，哈贝马斯认为，韦尔默和阿佩尔虽然都触及了普遍主义道德应当如何面对具体的伦理生活这一关键问题，但他们得出的结论和方法却都是草率的。那么，在哈贝马斯的构想中，具有普遍有效性的道德规范应当如何对伦理生活发挥影响呢？

自商谈伦理学提出之初，哈贝马斯就在考虑这一问题，他是从黑格尔对于康德的批判是否适用于商谈伦理学这个角度出发的。黑格尔认为，康德的以绝对命令为核心的实践理性概念之所以无法发挥实际影响力，乃是因为它恪守一系列的二元划分，如理性道德与经验幸福、道德义务与感性情感等。哈贝马斯认为这一批评是正确的，但这对于商谈伦理学来说并不适用。因为商谈伦理学主张的道德概念虽然也是狭义的、普遍主义的，但它却放弃了康德所坚持的二元论，道德商谈"要求容纳所有可能受影响的利益，它甚至包括了对解释的批判性检验，只有在这些解释下，我们才将某些需要视为自己的利益"②。道德规范本身超越日常世界，这是进行辩护商谈所必须经过的步骤。但同时，商谈伦理学认同黑格尔的如下观点，即"道德洞见必须转换为日常生活中的具体责任。正确的是：任何一种普遍主义的道德都依赖于一种符合它的生〔活〕式"③。当然，这只是原则上承认道德规范要与日常生活相关，尚〔无〕具体的可行方案。而随着哈贝马斯理论中道德与伦理区分的明确〔化〕于这一方案的思考也是势在必行的，这就是道德规范的运用商谈。④

哈贝马斯认为，从现实的角度来看，由于任何关于规范的商谈〔都〕在一种有时空限度的、特定生活语境的条件下进行的，因此这种商谈"无法事先考虑到未来事件的所有可能态势，规范的运用本身要求一种论辩

---

① 〔德〕阿尔布雷希特·韦尔默：《伦理学与对话——康德和对话伦理学中的道德判断要素》，罗亚玲、应奇译，上海，上海译文出版社，2013，第96页。

② Jürgen Habermas, *Erläuterungen zur Diskursethik*, Frankfurt am Main：Suhrkamp Verlag, 1991, S. 25.

③ Jürgen Habermas, *Erläuterungen zur Diskursethik*, Frankfurt am Main：Suhrkamp Verlag, 1991, S. 25.

④ 随着运用商谈的引入，我们应当注意在哈贝马斯的理论语境中"道德商谈"概念的范围。就都关涉道德规范而言，道德商谈似乎应当包含规范的辩护和规范的运用，但是，在哈贝马斯这里，"道德商谈"仅指辩护而不包括运用，我们可以将这后一种商谈称为道德性的运用商谈。

性的澄清。在这种运用商谈中，判断的公平性之发挥作用，不是再次通过普遍化原则，而是通过一条恰当性原则"①。符合特定内容的道德规范可以从可普遍化角度来得到辩护，但只有在其运用到具体的情况中时，如下问题才会出现：对于既定语境来说，这些竞争性的原则中，哪个是最为恰当的。② 要回答这一问题，就必须对既定情境的相关特征做出尽可能全面的描述，从而确定哪种规范最适合既定情境。就此而言，运用商谈与道德商谈是互补的，通过对道德规范的运用与辩护，它们共同体现了完整的正义或公正的理念。因此，哈贝马斯认为：

> 恰如普遍化原则那样，恰当性原则使得对实践问题的判断的公正性发挥作用，并因此使得一种合理激发的共识成为可能。在运用商谈中，我们也依赖于原则上对于所有人来说都有效的理由。人们必须注意的是，一个要求对语境敏感的分析程序自身并不必然是依赖于语境的，并且并不必然导致依赖于语境的结果。③

就此而言，恰当性原则在运用商谈中发挥着类似于普遍化原则在道德商谈中的作用。同时，运用商谈与伦理商谈也是互补的，它们都需要考虑具体的语境。依据恰当性原则我们确定了某一规范是优先适用于某个既定情境的，然而退居其次的那些规范并不因此而丧失了有效性。就此而

---

① Jürgen Habermas, *Faktizität und Geltung*: *Beiträge zur Diskurstheorie des Rechts und des demokratischen Rechtsstaats*, Frankfurt am Main: Suhrkamp Verlag, 1998, S. 200-201.

② 韦尔默对哈贝马斯区分辩护商谈和运用商谈的做法持批评态度。他认为，哈贝马斯对运用问题的理解是狭隘的。韦尔默主张存在着两种意义上的运用问题。一个是既定规范需要运用到具体情境当中，这也是哈贝马斯讨论的情况，韦尔默承认，在此情况中运用问题和辩护问题是不同的。另一个是"在有争论的情形中引出'道德观'的正确方式的问题"（〔德〕阿尔布雷希特·韦尔默：《伦理学与对话——康德和对话伦理学中的道德判断要素》，罗亚玲、应奇译，上海，上海译文出版社，2013，第 107 页），即在没有既定规范的情况下，为了具体情境而需要订立规范，这虽然间接地关乎规范辩护，但同时也是一个运用问题。韦尔默关于这两种运用问题的规定在理论上是成立的，但从现实角度来说，道德领域中更多地存在前一种情况，因为道德系统是历史的自然发展的结果，道德规范的形成往往不是某个人或某个群体有意而为之的（即便是其形成文本或专家知识，也不过是对这种发展结果的总结，就此而言，对于既定道德规范的辩护及运用是更为重要的，而这本身又将成为新道德规范出现的学习过程的环节）。不过，他关于后一种运用问题的规定在道德-实践领域中的另一方面——法律-政治体系——中的确体现得较为明显，因为它具有明晰的人为构造特征。

③ Jürgen Habermas, *Philosophische Texte*, Bd. 3. *Diskursethik*, Frankfurt am Main: Suhrkamp Verlag, 2009, S. 173.

言，恰当性与伦理商谈的真切性是一致的。

除了运用商谈外，哈贝马斯还提到以准则来中介道德和伦理："准则构成了伦理与道德的交接点，因为它们既可以从伦理的角度也可以从道德的角度加以评判。"①伦理角度涉及的是某一准则是否对某(些)人有益处，是否与具体的情境相适应，而道德角度涉及的是某(些)人所信奉的准则是否能够成为所有人都会遵守的法则，他(们)选择准则的理由是否对于所有人来说都是好的理由。

那么，准则与运用商谈的关系是什么？哈贝马斯并未就此做出说明。不过他承认，他对于准则的理解与康德是一致的，因此，我们可以借助于康德关于准则的规定来间接地做出补充说明。在康德那里，准则是普遍化原则的对象，是"那些我们通过它们来找到或控制我们的更具体的意图的基本原则"②。以是否能够经得住普遍化检验为判断标准，存在着两类准则："一种只是主观上的(纯粹的准则)，并因此不是道德的；另一种与实践法则一致，因而是主观上与客观上同时有效的，并因此是道德的。"③我们可以将之转译为哈贝马斯的术语。前一种情况是指，准则仅仅通过了某(些)人伦理视角的检验，而并未通过其他人伦理视角的检验，即这种准则仅仅是对某(些)人来说是有益处的，那么这种准则必然是非道德的。当然，这并不妨碍它作为伦理准则继续在特定语境中起作用。后一种情况是指，准则不仅通过了某(些)人伦理视角的检验，而且可以通过所有人的检验，那么准则也就上升为道德规范，运用商谈的对象就是这种可普遍化的准则。此外，即便是仅仅通过伦理视角检验的准则也具有相对的一般性，即"一条准则包含了许多不同的行动。在一条准则中，人们找不到对一个具体行动的准确描述"④。因而与规范一样，准则也面对同具体情境的协调问题，在此，运用商谈同样是必需的，不过不是作为道德规范与伦理生活的中介，因此不是道德性运用商谈，而是伦理准则与伦理生活的中介。

(三)后俗成的道德意识阶段

哈贝马斯关于道德意识阶段的思考要早于其道德−伦理理论。在《交

---

① 〔德〕尤尔根·哈贝马斯：《对话伦理学与真理的问题》，沈清楷译，北京，中国人民大学出版社，2005，第73页。

② 〔英〕奥诺拉·奥尼尔：《理性的建构：康德实践哲学探究》，林晖、吴树博译，上海，复旦大学出版社，2013，第107页。

③ Otfried Höffe，"Kants Kategorischer Imperativ als Kriterium des Sittlichen"，in *Zeitschrift für philosophische Forschung*，1977 (3)，S. 357.

④ Otfried Höffe，"Kants Kategorischer Imperativ als Kriterium des Sittlichen"，in *Zeitschrift für philosophische Forschung*，1977 (3)，S. 363.

往行为理论》问世之前，哈贝马斯就已经试图从具有一般性的"互动能力的阶段中推导出道德意识的阶段"①。在《交往行为理论》中，这一尝试补充以社会理论的经验考察而得以丰富，并成为哈贝马斯改造米德、帕森斯的理论以及理解现代性发展逻辑的重要维度。最终，在道德-伦理理论中，这些思考成为哈贝马斯为商谈伦理学辩护并避免阿佩尔式"终极论证"的"新的可能性"。如我们在第二章关于交往资质问题的讨论中已经看到的，哈贝马斯所重视的也是他认为与现代性相契合的是"交往行为和对话"阶段，在道德意识上，与之相应的则是后俗成的道德意识阶段，哈贝马斯的道德-伦理理论是与这一阶段直接相关的。因此本书将仅围绕这一阶段展开论述。

　　哈贝马斯对道德意识的定义是："运用互动资质来有意识地处理道德上相关的行为冲突的能力。"②所谓"道德上相关"指的是能够运用主体间共识来加以解决的行为冲突，从道德上解决行为冲突的方法可以被视为以沟通为取向的交往行为的继续，因此"理解道德冲突必须以交往行为的基本概念为前提"③，在这里，交往资质集中体现为道德意识。哈贝马斯关于道德意识阶段的思考，主要借助的是科尔贝克道德心理学中的三阶段-六层次的划分④，他将道德意识分为前俗成、俗成和后俗成三个阶段，每一阶段中又包含两个层次。其中，后俗成的道德意识阶段（以下简称为阶段 III）是一种受原则而非特定角色或规范引导的道德意识阶段，在此，行为者成为"能够独立于具体角色和特殊规范系统而强调其同一性的人……已经掌握了规范和原则（我们能够根据原则制定规范）之间的重要区别，并因此掌握了根据原则进行判断的能力"⑤。这一阶段是与现代性相应的，因为在现代社会中，传统规范日益丧失其以往的权威性，社

①　Jürgen Habermas, *Communication and the Evolution of Society*, Thomas McCarthy, trans., Boston: Beacon Press, 1979, p. 82.

②　Jürgen Habermas, *Communication and the Evolution of Society*, Thomas McCarthy, trans., Boston: Beacon Press, 1979, p. 88.

③　Jürgen Habermas, *Communication and the Evolution of Society*, Thomas McCarthy, trans., Boston: Beacon Press, 1979, p. 82.

④　哈贝马斯引证的科尔贝克的研究是从种族发生学角度进行的，这为后俗成的道德-伦理理论提供了经验性的间接证明。当然，科尔贝克的研究具有一定的理想化色彩，特别是他论述的第六个层次难以获得经验支持，哈贝马斯也意识到了这一点，因此科尔贝克的研究是否能够为哈贝马斯提供足够有力的证明是有待商榷的。不过，如果将哈贝马斯的引证视为他在交往行为理论框架内关于道德意识的解释，则科尔贝克的研究对于哈贝马斯的理论来说依然是有价值的。

⑤　Jürgen Habermas, *Communication and the Evolution of Society*, Thomas McCarthy, trans., Boston: Beacon Press, 1979, p. 85.

会角色随着社会分化而不断细化、变动，各种关于社会行为的竞争性解释不断出现，这就需要行为者自身具有一种抽象能力，在不诉诸特定角色和规范的情况下建立起稳固的自我同一性。按照科尔贝克的观点，阶段 III 中包括两个层次（整个发展过程中的层次 5 和层次 6），即社会契约的律法主义取向和普遍的伦理原则取向，这二者都关涉到什么是正当的行为这一问题。前一取向的根据是个人的一般权利和整个社会的批判性检验并认可的标准，后一取向的根据是与自我选择的伦理原则相一致的良心的决断，这些原则符合逻辑全面性、普遍性和连贯性。

　　哈贝马斯基本上赞同科尔贝克三阶段-六层次的划分，并将第三阶段称为"互动的第三阶段"。在这个阶段中，不同的行为者能够同时基于与社会世界相关的观察者视角和道德交往角色相关的言说者视角，进入聚焦于有效性要求的商谈之中，他们"在一种合乎交往的前提条件下进入一种交互主体性的关系中，通过论辩、论证来达到共识"[1]，而他们达到这一点的方式就是在道德商谈、伦理商谈的一系列原则、规则下，凭借更好的理由、论据来使对方信服。不过哈贝马斯并不完全认同科尔贝克关于阶段 III 的解释。科尔贝克是从涉及的原则类型来区分层次 5 和层次 6 的，而哈贝马斯则主张通过区分一般原则取向和可能原则辩护的程序的取向来界定两个层次。"在层次 5，原则被视为终极的并且是无须辩护的。在层次 6，它们不仅被更为灵活地对待，而且明确地与辩护程序相关。"[2]此外，哈贝马斯认为，在阶段 III 还存在着科尔贝克未能与层次 6 区分开的层次 7，虽然这两个层次都涉及个体检验规范是否可普遍化的能力，但二者之间还是存在着质的区别。不同于层次 6，在层次 7 中，"辩护规范的原则不再是可以以独白的方式运用的普遍化能力，而是共同遵循的、以商谈的方式兑现规范有效性要求的程序"[3]。就此而言，对于哈贝马斯的道德-伦理理论来说，层次 7 是极为重要的。在这一层次上，不仅是各种竞争性的解释，而且解释需要自身，也被纳入程序性的商谈过程当中。由此，道德意识问题就超出了个体的自我同一性的领域，而进入主体间的互动语境当中。

　　至此，我们基本上概述了哈贝马斯在道德-伦理问题域中关于后俗成

①　龚群：《道德乌托邦的重构——哈贝马斯交往伦理思想研究》，北京，商务印书馆，2005，第 200 页。

②　Jürgen Habermas, *Moral Consciousness and Communicative Action*, Christian Lenhardt & Shierry Weber Nicholsen, trans., Cambridge: Polity Press, 2007, p. 172.

③　Jürgen Habermas, *Communication and the Evolution of Society*, Thomas McCarthy, trans., Boston: Beacon Press, 1979, p. 90.

道德意识阶段的观点，但这里尚未涉及一个对于这一阶段来说极为重要的问题，即在此阶段中，后俗成的道德与实证的法律之间是何种关系。一方面，在后俗成阶段，道德（信念伦理与责任伦理）和法律（形式法）明确区分开：

> 道德在如下意义上是去制度化的，即它作为对行为的内在控制，只包含在个体系统当中。同样，法律在如下意义上发展出一种外在的、由外面强加的强力，即国家认可的强制性法律。这样一种制度脱离了法人的伦理动机，并依赖于对法律的抽象服从。[①]

对于现代性的发展和生活世界的合理化来说，这种分离是必需的。然而这并不意味着二者是隔绝的，恰恰相反，这种隔绝是不应当的。就制度层面而言，生活世界殖民化得以发生正是由于这种隔绝，因为系统由此完全成为认知-工具合理性的实现手段，而无视生活世界之约束。哈贝马斯承认，现代社会中许多成员只达到了俗成的道德意识阶段，这也造成了人们在道德-伦理问题上争执不休，因为人们还没有意识到现代性所要求的是一种后俗成的道德-伦理体系。而实证法必须被理解为后俗成意识结构的具体化，同时现代法律所体现的意识结构正是在道德意识的后俗成阶段才能形成的。

此外，道德-伦理商谈并不等于道德行为，也并不必然能够导致相应的行为，这样一来，"在意志和利益上存在分歧的各方之间的沟通问题，就转移到了实际执行的论证和协调的制度化程序以及交往前提层面上"[②]。因此，法律和政治制度在一定意义上成为社会成员在后俗成道德意识阶段调节其行为的制度保证。在此，我们仅做简要提及，关于道德-法律关系，以及法律、政治制度在道德-实践合理性以及在生活世界合理化过程中的地位、作用，将是下一章所要呈现的。

[①] Jürgen Habermas, *Theorie des kommunikativen Handelns*, Bd. 2. *Zur Kritik der funktionalistischen Vernunft*, Frankfurt am Main: Suhrkamp Verlag, 1995, S. 261.

[②] Jürgen Habermas, *Erläuterungen zur Diskursethik*, Frankfurt am Main: Suhrkamp Verlag, 1991, S. 117.

第四章　作为交往合理性之实现通道的
道德-实践合理性（Ⅱ）：法律-政治

　　相比于道德-伦理问题，哈贝马斯对于政治问题的关注更早，就文本而言，可以追溯到他在法兰克福社会研究所担任阿多诺研究助手时与他人合著的《大学生与政治》，特别是导论中关于政治参与概念的思考，这在《公共领域的结构转型》中得到了更为详尽的阐述。在之后的研究中，哈贝马斯暂时放下了这一主题，因为他认为传统批判理论的框架已经难以为整个当代资本主义现实的批判提供恰当的规范性基础，没有认真、公正地看待现代法治国家的合理性因素正是传统批判理论的弱点之一。

　　随着《交往行为理论》中关于交往合理性内在结构的分析的完成，哈贝马斯认为自己已经找到了这样一种基础，因而再次回到早年所关注的论题，展开了更为系统的研究工作。此时，哈贝马斯找到了一个恰当的切入口——法律。而做出此选择，原因至少有两点：一方面，从现实角度看，在现代法治国家中，制度性规范是以法律规范的形式表现出来的，并且立法过程涉及现代政治的一个核心理念——民主原则；另一方面，从理论角度看，哈贝马斯的交往合理性理论试图发掘现代社会的规范性基础，而法律作为一种独特的道德-实践合理性规范，在阻击生活世界殖民化的过程当中发挥着极为重要的作用。

第一节　当代法律理论与法律的有效性要求

　　如罗伯特·阿列克西所言，"哈贝马斯法律理论的支配性论题是事实性与规范性之间的张力"[①]。这一张力实际上是一切法律理论都必须解决的，因此，它既表现在哈贝马斯对当代法律理论的批判中，也表现在他自身的理论建构当中。在前一方面中，他所批判的法律理论或是偏重于张力双方中的某一方，或是试图结合二者却最终失败。在后一方面中，这一张力贯穿了他关于法律合法性与合法律性关系的思考，以及他关于法律商谈以及法律在生活世界合理化当中作用的分析。

---

① 〔德〕罗伯特·阿列克西：《法、理性、商谈：法哲学研究》，朱光、雷磊译，北京，中国法制出版社，2011，第159页。

一、当代法律理论的分歧及其批判

当代法律理论必须面对的一个核心问题是，法律作为调节行为冲突的强制性规范，如果是随时可以被法律创制者改变的，那么它的合法性何在？这一问题表明，法律系统处于事实性与规范性的张力之中。如果说，在前现代社会中，由于有神圣宗教法和形而上学世界观作为法律的保障，这一张力是隐而不显的，那么在现代多元社会中，随着上述传统保障的动摇、崩溃，习惯法转向成文实证法，这一张力变得日益尖锐。面对这一情况，我们所能选择的是如下三种路向，即基于事实性来讨论规范性、基于规范性来讨论事实性，以及将规范性与事实性结合起来。在哈贝马斯的视野中，代表着这三种路向的分别是：法律实证主义与法律系统理论、罗尔斯的现代理性法理论(或现代自然法理论)、韦伯与帕森斯的法律理论。

(一)强调事实性的法律理论

一是法律实证主义，这里主要是指分析实证主义法学。

这种法律理论产生的背景包括两个层面。一是实践层面上，随着大规模法典编纂和成文法的制定，法律实证化普遍展开，法律的实证性日益凸显。二是方法论层面上，随着自然科学技术的发展，以科学主义观念为内核的实证主义方法论已经渗透到包括法律理论在内的社会科学领域当中。其中，分析实证主义法学是在法律与道德严格区分的前提下来讨论法律的事实性与规范性问题的，并试图将后者归结为前者。这一法学流派的代表人物包括汉斯·凯尔森和 H. L. A. 哈特。凯尔森强调法律规则的内在逻辑，认为法律规范性是通过上位法的层层授权而来的，最终可以追溯到一条最高的基本规则。所以，"探求规范效力的理由，并不是像探求结果的原因那样，一个 regressus ad infintum(无止境的回溯)；它终止于一个最高规范，这个最高规范是规范体系内的效力的最终理由"[1]。

不同于凯尔森，哈特意识到单靠法律本身无法说明法律的有效性，为此他提出了承认规则："说某一规则是有效力的，就是承认它通过了承认规则所提供的一切检验，因而承认它为该法律制度的一个规则。"[2]

---

[1] 〔奥〕汉斯·凯尔森：《法与国家的一般理论》，沈宗灵译，北京，中国大百科全书出版社，1996，第 126 页。

[2] 〔英〕哈特：《法律的概念》，张文显等译，北京，中国大百科全书出版社，1996，第 104 页。

哈贝马斯认为，法律实证主义虽然也考虑到了法律的规范性问题，如哈特就已经考虑到了对法律的承认问题，但却难以对之展开富有成效的讨论，因为这种理论将实证法的有效性视为一种意志的纯粹表达，"它在时时存在着的废止某规范之效力的可能性面前，赋予这种规范以一个时期的存在"①，这是一种认为法律纯粹出于颁定的意志主义。这样一来，这种理论所重视的就是"法律制定的正确程序，而贬低了对规范之内容做合理论证的重要性"②。因此，在法律实证主义中，无论是基本规则还是承认规则，作为提供合法性的规则，本身却是无法做出合理论证的，而只能被当作既定事实接受下来，这无疑是一种独断论，而法律系统之合理性显然是不能建立在这种得不到合理辩护的独断论上的。

二是法律系统理论，特别是卢曼的法学理论。

虽然与法律实证主义一样，法律系统理论也是从事实性维度出发来考察规范性问题的，但与前者强调法律创制意志不同，法律系统理论站在客观主义立场上将法律有效性问题中立化，在这方面，卢曼的法律系统理论是这种理论向度最为连贯的集中展现。卢曼是基于其社会系统理论而提出这种法律系统理论的。他认为，现代社会的出现，主要是通过一系列不同功能来限定社会系统，并通过具有不同系统合理性类型的社会系统的发展，由此现代社会成为分化了的诸子系统的总体，各个子系统根据自身规则、功能与关系来发展稳固自身。在这一过程中，"法律把自身理性化为一种只处理法律的系统"③。当然，卢曼并未像凯尔森那样只限于法律系统内部，他认为"法律系统也是一个属于社会的、实现社会的社会性系统"④。不过同时，他也未像哈贝马斯那样认为，法律实证主义的问题在于无法解决合法性问题，而是认为在于实证性概念缺乏理论基础。所以，他将实证性落实在一个自成一体的法律系统这一点上，无论是系统自身维持还是与外界环节进行交换，都依赖于法律系统自身的系统合理性，如果法律系统能够良好融贯地运作，其合法性就不成问题，因而所谓的规范性问题归根结底就是系统自身的运作问题。

在哈贝马斯看来，卢曼的法律系统理论虽然不能完全被纳入法律实

---

① 〔德〕哈贝马斯：《在事实与规范之间：关于法律和民主法治国的商谈理论》，童世骏译，北京，生活·读书·新知三联书店，2014，第46页。

② 〔德〕哈贝马斯：《在事实与规范之间：关于法律和民主法治国的商谈理论》，童世骏译，北京，生活·读书·新知三联书店，2014，第250页，译文有改动。

③ 〔英〕克里斯·桑希尔：《德国政治哲学：法的形而上学》，陈江进译，北京，人民出版社，2009，第539页。

④ 〔德〕卢曼：《社会的法律》，郑伊倩译，北京，人民出版社，2009，第26页。

证主义当中，并且也的确存在超越后者之处，但同时也产生了两个不良后果。其一，法律系统同其他社会系统之间的过分疏离，与人们日常经验中感知到的社会各个领域之间的相互依赖关系是不兼容的。虽然卢曼注意到了社会各个系统之间的交换，但这种交换相对于系统自身维持而言是次要的，对于法律系统自身的系统合理性来说并不具有本质性意义，系统只能自身做出改变。其二，卢曼与法律实证主义一样祛除了古典社会理论中对于法律规范性的理解，由此，"法律的有效性，只能按照实证主义的理解从现行法律中引出来……法律放弃了所有宏观范围的合法性主张"①。特别是第二个后果，实际上是以消融规范性维度来解决它与事实性维度之间的张力，而如果法律的规范性维度被消除，那么法律体系的正常变迁就是无法解释的，只能归因于事实性的强力机关的任意，甚至作为法律体系之反思的法律理论亦无存在的必要。

（二）强调规范性的法律理论

相较于法律实证主义和系统理论，理性法或自然法传统可谓源远流长，最早可追溯至赫拉克利特，他提出了一种动态的法律理论，即人类的法律以世界理性（理性神）的旨意为基础。自此经过中世纪一直到近代，这种理论形态及内容虽几经变迁，但其基本观点是一贯的，即自然法高于人类自己制定的法律，并且是后者合法性的根据。这种自然法或是神、上帝所颁定的律法，或是源自人类之理性本性的契约，总之它是绝对的、普遍的、超越时空的。然而，随着法律实证化趋势以及法律实证主义的兴起，自然法理论的统治地位遭到冲击，这种理论被斥为"不利于法律稳固的二元论"，而所谓的自然法"不是严格意义上的法律所指的东西。相反，它只是伦理规范"②，是外在于法律的虚构的政治目标，等等。但是，如前所述，无论是法律实证主义还是试图超越它的法律系统理论虽力图祛除规范性维度，但最终都造成了悖论性的结果，因为"法律的实证化即使出于概念性理由就已经提出了一个问题。必须找到一个代替经过解魅的宗教法——以及空洞无物的习惯法——的等价物，它可以为实证法保存一个不可随意支配性环节"③。这正是以罗尔斯为代表的当代理性法复兴的重要动机。

---

① 〔德〕哈贝马斯：《在事实与规范之间：关于法律和民主法治国的商谈理论》，童世骏译，北京，生活·读书·新知三联书店，2014，第 64 页。
② 〔德〕海因里希·罗门：《自然法的观念史与哲学》，姚中秋译，上海，上海三联书店，2007，第 224～225 页。
③ 〔德〕哈贝马斯：《在事实与规范之间：关于法律和民主法治国的商谈理论》，童世骏译，北京，生活·读书·新知三联书店，2014，第 603 页。

罗尔斯是以关于正义的阐释为基础来提出其法律理论的，其中哈贝马斯关注的是正义原则的辩护和实现这两个层次。首先，关于正义原则的辩护。罗尔斯继承了先前社会契约论的方法，提出了类似于自然状态的原初状态，这是"一种用来达到某种确定的正义观的纯粹假设的状态"①，他正是由此出发推导出了两条基本的正义原则，即最大的均等自由原则和差别原则。当然，罗尔斯认为，仅仅依靠原初状态假设并不足以充分论证正义原则，在现实条件下正义制度的建立与维护需要人们的正义感和正义的善的观念作为动机。其次，为了使正义原则落实到既定的现实情境当中，罗尔斯提出了反思平衡和重叠共识。反思平衡是从选择的正义原则和正义信念两端出发同时进行反思，如此反复以达致最终平衡，"既表达了合理的条件，又适合我们所考虑的并已及时修正和调整了的判断"②。重叠共识指的是这样一种在现实情境中的、支持正义观念的共识，"这种共识由所有合乎理性却又对立的宗教学说、哲学学说和道德学说所组成"③，进而，这种共识及其所支持的正义观念能够在立宪政体当中世代相传，正义标准——首先作为道德原则——是法治国家的政治和法律制度的基础。

哈贝马斯认为，罗尔斯的工作固然有助于我们反思法律实证化以来规范性维度丧失所带来的问题，但依然存在不足。首先，在正义辩护层次上，罗尔斯注意到了法律合法性问题，即正义原则对于法律建构的重要性，但正义感和善的观念对于正义原则的确立来说是不充分的，它还应当需要法律的强制力量。罗尔斯并未充分考虑这一维度，因而也就未能充分考虑它与规范性之间的张力，这就有可能重蹈传统自然法中将道德置于法律之上的覆辙。其次，在正义实现层次上，哈贝马斯认为，罗尔斯只考虑了能够满足其正义原则的社会现实，而既没有从现实的角度对可能违背这一原则的社会政治发展趋势做出反思，也没有从历史的角度对法治国家及其社会基础的历史发展进行规范性重构，如此一来，无论是反思平衡还是重叠共识，都缺乏足够充分的经验性支持，因而难免沦为空洞。

---

① 〔美〕约翰·罗尔斯：《正义论》，何怀宏、何包钢、廖申白译，北京，中国社会科学出版社，1988，第10页。
② 〔美〕约翰·罗尔斯：《正义论》，何怀宏、何包钢、廖申白译，北京，中国社会科学出版社，1988，第18页。
③ 〔美〕约翰·罗尔斯：《政治自由主义》，万俊人译，南京，译林出版社，2000，第15页。

(三)试图结合事实性与规范性的法律理论

综上可见,上述两类法律理论视角都是片面的,哈贝马斯所做的是试图将前者所代表的关注事实性、实证性的"外在把握"和后者所呈现的围绕规范性、合法性的"内在重构"结合起来。他认为,在这一方向上,韦伯和帕森斯提供了值得借鉴的出发点,他们在对社会现象进行实证研究的同时,都试图引入价值、意义等主观概念作为其规范性维度。其中,关于法律,他们都认为,其作为制度化了的规范,必须与规范遵守者内在化了的价值相应,如此才能为遵守规范提供足够的动机。那么接下来的问题便是,事实性与实证性这两个维度如何协调起来。

韦伯是围绕法律的颁定原则和论证原则之间的内在关系来思考的:法律之所以是有效的,"一方面是因为它是根据现行的结社法律(Verein-srecht)而实证地颁定的,另一方面是因为它已经被合理地同意(verein-bart)了"[1]。如果将这两方面置于韦伯合理性理论框架内的话,那么可以做如下转译:实证法作为组织手段是目的合理性或形式合理性的制度化,同时对于法律创制者和承受者来说,它获得了基于一定的价值取向的合理共识的支持,就此而言它又是一种价值合理性或实质合理性的体现。[2] 那么,这两个维度何者优先? 对此,韦伯提出了一个著名命题,即"基于合法律性的合法性",也就是基于事实性的规范性,这实际上也就是强调了事实性维度的优先。从理论上说,韦伯做出这一论断,可以从他对于两类合理性的不同态度中发现根据。一方面,韦伯认为只有在形式合理性的意义上才可以谈论认知性、确定性、严格性,现代法律之所以可以被称为合理的,正是因为其在如下三个向度上具有形式合理性:规则合理性、选择合理性和科学合理性。另一方面,韦伯对于实质合理性持一种怀疑论态度,他认为,法律道德化会威胁法律的合理性,因此法律应当在与道德分离的条件下保有自己的合理性。

哈贝马斯认为,韦伯是从一个正确的、全面的起点出发,最终走到了片面的、接近实证主义的终点,因为他"忽视法律合理化的道德-实践方面(论证原则),而只需要强调认知-工具方面(颁定原则)……这样,法律的合理化就……再也不是用道德-实践价值领域的内在规律性来加以衡

---

① 〔德〕哈贝马斯:《在事实与规范之间:关于法律和民主法治国的商谈理论》,童世骏译,北京,生活·读书·新知三联书店,2014,第88页。

② 对此,哈贝马斯在《交往行为理论》中做了充分的论述(参见〔德〕尤尔根·哈贝马斯:《交往行为理论》第1卷,曹卫东译,上海,上海人民出版社,2018,第317~337页)。

量了；它直接和认知-工具价值领域中的知识进步建立起了联系"①。这就是说，韦伯虽然意识到合理共识对于法律规范性的重要意义，但价值怀疑论使得他过于强调法律与道德之间的差异，并将道德对于法律的渗透视为与法律实证化相对的"实质合理化"而贬斥。因此，他是将法律系统设想为"一种回溯性地返回自身并赋予自身以合法性的循环过程"②。相应地，他"非常强调现代法同合理的国家行政的科层统治之间的功能性联系，以至于没有对法的社会性整合方面的独特功能给予应有重视"③。

与韦伯不同，帕森斯关注的是法律确保社会团结的方面，即看到了韦伯所忽视的法律的社会性整合方面。帕森斯提出了将法律与整个社会联系起来的中介概念——社群共同体。这一共同体包括诸如符号惯例和次阶制度在内的履行整合功能的行为领域，它是各个分化了的社会系统据以从中发展出来的核心领域，因而是整个社会的核心结构。而法律又是这个共同体的核心，在整个社会的发展过程中，法律逐渐分化出来，并与政治权力结合起来构成了国家的组织形式，这一组织形式又反过来成为颁定法律的政治机制。因此，由国家确保的法律和以法律形式运用的政治权力是互为前提的。具体到现代社会，帕森斯认为，社群共同体发展为市民社会，它承担起整个社会之社会性整合的责任，而法律则是作为市民社会的"官长"（Statthalters），"并以值得相信的合法性要求的抽象形式维持其继承下来的团结要求"，其方式是将"公民身份普遍化和具体化"④，也就是将所有社会成员包容在自由和平等的法权人的联合体当中，随着现代社会分化发展，公民获得了范围越来越宽、种类越来越多的权利，以参与到各个社会系统当中去。

在哈贝马斯看来，帕森斯虽然在一定意义上弥补了韦伯的缺陷，但只是线性地考察了公民身份问题，而没有考虑公民身份的实际运用中存在的自主性问题，特别是自主性丧失的现象。在系统分化了的现代社会中无疑是存在着这种风险的，只服从于货币和权力之命令的经济和政治

---

① 〔德〕尤尔根·哈贝马斯：《交往行为理论》第1卷，曹卫东译，上海，上海人民出版社，2018，第334页，译文有改动。
② 〔德〕哈贝马斯：《在事实与规范之间：关于法律和民主法治国的商谈理论》，童世骏译，北京，生活·读书·新知三联书店，2014，第159页。
③ 〔德〕哈贝马斯：《在事实与规范之间：关于法律和民主法治国的商谈理论》，童世骏译，北京，生活·读书·新知三联书店，2014，第88页，译文有改动。
④ 〔德〕哈贝马斯：《在事实与规范之间：关于法律和民主法治国的商谈理论》，童世骏译，北京，生活·读书·新知三联书店，2014，第92页，译文有改动。

管理子系统,"打破了由公民自身的共同实践所规定的法律共同体的模式"①。因此,韦伯在重构法律合理化过程的"起点"上保持了形式合理性与实质合理性之间的张力,而帕森斯虽然在"终点"上超出了韦伯,考虑到了法律的社会性整合功能,但却未能保持韦伯已经提供了的张力。因而结果是:"体现在现代法治国家中的、起社会性整合作用的法律概念的规范内容,消失在关于不同系统性整合层面的、只是看似中立的基本假设背后。"②综上而言,无论是韦伯和帕森斯,最终都未能成功解决法律当中事实性与规范性之间的张力,因而也就不能对法律的有效性做出恰当解释。

二、法律的有效性要求

对于哈贝马斯的理论来说,在有效性问题上,相较于道德领域,法律领域是更为复杂的。在前者中,哈贝马斯处理的核心问题只有一个,即普遍主义、认知主义意义上的道德辩护问题。而在后者中,除了相当于道德辩护问题的规范性维度之外,还需要考虑事实性维度。因此,哈贝马斯试图完成韦伯与帕森斯所未完成的工作,将事实性与规范性恰当地整合起来,以解决法律的有效性问题。

(一)事实性与规范性之间的张力

哈贝马斯关于事实性与规范性之间的张力的理解,大体上可以从这一张力的历史变迁,在法律领域中以及交往合理性语境下的表现形式这三个方面来梳理。

首先,历史地来说,事实性与规范性之间的张力经历了不断主题化的过程。在原始社会和传统社会中,事实性与规范性通过神灵、宗教等权威而混合,因而它们之间的张力是隐而不显的。而在现代社会这样一个祛魅的世俗化多元社会中,二者之间的关联失去了原有的权威性保障,因而张力不断尖锐化,以至于可能威胁到社会性整合所赖以存在的共识形成过程,即导致了交往成本与异议风险提高。如此一来,策略性互动与规范调节行为分化开来,前者关注事实性维度而后者则更多关注规范性维度。在哈贝马斯看来,解决途径就是对策略性互动进行规范性调节。然而,这也就意味着实现这种调节的规则或规范具有了悖论特征,

---

① Jürgen Habermas, *Faktizität und Geltung: Beiträge zur Diskurstheorie des Rechts und des demokratischen Rechtsstaats*, Frankfurt am Main: Suhrkamp Verlag, 1998, S. 105.

② Jürgen Habermas, *Faktizität und Geltung: Beiträge zur Diskurstheorie des Rechts und des demokratischen Rechtsstaats*, Frankfurt am Main: Suhrkamp Verlag, 1998, S. 106.

即它必须同时满足"两个从行动者眼光来看无法同时满足的相互矛盾的条件",也就是说,它"必须同时通过事实性的强制和合法的有效性,才能使人愿意遵守"。而能够满足这一要求的,正是作为一种权利体系的现代法,它"赋予主观行动自由以客观法强制"①。

其次,在法律领域中,事实性与规范性之间的张力表现为内在和外在两种形式。内在关系指的是法律规范内部的张力关系,这是哈贝马斯法律理论的核心层次,它涉及权利体系中私人自主与公共自主之间、现代法治国家中强制性法律与合法性的政治权力之间、立法过程中的实证性与合法性之间、司法领域中法律判决确定性与法律运用合法性之间等一系列二元关系。外在关系指的是作为事实的社会政治现实与作为规范的法律规范之间的张力关系。

最后,事实性与规范性之间的张力不仅仅体现在法律领域当中,而且必须在交往合理性语境中来理解,这也为哈贝马斯在交往合理性理论下来解决这一张力提供了可能。关于此,可以从两个层面来理解。一是就交往合理性提供的论证预设本身而言。这些预设本就具有双重性质,它们既是仅能近似地实现的理想化规范性内容,又是每个交往参与者如果试图为有效性辩护、试图达成有效的共识所必须遵守的。由此出发,我们可以在每个言语活动和通过它们而连接起来的互动关系中发现这种张力。二是就交往合理性提供的论证预设与现实社会或理想言说情境与现实行为情境之间的关系而言。这些预设之中的双重性质的内在张力,在社会秩序的形成、维持和更新中发挥影响;这种张力"出现于社会化的、无论如何是通过交往而社会化的个体之间的整合方式之中,并且必须由参与者自己来消除"②。

(二)法律作为规范的有效性:合法性与合法律性的结合

中译文中的"有效性"一词一般对应于两个德语词,即 Gültigkeit 和 Geltung③,并且后者的含义比前者更为复杂、外延也更宽泛。具体到法律领域,与 Gültigkeit 相应的可称为法律的规范有效性(normative Gültigkeit),即前文所称的规范性维度。它又可称为法律的合法性(Legitimität),这是将现行法律本身当作评价对象。与 Geltung 相应的

---

① 〔德〕哈贝马斯:《在事实与规范之间:关于法律和民主法治国的商谈理论》,童世骏译,北京,生活·读书·新知三联书店,2014,第32~33页。
② 〔德〕哈贝马斯:《在事实与规范之间:关于法律和民主法治国的商谈理论》,童世骏译,北京,生活·读书·新知三联书店,2014,第22页。
③ 关于 Geltung 的具体解释,可参见戚渊:《论 Geltung》,《中国法学》2009年第3期,第53~63页。

可称为法律的作为规范(als Norm)的有效性要求，它是一种复合有效性，因为它除包含规范性维度外，还包括社会效用(soziale Geltung)这一事实性维度①，该维度又可以称为法律的合法律性(Legalität)，它指的是将现行法律作为标准来衡量即将创制的法律或规定法律创制行为。根据哈贝马斯的理论意图，他所要讨论的是 Geltung 这一意义上的有效性，是要将事实性维度与规范性维度结合起来。不过，法律的合法性问题实际上是法律的核心问题，因此这一问题也占据着哈贝马斯法律理论的核心位置，他自己就曾强调，在现代实证法以及福利国家出现的背景下，合法性问题更需解释，并且，"社会效用或事实上的遵守，是随着法律共同体成员对合法性的信念而发生变化的，而这种信念又是以规范可辩护这一预设为基础的"②。因此这里的讨论侧重点是合法性方面，兼及合法律性方面。

1. 现代法律的合法性根源

关于现代法律的合法性根源，哈贝马斯是从主观权利谈起的，因为"从历史的角度来看，也正是主观的私人权利……构成了现代法的核心"③。主观权利概念要求每个人都享有平等的、不容他人侵犯的自由，为了协调不同个体自由之间可能产生的矛盾对立，国家建立并垄断了对法律强制力的运用。因此，法律创制的动机及其合法性在于对主观权利的强有力保障。也正是意识到这一点，在德意志法学界，自普鲁士时期的萨维尼开始，主观权利问题得到了持续的讨论。

不过哈贝马斯认为，之前的讨论并不令人满意。基于个体意志自由的主观权利理论(萨维尼、普希塔)只关注于法律对于个体消极自由的保障，但却缺乏对于这种自由本身的证立。主观权利理论的客观化趋势(温德沙伊德、耶林、凯尔森、卢曼)试图为权利提供一个客观的、更加稳固的基础，其基本方法就是清除上述个体主义理解，将主观权利的基础维系在颁定的实证法之上，但这样一来，合法性问题就被归并为合法律性问题。伴随着理性法回归，出现了试图克服主观权利客观化解释的两种方案。一是将法律看作服务于主观权利的功能主义再阐释(秩序自由主义)，但这会导致权利的工具化。二是主张私人权利与社会权利互补(L.

---

① 参见〔德〕哈贝马斯：《在事实与规范之间：关于法律和民主法治国的商谈理论》，童世骏译，北京：生活·读书·新知三联书店，2014，第 703 页。

② 〔德〕哈贝马斯：《在事实与规范之间：关于法律和民主法治国的商谈理论》，童世骏译，北京：生活·读书·新知三联书店，2014，第 36 页，译文有改动。

③ 〔德〕哈贝马斯：《在事实与规范之间：关于法律和民主法治国的商谈理论》，童世骏译，北京：生活·读书·新知三联书店，2014，第 33 页。

雷泽），但其抽象程度却又是不充分的，虽然如此，哈贝马斯还是认为相较于以上路向，雷泽的尝试是最值得注意的，因为他"提醒我们注意主观权利经过个人主义解读已经面目全非的主体间意义"①，正是由这种意义出发，哈贝马斯对主观权利进行了重新解读。

哈贝马斯认为，

> 作为法律秩序的成分，主观权利毋宁说预设了这样一些主体之间的协作，这些主体通过互相关涉的权利和义务彼此承认为自由和平等的法律同伴。对于可用法律手段来捍卫的主观权利从中引绎出来的法律秩序来说，这种相互承认是具有构成性意义的东西。②

在这里，哈贝马斯再度启用康德的理论资源，转向了对自我立法概念的讨论。这一概念是康德在其自然法观念中提出的。他认为，自然法并非实在的、预先存在的，而是人类实践理性活动的结果，即理性"自我立法"的结果，其应当表现为对于法则的普遍同意。并且，这种自然法对于实证法来说"只是一种规导性的（regulative）规则，而非一种规范性的规则"③，也就是说，每项实证法的制定并不一定都能真正征得事实上的普遍赞同，这也使得实证法不是静止的，而是动态变化的。但在哈贝马斯看来，康德与传统自然法论者犯了同样的错误，即将实证法置于道德原则之下，因为这种自我立法的基础在于理性存在者的个体自由意志。而哈贝马斯则试图在主体间范式下重新解释这一概念，并使之获得一个不限于道德的稳固基础（虽然法律与道德并非决然无涉），从而证成法律的合法性。

在哈贝马斯看来，康德自我立法概念中最为重要的内涵是，公民"作为法律之承受者而服从于法律的人，同时也能够被理解为法的创制者"④。这就是说，如果法律要具有合法性，那么法律中包含的规范有效性要求必须是可接受的，法律作为社会规范必须被人们看作是正当的，

---

① 〔德〕哈贝马斯：《在事实与规范之间：关于法律和民主法治国的商谈理论》，童世骏译，北京，生活·读书·新知三联书店，2014，第110页。
② 〔德〕哈贝马斯：《在事实与规范之间：关于法律和民主法治国的商谈理论》，童世骏译，北京，生活·读书·新知三联书店，2014，第111页。
③ 吴彦：《康德法律哲学的两种阐释路向：起源与基础》，《复旦政治哲学评论》第1辑，邓正来主编，上海，上海人民出版社，2010，第190页。
④ 〔德〕哈贝马斯：《在事实与规范之间：关于法律和民主法治国的商谈理论》，童世骏译，北京，生活·读书·新知三联书店，2014，第147页，译文有改动。

而之所以如此，是因为这种法律是他们自己参与创制的，是接受者自己为自己立法。哈贝马斯认为，公民的这种双重身份，不是通过主体范式下的个体自由意志，而是在生活世界语境中通过主体间交往行为而实现的。一方面，从合法性的内容来说，在现代社会中，作为生活世界的社会要素，法律的合法性来源应当与后俗成生活理想和正义理念不矛盾，即法律的合法性根据"必须同普遍正义和团结的道德原则和个体和集体层次上自觉筹划的、负责的生活形式的伦理原则协调一致"①。可见，法律的规范有效性也是复合性的。另一方面，就合法性实现的基础来说，法律不仅应当保障主观权利或私人自由，也应当基于交往权力或交往自由来证成其合法性。交往自由依赖于一种主体间关系，在法律领域中，它要求公民以交往的姿态参与法律的创制、就法律之规范有效性进行沟通。只有以公民交往自由为基础的交往权力，才是法律的合法性之源。因此，"合法性的规范源头来自如下两点的结合：一方面是对所有受影响者的包容，另一方面是他们的意见形成和意志形成的商议性特征"②。

2. 合法律性之于合法性的作用

合法律性之于合法性的作用，集中表现为合法性维度有赖于合法律性维度所提供的制度化手段。在此问题上，哈贝马斯的出发点是韦伯曾经得出的结论，即合法性产生于合法律性。如前所述，韦伯提出这一论题是以其价值怀疑论为依据的，认为基于实质合理性并不能给法律提供合法性，甚至还会威胁法律的实证形式或合法律性。但是，如此一来，合法性概念就没有存在必要，"基于合法律性的合法性"这一论断也就成了同义反复。不可否认，"基于合法律性的合法性"的确是现代法律体系发展的事实，"就通常情况而言，在西方民主法治国当中，合乎法律程序而产生的法律规则，确实是具有正当性的"③，而这一事实是需要解释的。

哈贝马斯认为，在现代法治国家中，公民"作为法律主体，他们不再能自由选择用什么媒介来实现他们的自主……自我立法的观念必须在法

---

① 〔德〕哈贝马斯：《在事实与规范之间：关于法律和民主法治国的商谈理论》，童世骏译，北京，生活·读书·新知三联书店，2014，第122页。

② Jürgen Habermas, *The Lure of Technocracy*, Ciaran Cronin, trans., Cambridge：Polity Press, 2015, p. 48.

③ 童世骏：《批判与实践：哈贝马斯的批判理论》，北京，生活·读书·新知三联书店，2007，第157页。

律媒介中为自己获得有效性"①。所以，公民判断所立之法是否为合法之法的条件，也必须得到既定的法律规则的保障，依赖于后者保障公共地运用交往自由的形式和程序。如此，每个人的基本权利来源于所有人的交往自由获得对称的法律保障。同时，这种交往自由又要求特定形式的意见和意志形成过程。所以，法律的规范有效性也是道德-实践合理性有效性的一种表现形式，它也应当遵从正确性要求。不过，不同于道德规范的正确性（应然有效性），依据合法律性维度之于合法性维度的作用，法律意义上的合法规范不要求"绝对地符合理性，而只是要求它们在有效法秩序的框架内能够被理性地加以证立。其内涵确切所指，必须在法律论辩理论框架内予以解释"②。我们可以将之理解为合法性与合法律性之间的"循环"：法律的合法性是由在法律上制度化了的、基于民主原则而展开的商谈立法程序所论证的，而这一程序始终又是向着那些不受法律随意支配的合法化源泉开放的，并且是需要在其中汲取养料的。

第二节　民主原则与商谈立法程序

与在道德-伦理领域的讨论中一样，在澄清了法律的有效性问题之后，哈贝马斯也提出了相应的商谈原则与形式，这就是现代法治国家的民主原则以及据此展开的商谈立法程序。

一、现代法治国家的民主原则

在前现代时期，法律即便不是按照民主程序制定的，一个按照法律行使统治职能的国家依然可以称为法治国家。但是，对于现代法治国家——一种严格意义上的法治国家——来说，民主是必需的，它不能离开民主而存在。在早期理论中，哈贝马斯曾对民主做过一个简单定义："我想把'民主'理解为制度上得到保障的和公开的交往形式。"③由此，对于政治行为者来说，如果他试图建构性地参与到作为合理的政治意见-意志形成过程的立法过程当中，那么就必须采取以沟通为取向的交往参与

---

① 〔德〕哈贝马斯：《在事实与规范之间：关于法律和民主法治国的商谈理论》，童世骏译，北京，生活·读书·新知三联书店，2014，第154页。

② 〔德〕罗伯特·阿列克西：《法律论证理论——作为法律证立理论的理性论辩理论》，舒国滢译，北京，中国法制出版社，2002，第265页。

③ 〔德〕尤尔根·哈贝马斯：《作为"意识形态"的技术与科学》，李黎、郭官义译，上海，学林出版社，1999，第91页。

者态度。并且，"根据民主观念，法律的承受者同时也应当是其创制者"①，而这正是前文中提及的现代法治国家中公民的角色。因此，对于哈贝马斯来说，民主原则与现代法治国家是必然地结合在一起的。

哈贝马斯认为，在现代社会中，与道德的普遍化原则一样，法律的民主原则也是从基于交往合理性的商谈原则中分化出来的：

> 商谈原则的内容，只是在涉及有效性条件时，才分化为道德原则和民主原则，这些有效性条件是道德规则和法律规范必须各自满足的，为的是在它们的有效性领域（它们在其中有所重叠，但并不是同一的）中获得普遍承认。②

那么，从商谈原则到民主原则的转化是如何完成的？哈贝马斯认为，

> 首先，商谈原则在以法律形式进行的制度化过程中获得民主原则的形态。之后，民主原则赋予立法过程以产生合法性的力量。关键性观念是，民主原则归功于商谈原则和法律形式的相互渗透。③

在这一渗透交叠过程中，形成了一个在法律媒介中发挥作用的、"使私人自主和公共自主建立起互为前提关系的权利体系"④。那么，民主原则在立法过程中发挥了何种作用？这一问题可以从两个方面来看，即民主原则的意义与任务。

一方面，民主原则具有认知和实践的双重意义。民主原则的认知意义是指，"对提议和主题、理由和信息进行筛选，这种筛选使所达成之结果被假定是具有合理的可接受性的；民主程序应该为法律的合法性提供依据"⑤。这就是说，参与民主立法过程的各方，既应当选择能够清晰地表达出来的提议、主题、理由和信息，又能够明确地认识其他人所提供

---

① Jürgen Habermas, *The Lure of Technocracy*, Ciaran Cronin, trans., Cambridge: Polity Press, 2015, p. 46.

② Jürgen Habermas, *Philosophische Texte*, Bd. 3. *Diskursethik*, Frankfurt am Main: Suhrkamp Verlag, 2009, S. 439.

③ Jürgen Habermas: *Faktizität und Geltung: Beiträge zur Diskurstheorie des Rechts und des demokratischen Rechtsstaats*, Frankfurt am Main: Suhrkamp Verlag, 1998, S. 154.

④ 〔德〕哈贝马斯：《在事实与规范之间：关于法律和民主法治国的商谈理论》，童世骏译，北京，生活·读书·新知三联书店，2014，第156页。

⑤ 〔德〕哈贝马斯：《在事实与规范之间：关于法律和民主法治国的商谈理论》，童世骏译，北京，生活·读书·新知三联书店，2014，第185页。

的上述素材并给予合理回应。民主原则的实践意义是指，在这种原则下，"确立一种……'无暴力'的、将交往自由的生产能力释放出来的沟通关系"①，如此一来就能够产生出以沟通为取向的主体间互动以及交往权力，从而能够基于理由而达成共识，这种共识也具有一种推动行为的动机力量。此外，由于法律的事实性特征，这种动机同时具有了道德动机所不具备的合理的强制性力量。

另一方面，民主原则是形成合法之法的机制原则，其任务主要有两点。一是合法的立法程序应当根据民主原则来确定。由此，"具有合法的有效性的只是这样一些法律规则，它们在各自的以法律形式构成的商谈性立法过程中是能够到达所有法律同伴的同意"。换言之，"在理性的政治意见-意志形成过程是可能的这个前提之下，民主原则仅仅告诉我们这些过程可以怎样加以制度化——亦即，通过一个权利体系，这些权利确保所有人平等地参与一个其交往预设业已得到保障的立法过程"②。二是民主原则要对已经创制的法律本身进行规约。这实际上也是一项反思或辩护工作，因为"法律为了适合于构成一个法律共同体并成为这种共同体的自我组织的媒介，应当满足哪些条件，这必须从民主原则的角度加以论证"③。

二、复合性的商谈立法程序

相较于道德商谈与伦理商谈，商谈立法程序可以被称为复合性的，因为它不仅需要涉及前二者各自对应的道德问题与伦理问题，而且除了上述问题构成的规范性维度，商谈立法程序还须考虑事实性维度。

在商谈的立法过程中，法律的合法性应当被检验，而其要得到辩护，就需要商谈参与者提出好的理由来为之提供支持，这些理由包含以下这些内容："一方面是在符合共同福祉条件下考虑参与者以策略方式所坚持的利益，另一方面是把普遍主义正义原则带入一个特定视域之中，一个受特殊价值格局影响的生活形式的视域之中。"④其中，"以策略方式所坚

① 〔德〕哈贝马斯：《在事实与规范之间：关于法律和民主法治国的商谈理论》，童世骏译，北京，生活·读书·新知三联书店，2014，第185页，译文有改动。
② 〔德〕哈贝马斯：《在事实与规范之间：关于法律和民主法治国的商谈理论》，童世骏译，北京，生活·读书·新知三联书店，2014，第135页，译文有改动。
③ 〔德〕哈贝马斯：《在事实与规范之间：关于法律和民主法治国的商谈理论》，童世骏译，北京，生活·读书·新知三联书店，2014，第136页。
④ 〔德〕哈贝马斯：《在事实与规范之间：关于法律和民主法治国的商谈理论》，童世骏译，北京，生活·读书·新知三联书店，2014，第348页，译文有改动。

持的利益""普遍主义正义原则"和"受特殊价值格局影响的生活形式"，分别涉及实用问题、道德问题和伦理问题。由此可见，作为合理的政治意见-意志的形成过程的商谈立法过程，是在法律共同体当中对实用商谈、伦理商谈与道德商谈的综合，最后这种综合应当与现行法律规范协调一致。与道德商谈情况类似，商谈立法程序也是要解决"我们应当做什么"的问题。根据法律的作为规范的有效性，这一程序的理论模型可以概括为如下运作过程："从实用问题出发，经过达成妥协和伦理商谈的分支到达对道德问题的澄清，最后结束于对规范的法律审核。"①与之相应，"应当"的内涵也在不断发生变化。

第一，在实用问题中，"应当"是指在目的和价值既定的条件下，立法者做出符合该条件的选择。这就需要在立法过程中，获得"对情境的正确诠释，对所要解决问题的恰当描述，以及有关的和可靠的信息的畅通，加上对于这种信息的高效的（如果必要的话，也受到理论指导的）处理，等等"②。而当预设的目的和价值也有争议时，这就超出了实用问题的领域。

第二，经由谈判而达成妥协是立法过程中的一个特殊环节。这一环节出现的原因是，在超出实用问题之后，争议过程涉及多种利益，"而不存在一种可以为自己提供论证的可普遍化利益或者某种价值的意义明确的优先性"③。这一环节要求以成功为取向的谈判各方要抱有合作的诚意，但这并不能阻止谈判过程中威胁或许诺等不依赖于理由论证力量的因素发挥作用，而如果不对这些因素进行约束，那么合理的政治意见-意志形成过程就可能在这一环节上崩溃。所以，哈贝马斯认为，这种谈判过程应当受到调节，以保证达成的妥协是公平的。这可以诉诸以下三点：所有利益相关者平等地参加谈判，允许有平等的机会来彼此施加影响，为所有相关利益创造大致平等的实施机会。

第三，在伦理问题中，"应当"是指在追求良善生活这一一般性目的指引下，对有助于实现这一目的的具体生活方式做出决断。伦理商谈涉及个体和共同体这两个方面，在政治立法过程中，对于伦理-政治问题的解决更多倾向于后一方面，即涉及法律共同体成员所共享的生活形式、

---

① 〔德〕哈贝马斯：《在事实与规范之间：关于法律和民主法治国的商谈理论》，童世骏译，北京，生活·读书·新知三联书店，2014，第199页。

② 〔德〕哈贝马斯：《在事实与规范之间：关于法律和民主法治国的商谈理论》，童世骏译，北京，生活·读书·新知三联书店，2014，第201页。

③ 〔德〕哈贝马斯：《在事实与规范之间：关于法律和民主法治国的商谈理论》，童世骏译，北京，生活·读书·新知三联书店，2014，第202页。

集体认同。这需要公民对其生活于其中的政治文化传统、生活形式做出批判性的诠释，以此来实现对于真实的生活取向和价值信念的主体间确认。

第四，虽然在超出实用商谈之后，立法过程可能会面临谈判妥协、伦理问题与道德问题这三种可能性，但只有道德商谈是必经的环节（也就是说，在实用商谈之后，可能直接进入道德商谈，也可能经由谈判妥协或伦理商谈后再进入道德商谈）。这是因为前两者都需要道德维度的辩护。一方面，谈判结果要具有公平性所必须满足的条件，必须在道德商谈中加以辩护，并且谈判要成为允许和必不可少时所必需的特殊利益，也只有在道德论辩中才能加以验证。另一方面，伦理商谈的结果也必须与道德原则相容。换言之，"只有一切商谈地获得的或商谈地谈成的方案与可在道德上得到辩护的东西之间的一致"①，才能保证合理的政治立法过程得以实现。道德意义上的"应当"是在社会空间和历史时间方面都没有界限的，当然，在法律共同体的立法过程中，这一点显然是不能充分实现的，"国家公民并不是在自然人外在于法律的生活世界语境中进行道德判断的，而是在其法律所建构的国家公民角色中进行的"②。因此，道德论辩受到了一系列的限制："在方法上受到现行法律的约束，实质上受到议题和举证责任的限制，在社会的角度受到参与条件、豁免和角色分配方面的限制，在时间上受到做出决定的时间限度的限制。"③

第五，法律商谈④是合理的政治意见-意志形成过程的终端，它涉及的是"有关政策和法律的决定，这些决定必须是用法律的语言来表述"⑤，法律商谈对之进行规范审核，即是说，它们应当接受融贯性检验，以判明它们是否与现行法律相一致。如果存在不一致的情况，那么就必须重启上述第一至第四的过程。在哈贝马斯划分的实践理性的基本商谈形式中，并不包括法律商谈，这是因为它是专属于法律领域的。它作为立法

---

① 〔德〕哈贝马斯：《在事实与规范之间：关于法律和民主法治国的商谈理论》，童世骏译，北京，生活·读书·新知三联书店，2014，第 205 页。

② Jürgen Habermas, *Philosophische Texte*, Bd. 3. *Diskursethik*, Frankfurt am Main: Suhrkamp Verlag, 2009, S. 438.

③ 〔德〕哈贝马斯：《在事实与规范之间：关于法律和民主法治国的商谈理论》，童世骏译，北京，生活·读书·新知三联书店，2014，第 583 页。

④ 与道德商谈的情况不同，法律商谈不仅包括对于法律规范的辩护，而且包括其运用问题。不过本节所称法律商谈仅限于讨论前一方面，后一方面将留待本章第三节再予涉及。

⑤ 〔德〕哈贝马斯：《在事实与规范之间：关于法律和民主法治国的商谈理论》，童世骏译，北京，生活·读书·新知三联书店，2014，第 205 页。

过程的最终环节，又是与法律的实证性、事实性维度紧密相关的，这也表明上述规范性过程始终需要法律保障、在法律的意义上制度化，典型地表现着合法性来源于合法律性这一点。

第三节　实践兴趣的制度化与阻击生活世界殖民化的法律

在现代性进程中，随着世俗化浪潮的展开，法律日益摆脱其传统的规范性源泉，但规范性这一维度是法律不应也不能祛除的。相反，法律不仅应当丰富实践兴趣的谱系，而且应当使得道德-伦理意义上的实践兴趣的复兴获得制度性、系统性的保障。正是在这里，实践兴趣不仅仅局限于生活世界范围内，而且指向了系统与生活世界之间的合理转换，法律也由此成为能够阻击生活世界殖民化的有力措施。

一、现代性进程中的法律世俗化浪潮

作为道德-实践领域合理化的重要组成部分，法律在现代性进程中经历了一个世俗化的过程，也就是不再从自然法或宗教律法中获得合法性。这一过程又可以分为两个看似相互矛盾的阶段，即工具化阶段与实质化阶段。在这个过程中，法律、道德、政治虽然各自分化，但它们并非如卢曼所认为的那样是相互疏离的封闭系统，相反，"法律一方面与政治有内在关系，另一方面与道德有内在关系"①。正是由于它们之间的这种交错关系，法律才在其世俗化过程中一直面对着自身的合法性问题。

(一)法律的工具化阶段

法律工具化在前现代社会中已有萌芽，不过其最为明显的表现发生在前现代社会到现代社会的转型过程中，这主要是指福利国家出现之前的法律发展情况，在这一时期形成了具有现代特征的、摆脱了宗教律法与自然法束缚的资产阶级形式法。

在前现代社会中，法律与道德、政治保持着一种混合为一体的关系。按照哈贝马斯在《交往行为理论》中做出的划分，前现代社会可以分为部落社会和传统社会。部落社会是按照血缘关系组织起来的，在其中，组织化权力(哈贝马斯认为它还不具有政治权力的形式)的持有者是凭借声望来获得权威的，而声望又是以血缘的方式，通过出身、神圣部落等得到奠基的。同时，这种权力又与"基于神秘力量、也就是宗教性背景共识

---

① 〔德〕哈贝马斯：《在事实与规范之间：关于法律和民主法治国的商谈理论》，童世骏译，北京，生活·读书·新知三联书店，2014，第595页。

而具有义务力量的被承认的行为规范结合在一起"①：权力持有者是这些规范的唯一诠释者，并且从中获得自身权力的合法性基础。在这里，这些行为规范包括作为神圣伦理的道德-伦理规范和作为天启法律的法律规范，二者是尚未分离的：法律所制裁的对象，是对以神灵权威为核心的道德-伦理规范的违犯；反过来说，这种神圣伦理不仅表现为对成员内心的约束，而且具象为一种补偿手段，用于恢复被破坏了的秩序。在进入传统社会或哈贝马斯所谓"以国家方式组织起来的社会"之后，法律自身结构及其与政治、道德的关系都发生了一定程度的分化和复杂化。以西欧为例，此时出现了三重法律制度结构：最高的神圣宗教法、根据前者制定的科层法与不成文的习惯法，前者与后二者之间形成了宗教法与世俗法之间的张力，也正是由此，法律与政治、道德的关系产生了新的变化。一方面，法律与政治权力以制度化形式相关联，即政治权力将法律当作一种组织手段加以利用，政治统治者借助于法律媒介，能够创造出一个官僚组织系统，并以科层形式行使他的统治权力。另一方面，具有道德约束力的宗教法赋予政治权力合法性，这是对部落社会时期三者关系的某种程度上的延续，无论是政治权力还是工具性世俗法都必须尊重这种宗教法的最高地位。然而，这两方面之间是有张力的，即法律之作为政治权力组织手段的工具性，与法律之作为内蕴道德的宗教法的不可随意支配性之间的张力。不过，"只要法律的神灵基础还没有动摇，只要传统的习惯法仍然牢牢扎根于日常实践之中，这种张力就还是隐而不显的"②。

在转向现代社会的过程中，法律的上述三重结构崩溃了。"随着宗教世界观让位于私人化了的诸神诸魔、随着习惯法传统通过现代惯例而渐渐被学者制定的法律所吸收"③，法律只占据着科层法这一向度。由此，法律作为政治统治手段的工具性维度逐渐凸显出来，并发展出了以社会契约形式呈现出来的资产阶级形式法。随之而来的是法律与政治、道德关系又发生新变化，并在其中增添了经济因素。

1. 法律与政治权力、经济市场的关系

随着现代性的展开，形成了以货币为媒介的经济子系统和以权力为

---

① 〔德〕哈贝马斯：《在事实与规范之间：关于法律和民主法治国的商谈理论》，童世骏译，北京，生活·读书·新知三联书店，2014，第171页。
② 〔德〕哈贝马斯：《在事实与规范之间：关于法律和民主法治国的商谈理论》，童世骏译，北京，生活·读书·新知三联书店，2014，第597页。
③ 〔德〕哈贝马斯：《在事实与规范之间：关于法律和民主法治国的商谈理论》，童世骏译，北京，生活·读书·新知三联书店，2014，第597页。

媒介的政治管理子系统。因此，法律的工具性维度不仅表现为政治权力的组织手段（公法），而且也表现为维护经济秩序及经济人的制度保障（私法）。在此，按照哈贝马斯在《交往行为理论》中的划分，法律的发展可以用三个时期的"法治化"（Verrechtlichung）过程来概括。

（1）专制主义时期。在这一时期，法律的发展基本上可以理解为对权力与货币这两种系统媒介的制度化。一方面，"公法将垄断了暴力的、主权国家的权力，认可为合法统治的唯一源泉"，在这种权力看来，法律发展的目标是能够有效地稳固权力。另一方面，市场中的"个体商品所有者之间的交易在私人法权秩序的意义上被规范化了"①，刚刚独立于政治管理子系统的资本主义经济子系统由此获得了法律保障。

（2）资产阶级法治国时期。这一时期的法治化特征是，"公民作为私人个体具有了相对于主权者的可以付诸实施的公民权"②。当然，这种公民权还不是参与政治意见-意志形成过程的权力，而主要是指政治管理不应当干扰公民的私人自由领域，私人的生命权、自由流动与交易权、财产权等人权应当得到法律的保护。

（3）民主法治国时期。该时期的法治化主要表现为公民权的继续发展，宪政化的国家权力被民主化了，公民作为国家公民被给予了政治参与权，这一点是以法律所规定的"普遍平等的选举权的形式并承认政治团体和政党的组织自由而实现的"③。

哈贝马斯认为，随着上述法治化过程的展开，法律的"制定、执行和运用成为一个以政治方式导控的单一循环过程内部的三个环节"④，由此，政治权力能够通过法律媒介建立起"法律型统治"，并调节资本主义经济市场的运行。所以，法律是作为同货币和权力紧密相关的媒介而发挥作用的，它扩展到了形式地组织起来的行为领域当中，因为这些行为领域自身是直接地以资产阶级形式法的形式建构起来的。

同时，哈贝马斯还试图从规范性维度来对上述法治化进程做出解释。他认为，专制主义时期的法治化过程是受"自由的反讽"支配的，即"雇佣

① Jürgen Habermas, *Theorie des kommunikativen Handelns*, Bd. 2. *Zur Kritik der funktionalistischen Vernunft*, Frankfurt am Main: Suhrkamp Verlag, 1995, S. 525.

② Jürgen Habermas, *Theorie des kommunikativen Handelns*, Bd. 2. *Zur Kritik der funktionalistischen Vernunft*, Frankfurt am Main: Suhrkamp Verlag, 1995, S. 528.

③ Jürgen Habermas, *Theorie des kommunikativen Handelns*, Bd. 2. *Zur Kritik der funktionalistischen Vernunf*, Frankfurt am Main: Suhrkamp Verlag, 1995, S. 529.

④ 〔德〕哈贝马斯：《在事实与规范之间：关于法律和民主法治国的商谈理论》，童世骏译，北京，生活·读书·新知三联书店，2014，第597～598页。

劳动者的社会解放，也就是说其要获得流动和选择的自由，必须付出的代价是雇佣劳动者的生活方式的无产阶级化"①。资产阶级法治国与民主法治国时期的法治化过程同样也被保障自由这一点推动，这使得最初以专制主义形态出现的官僚统治得以宪政化和民主化，合法规范化的保障自由的特征得以显现。这实际上就涉及了传统社会中的、作为法律之规范性维度的"不可随意支配环节"在现代社会中的变迁，这主要体现在法律与道德的关系上。

2. 法律与道德的关系

虽然法律与道德同属于调节社会行为的道德-实践领域，但"为了给社会行为者提供在分化了的社会中追求其各自目标的空间，现代法律逐渐从道德中分化出来"②。这种分化可以从五个层面来理解。

第一，是否制度化。道德是去制度化的，因为它专注的是对人的行为的内在控制。与之相反，法律则是制度化的，它发展出一种外在的、由外面强加的力，即它成为国家所认可的强制性法律，脱离了私人法律主体的道德伦理动机，并要求其抽象地服从于法律规范。

第二，自主性。法律和道德都应当保障道德-实践参与者的自主性。但是，

> 法的实证性迫使自主性出现一种分裂，而这种分裂在道德方面是没有对应物的。道德的自决是一个一元概念，根据这个概念，每个人所遵守的正是他根据自己不偏不倚判断而认为有约束力的规范……法的自主与道德意义上的自由并不重合。它还包括两个环节：进行合理决策的行动者的选择自由，以及进行伦理决策的个人的自由。③

这后两个环节就体现在实用商谈和伦理商谈中。

第三，调节对象。道德领域在社会空间和历史时间方面都是没有界限的，道德规范是普遍适用的、具有高度抽象性的，由此也使得这种规范具有高度的认知不确定性和结构不定性。与之相反，法律规范只适用

---

① Jürgen Habermas，*Theorie des kommunikativen Handelns*，Bd. 2. *Zur Kritik der funktionalistischen Vernunft*，Frankfurt am Main：Suhrkamp Verlag，1995，S. 529.

② Luke Goode，*Jürgen Habermas：Democracy and the Public Sphere*，London：Pluto Press，2005，p. 70.

③ 〔德〕哈贝马斯：《在事实与规范之间：关于法律和民主法治国的商谈理论》，童世骏译，北京，生活·读书·新知三联书店，2014，第 684～685 页。

于具体的法律共同体，而这种共同体有空间和时间上的局域性，因此，法律规范能够进行及时明确的、比道德规范更为强有力的约束调节。

第四，所涉外延。法律调节的问题比道德所调节的问题既更窄也更宽。之所以更窄，是因为"能够做法律调节的仅仅是外部的，因而是有可能强制的行为"。之所以更宽，是因为"法律作为服务于政治统治的组织手段而赋予集体目标或集体纲领以强制性形式，其作用不仅仅局限于对人际冲突的调节"①。

第五，程序合理性的充分性程度。商谈立法过程"接近于充分的程序合理性的要求，因为它们与制度化的，因而是独立的标准相联系，根据这些标准可以从一个非参与者的眼光出发来决定一个决定是否是符合规则地产生的"。相较而言，道德商谈的程序合理性则是不充分的，"某事是否是从道德的观点出发加以判断的，只有从参与者的眼光出发才能决定。因为这里缺少外在的或事先规定的标准"②。

法律与道德的分离固然是现代社会合理化的结果，也是二者实现各自合理化所必需的，但是，这种分离却将法律制度中不可随意支配环节与工具性环节之间的张力明确化了。因而，随着法律工具化的加深，法律的不可随意支配环节处于一种尴尬境地，这就将法律自身的合法性问题也推向了前台。历史来看，法律的不可随意支配环节或是来源于宗教，或是来源于道德，它们构成了法律的合法性基础。然而，在生活世界的合理化过程中，随着法律与道德（以及包含道德要素的宗教）分离，后者丧失了为法律提供合法性的能力。然而，这并不意味着法律的规范性维度是可以取消的。恰恰相反，面对现代法律媒介的政治工具化趋势，法律的规范性维度作为不可随意支配环节，构成了对抗这一趋势的不可或缺的力量，也正是由于这一力量的存在，才会形成以保障自由为核心要义的三次法治化过程。不过，在这些过程中产生出的资产阶级形式法却不能充分满足这一要求。随着从专制主义转向资产阶级法治国，私人自由平等地位得到了不受行政权力任意干预的法律保障，而自由的充分实现超出了形式法的能力范围。第三次法治化过程可以被视为一次改良主义实践，但它最终并未改变形式法的规范性前提。这就造成了第四次法治化过程，即福利国家中的法律实质化趋势。

---

① 〔德〕哈贝马斯：《在事实与规范之间：关于法律和民主法治国的商谈理论》，童世骏译，北京，生活·读书·新知三联书店，2014，第686页。

② 〔德〕哈贝马斯：《在事实与规范之间：关于法律和民主法治国的商谈理论》，童世骏译，北京，生活·读书·新知三联书店，2014，第580页，译文有改动。

(二)法律的实质化趋势

福利国家中的法律实质化趋势的现实诱因,主要是资本主义经济发展过程中日益凸显的结构性风险,这表现为:"积累过程的经济繁荣条件的中断。私人生产的外部费用,私人生产无法充分地考虑它自身带来的那些问题。特权模式,这种模式的核心是受结构制约的不平等的财产分配和收入分配。"①这些风险在自由放任的资本主义市场经济时期带来了以阶级矛盾为核心的社会冲突,而这反过来又加剧了资本主义经济子系统的不稳定性。为了打破这一恶性循环,福利国家为自己规定了三项基本任务领域:"确保经济的增长的繁荣政策,根据集体的需要对生产结构施加影响,修改社会不平等的模式。"②为此,国家制定了若干涉及社会各个领域的政策,它们都体现了福利国家的一个突出特征——政府干预主义,即通过行政干预来克服经济运行过程中的结构性风险,进而缓解阶级冲突或将之限定在可控范围内。这就使得国家干预表现为相关经济政策和社会福利政策,这二者是密切相关的:前者为后者提供物质性前提,而后者则为前者提供规范性理由。哈贝马斯主要关心的是后一方面关系,他正是在这一关系中发现了福利国家中的法律实质化趋势的内在悖论。

从立法目的的角度来看,"限制阶级冲突并设计福利国家的那些规范……具有保证自由的特征"③。但是,并非福利国家的所有社会政策都能够满足这一特征。与专制主义时期类似,自福利国家出现之初,其社会政策就处于保障自由与取消自由的矛盾当中。福利国家的保障网络试图控制自专制主义时期以来就存在着的资本主义经济子系统对那些被迫将自己的劳动力当作商品来出售的劳动者的压迫性影响。但是,这一保障网络越是全面且稠密,上述矛盾就更为明显地出现了:"恰恰是保障自由的工具,威胁着受益人的自由。"④

哈贝马斯认为,在福利国家中,国家应当通过法律媒介来保障处于其统治之下的公民的自主地位,但实际结果却是国家自主与个体自主之

---

① 〔德〕尤尔根·哈贝马斯:《重建历史唯物主义》,郭官义译,北京,社会科学文献出版社,2013,第214页。

② 〔德〕尤尔根·哈贝马斯:《重建历史唯物主义》,郭官义译,北京,社会科学文献出版社,2013,第214页。

③ Jürgen Habermas, *Theorie des kommunikativen Handelns*, Bd. 2. *Zur Kritik der funktionalistischen Vernunft*, Frankfurt am Main: Suhrkamp Verlag, 1995, S. 530-531.

④ Jürgen Habermas, *Theorie des kommunikativen Handelns*, Bd. 2. *Zur Kritik der funktionalistischen Vernunft*, Frankfurt am Main: Suhrkamp Verlag, 1995, S. 531.

间发生了冲突。福利国家应当保障事实平等，但为达此目的所用的前提或手段却限制了实现私人生活规划所需的活动空间和私人自主。因此，福利国家模式在获得国家行动者的行动能力的同时，

> 付出了个体行动者的自主地位的代价。所涉及的不管是干预性国家，还是具有讽刺意味的监管性国家，承认国家有多大的社会导控能力，似乎就必须相应地减少对依赖系统不能自拔之个人的私人自主性的承认。从这个角度来看，国家行动主体和私人行动主体之间进行的是一种零和博弈：一方能力的增长，意味着另一方能力的丧失。①

如此一来，福利国家法治化过程虽是以稳固法律之不可随意支配环节之目的始，但却以侵蚀这一环节得以奠立的可能终，甚至还会危及之前法治化过程中建立起来的法律自由原则。

哈贝马斯认为，福利国家中的法律实质化趋势所凸显出的矛盾，并不是通过某种改良主义方案就能缓解的"副作用"，而是自第一次法治化过程以来就蕴含在资本主义法律结构当中的。哈贝马斯将工具化和实质化这两个阶段的法律世俗化过程分别称为自由主义的法律范式和福利国家的法律范式。他认为，这两种法律范式"都持工业资本主义经济社会的生产主义图景"，它们主要关注的都是"一种受法律保护之消极地位的发挥社会功能方式的规范性涵义"，所不同的是，前者关注私人自主是否通过法律关于自由权利的规定而得到了保障，后者关注这种自主是否必须通过法律、国家政策对社会受益主张的确认而得到保护。"在这两种情况下，私人自主和公民政治自主之间的内在关系都落在了视线之外。"也就是说，这二者都只关注法权人作为法律之承受者的事实性地位及其前提，而没有同时考虑到，"决定法权人之自主性程度的，仅仅是他们在何种程度上同时也可以被理解为他们作为承受者所服从的那些法律的创制者"②。因此，虽然目前福利国家中的法律实质化是法律世俗化的最后环节，还处于发展过程中，但这种"最后的"只是暂时的，其自身是存在危机的。这就需要进入"第三条道路"：商谈论视角下的程序主义法律范式。

---

① 〔德〕哈贝马斯：《在事实与规范之间：关于法律和民主法治国的商谈理论》，童世骏译，北京：生活·读书·新知三联书店，2014，第503页。
② 〔德〕哈贝马斯：《在事实与规范之间：关于法律和民主法治国的商谈理论》，童世骏译，北京：生活·读书·新知三联书店，2014，第505页。

　　　这种法律范式的核心是如下二者的反馈循环：一是民主过程，
这一过程产生了代表着私人公民的主观权利和要求；二是对某种形
式的私人自主的维护，这反过来又使国家公民能够积极利用其公共
自主。私人自主与公共自主之间这样一种积极的反馈，是民主国家
制度合法性的必要条件。①

　　因此，只有在这一范式下，法律才能在实践兴趣的复兴中发挥作用，
事实性与规范性之间的张力才会成为解决现代道德-实践领域困境的
动力。

二、作为实践兴趣复兴的制度化维度的法律

　　本书第三章分析了哈贝马斯从道德角度展开的实践兴趣的复兴理路，
不过，面对多元的现代社会，虽有普遍适用性但却只具有弱的意义上的
约束力的道德，难以独自承担起将实践兴趣落到实处的重任。在此，法
律"作为关于社会规范的实践商谈的制度化形态"②，恰恰可以通过其事
实性与规范性的结合来实现这一点。当然，在道德领域中也存在着事实
性与规范性的张力及结合，但法律更具可操作性，就此而言，法律对于
实践兴趣的复兴是更强有力的。

　　在哈贝马斯之前，关于现代性条件下法律与道德关系的理解，存在
着两种具有代表性的路向：康德与韦伯。康德认为法律与道德是分离的，
不过二者又共同服从于实践理性的自由法则。法律关乎的是行为者的外
部自由，它虽然不涉及内在动机问题，但其法权原则是纯粹实践理性法
则或道德律在权利领域中的具体化。因此，康德是从其（广义的）道德理
论的框架中发展出法律理论的，道德自由高居于法律自由之上，实践兴
趣的基底依然是道德性的，其内部结构是等级性的。可见，康德虽然承
认法律与道德的分离，但更注重二者之间的联系，并且强调道德之于法
律的奠基性作用。

　　与之相反，韦伯虽然将目的合理性与价值合理性之总体称为实践合
理性，但二者之间的区分显然大于其联系。韦伯认为，法律在与道德分

---

① Jürgen Habermas, *The Lure of Technocracy*, Ciaran Cronin, trans. , Cambridge: Polity Press, 2015, p. 50.

② 〔美〕马修·德夫林：《导论：哈贝马斯交往行为理论之法》，《哈贝马斯、现代性与法》，马修·德夫林编，高鸿钧译，北京，清华大学出版社，2008，第31页。

离的情况下，拥有自己特有的合理性，而这种合理性基于形式化的目的合理性。因此，法律的道德化或形式法的实质化会威胁到法律的合理性。从实践兴趣的角度来看，在韦伯这里出现了指向目的之实现与选择的实践兴趣和指向价值之抉择的实践兴趣。对于韦伯来说，只有前一种实践兴趣，作为既定价值下围绕目的的实现与选择自由对于法律才是决定性的。

在哈贝马斯看来，康德与韦伯的理解都有一定的道理但同时也失之偏颇。康德意识到法律与道德的内在联系，但其等级式的理解却使得法律有可能被同化于道德，这是与现代社会中法律、道德状况相悖的。韦伯的理解反映了法律与道德分离的现状，但却是非反思的，根据形式-实质这对概念来将法律与道德对立起来，这反倒使得法律之合法性问题尖锐化了，由此，不仅法律的合法性是成问题的，而且使得非语言媒介对现代社会的操控得以可能。正如现代性进程造成了道德危机但也为新的普遍主义道德提供可能那样，法律与道德分离也为现代性条件下它们之间的相互补充提供了可能。因此，在面对日益尖锐的法律合法性问题以及当今福利国家法治化危机时，哈贝马斯一再强调法律和道德在分离前提下的互补关系："法律规则和道德规则是同时从传统的伦理生活分化出来的，是作为两个虽然不同但相互补充的类型的行动规范而并列地出现的。"[1]法律与道德的互补关系构成了现代社会中重建并稳固实践兴趣的重要一环，这使得二者能够协作地发挥调节行为及解决冲突的作用。

从合法性角度来说，法律与道德的相互配合源于其自身所特有的推进人类自由的作用，即对于表现为法律自由的法权人自主性的推进。如果缺失了这一角度，那么"恶法亦法"的悖论局面就难以避免，这将不仅取消道德自由，而且将从根本上违背实践兴趣之取向，乃至于理性之解放兴趣。关于这种自主性，我们可以从两个方面来考察。

就自主性的层次而言，私人自主与公共自主是内在互补的。从法律发展的角度来讲，"在现代化中，伴随市民社会与政治国家的分离，形成了一个属于私人领域的独立空间，这个领域只受私法调整，个人被赋予了充分的自由"[2]，这种自由就是私人自主。与之相对的则是受到公法调节的、以国家政府为主体的官方公共领域。而随着民主化过程的发展，

---

① 〔德〕哈贝马斯：《在事实与规范之间：关于法律和民主法治国的商谈理论》，童世骏译，北京，生活·读书·新知三联书店，2014，第129页。

② 高鸿钧等：《商谈法哲学与民主法治国：〈在事实与规范之间〉阅读》，北京，清华大学出版社，2007，第68页。

公民的政治参与权逐渐扩大，形成了以公民之公共自主为核心的非官方公共领域。然而，直到目前的四次法治化过程都专注于私人自主而忽视了公共自主，因而造成了法律范式危机。哈贝马斯所主张的商谈论的程序主义法律范式则是试图将二者内在地结合起来，认为这二者之间存在着一种循环关系：

> 公民要能够恰当地行使其受民主参与权利保障的公共自主，则又要求其私人自主得到保障。得到保障的私人自主之有助于公共自主的"形成条件保障"，就好像反过来公共自主的恰当实施之有助于私人自主的"形成条件保障"。①

换言之，公民在实现公共自主时，必须通过法律规定来划定私人自主的领域，从而使私人同时具有足够充分的条件来履行其公民角色，私人自主的确保和公共自主的实现是同步的。

就自主性的内容而言，法律自主是一种复合性的法权自由，它以制度化的方式保障了实践兴趣内各个成分之间的综合统一。实用性自由、伦理性自由和道德性自由就其本身而言，都有着各自不同的内涵、原则、标准等，因而它们当中的任何一者都不能实现综合，也不能像意识哲学那样为它们寻找一种作为其基础的"元自由"来实现这一点，而法律则为解决这一问题提供了可能。哈贝马斯指出："实践理性的统一性只有在公民的交往形式与实践的网络中才能真正发挥作用，在这些交往形式和实践中，合乎理性的集体意志形成过程获得了制度上的可靠性。"②当然，法律自主的综合并不能取代上述自由领域，也不能完全覆盖这些领域，因为如前所述，法律调节的仅仅是外部的，因而有可能是强制的行为，它将上述不同自由纳入法律系统当中、赋予其法律形式，但并未改变或干预这些自由在各自领域当中的实现条件。

如果进一步考察的话，以上这两点都要归结到交往自由上去。一方面，虽然私人自主可以被理解为对交往自由之义务的摆脱，但二者却因公共自主而间接地联系起来了，因为公共自主可以被理解为交往自由的公开的、制度化的运用。另一方面，实用的、伦理的与道德的自由，作

---

① 〔德〕哈贝马斯：《在事实与规范之间：关于法律和民主法治国的商谈理论》，童世骏译，北京，生活・读书・新知三联书店，2014，第505页。

② Jürgen Habermas, *Philosophische Texte*, Bd. 3. *Diskursethik*, Frankfurt am Main: Suhrkamp Verlag, 2009, S. 381.

为实践自由，其论证与辩护程序都需要遵从商谈原则，在作为上述实践自由之制度化综合的法律领域中，合理的政治意见-意志的形成所遵从的民主原则也是商谈原则的具体化，而这一原则正是基于交往自由与交往合理性的。如此一来，我们就有必要将视角转向交往合理性植根于其中的生活世界，来考察法律是如何基于生活世界的，并且在阻击生活世界殖民化的过程中发挥了何种作用。

三、法律：社会性整合的制度化与系统-生活世界的转换器

如前所述，生活世界殖民化发生的原因是社会性整合出现危机，难以承担起应有的整合作用，而系统性整合恰恰取代了它，不仅作为系统自身的整合机制，而且成为生活世界当中的主要整合机制，进而生活世界本身也发生了一系列危机。由此来看，这里的关键点有二：社会性整合危机与系统对生活世界的入侵。既作为生活世界社会方面之组成部分，又具有高度组织化、制度化特征的法律，恰恰能够在这两点上发挥作用。就法律在生活世界领域内的作用而言，它承担起社会性整合的重任，并将之制度化；就法律在系统与生活世界之间的作用而言，它作为系统与生活世界之间的转换器，实现了这二者之间的良性沟通。

（一）法律的社会性整合功能

哈贝马斯认为，法律"作为一个已经具有反思性的合法秩序，属于生活世界的社会要素"①，由此它应当承担起社会性整合功能，它的制度化形式不仅能够为交往行为的展开提供保障，又能对之做出限定从而不至于因无限沟通过程而导致无法达成共识。关于法律的这一功能，可以从其现实原因、实现条件与实现形式三方面来理解。

首先，法律应当而且能够承担社会性整合功能，是生活世界合理化的结果。

在现代社会中，随着生活世界合理化的不断深入，"价值一般化"趋势也不断加深，这是指"行为者在制度上被要求的价值取向变得日益一般化和形式化"②。进而交往行为越发脱离传统的规范行为模式，进入多元化语境当中。这同时意味着以成功为取向的行为和以沟通为取向的行为的分离。而当前者分化发展起来之后，它对行为的协调就转换到非语言

① Jürgen Habermas, *Faktizität und Geltung：Beiträge zur Diskurstheorie des Rechts und des demokratischen Rechtsstaats*, Frankfurt am Main：Suhrkamp Verlag, 1998, S. 108.
② Jürgen Habermas, *Theorie des kommunikativen Handelns*, Bd. 2. *Zur Kritik der funktionalistischen Vernunft*, Frankfurt am Main：Suhrkamp Verlag, 1995, S. 267.

的交往媒介上，从而形成了系统性整合。与之相对，面对人际关系如何合法调节、不同行为如何借助已得到辩护的规范而彼此协调等社会性整合问题，整合重任"愈益从以宗教方式确定的共识，转移到言语的共识形成过程当中"，由此形成了作为行为规范的道德规范与法律规范，"它们确保如下共识层面，当规范调节的日常交往领域中的沟通机制失效时，即是说，当规范情况中被接受的对行为的协调不再产生并且暴力争辩这一选项变成现实时，人们能够求助于这一层面"①。

不过，道德与法律在起到社会性整合作用时采取的方式是不同的："法律不像后俗成的道德那样仅仅表达一种形式的文化知识，而同时是社会之建制系统的一个重要组成部分。法律同时一身兼二任：既是知识系统，又是行动系统。"②一方面，法律作为合理的政治意见-意志形成过程的结果，是一种能够获得法律共同体当中的法权人普遍承认的交往媒介；另一方面，法律所具有的事实性、强制性与制度化又能够克服道德在认知、动机与义务归属方面的不确定性。就此而言，法律是一种具有更强的社会性整合力量的整合机制。

其次，法律的社会性整合功能的发挥，需要调用生活世界的三个结构性要素。

由于生活世界各个要素及其再生产过程是相互支撑、相辅相成的，法律所属的社会要素只能通过交往过程，同文化与个体结构一起再生产出来。因而，

> 法律行为也构成了一种媒介，通过它，法律制度同主体间共享的法律传统与个体解释并遵守法律规则的能力一起再生产出来。作为社会要素之部分，这些规则构成了更高层次的合法秩序；但同时，它们作为法律符号和经由法律社会化而获得的能力，也表现在生活

---

① Jürgen Habermas, *Theorie des kommunikativen Handelns*, Bd. 2. *Zur Kritik der funktionalistischen Vernunft*, Frankfurt am Main: Suhrkamp Verlag, 1995, S. 259.

② 〔德〕哈贝马斯：《在事实与规范之间：关于法律和民主法治国的商谈理论》，童世骏译，北京，生活·读书·新知三联书店，2014，第96页，译文有改动。哈贝马斯在这里的表述是令人费解的。按照《交往行为理论》中的表述，道德显然不能被仅仅归于生活世界的文化知识层面（参见 Jürgen Habermas, *Theorie des kommunikativen Handelns*, Bd. 2. *Zur Kritik der funktionalistischen Vernunft*, Frankfurt am Main: Suhrkamp Verlag, 1995, S. 139），对此，本书第三章第三节也已经做出相关论证。道德虽然没有被直接制度化，不具有法律那种强制性的约束力，但在法律产生、运用过程中，道德都是不可或缺的维度，如哈贝马斯自己所说，道德成分已经渗透进实证法当中，因此道德的去制度化只是相对于法律制度化而言的，并非完全不体现于制度当中。

世界的其他两个要素中。在法律行为产生过程中，这三个要素具有同等的基础性地位。①

由于后文还将讨论法律制度方面，因而这里只讨论文化和个体这两个要素在法律发挥其整合功能当中的作用。

第一，自由的政治文化。法律虽然表现为对行为的明确的、强制性规定，但其合法性最终根源于对公民自由的保障，因而，一个法律共同体"若没有一个习惯于自由的民众的主动性的话，就会分崩离析"②。这种主动性产生于热爱自由的文化传统，并在一个具有自由的政治文化的共同体当中得以维持。这样一种政治文化是"倾向于自由的、平等的、对全社会问题状况敏感的、高度灵敏的、始终处于震动状态、有共振能力的政治文化"③。在一定意义上，这种政治文化成为法律发挥其社会性整合功能的文化后盾。在这种文化环境中，公民能够学习、适应、掌握并自愿地服从法律。

第二，合格的公民。法律的制定、执行与解释都是需要由人来承担的。因此，法律的社会性整合作用的发挥，需要通过法律共同体当中的合格公民来实现，他们不仅一身兼二任，即作为法律之创制者与承受者，而且当他们成为法律某一部门领域中的一员（如议员、法官、法学家等）时，亦应当有能力完成各自的本职工作。而公民的这种解释并遵守法律的能力，又是与后俗成的意识结构息息相关的，因为按照哈贝马斯的规定，这种意识本身就是一种资质、能力。在哈贝马斯看来，自部落社会以来，法律发展与道德意识发展就具有同构性。在现代社会中，虽然道德与法律逐步分离，但这种同构性是依然存在的：一方面，道德意识的后俗成阶段"使得现代法以原则作为基础，并且向程序合理性转化"④；另一方面，现代实证法又有助于这种道德意识的发展，因为法律制度本身就体现了这种意识结构。

最后，法律的社会性整合功能是通过现代法治国家相关法律制度的建构

---

① Jürgen Habermas, *Faktizität und Geltung：Beiträge zur Diskurstheorie des Rechts und des demokratischen Rechtsstaats*, Frankfurt am Main：Suhrkamp Verlag, 1998, S. 108.

② 〔德〕哈贝马斯：《在事实与规范之间：关于法律和民主法治国的商谈理论》，童世骏译，北京，生活·读书·新知三联书店，2014，第 159 页。

③ 〔德〕哈贝马斯：《在事实与规范之间：关于法律和民主法治国的商谈理论》，童世骏译，北京，生活·读书·新知三联书店，2014，第 646 页，译文有改动。

④ 〔德〕哈贝马斯：《在事实与规范之间：关于法律和民主法治国的商谈理论》，童世骏译，北京，生活·读书·新知三联书店，2014，第 603 页。

来实现的，这包括立法制度、司法制度以及二者对行政权力的制约与调用。

第一，立法制度。正如第二节的讨论表明的，法律有效性问题的解决主要是在立法制度下进行的，因而，在社会性整合功能的发挥上，它也构成了首要场所。立法权的根本持有者应当是公民总体，但并非所有公民都能够直接地参与到这一实践当中，并且立法过程也不能无限期进行下去，因而就需要同样遵循民主原则的代议制立法机关。一方面，立法机关所制定的法律、形成的决议具有适用于法律共同体的一般性，公民在处理其社会关系时必须遵守。另一方面，立法机关中的政治意见-意志形成过程，应当接受向所有公民开放的自主公共领域的非正式的意见形成过程的监督。只有实现这两方面，才能使得立法机关与其代表的选民之间形成良性互动。

第二，司法制度。与立法制度一样，司法制度当中也存在着事实性与规范性的张力，这表现在判决的自洽性与其合理的可接受性之间：判决自洽性只须考虑与现行法律的一致性，而合理的可接受性则需摆脱法律形成情境的偶然性，能够对未来负责。司法要实现社会性整合功能，就必须同时满足这两个似乎对立的条件，这里的关键是更新法律确定性概念。为此，哈贝马斯提出了基于商谈程序的法律确定性概念："程序权利保证每个法权人对于公平程序的主张，而这种公平程序进一步保证的不是结果的确定性，而是对有关事实问题和法律问题的商谈式澄清。"①在这里，同商谈的立法程序中一样，支持合理的可接受性的理由是具有决定性意义的。不同的是，这里涉及的不是规范的论证而是运用，因而所适用的更多是恰当性原则。法律规范虽然规定了其"触发条件"，但这种规定是一般性的，它并未具体到每一个案例当中，

> 这些规范恰恰是在运用商谈中获得了其明确的规定。在与其他法律规定发生冲突时……所要做的是，在显见地可运用的各种规范中，找出最适合于从尽可能多的相关视角出发进行详尽描述的运用情境的规范。在这个过程中，必须在相关的规范和那些退隐的（其更广范围的有效性并未受损）规范之间建立一种重要联系，从而不妨碍整个法律体系的融贯性。②

---

① 〔德〕哈贝马斯：《在事实与规范之间：关于法律和民主法治国的商谈理论》，童世骏译，北京，生活·读书·新知三联书店，2014，第271页。

② Jürgen Habermas, *Faktizität und Geltung：Beiträge zur Diskurstheorie des Rechts und des demokratischen Rechtsstaats*, Frankfurt am Main：Suhrkamp Verlag, 1998, S. 317.

因而，上述过程也是一个开放的法律商谈过程，它"不能在一个现行规范的密封领域中自足地进行，而必须始终有可能吸纳来自其他来源的论据，尤其是在立法过程中所使用的、在法律规范之合法性主张中捆绑在一起的那些实用的、伦理的和道德的理由"①。由此可见，法律商谈概念成为连接立法与司法的中介，它在这两个领域当中同时起作用。

同样地，司法领域中的法律商谈也不能无限地进行下去，这就需要对论辩程序做出事实上的调节性限制，即将之纳入制度化的法庭程序规则当中，"其结果是，判决及其论证都可以被认为是一种由特殊程序支配的论辩游戏的结果"。不过，法庭程序"不得干预内在于这些商谈的论辩逻辑。程序法并不对规范性法律商谈进行调节，而只是在时间向度、社会向度和实质向度上确保受运用性商谈之逻辑支配的自由的交往过程所需要的制度框架"②。时间向度上的限制，如法庭必须及时审理案件并做出具有法律效力的判决。社会向度上的限制，如法庭在审理过程中扮演控辩双方之间的中立第三方角色，规定各方举证责任。实质向度上的限制，如为法律商谈在制度上划出一个内部空间，用以对理由进行自由交换，以确保法律判决既具有合理的可接受性，又与整个法律秩序相融贯。

第三，行政制度。行政权力在法律上的制度化可以从立法制度、司法制度这两者同行政的关系来考察。

一方面，立法制度和司法制度限制具有强力手段的行政权力，以确保公民权利得到保护。"在民主程序中获得合法性的法规的优先性，具有这样的认知意义：行政部门自身不拥有作为其决定之基础的规范前提。"③换言之，虽然立法制度和司法制度不干涉具体的行政过程，但行政命令的规范性前提在于立法制度下创制的法律与司法制度下所做出的合法判决，因此立法机关与司法机关都起到了监督行政权力的作用，而且私人法律主体（乃至团体），拥有通过上述监督机制来实现的对行政权力的"自由抗拒权"。

另一方面，立法制度与司法制度调用行政权力。立法制度下创制的法律和司法制度下做出的判决，都需要作为法律执行环节的行政机关予

---

① 〔德〕哈贝马斯：《在事实与规范之间：关于法律和民主法治国的商谈理论》，童世骏译，北京，生活·读书·新知三联书店，2014，第282页。

② 〔德〕哈贝马斯：《在事实与规范之间：关于法律和民主法治国的商谈理论》，童世骏译，北京，生活·读书·新知三联书店，2014，第287页。

③ 〔德〕哈贝马斯：《在事实与规范之间：关于法律和民主法治国的商谈理论》，童世骏译，北京，生活·读书·新知三联书店，2014，第211～212页。

以执行。当然，对行政权力的调用"只有当这种权力使得那两种相应的商谈（即立法领域与司法领域中的商谈——引者注）制度化成为可能的时候，才是无害的"①。

立法制度、司法制度与行政制度提供的具有法律形式与约束力的规则，可以被视为社会世界以及生活世界之社会方面的组成部分。同时，由这些制度构成的立法领域、司法领域与行政领域，又构成了从生活世界当中分化出来的、形式地组织起来的行为领域——政治管理子系统，它为社会性整合提供"安全机制"。所以，这里所讨论的虽然是法律的社会性整合功能，但显而易见的是，这一功能的发挥离不开权力媒介所形成的系统性整合功能。同时，进行系统性整合的权力媒介，又应当"扎根于生活世界的、通过交往行为而得到社会性整合的秩序之中"②。基于以上这种双重关系，法律的作用还应当在系统-生活世界这一更为宽广、更为根本的框架下来考察。

（二）法律作为系统与生活世界之间的转换器

面对生活世界的殖民化，仅仅解决生活世界当中的社会性整合问题是不充分的，还需要对系统入侵生活世界的通道进行重建。在《交往行为理论》中，哈贝马斯提出，系统与生活世界之间是存在着交流通道的，这就是将经济子系统和政治管理子系统锚定在生活世界当中的法律制度："系统只有将它们各自的媒介法律化，从而与生活世界重新联结起来，才能独立于生活世界而自行运作。"③

因此，法律在系统与生活世界之间充当了不可替代的媒介："社会关系法治化，是系统和生活世界之间界线的很好的指示器"④，"只有它才能使进行社会性整合的全社会交往之网络保持不破"⑤。在构建其法律-政治理论时，哈贝马斯又用了一个更为形象的比喻来形容法律的这种媒介作用，即系统与生活世界之间的"转换器"：

---

① 〔德〕哈贝马斯：《在事实与规范之间：关于法律和民主法治国的商谈理论》，童世骏译，北京，生活·读书·新知三联书店，2014，第212页，译文有改动。

② Jürgen Habermas, *Faktizität und Geltung：Beiträge zur Diskurstheorie des Rechts und des demokratischen Rechtsstaats*，Frankfurt am Main：Suhrkamp Verlag，1998，S. 59.

③ 〔美〕马修·德夫林：《导论：哈贝马斯交往行为理论之法》，《哈贝马斯、现代性与法》，马修·德夫林编，高鸿钧译，北京，清华大学出版社，2008，第30页。

④ Jürgen Habermas，*Theorie des kommunikativen Handelns*，Bd. 2. *Zur Kritik der funktionalistischen Vernunft*，Frankfurt am Main：Suhrkamp Verlag，1995，S. 458.

⑤ 〔德〕哈贝马斯：《在事实与规范之间：关于法律和民主法治国的商谈理论》，童世骏译，北京，生活·读书·新知三联书店，2014，第69页。

　　法律代码不仅同生活世界中旨在进行社会性整合的沟通功能借以实现的日常语言媒介相联系；它也接受来自生活世界的信息，并赋予其一种形式，这种形式是权力操控的政治管理和货币操控的经济的特殊代码所能理解的。就此而言，法律语言……可以作为系统与生活世界之间交往循环过程的转换器。①

　　可见，将法律作为系统与生活世界之间的媒介，这是哈贝马斯一以贯之的主张。因而，我们可以将《交往行为理论》与《在事实与规范之间》中的相关内容结合起来，较为全面地梳理哈贝马斯的这一主张。在前者中，法律问题还只是"背景"，这里的重点是分析了法律在系统与生活世界交换关系中的作用；而在后者中，哈贝马斯真正进入对法律-政治方面的讨论，特别是着重分析了公共领域、市民社会对于政治管理子系统的影响。

　　1.《交往行为理论》时期

　　在现代资本主义社会中，"相对于系统性整合的经济和国家这些行为领域，社会性整合的行为领域作为私人领域和公共领域也形成了，它们是互补的"②，是存在交换关系的。这种交换关系可以概括为表4-1：③

表4-1　系统与生活世界之间的交换关系

生活世界的制度秩序	交换关系	媒介操控的子系统
私人领域	(A)雇员 $\xrightarrow{M'}$ 劳动力（抽象劳动） $\xleftarrow{G}$ 劳动收入（工资） (B)消费者 $\xleftarrow{G}$ 商品与服务 $\xrightarrow{G'}$ 需求	经济子系统

---

① Jürgen Habermas, *Faktizität und Geltung : Beiträge zur Diskurstheorie des Rechts und des demokratischen Rechtsstaats*, Frankfurt am Main：Suhrkamp Verlag, 1998, S. 108.

② Jürgen Habermas, *Theorie des kommunikativen Handelns*, Bd. 2. *Zur Kritik der funktionalistischen Vernunft*, Frankfurt am Main：Suhrkamp Verlag, 1995, S. 471.

③ Jürgen Habermas, *Theorie des kommunikativen Handelns*, Bd. 2. *Zur Kritik der funktionalistischen Vernunft*, Frankfurt am Main：Suhrkamp Verlag, 1995, S. 473.

续表

生活世界的制度秩序	交换关系	媒介操控的子系统
公共领域	(A1)委托人 $\xrightarrow{\quad G'\quad}$ 税收 M $\xleftarrow{\qquad\qquad}$ 组织成就 (B1)国家公民 M $\xrightarrow{\qquad\qquad}$ 政治决策(政治领导) M' $\xleftarrow{\qquad\qquad}$ 大众忠诚	政治管理子系统

注：G＝货币媒介；M＝权力媒介

现在，我们可以依据表 4-1，对系统与生活世界之间的交换关系做一具体解释。

从结构上来说，系统的两个领域与生活世界的两个领域之间存在着一种平行相连的交换关系。私人领域的制度核心是不再具有生产功能、专职于社会化的家庭，它是私人家政(private Haushalte)的环境，它为经济子系统运行提供劳动力与消费者需求，而后者则分别用劳动收入和产品、服务来与之交换。公共领域的核心是一种交往网络，它使得公众参与文化再生产、国家公民参与由公共意见所中介的社会性整合得以可能，它是政治管理子系统获得合法性的环境，为后者提供税赋与大众忠诚，而后者则分别以组织成就与政治决策来换取上述要素。以上这些交换活动都需要承担着一定社会角色的人来具体地执行，因此哈贝马斯进一步对系统与生活世界中不同社会角色的作用进行了分析。

社会角色根据其特性可以分为两组四种，即表 4-1 中呈现的(A)雇员-(A1)委托人，与(B)消费者-(B1)国家公民。值得注意的是，这种划分体现出了系统和生活世界内部各自两个领域之间的交叉关系，这是因为，在哈贝马斯看来，由(A)和(A1)所分别实现的生活世界与系统的交换具有相似性，同样地，由(B)和(B1)所分别实现的生活世界与系统的交换也具有相似性。

在(A)和(A1)这两种角色中，系统与生活世界之间的关系是通过依赖于组织化的角色来规定的。经济子系统通过(A)来调节它同生活世界的交换，行为者被组织进资本主义企业当中，并付出劳动力，从而获得相应的劳动收入作为补偿。涉及公众的政治管理子系统则是通过（A1）来调节它同生活世界的交换，行为者向国家纳税，相应地国家提供组织成就作为补偿。行为者的这两种角色都是以法律的形式、在涉及组织时构建起来的，他们脱离了生活世界语境并使自己适应形势地组织起来的行为领域。

　　与（A）和（A1）的角色不同，（B）和（B1）角色的形成并不依赖于组织，也不是通过法律命令才产生的。在这里，相关的法律规范具有契约关系形式或法权主体的公共权利形式，"这些规范必须由行为取向来填充，在后者中，私人的生活经验或社会化个人的文化的与政治的生活形式表达出来了"①。换言之，这两种角色涉及形成偏好、价值取向、态度等的形成过程，并且这些取向是在私人领域和公共领域中形成的，因而是与生活世界语境紧密相关的。行为者凭借这一过程而具有了相对的优先性地位。对于这些取向，系统领域中的私人组织（如企业）或公共组织（如政府）不能"购买"或"征收"，而是应当给予充分尊重，提供满足需求的服务与商品，做出值得大众忠诚的政治决策。这看似满足了资产阶级的如下理想，即独立的消费者享有决定购买的独立自主权，独立的国家公民享有决定选择的独立自主权。倘若果真如此，那么生活世界的殖民化就不会出现了。现实情况恰恰相反。在这里，发生了一种抽象化，这葬送了上述理想，也为系统对生活世界的殖民化提供了可能："使用价值取向必须转变为需求偏好，公开表达的意见与集体的意愿表达也必须转变为大众忠诚，以便它们能够换取消费品与政治领导。"②通过这种抽象化，生活世界能够适应操控媒介，换言之，生活世界的产物可以以一种适用于操控媒介的方式变得抽象，变成相应的经济和政治管理子系统的输入要素。同时，生活世界本身的脆弱性加剧了这种可能性。在这一过程中，作为媒介的法律也充当了"帮凶"的角色："正是法律媒介自身损害了合法的行为领域的交往结构。"③法律的社会性整合作用也就因此丧失了。

　　所以，在哈贝马斯看来，"资本主义社会的核心问题不是劳动力的买卖的问题，不是税收和政府为公民服务的问题"，即不是（A）-（A1）角色中的问题，而是"公民政治意志和个人需求、偏好抽象化的问题，由于这

---

① Jürgen Habermas, *Theorie des kommunikativen Handelns*, Bd. 2. *Zur Kritik der funktionalistischen Vernunft*, Frankfurt am Main: Suhrkamp Verlag, 1995, S. 475.

② Jürgen Habermas, *Theorie des kommunikativen Handelns*, Bd. 2. *Zur Kritik der funktionalistischen Vernunft*, Frankfurt am Main: Suhrkamp Verlag, 1995, S. 476.

③ Jürgen Habermas, *Theorie des kommunikativen Handelns*, Bd. 2. *Zur Kritik der funktionalistischen Vernunft*, Frankfurt am Main: Suhrkamp Verlag, 1995, S. 543.

种情况的出现,生活世界才会受到系统的控制"①,即形成了(B)-(B1)角色中的问题。以往马克思主义传统中现代性批判理论家一般是围绕经济因素来分析资本主义病理现象的,因而也就关注到了(B)角色出现的问题,并将其作为最重要的问题,但关于政治因素即围绕(B1)角色的分析批判则被置于次要位置。与之不同,哈贝马斯认为,当前这后一批判才是最为紧要的。因为在他看来,在当前资本主义社会中,经济危机逐渐转嫁为政治危机,而政治危机又包括两个方面,即作为合理性危机的输出危机与作为合法化危机的输入危机。前者表现为国家组织成就和政治决策难以实现均衡各种利益的合理性,后者表现为国家不能获得大众的忠诚与支持,政治管理子系统虽然借助法律而制度化,但其合法化过程(包括法律秩序的合法性)却处于不确定性当中。因为日益深化的抽象化过程侵犯了公民的独立自主权,政治管理子系统与公民之间的互动发生了畸变,这对于当代资本主义社会来说是一种更为突出、更为紧迫的危机。由此,问题的关键就在于,如何实现公共领域与政治管理子系统之间的良性互动。因此,在之后的理论中,哈贝马斯主要是从这一角度来考察法律的转换器作用。

2.《在事实与规范之间》时期

在这一时期,哈贝马斯提出了一种双轨商议性政治理论,来处理政治管理子系统与公共领域之间,以及最终与生活世界之间的关系。由此形成了两种商议性政治概念,一个是制度化了的意见-意志形成过程的形式程序所支配的政治,一个是非正式地发生在公共领域网络当中的政治。这里需要处理的主要是如下问题,即这种双轨政治模式的内容,以及它在政治管理子系统与生活世界之间关系当中的作用。

第一,双轨的商议性政治的预设,这包括,属于政治管理子系统的议会团体的公共领域、属于生活世界的非正式的普通公共领域,以及二者之间的协作。

哈贝马斯最初是在《公共领域的结构转型》中讨论公共领域概念的,并主要分析了现代资产阶级公共领域。他认为,资产阶级公共领域(主要是政治公共领域,其实质是"以政治问题为讨论的主题,且对公共权力领域构成批判的对立力量"②)。其合法性功能与解放功能,"不仅为现代国

---

① 王晓升:《哈贝马斯的现代性社会理论》,北京,社会科学文献出版社,2006,第167页。

② 李佃来:《公共领域与生活世界——哈贝马斯市民社会理论研究》,北京,人民出版社,2006,第88页。

家提供了合法性基础，而且也促进了自由资本主义社会的全面发展"①。但是，进入福利国家阶段即晚期资本主义阶段之后，前述（B1）角色中的抽象化过程不断加深，表明公共领域已经衰落，政治管理子系统只是通过社团组织、政党、公共管理机构等同公民发生联系，公民原本是作为具有政治批判性意识的公众，而现在，只是在需要他们附和政治权力时，他们才会被偶然地纳入政治权力的循环运动中。因此，这种抽象化使得国家的政治统治合法性日益丧失其赖以生存的公民的公共自主。为此，重建公共领域成为解决合法化危机、恢复政治管理子系统与公民自主之间良性互动的关键。这一重建首先需要解决的是，重新规定议会团体、普通公众分别构成的公共领域②及二者之间的关系。

议会团体主要是作为辩护情境而构成的，因而其"更多地在于解决问题而不是发现和辨认问题，在于为问题之选择和彼此竞争的解决方案之确定进行辩护，而不是对新问题提法的敏锐感受"③。这种辩护实践需要在确定的社会边界和时间界限内展开，需要受到法律制度化的民主程序的调节，必须以论辩形式进行并根据不同的讨论主题而分化。与之相对，公共领域是一个发现情境，它是由各个社群当中的多元公众集体构成的，这种公众集体"是在一个由基本权利所保障的框架之内多多少少地自发地形成其结构的"④。虽然这一框架是以法律形式规定的，但不同于议会团体，这种松散的公共领域的时间边界、社会边界和内容边界都是流动不定的，形成了原则上无限制的公共意见形成过程、主体间的交往之流。

这两种领域因各自的优缺点而需要相互协作，这主要表现为如下两方面。一方面，公共领域"更容易受到不平等分布的社会权力、结构性的暴力和受系统扭曲之交往的压抑性影响和排外性影响"⑤，而议会团体因其通过法律而实现的高度组织化，能够更为有力地防御上述不利影响。另一方面，议会团体的主要任务是辩护性地解决被提到议事日程上来的问题，它要依赖于公共领域对问题的发现和辨认。而后者之所以能够实

---

① 杨仁忠：《公共领域论》，北京，人民出版社，2009，第172页。
② 由于普通公共领域实际上就是哈贝马斯自《公共领域的结构转型》以来不断思考并试图重建的政治公共领域，所以为简便起见，本书将普通公共领域称为公共领域，而将议会团体的公共领域简称为议会团体。
③ 〔德〕哈贝马斯：《在事实与规范之间：关于法律和民主法治国的商谈理论》，童世骏译，北京，生活·读书·新知三联书店，2014，第380页。
④ 〔德〕哈贝马斯：《在事实与规范之间：关于法律和民主法治国的商谈理论》，童世骏译，北京，生活·读书·新知三联书店，2014，第380页。
⑤ 〔德〕哈贝马斯：《在事实与规范之间：关于法律和民主法治国的商谈理论》，童世骏译，北京，生活·读书·新知三联书店，2014，第381页。

现这一点，是因为它具有一种无限制的交往媒介，这使得它能够对新的问题情境做出更为敏锐的感受。在这一互补过程中，行为者在公共领域中获得的影响，通过制度化的民主意见-意志形成过程的过滤，才能具有法律形式的权威性。而这二者之间的这种互补关系之所以可能，是因为它们之间具有一种同构性，即在二者当中都发生了商谈性的意见-意志形成过程，公民的公共自主权是通过这种商谈过程起作用的，"这种商谈又是起源于自主的公共领域、形成于程序上民主的、政治上负责的立法团体之中的"①。因此，二者各自的商谈过程同时是一种流动着的、相互交织、相互影响的交往过程，由此形成了一种交往权力。这构成了商议性政治发挥社会性整合功能的核心结构。当社会性整合的其他机制不堪重负时，商议性政治就承担起了社会性整合的重任。

第二，商议性政治模式对行政权力起到导控作用，进而与之形成互动关系。

"对今天出现于复杂社会的功能需要来说，个人和集体之间的一目了然的分工合作模式已经不再够用了，而需要行政系统的间接的导控功效。"②然而，行政领域的这种导控作用是无力解决道德和伦理问题的，这就造成了复杂社会中协调需要和整合成效之间的缺口（这也表明，单纯依靠行政领域的系统性整合是无法完成整个社会整合任务的）。这就需要商议性政治模式对行政领域发挥导控作用。在这种模式中产生的交往权力，通过立法过程产生出法律，行政权力要受到这种法律的约束，如此，法律就作为媒介使得交往权力转变为行政权力。因此，从国家机构的角度来说，行政领域在发挥导控作用时，并不是与议会团体脱钩的，"政治权力的运用……也仍然受到一些制约，一些本身来自有集体约束力之决定的法律形式的制约"③。在这里，起到关键作用的是既作为商议性政治之部分又作为政治管理子系统之部分的立法机关的立法。同时，立法权力需要调用行政权力的强力来执行自己的意志。因此，从商谈论的角度来看，行政领域的导控作用，与议会团体之法律约束之间，并非彼此对立、此消彼长的，二者之间也应当存在着一个良性的互动过程。

上述两个互动过程可以概括如图4-1所示：

① 〔德〕哈贝马斯：《在事实与规范之间：关于法律和民主法治国的商谈理论》，童世骏译，北京，生活·读书·新知三联书店，2014，第226页。
② 〔德〕哈贝马斯：《在事实与规范之间：关于法律和民主法治国的商谈理论》，童世骏译，北京：生活·读书·新知三联书店，2014，第395页。
③ 〔德〕哈贝马斯：《在事实与规范之间：关于法律和民主法治国的商谈理论》，童世骏译，北京：生活·读书·新知三联书店，2014，第396页。

图 4-1　公共领域、议会团体与行政领域之间的互动过程

图 4-1 表明，议会团体凭借现行法律以及制度化的立法权，扮演着中介性的、过滤性的"闸门"角色。行政权力对社会的导控应当通过这个闸门而将其影响力输入作为政治管理子系统之边缘背景的公共领域。同样，发生在公共领域当中的交往之流，也应当通过上述闸门流入法治国家的各项制度当中。以上论述过程实际上是指向系统的，即从公共领域、经议会团体到行政领域。

接下来需要进行另一个方向的追溯，即对如下命题的阐释，公共领域经由市民社会根植于生活世界，因为"具有政治功能的公共领域不仅需要法治国家机制的保障，它也倚赖于文化传统和社会化模式的合拍，倚赖于习惯自由的民众的政治文化"①，而这些正是生活世界提供的。

第三，随着国家-市民社会框架与系统-生活世界框架的融合，商议性政治模型能够实现生活世界与政治管理子系统之间的良性互动。

从《公共领域的结构转型》到《在事实与规范之间》，哈贝马斯的政治理论逐渐从批判走向了重建，这可以区分为三个阶段。第一阶段是《公共领域的结构转型》时期，他提出了国家-市民社会框架，对资产阶级公共领域的兴衰历史进行了经验性考察。第二阶段是《交往行为理论》时期，他提出了系统-生活世界框架，通过经济子系统、政治管理子系统同生活世界中的私人领域与公共领域交换模型，来解释作为生活世界殖民化表征之一的政治领域危机。第三阶段是《在事实与规范之间》时期，他融合前两个阶段的理论框架，提出政治系统-公共领域-市民社会-生活世界的分析模式。在前面，本书已经论述了哈贝马斯在第二阶段中的工作，因此这里将在简述第一阶段工作之后，再分析哈贝马斯是如何完成第三阶段工作的。

"资产阶级公共领域是一种特殊的历史形态……最先是在 17、18 世纪的英格兰和法国出现的，随后与现代民族国家一起传遍 19 世纪的欧洲和美国"，其突出的特征是在进行阅读的私人之间"形成一个松散但开放

---

① 〔德〕哈贝马斯：《公共领域的结构转型》，曹卫东等译，上海，学林出版社，1999，1990 年版序言。

和弹性的交往网络"①。这些私人通过各种非政府组织自发地聚集起来，讨论的焦点逐渐从文学艺术转到政治上，从而形成了政治公共领域。而其形成的原因需要追溯到市民社会。在自由资本主义时期，"市民社会作为私人领域从公共权力机关的指令下彻底解放了出来，从而使得政治公共领域在这时能够在资产阶级法治国家里得到充分的发展"②。在《公共领域的结构转型》时期，哈贝马斯所谓的市民社会包括两部分，一是"在资本主义私人占有制基础上形成的且包括劳动市场、资本市场和商品市场在内的市场体系"③，二是公共领域之交往网络得以展开的一系列非官方团体或机构。历史地来看，前一部分为后一部分的产生提供了物质基础和现实需求，即公共领域的产生有赖于市场经济的非政治化，因为公共领域中的公众正是自主地参与经济活动的私人，而在公共领域当中展开的对国家的公共权力机关的批判，正是为了维护这种非政治化、不受国家干预的私人经济的自主性，并将私人领域中产生的社会需求传达给国家。由此，行为者具备了私人与公众（具有批判意识的私人）的双重身份。

然而，随着资本主义的发展，资产阶级公共领域发生了结构转型。正如塞拉·本哈比认为的，这种转型"与其说是公共领域的演进，不如说是它的衰落"④，因为其存在的基础逐渐消失了。如前所述，伴随着资本主义法治化过程，政治管理子系统为了解决经济发展带来的不平等问题而对经济子系统不断进行干预。虽然私人企业从根本上来说依然保有投资主权，但国家职能取代市场职能的现象愈演愈烈。在这种情况下，自由资本主义时期界线清晰的公共权力领域与私人领域之间、国家与市民社会之间发生了交叉⑤，在这一过程中出现了一个再政治化的社会领域。这一领域无须具有政治批判意识的公众，公众的批判使命"逐渐地为其他

---

① 〔德〕哈贝马斯：《关于公共领域问题的答问》，梁光严译，《社会学研究》1999 年第 3 期，第 35 页。

② 〔德〕哈贝马斯：《公共领域的结构转型》，曹卫东等译，上海，学林出版社，1999，第 89 页。

③ 李佃来：《公共领域与生活世界——哈贝马斯市民社会理论研究》，北京，人民出版社，2006，第 91 页。

④ Seyla Benhabib, "Models of Public Space: Hannah Arendt, the Liberal Tradition, and Jürgen Habermas", in *Habermas and the Public*, Craig Calhoun, ed., Cambridge: The MIT Press, 1992, p. 88.

⑤ 需要注意的是，这种交叉显然不同于市民社会通过公共领域部分与公共权力机关的交叉，这里是国家对市民社会的直接干预，而在前者那里则是公共领域构成了市民社会与公共权力机关既分离又联系的中介。

机制所取代：一方面是社团组织，其中，有组织的私人利益寻求直接的政治表现形式，另一方面是政党，政党曾是公共领域的工具，如今却建筑在公共领域之上，与公共权力机关紧密相连”①。

当然，在第一阶段，哈贝马斯亦如他所批评的第一代法兰克福学派理论家那样，尚未给上述批判找到一个恰当的规范性框架。为此，在第二阶段中，哈贝马斯提出了系统-生活世界框架。但在这里，第一阶段中作为核心概念的市民社会消失了。原属市民社会概念的两部分被分别纳入系统与生活世界当中：公共领域成为生活世界的制度秩序，而承担着物质生产职能的经济领域则属于媒介所操控的子系统。前述对于公共领域衰落的经验性分析，可以纳入此处的规范性分析当中，被解释为一种抽象化过程。接下来的问题是，如果第一阶段的经验性分析依然有效，那么在第二阶段的规范性分析中，市民社会这一曾具有核心地位的概念，应当处于何种位置？

因此，在第三阶段中，哈贝马斯重拾市民社会概念，不过对之做了修正，将“市民社会——作为自主公共领域的社会基础——同经济行动系统和公共行政两者都区分开”②。换言之，哈贝马斯将第一阶段中市民社会概念中的经济因素剥离出去，新的市民社会概念的核心是非政府的、非经济的联系和自愿联合。哈贝马斯进行这一修正的原因，从第二阶段的规范性分析的角度来看，至少有如下两点：一是，既然晚期资本主义的危机主要表现在政治领域，那么就理论上而言，之前那种包含经济要素的市民社会概念自然是没多大必要的；二是，第一阶段中市民社会中的经济要素已经被纳入经济子系统当中。那么接下来的问题是，哈贝马斯是如何将这一新的市民社会概念纳入生活世界框架当中的。

在这一阶段，由于经济因素的剥离，哈贝马斯强调的不再是市民社会的某种基础性作用，而是更多地将之视为联结公共领域与私人领域的中介。如他所一直主张的那样，私人领域与公共领域之间虽有界线但并非毫无关联，二者是相互需要、相互补充的。③ 一方面，私人领域为公

---

①　〔德〕哈贝马斯：《公共领域的结构转型》，曹卫东等译，上海，学林出版社，1999，第201页。

②　〔德〕哈贝马斯：《在事实与规范之间：关于法律和民主法治国的商谈理论》，童世骏译，北京，生活·读书·新知三联书店，2014，第371页。

③　与第二阶段工作中提出的图4.1相比较，在这一阶段，随着重拾市民社会概念，哈贝马斯对私人领域与系统的关系做了修正，即私人领域也可以与政治管理子系统存在交换关系，其所涉及的需求不仅仅包括经济的，也有政治的(而且，随着国家对经济领域的干预，经济需求有时也会转变为政治话题)。

共领域提供了参与者和议题。"政治公共领域要能够履行其察觉全社会问题并把它作为议题提出来的功能，它就必须是在潜在的相关者的交往情境之中形成的。"①这些相关者最初是在各自的私人领域当中，根据自己的生活历史、生活经验来感受社会问题的。私人领域所具有的生存论语言为公共领域讨论的问题提供了社会来源、内容。

另一方面，公共领域是对私人领域中简单互动的空间结构的扩大化，并在此过程中将私人意见转变为公共意见。私人领域一般是围绕家庭的、在较为亲密的互动网络中展开的，而公共领域则不限于此，它在保留以沟通为取向的主体间交往结构的同时，将该结构扩展到远距离的陌生人的交往互动当中。由此，形成于私人领域中的意见，能够经过公共领域中参与者之间的商谈、按照议题的肯定或否定的观点而被分拣加工，进而（部分意见）成为拥有广泛赞同的公共意见。

哈贝马斯认为，划定私人领域和公共领域的是不同的交往条件，前者需要确保私密性，后者则需要确保公共性。而能够架通这两种相反特性、沟通这两个不同的领域的，正是市民社会。组成市民社会的社团、组织和运动，能够"对私人生活领域中形成共鸣的那些问题加以感受、选择、浓缩，并经过放大以后引入公共领域"②。这些"商谈性配置"，为来自私人领域中的公众公开表达自己的利益与体验、对政治系统中的意见-意志形成过程发挥影响，提供了一种组织基础。由此来看，所谓的"公共领域经由市民社会根植于生活世界"，实际上就是通过市民社会这个中介，将公共领域与私人领域这两个生活世界的领域之间沟通起来。这三者都处于生活世界当中，生活世界又经由商议性政治模型，而与政治管理子系统相联系。

市民社会的这种中介作用是由法律来保障的，由此使得生活世界自身具有了法律意义上的制度化。在法治国原则的视域内，公共领域概念具有一种宪法意义。立法部门的政治意志形成过程"如果阻隔自主的公共领域的自发源泉，如果切断与自由流动在结构平等的民间领域中的主题、建议、信息和理由的联系，就会破坏使它能合理运作的那个市民社会基础"③。而一旦如此，生活世界当中的公共领域与私人领域之间的良性互

---

① 〔德〕哈贝马斯：《在事实与规范之间：关于法律和民主法治国的商谈理论》，童世骏译，北京：生活·读书·新知三联书店，2014，第450页。
② 〔德〕哈贝马斯：《在事实与规范之间：关于法律和民主法治国的商谈理论》，童世骏译，北京：生活·读书·新知三联书店，2014，第453页。
③ 〔德〕哈贝马斯：《在事实与规范之间：关于法律和民主法治国的商谈理论》，童世骏译，北京：生活·读书·新知三联书店，2014，第223页。

动也就遭到了破坏。因此，应当以宪法或基本法的形式，将维护市民社会领域之多样性、私人性与公共性的基本权利规定出来。这些基本权利都是围绕着"自由"构成的，包括四项内容：

确保自愿性社团的活动空间的权利——集会、结社与言论自由；确保公共交往的传媒基础的权利——有关出版、广播和电视的自由；确保公共领域、市民社会同政治系统之间的联系的权利——参与政治的自由(包括参与政党活动、选举活动等)；确保私人领域的私密性与社团网络的自主性、自发性的权利——人身、思想、信仰、迁徙、通信等自由以及保护个人住宅、家庭等。其中，前三项权利与公共领域有关，最后一项权利与私人领域有关。

综合起来看，以上的内容可以概括如图 4-2 所示：

图 4-2　生活世界-商议性政治模型-政治管理子系统之间的关系

由此可见，哈贝马斯所提供的沟通生活世界与政治管理子系统的中介，不再是单纯的权力媒介，而是商议性政治模型，这一模型不仅容纳了权力媒介(如议会团体中的立法工作)，而且也容纳了沟通媒介(如公共领域中的商谈)。因此，法律-政治层面兼涉系统与生活世界，因而其重建对于规约系统性整合和重塑社会性整合具有关键意义。

一方面，政治管理子系统的整合应当接受议会团体即立法机关所创制的法律的直接约束和在法律框架下运行的公共领域的间接约束，从而确保自身不越界。另一方面，从生活世界中获得合法性的法律，作为一种强制性规范，通过政治管理子系统中的立法、司法、行政等制度，有助于社会性整合有效及时运作，同时，在此种法律保障下的商议性政治模型，使得政治管理子系统所提供的系统性整合接受社会性整合的调控。总之，由法律所保障的商议性政治模型不再是系统向生活世界施加命令、进行抽象化的媒介，而是使系统性整合与社会性整合良性连接的通道，由此二者既能够发挥各自优势而又合理互补。

第五章　交往合理性对审美-表现合理性的作用：定位与合作

相较于认知-工具合理性与道德-实践合理性，审美-表现合理性是哈贝马斯阐发较少的部分，这无疑增加了我们分析交往合理性与审美-表现合理性之间关系的难度。与这种困难相伴随的是这一关系的重要性。从理论上讲，无论是哈贝马斯倚重的德国传统思想资源还是他所处的法兰克福学派传统，对于理性观念来说，审美-表现维度都是不可忽视的，而交往合理性概念作为对先前理性统一传统的批判性继承者，不可无视这一前史，因此必须考虑到与审美-表现合理性的关系。从实践上讲，审美-表现领域的独立与自主也是现代性发展的重要内容，其所蕴含的指向人的主观世界的解放兴趣，也是交往合理性在反抗生活世界殖民化过程中需要借鉴的。

本书认为，在哈贝马斯的理论规划中，交往合理性与审美-表现合理性处于一种双重关系当中。一方面，在现代化过程中，审美-表现领域中出现了两种趋势：消解自身的自主化悖论与拯救现代性危机的审美乌托邦。这两种趋势是对立的，而如果站在交往合理性的视角上来看，这两种趋势实际上都根源于审美-表现合理性未能给予自身以清晰定位。在这一点上，交往合理性恰恰能够发挥其作用。另一方面，对于现代性症结的解决来说，审美乌托邦固然是不充分的，但它所蕴含的审美-表现意义上的解放兴趣，使得审美-表现合理性能够在重新定位的前提下，与交往合理性实现一定程度上的合作。

第一节　审美-表现领域的地位
与审美-表现合理性的有效性要求

与道德-实践合理性中的讨论类似，审美-表现合理性的元理论层面依然包含两个方面，即对之前关于审美-表现领域在现代性中的定位的争

辩的分析性批判①，与从交往合理性理论框架中得出审美-表现合理性的
有效性要求。

一、关于审美-表现领域在现代性中地位的三种理解

在哈贝马斯所处的德国思想传统中，至少自康德以来，审美维度
一直或隐或显地被视为现代性的重要组成部分。此外，法国思想界对于
这一问题的贡献也不可小觑。在之后的理论发展中，这两种思想传统互
融互动，由此形成了关于审美-表现领域地位的三种不同的理解，这些理
解也成为哈贝马斯可资借鉴的资源与批判的靶子。

(一)审美-表现领域作为现代性自我确证的先行者

哈贝马斯认为，"现代自己确证自己这一问题，首先是在审美批判领
域中被意识到的"②。这指的是18世纪初发生在艺术领域当中的"古今之
争"，当时法国古典派的反对者推出了一种与古代艺术不同的美的标准，
并将之视为"现代的"。哈贝马斯认为，"在波德莱尔及其受到爱伦坡影响
的艺术理论中，审美现代性精神呈现出清晰的轮廓"③。对于波德莱尔来
说，在那个世纪之交，"审美的现代经验和历史的现代经验……是融为
一体的"④，因此审美现代性的自我确证就是现代性本身的自我确证问
题。他在面对这一问题时，窥探到了蕴含在现代艺术当中的双重面向：
"现代性就是过渡、短暂、偶然，这是艺术的一半，另一半是永恒和不
变"，因此，"现代的艺术作品，其特征在于本质性和暂时性的统
一"。⑤ 波德莱尔得出这一结论，源于他从时间角度对现代性的理解。对
于他来说，"现代性不是一个时代或一个时段，而是由无数个'现在'构成
的时点"，这些时点是转瞬即逝的，而作为现代人应当对之具有现代性态

---

① 按照哈贝马斯的理解，与审美-表现合理性相关的问题包括两类：审美或艺术领域的评
价性问题和主观领域的表现性问题。因此，在哈贝马斯的理论语境中，审美-表现合理
性涉及的不仅仅是美学问题。不过，鉴于审美或艺术维度在现代性的自我理解与自我
批判中的重要性，这里仅从这一维度出发，来讨论审美-表现领域在现代性展开过程中
的不同角色。

② Jürgen Habermas, *Der philosophische Diskurs der Moderne*：*12 Vorlesungen*，Frankfurt
am Main：Suhrkamp Verlag，1985，S. 16.

③ Jürgen Habermas, *Zeitdiagnosen*：*Zwölf Essays*，Frankfurt am Main：Suhrkamp Ver-
lag，2003，S. 9.

④ 〔德〕于尔根·哈贝马斯：《现代性的哲学话语》，曹卫东译，南京，译林出版社，2011，
第10页。

⑤ 〔德〕于尔根·哈贝马斯：《现代性的哲学话语》，曹卫东译，南京，译林出版社，2011，
第10、12页。

度，即"将飞逝的时刻保持住或永久化而把它当作神圣的"。① 如果将这种对审美经验的理解转换到现代性的语境中，那么它对于现代性的自我理解来说具有两点意义。一是断裂性与连续性的统一。现代是一个新的时代，它必然会表现出与传统时代的一些本质性不同，而同时，这种断裂又不是彻底的，传统的"现在时刻"已经被传统时代的人保持为永恒并流传到现代。二是独特性与非中心地位的统一。现代和传统时代都是独特的，这意味着二者之间不存在着优劣之分，因此我们在理解、批判或拯救现代性时，既不能返回传统，也不应片面强调现代对传统的所谓超越。

从艺术活动的角度来说，哈贝马斯认为，这种对现代性的审美经验在各式各样的先锋派运动中体现了出来，并"最后在达达主义者的'伏尔泰咖啡馆'乐队和超现实主义中达到了高峰"②。换言之，崭新的、开拓性的现代性精神以审美的、艺术的形式表现出来。然而，这种状态并未一直贯彻下去。"如今，这种审美现代性精神已经开始衰落。虽然这种精神在 20 世纪 60 年代一再被论说，然而，在 70 年代之后，我们必须赞同的是，这种现代主义今天几乎不再激起什么回应了。"③而这正是审美-表现领域所曾确证的现代性自身发展的结果。现代性过程作为一个合理化过程，它表现为三种基本合理性之间的逐渐分化与相互独立，审美-表现领域的现代化得益于这一过程、构成了这一过程并促进了这一过程。但是，一个不可否认的事实是，这些合理性领域之间并不是和谐发展的，认知-工具合理性取得了统治地位。原先代表现代性的那些艺术形态、审美经验也不得不重新省思，应该如何对待这种逐渐陌生的现代性，应当如何在现代合理性图谱中安放审美-表现合理性。面对这些问题，在哈贝马斯之前，有两条不同的、从审美角度对现代性进行思考的路向，即将审美-表现领域分别理解为现代性的拯救者和颠覆者。

（二）审美-表现领域作为现代性的拯救者

从时间上来看，将审美-表现领域视为现代性拯救者的路向（更多是批判地拯救），并不是在其丧失现代性先行者地位之后出现的（如果比较各自理论代表者——康德、席勒与波德莱尔——的所处年代，这一路向

① 肖伟胜：《波德莱尔的审美现代性思想及其开创性意义》，《学术月刊》2008 年第 8 期，第 117 页。
② Jürgen Habermas, *Zeitdiagnosen：Zwölf Essays*, Frankfurt am Main：Suhrkamp Verlag, 2003, S. 9.
③ Jürgen Habermas, *Zeitdiagnosen：Zwölf Essays*, Frankfurt am Main：Suhrkamp Verlag, 2003, S. 11.

甚至更早）。不过，随着先行者路向的式微，西欧审美理论讨论的主要舞台从法国逐渐转移到德国，拯救者路向逐渐占据主导地位。由康德与席勒开创的一种审美乌托邦理念，从肯定的意义上承担起了论证审美-表现维度在现代性中的地位问题的任务。为理解这一路向，本书选择了六位对哈贝马斯颇有影响或其曾经论述过的代表人物来分析：康德、席勒、马克思、韦伯、本雅明与阿多诺。这六位人物又可以分为三组：德国审美拯救理论传统奠基人——康德与席勒；法兰克福学派审美拯救理论的资源——马克思与韦伯；法兰克福学派审美拯救理论的代表——本雅明与阿多诺。

1. 康德与席勒

为了解决现代性进程中的理性分裂局面，康德与席勒"始终寻找一种审美化的途径，即希望把在现代社会运动中相互分离的主体和客体、个体和整体、人与自然通过审美（艺术）的途径重新统一起来"[1]。康德在哲学层面上确立了审美-表现领域的重要地位，即作为沟通人类理论领域与实践领域的桥梁。之后，席勒从康德出发，"分析自身内部已经发生分裂的现代性，并设计了一套审美乌托邦，这一乌托邦赋予艺术一种全面的社会-革命作用"[2]。

如果说鲍姆嘉通是美学学科的开创者，那么康德则是使美学与哲学相结合的奠基人，因为在《判断力批判》中，他首次系统地引入审美维度来解决一直困扰哲学的理论与道德实践之间的关系问题，即通过审美判断力与目的论判断力的结合来跨越二者之间的鸿沟。在康德哲学中存在着两种主体概念，即先验主体与经验主体：前者是本体的，属于超感性世界，是自由意志的原因性主体；后者是现象的，属于感性世界，是遵守自然因果律的。这二者可以没有任何冲突地共同存在于"人"之中。但这仅仅是一个消极的规定，它并没有说明二者是如何共存的。同时康德意识到，前者对于后者应当"有某种影响，也就是自由概念应当使通过它的规律所提出的目的在感官世界中成为现实"[3]。这就提出了如何将两种主体概念统一起来的问题，这在《判断力批判》中集中表现为审美判断力与目的论判断力的关系：前者是后者的基础，它"通过愉快感而使人意识

---

[1]　谭荣培、唐红兵：《审美话语与现代性批判——哈贝马斯美学思想述评》，《求索》2008年第3期，第97页。

[2]　〔德〕于尔根·哈贝马斯：《现代性的哲学话语》，曹卫东译，南京，译林出版社，2011，第52页，译文有改动。

[3]　〔德〕伊曼努尔·康德：《判断力批判》，邓晓芒译，杨祖陶校，北京，人民出版社，2002，第10页。

到自身超验的自由"；后者构成了对前者的补充、运用，它"通过最终目的的追寻而为人们对道德律的服从准备了基础"。① 因此，康德认为，主体正是在审美–表现领域当中实现了由"自然人"向"自由人"的过渡。

就对现代性问题的意识而言，席勒比康德更进一步，正是从席勒开始，审美成为理论家们有意识地对现代性进行批判性拯救时所运用的维度。在哈贝马斯看来，席勒之所以重视审美–表现领域的拯救力量，是因为他发现了这一领域起到了一种中介作用，这种作用的发挥，主要不是针对个体，而是针对主体间的共同生活语境。席勒的论证是从资产阶级社会现实出发的。他批判了现代化过程中形成的资本主义经济与政治制度以及专门化的专家知识领域，正是这些现象破坏了总体性的人，将人变为后来马克思所说的异化了的人。进一步，他按照康德的思考方式，将这些现象出现的原因归于社会领域与精神领域、自然领域与自由领域之间立法机制的对立。这一对立的克服，只能通过康德所称的共通感的复兴来实现，而这种共通感"既不能从自然中产生，也不能从自由中产生，而只能从教化过程中产生"②。而教化过程的中介是艺术，因此，"要使感性的人成为理性的人，除了首先使他成为审美的人以外，没有其他途径"③。不过与康德不同，席勒所理解的这种中介性，不再仅仅是使主体由自然到自由的桥梁，而是一个高居于物质与道德双重强制之上的、恢复主体之总体性的审美王国。在此，以艺术为中介的教化过程"必须一方面使外在自然的偶然性摆脱物质特性，另一方面使意志自由摆脱道德特性"④。而其能够做到这一点，凭借的是这一领域产生的"中和心境"，"在其中，心绪既不受物质的也不受道德的强制，却以这两种方式进行活动"⑤。因此，审美–表现领域应当成为现代性过程中碎片化发展的抵御者，席勒也由此可以被视为审美乌托邦理念的开创者。同时，在哈贝马斯看来，值得注意的是，席勒并不主张生活关系的直接审美化，席勒将艺术称为"游戏和假象的王国"，其在恰当地发挥解放力量时不能超出自身的限度，我们固然可以期望它彻底变革"整个感受方式"，但这

① 邓晓芒：《论康德〈判断力批判〉的先验人类学建构》，〔德〕伊曼努尔·康德：《判断力批判》，邓晓芒译，杨祖陶校，北京，人民出版社，2002，第388页。
② Jürgen Habermas, *Der philosophische Diskurs der Moderne*：*12 Vorlesungen*，Frankfurt am Main：Suhrkamp Verlag，1985，S. 61.
③ 〔德〕席勒：《审美教育书简》，张玉能译，南京，译林出版社，2009，第71页。
④ Jürgen Habermas, *Der philosophische Diskurs der Moderne*：*12 Vorlesungen*，Frankfurt am Main：Suhrkamp Verlag，1985，S. 61.
⑤ 〔德〕于尔根·哈贝马斯：《现代性的哲学话语》，曹卫东译，南京，译林出版社，2011，第55页。

并不意味着我们可以按照艺术提供的想象方式来生活。

2. 马克思与韦伯

康德虽然没有明确地意识到现代性问题，但却开创了通过审美-表现维度来解决现代性问题的先河，席勒发挥了这一维度，并将之更加深入地引向社会方面。在他们之后，社会性要素在审美-表现领域的讨论中地位日益突出，马克思与韦伯可以说是这一方向的代表者（虽然他们关于审美-表现问题的讨论与各自的社会理论相比而言是极为有限的）。

马克思为后世马克思主义美学理论奠定了如下的基调，即指向人类的现实的自由解放。马克思关于自由的理解是有一个变化过程的。在《1844年经济学哲学手稿》时期，马克思关于自由的理解具有浪漫主义倾向，这主要表现在他关于生产劳动的审美化理解上。在此时，马克思认为，人的类本质是一种"自由的自觉的活动"，也就是"改造对象世界"的生产劳动。在这种活动中，人不是像动物那样被动消极地适应自然，也不仅仅是在肉体需要的支配下进行生产，而是"懂得按照任何一个种的尺度来进行生产，并且懂得处处都把固有的尺度运用于对象；因此，人也按照美的规律来构造"①。因此，在马克思看来，生产劳动本身具有美的性质，它本来是人自己本质的实现，人能够在其中实现自由、扬弃异化。因此，真正的劳动自由与审美自由是同一的，异化了的生产劳动则是对这种自由的背离。而在《资本论》及其手稿时期，马克思意识到生产劳动始终属于必然王国，而审美-表现实践则属于处于其彼岸的自由王国当中。当然，实现自由的物质条件依然是由生产劳动提供的，不过此时马克思所强调的不再是恢复前资本主义时期手工劳动所具有的美感，而是现实的必要劳动时间的缩短。只有实现这一点，包括审美自由在内的自由王国才能建立起来。

与马克思一样，韦伯也注意到现代合理化过程中出现的人的自由、价值、意义等问题，并试图引入审美拯救功能作为解决路径。韦伯将现代性的展开过程视为一个合理化过程，但这却是一个非对称的过程，因为它表现为以目的为取向的形式合理性对以价值为取向的实质合理性的胜利，前者全面控制了现代生活，这导致了人的价值领域萎缩、意义丧失。韦伯虽然主张在进行社会学研究时应当秉持价值中立立场，但他也意识到，人不可能生活在一个无价值或价值中立的环境当中，这也使得他面对形式合理性的全面胜利时表现出悲观倾向。在合理化的过程中，

---

① 《马克思恩格斯文集》第1卷，北京，人民出版社，2009，第163页。

原本提供整体性价值的宗教已经被祛魅，价值领域日益多元化，在这种情况下，韦伯将抵御形式合理性之无限扩张的希望寄托在了曾与宗教紧密相关的审美-表现领域上：随着现代合理化过程的展开，

> 艺术便逐渐自觉地变成确实掌握住其独立的固有价值之领域。艺术从此据有某种(无论在何种解释之下的)此世救赎的功能，亦即将人类自日常生活之例行化中——特别是处于理论的、实践的理性主义压力愈益沉重的情况下——解救出来的功能。①

在此，艺术的功能是代表价值合理性来反抗目的合理性支配下的理论与实践领域。

3. 本雅明与阿多诺

马克思和韦伯在将审美拯救维度落实到社会现实的过程中，都没有提供具体的路线图，或者说，在他们这里，审美-表现领域所体现的自由，只是摆脱现代性困境之后人们所获得的自由之一种。这种审美拯救观念虽然保有了理论的丰富性，但一当理论与现实发生激烈碰撞时，这种丰富性就不得不让位于具体的规划。为此，本雅明和阿多诺试图将马克思的批判立场与韦伯的社会学分析结合起来，并在现实层面上继续加以拓展深化，正是在一过程中，他们形成了各自的审美乌托邦理论。

本雅明对现代社会即"机械复制时代"的艺术寄予厚望。在他看来，前现代艺术具有"灵晕"，这"从时空角度所作的描述就是：在一定距离之外但感觉上如此贴近之物的独一无二的显现"②。而这种体现着艺术独特性、神圣性、距离感的灵晕源自膜拜，这又是基于韦伯曾揭示出的如下一点，即最初的艺术品起源于某种(巫术的、宗教的)礼仪。在之后的发展中，这种礼仪性的膜拜虽然辗转流传而世俗化，但这种膜拜性依然存在，直到文艺复兴时期。而随着复制技术的兴起，这种灵晕已经逐渐衰竭："艺术作品的可机械复制性在世界历史上第一次把作品从它对礼仪的寄生中解放了出来。"③本雅明对这种状况是肯定的。他认为，在现代社会中，笼罩着灵晕且封闭于自身领域中的艺术无助于大众启蒙，而复制

---

① 〔德〕马克斯·韦伯：《宗教社会学·宗教与世界》，康乐、简惠美译，桂林，广西师范大学出版社，2014，第471页。
② 〔德〕瓦尔特·本雅明：《机械复制时代的艺术作品》，王才勇译，北京，中国城市出版社，2002，第13页。
③ 〔德〕瓦尔特·本雅明：《机械复制时代的艺术作品》，王才勇译，北京，中国城市出版社，2002，第17页。

技术的兴起则促使艺术克服自我封闭性，克服其对大众的疏离：

> 深入艺术作品的内在结构当中……短暂性和重复性的时间结构代替了作为自律艺术之典型时间结构的独特性和延续性，因此破坏了光晕，即"那种独特的距离感"，并强化了"在世界上的同一感"。去掉了光晕的事物只会越来越走向大众，因为介于选择的感官和对象之间的技术媒介更精确、更逼真地复制了对象。①

在哈贝马斯看来，本雅明如此看重复制技术在艺术上的解放作用，其目的"只是将值得获知的东西从美的媒介转换为真理媒介，并因此而将之挽救下来"②。从现代性的角度来说，这种拯救强调的是从被保留下的传统中汲取弥赛亚力量。因此他指出，本雅明"把构成现代性的典型特征的激进的未来取向彻底倒转过来，以致现代性具有了一种更加极端的过往取向（Vergangenheitsorientierung）"③。

不过，本雅明的拯救工作存在着走向与他所批评的封闭于自身的艺术相反的另一极端的危险。他试图"将艺术与生活、虚构与现实、表象与实在削平到同一平面"，如此一来，艺术自律领域被彻底打破而融入大众文化当中，而"当一个自主发展的文化领域容器被打碎时……一切均以消失告终，解放的效果也不复存在"④。而且，复制技术在带来本雅明所认为的解放效能的同时，也有着操控审美-表现活动、最终操控人的自由生活的危险，正如他自己所说："当代社会的技术是最不受束缚的，可是，这种独立的技术作为一种第二自然与当代社会却是对峙着的……人们虽然创造了这种第二自然，但是，对它早就无法驾驭了。"⑤面对这种状况，阿多诺虽与本雅明一样重视审美拯救意义，却采取了与前者相对的理路，

---

① 〔德〕尤金·哈贝马斯：《瓦尔特·本雅明：提高觉悟抑或拯救性批判》，郭军译，《论瓦尔特·本雅明：现代性、寓言和语言的种子》，郭军、曹雷雨编，长春，吉林人民出版社，2003，第409页，译文有改动。

② 〔德〕尤金·哈贝马斯：《瓦尔特·本雅明：提高觉悟抑或拯救性批判》，郭军译，《论瓦尔特·本雅明：现代性、寓言和语言的种子》，郭军、曹雷雨编，长春，吉林人民出版社，2003，第410页，译文有改动。

③ 〔德〕于尔根·哈贝马斯：《现代性的哲学话语》，曹卫东译，南京，译林出版社，2011，第14页，译文有改动。

④ 〔德〕于尔根·哈贝马斯：《现代性对后现代性》，周宪译，《文化现代性精粹读本》，周宪主编，北京，中国人民大学出版社，2006，第184～185页。

⑤ 〔德〕瓦尔特·本雅明：《机械复制时代的艺术作品》，王才勇译，北京，中国城市出版社，2002，第21～22页。

更为重视审美自律性所体现的拯救意义。

在一封可视为对《机械复制时代的艺术作品》一文之评议的长信中，阿多诺表示，他虽然也认为在现代社会中艺术作品的灵晕正在消失，但自律艺术的拯救潜能并未消失。针对本雅明的观点，他要求的是"更加辩证"，这包括两个方面："对'自律的'艺术作品进行彻底辩证，它通过自身的技术将自己超越成为精心策划的艺术作品；另一方面，更加辩证地对待实用艺术的消极面"，将"其内在的非理性追究到底"。① 这正是阿多诺之后的审美乌托邦理论的纲领，我们可以将之概括为"审美救赎三部曲"。在《启蒙辩证法》中，阿多诺看到了大众文化存在的弊病，因而将以现代技术为支撑的文化工业（上文中的实用艺术）作为现代性启蒙失败的例证之一。他认为，表面看来，文化工业如本雅明所主张的那样能够迅速地满足不同的消费者的审美需要，但实际上这种差异性是虚假的，因为它实际上是按照某种既定的流水线标准将文化产品作为可替代、可任意组合的单子生产出来。因此，文化工业将人们抵抗工具理性畸变所依赖的价值与意义、自由与差异清除掉了，"整个世界都要通过文化工业的过滤"②。

此后，在《否定辩证法》中，阿多诺将批判触角深入现代性启蒙的哲学基础当中，这就是同一性与非同一性之间的张力。文化工业得以产生扩张的基础是现代工业技术，而这种技术作为资本主义经济的一部分，所遵从的是一种计算逻辑，它祛除了质的差异，而仅仅保留了量上的不同。所以，"文化工业提供的各式各样的产品，实质上都是同一性意识形态的体现，文化工业实际上是以一种非暴力的方式存在的暴力统治"③。而要打破这种同一性统治，就需要对非同一性的意识，将被抽象掉的异质者恢复起来。在这里，阿多诺借用了本雅明提出的"星丛"概念，它表现为多个抽象物之间的组合，而这种组合是围绕在对象周围的，这可以被称为"模仿"，是对对象尽可能地非强制掌握。因此，"星丛"并不是对同一性的完全放弃，而是要消除其片面性与排他性，进而以此为契机实现理性的复原。

无论是在现代社会还是形而上学当中，曾承诺自由与解放的理性由

---

① 〔德〕西奥多·阿多诺、〔德〕瓦尔特·本雅明：《友谊的辩证法：阿多诺、本雅明通信集（1928—1940）》，刘楠楠译，桂林，广西师范大学出版社，2022，第 157 页。

② 〔德〕马克斯·霍克海默、〔德〕西奥多·阿道尔诺：《启蒙辩证法：哲学断片》，渠敬东、曹卫东译，上海，上海人民出版社，2006，第 113 页。

③ 谢永康、侯振武：《实现启蒙自身的启蒙——形而上学批判视域下的启蒙辩证法》，《云南大学学报（社会科学版）》2010 年第 4 期，第 13～14 页。

于被同一性原则统治而最终蜕变为压制自由与解放的工具。复原后的理性具有自我反思能力，并且能够穿越而非凌驾于各种观点之上，它不再强求同一化，而是力图使主体在与客体和解的基础上合理地使用理性。那么，理论层面上的上述诸种努力，如何能够落实于现实当中呢？这正是《美学理论》中关于审美-表现领域的讨论所要实现的，正是在这一领域中，阿多诺发现了感性与复原后的理性之间、主体与客体之间和解的可能性。当然，阿多诺主张的审美-表现领域的成员，绝不再是文化工业流水线上生产出来的可复制的产品。能够彰显非同一性的审美，不仅能够容纳异质性，而且应当保持相对于被宰制的世界的独立性，时刻激发人们的反抗潜能。

但是，在哈贝马斯看来，阿多诺的这一与本雅明针锋相对的解决路径也是不成功的。一方面，阿多诺诉诸的是一种精英主义的审美经验，这虽然表现了与异化了的社会的格格不入，但却同时有可能再度将自身封闭在自以为自足的领域当中。另一方面，阿多诺的审美乌托邦根源于其理性批判，它以拯救理性为目的，但在分析现实时忽视了社会自身的合理性潜力，因而最终表现为对理性的悲观失望。

从康德与席勒，经马克思与韦伯，到法兰克福学派第一代理论家，富有自由解放精神的德国审美理论传统走过了一个从哲学-美学到社会理论、从理论到现实的过程。然而，这种审美形态无论依靠自身的独特性，还是依靠与大众生活的调和，毕竟还是过于片面、脆弱，无力独自承担起拯救现代性的重任。如此一来，审美-表现领域应当如何处理它与现代性的关系？这一问题成为后现代主义美学兴起的突破口。

(三)审美-表现领域作为现代性的颠覆者

根据凯尔纳和贝斯特的研究，从词源方面看，英国画家翰·瓦特金斯·查普曼于 1780 年举行的个人画展中，首先提出了"后现代"油画的口号，他用该词来表示对当时法国印象派的超越。[①] 此后，也有 19 世纪末20 世纪初文学界作家用"后现代"表示当时的欧洲文化。而这一概念的广泛使用以及"后现代主义"一词的明确出现，是在 20 世纪五六十年代的美国，它"被用于一些极力区别于现代早期文学作品的文学潮流"[②]。可见，

---

① 〔美〕道格拉斯·凯尔纳、〔美〕斯蒂文·贝斯特：《后现代理论——批判性的质疑》，张志斌译，北京，中央编译出版社，2006，第 6 页。

② 〔德〕尤尔根·哈贝马斯：《现代建筑与后现代建筑》，〔法〕福柯、〔德〕哈贝马斯、〔法〕布尔迪厄等：《激进的美学锋芒》，周宪译，北京，中国人民大学出版社，2003，第30 页。

"后现代"概念以及后现代主义思潮的出现与盛行，都与审美-表现领域紧密相关。在这里，审美-表现领域再一次扮演了先锋者的角色，然而却是颠覆现代性的先锋。将审美-表现领域视为现代性的颠覆者的观点，不仅可从审美-表现领域拯救现代性的企图中发现其萌芽，而且亦可将其视为这一拯救企图屡遭挫折的结果。就前一方面而言，如席勒提出的高居于物质领域和道德领域的审美王国的主张与尼采赞扬的酒神精神有契合之处，又如本雅明对大众艺术的肯定与一般所理解的反精英主义的后现代主义艺术相合。就后一方面而言，阿多诺的美学理论虽试图以审美乌托邦来拯救现代性，但由于建构性维度不足，难以为这种乌托邦的实现提供现实道路，因此给予了后现代主义美学以可乘之机。

哈贝马斯认为，如果着眼于对现代性的颠覆，那么后现代主义思潮可以一直追溯到尼采，他对黑格尔主义设计的现代性方案的可能性以及对现代性的批判，可以被视为后现代主义思潮特别是后现代主义美学理论的渊源。黑格尔明确意识到现代性的结构分化所带来的问题，因此试图以绝对精神、以理性来取代宗教的一体化力量。这一方案虽然很快遭到了批判质疑，但无论是黑格尔左派，还是右派，乃至于马克思，都不曾放弃通过理性拯救现代性的希望。但是哈贝马斯认为，他们所做的种种努力均以失败告终。面对此种境况，"尼采只有两种选择：要么对以主体为中心的理性再作一次内在批判，要么彻底放弃辩证的启蒙之计划"①。

尼采选择的正是后者，他试图"打破现代性自身的理性外壳"，从而"立足于理性的他者，即神话"②，这主要是指古希腊神话中的酒神精神。尼采所理解的酒神精神，意味着主体性上升到自我忘却状态："酒神状态的迷狂，它对日常界限和规则的毁坏，其间，包含着一种恍惚的成分，个人过去所经历的一切都淹没在其中了。"③审美-表现领域在这一过程中发挥了关键作用："经过审美革新的神话应该解除竞争社会中僵化的社会性整合力量。它将迫使现代意识解中心化，并向古代经验敞开大门。"④最终，在这一过程中形成了一个同理论知识、道德行为相隔绝的世界。因而在尼采这里，审美-表现领域不再是理性的一个环节或理论知

---

① 〔德〕于尔根·哈贝马斯：《现代性的哲学话语》，曹卫东译，南京，译林出版社，2011，第99页，译文有改动。
② 〔德〕于尔根·哈贝马斯：《现代性的哲学话语》，曹卫东译，南京，译林出版社，2011，第99页。
③ 〔德〕尼采：《偶像的黄昏》，周国平译，北京，光明日报出版社，1996，第33页。
④ 〔德〕于尔根·哈贝马斯：《现代性的哲学话语》，曹卫东译，南京，译林出版社，2011，第101页，译文有改动。

识与道德实践之间的中介，而是一个自成一体的、与个体生命紧密联系的神秘之域。这一领域的主宰者不再是主体理性，而是彰显酒神精神的权力意志。

不过，哈贝马斯认为，虽然尼采将审美-表现领域视为理性的他者，但他依然"含蓄地诉诸审美现代性的基本经验所借用的尺度，为此，尼采让趣味……作为真和假、善和恶之外的认识工具而登场"①。尼采始终在感性与理性两条路向之间犹豫不决：一是坚持以艺术来沉思世界，这充满了反形而上学、悲观主义与怀疑主义；二是进行一种抛弃形而上学的形而上学批判，但这种批判并不放弃哲学。这两种路向均被后辈理论家们继承和发展。前者以巴塔耶、拉康与福柯为代表，后者以海德格尔与德里达为代表。限于主题，本书将仅讨论哈贝马斯分析的、具有后现代主义美学倾向的巴塔耶和德里达。

巴塔耶提出的一个核心概念是"异质"，这是指"一切拒绝与资产阶级生活方式以及日常生活同化的东西"。哈贝马斯认为，从美学角度来说，这是"超现实主义作家和艺术家基本经验的结晶"②。而能够进入这种异质领域的前提是原先确保主体同自我、世界保持联系的一切范畴都被击破。就现实社会而言，"异质"概念用于指称被驱逐者、社会边缘者的等不被主流所接受的人或群体。这一概念又与另一基本概念——神圣——紧密相关，巴塔耶将"社会生活、精神生活以及道德生活的异质层面还原为神圣因素"③，这成为对抗现代性异化状态的最有希望的候选者，在异质领域、神圣领域中，人将重新获得自主权。在哈贝马斯看来，这种传统马克思主义激进立场与后现代审美经验的结合物依然踟蹰于理性与非理性之间，巴塔耶虽然意识到理性与理性他者之间的关系暧昧不清，但却没有着手解决。

就方法论而言，德里达与哈贝马斯一样，也试图从意识哲学转向语言哲学。不过不同于哈贝马斯借用的日常语言分析，德里达的分析是围绕文字学或书写科学来展开的。他认为，"自前苏格拉底到海德格尔，始终认定一般的真理来自逻各斯：真理的历史、真理的真理的历史（不同于我们将要加以解释的隐喻的消遣），一直是文字的堕落以及文字在'充分'

---

① Jürgen Habermas, *Der philosophische Diskurs der Moderne：12 Vorlesungen*, Frankfurt am Main：Suhrkamp Verlag, 1985, S. 119.

② 〔德〕于尔根·哈贝马斯：《现代性的哲学话语》，曹卫东译，南京，译林出版社，2011，第248页。

③ 〔德〕于尔根·哈贝马斯：《现代性的哲学话语》，曹卫东译，南京，译林出版社，2011，第255页。

言说之外的压抑"①。因此，要想实现文字的"充分言说"、建立起真正的书写科学，就必须颠覆形而上学传统当中的逻各斯中心主义。在这里，哈贝马斯注意到的是德里达抹平哲学和文学之间的文类差别的主张。德里达强调修辞学相对于逻辑学的优先性，甚至试图将这种优先性扩展到逻辑自身的领域当中。立足于此，他将极具逻辑性的哲学著作当作富于修辞性的文学著作来对待，并把形而上学批判与文学批评等同起来。最终，"所有的文类差别在一种无所不包的文本语境中消失得无影无踪"②，这种语境是一种文学化了的"普遍文本"。

哈贝马斯认为，德里达对于逻辑学与修辞学经典关系的颠覆式解构，是对传统形而上学理性观念或逻格斯观念中等级秩序的一种解构。然而，这种解构又是过度的，因为如果无论是规范性语言还是文学性语言都应当遵循修辞原则，如果科学、哲学等的语言同文学语言具有一样的修辞性质，那么反过来说，文学自身的本质也就丧失了。因此，德里达的解构，对于哲学和文学来说是两败俱伤：一方面，这种解构"剥夺掉哲学思想解决问题的义务，并把哲学思想转变为文学批评，那么，哲学思想所失去的就不仅仅是第一性，而且是其创造性和积极性"；另一方面，这种解构实际上又会使"文学批评不再关注如何掌握审美的经验内涵，而是关注形而上学批判，那么，文学批评将失去其判断力"。③

后现代主义美学彰显了审美-表现领域反对主体中心主义理性的特征，这构成后现代主义思潮对理性展开告别式批判的重要环节。这种批判拒斥形成现代知识的那些概念范畴，一系列"反概念"指向了审美经验内容，由此审美-表现领域极端凸显了个体性乃至于神秘性。然而，如此导致的是对自身基础的忽视，抛弃了理性但却没有真正建立能够支撑起"反概念"之规范性内容的"理性他者"。就现实而言，由于告别理性、规范性，后现代主义话语不得不全面拒斥现代生活方式，同时它又未能建立起属于这种话语的后现代生活方式。因此，在哈贝马斯看来，后现代主义的审美拯救方案，无论在理论上还是在实践上都陷入了尴尬境地。

至此，从作为现代性确证的先行者，到作为现代性的批判性拯救者，再到成为告别现代性、走向后现代的颠覆者，审美-表现领域似乎离现代

---

① 〔法〕雅克·德里达：《论文字学》，汪堂家译，上海，上海译文出版社，2015，第4页。
② 〔德〕于尔根·哈贝马斯：《现代性的哲学话语》，曹卫东译，南京，译林出版社，2011，第222页。
③ 〔德〕于尔根·哈贝马斯：《现代性的哲学话语》，曹卫东译，南京，译林出版社，2011，第245页。

性越来越远，所谓的审美-表现合理性似乎也成为对过去二者亲密关系的一种回忆。面对这种境况，哈贝马斯的交往合理性理论基本上是站在理性主义的立场上来理解审美-表现领域中的合理性的，因而试图赋予其以有效性与相应的论证形式，并将之继续视为现代合理性图谱的一员。

二、审美-表现合理性的双重有效性要求

相对于本雅明、阿多诺，哈贝马斯虽依然相信审美-表现领域在现代性事业中能够发挥积极作用，但他认为，这种作用"不是通过审美理性对工具理性的超越，而是形成一个形形色色的理性话语兼收并蓄的开放局面，扬弃某种单一理性，促成多种理性之间的互动"①。这正是交往合理性所要达到的局面。因此，交往合理性必须为审美-表现合理性重新规定其合法领域，只有在此前提下，审美-表现合理性才能在现代性语境中真正发挥解放与拯救功能。由此，与道德-实践合理性领域的情况一样，首先需要解决有效性要求问题。综合哈贝马斯的论述，审美-表现合理性的有效性要求是双重的：一是指向审美评价性问题的有效性要求——价值标准恰当性，二是指向个体主观世界的表现性问题的有效性要求——真诚性。

(一)价值标准恰当性

哈贝马斯认为，审美行为可以分为两种基本类型，即创作审美对象与围绕审美对象展开评论，前者如文学、音乐、绘画等作品的审美创作活动，后者如文学批评、艺术批评等审美批判活动。在这些活动中，行为者都要面对一定的价值标准。对于审美创作活动来说，这一标准既是评判作品的尺度，也是作品要为其他审美者所接受时应当体现的。对于审美批判活动来说，这一标准则是约束审美批判活动的规范，同时它也是在这种活动中不断更新的。按照哈贝马斯的规定，审美领域价值标准的有效性要求是恰当性。第三章已就与恰当性基本同义的伦理价值真切性做了讨论，因而这里只通过澄清审美价值与伦理价值的关系，来理解恰当性要求在审美-表现领域中的意义。

关于审美价值的内涵，哈贝马斯并未给出明确的规定，不过我们可以借鉴学界一般共识来理解。学界关于审美价值的理解大体上有这样一种共识，即"审美价值主要存在于关于欣赏对象的经验或我们在欣赏时直接认知到的对象的性质中，并且这种价值以某种方式依赖于关于情境

---

① 〔德〕阿尔布莱希特·维尔默：《论现代和后现代的辩证法：遵循阿多诺的理性批判》，钦文译，北京，商务印书馆，2013，第182页。

的正确态度，而这些情境指的是经验发生时或性质被认识时所处的情境"①。根据这种共识，审美经验中体现的审美价值具有两个维度：价值论维度与认识论维度。前者指的是经验自身的价值，后者指的是经验对象的价值。我们这里关注的是哈贝马斯所强调的审美经验自身的价值。这种价值也可以被称为一种"功能性"价值，因为它会在个体或群体的生活中起到诸多作用，比如它能使感官变得敏锐、增强注意周边环境的能力，等等。这显然也是哈贝马斯及其所处的德国美学理论传统所主张的，而这又使得审美价值得以与伦理价值联系起来："审美经验的多样化的有益功能正是与其内在价值相联系的，而后者使得审美经验成为人类诸善之一。"②

在当代，关于艺术作品的伦理评价，主要集中于对作品内容伦理价值的讨论上，这可以从如下两点进行：一是作品借助其内容所表达的、具有伦理价值倾向的观点；二是作品探讨具有伦理意义的问题，甚至提供某种伦理知识的能力。艺术作品正是通过其特有的感染力，将包括作者与欣赏者、批评者在内的参与者引入一种审美感受当中，使得恰当的伦理价值经由审美价值而与主观世界联系起来。由此可见，审美领域的评价性问题与个体主观世界的表现性问题是紧密相关的，这也正是哈贝马斯将二者纳入同一个合理性之下的理由。

(二)主观真诚性

表面看来，审美创作活动可以孤立地进行，与创作主体"互动"的只有他的创作对象，而在审美批判活动中，批判主体则必须处于主体关系当中，相互表达他们关于对象的意见，以就对象的审美价值达成具有有限约束力的共识。但实际上，在审美创作过程中，创作主体虽然将自己的主观世界具体化在被创作的对象当中，但他始终面对着潜在的、不在场的他者，即或是站在他者视角上，或是以在与他者的既往互动中形成的价值标准等尺度来衡量自己的作品。因此，无论是审美创作还是审美批判，行为者都必须真诚地"敞开"自己的主观世界，这就涉及真诚性这一有效性要求。按照形式的世界概念，真诚性虽属于基本的有效性要求，但不同于真实性和正确性，这一要求不具有普遍性并且不能仅仅凭借好的论证理由来兑现。当听者质疑言说者表达的真诚性时，言说者不能通

---

① Robert Stecker, "Ethics and Aesthetics", *The Routledge Companion to Ethics*, John Skorupski, ed., Abingdon: Routledge, 2010, p. 527.

② Robert Stecker, "Ethics and Aesthetics", *The Routledge Companion to Ethics*, John Skorupski, ed., Abingdon: Routledge, 2010, p. 528.

过论证来表达其真诚，因为其表达的真诚性及其论证，现在都是遭到质疑的。因而他只能以一种与其表达之意向相符（这种相符本身是合理性的要素）的方式来行为，以此来证明其真诚。在审美-表现领域中，这种真诚就隐含在审美创作和审美批判的互动中。创作者和批评者运用理由对作品"加以阐明，从而使得它们能够被当作典型经验的本真表达，乃至本真要求的体现"①。

　　由上可见，真诚性要求虽不如价值标准恰当性要求那样，直接、明显地体现在审美创作和审美批判活动中，但也是这些活动顺利进行下去、恰当标准得以确立和更新所必需的。不仅如此，因为真诚性要求不仅充分尊重了不同审美主体之间的差异性，而且能够防止将审美主体理解为原子式的孤立个体，这赋予了审美-表现领域以社会性特征，换言之，它必然也会关涉作为外部世界之一的社会世界。对此，哈贝马斯以戏剧行为模式为例进行了分析。

　　所谓戏剧，就其本义而言是一种艺术形式，然而其特殊之处在于，观众的审美对象不是人所创作的客观物，而是某种角色，这指向的是主体。因此，在表演者和观众之间实际上就出现了一种主体间的互动关系。首次将戏剧行为引入社会理论研究领域的是欧文·戈夫曼，之后哈贝马斯根据形式的世界概念理论对之进行了改造。哈贝马斯指出，"有必要把戏剧行为归结为一个具有两个世界前提的概念，这两个世界就是内心世界与外部世界"②。就戏剧行为模式本身的定义来说，它指的是"互动参与者，他们相互形成观众，并在各自对方面前表现自己"③，即真诚地展现自己的、作为主体经验之总体性的主观世界。这种展现的目的在于，"行为者在观众面前用一定的方式把自己表现出来，由于行为者把他的主体性部分地表现了出来，因此，他希望在一定意义上能得到观众的关注和接受"④。虽然对主观世界内容的解释不像客观世界、社会世界这些外部世界那样具有普遍意义，但这并不意味着这些内容与外部世界是绝然隔离的。从外部世界的角度来看，行为者所展现的主观内容都与"需求"

---

① 〔德〕尤尔根·哈贝马斯：《交往行为理论》第1卷，曹卫东译，上海，上海人民出版社，2018，第39页。

② 〔德〕尤尔根·哈贝马斯：《交往行为理论》第1卷，曹卫东译，上海，上海人民出版社，2018，第124页。

③ 〔德〕尤尔根·哈贝马斯：《交往行为理论》第1卷，曹卫东译，上海，上海人民出版社，2018，第114页。

④ 〔德〕尤尔根·哈贝马斯：《交往行为理论》第1卷，曹卫东译，上海，上海人民出版社，2018，第120页。

相关。例如，"愿望关注的是满足需求的语境，而情感关注的对象则是可能满足需求的语境。需求就其本质而言似乎是一种倾向性的基础，它决定了我们对待外部世界的主观立场"①。

以上关于价值标准恰当性和主观真诚性的讨论，实际上都是从合理性角度展开的。如果哈贝马斯的讨论仅止于此的话，我们就有权批评他过于理性主义了。所幸在这一问题上，哈贝马斯保持了其一贯的多视角方法，他注意到了审美-表现领域除了具有合理性特征之外，还有着强烈的感性特征，这集中体现在诗性语言的独特性上。哈贝马斯指出，诗性语言依靠的，

> 不是对事件的如实复原进行虚构陈述这样一种偏离，而是一种典范性的加工，它把事例从其语境中解脱出来，使之成为一种崭新的陈述，一种能够揭示世界、开阔眼界的陈述；在此过程中，陈述的修辞工具从交往陈规中分离出来，获得了自己的独立性。②

就此而言，诗性语言的功能具有二重性，"它是非语用的，但又具有语用的特征，因为它能够隐喻性地指涉实践价值和规范，唤起人们对自己的真实需要的认识"，而之所以具有这种特点，恰是因为它"不仅表达了纯粹的私人情感，而且还必须具备公共的可传达性"。③ 由于审美-表现领域的这种理性与感性相互纠缠的特殊性，它就需要交往合理性以有效性要求为突破口对之加以重新定位，从而为之提供恰当的论证方式。

第二节　审美批判与疗法批判

与道德-实践领域一样，审美-表现领域也有相应的论证形式，基于这一领域当中的价值标准恰当性和真诚性这两种有效性要求，哈贝马斯分别提出了与之相应的论证形式，即审美批判与疗法批判。

---

① 〔德〕尤尔根·哈贝马斯：《交往行为理论》第1卷，曹卫东译，上海，上海人民出版社，2018，第123页，译文有改动。
② 〔德〕于尔根·哈贝马斯：《现代性的哲学话语》，曹卫东译，南京，译林出版社，2011，第238页，译文有改动。
③ 刘锋：《艺术、公共性和启蒙——哈贝马斯的审美理性理论的发展》，《国外文学》2000年第4期，第18页。

一、审美批判：审美-表现合理性的典型论证形式

在日常的审美批判活动中，我们似乎围绕着具体的作品来表达各自的观点。而哈贝马斯认为，在这种活动中，参与者实际上是就价值标准或审美-表现知识来讨论的。

> 某种类型的"知识"被客观化于艺术作品当中，尽管其方式不同于理论商谈中的、法律的或道德的表现中的方式。这些精神的客观化也可能是错的，因而是可以批判的。艺术批判是与自律的艺术作品同时出现的；并且此后，它意识到，艺术作品需要对它的语义内容进行解释、评价，甚至是语言化。艺术批判已经形成了与理论商谈和道德-实践商谈相区别的论证形式。由于不同于纯粹主观的偏好，我们把鉴赏判断同一种可批判的有效性要求联系起来，这一点为艺术的判断预设了非武断的标准……艺术作品提出了关于它们的统一性或和谐性、真诚性以及它们表达成功的各项要求，它们可以通过这些要求来加以衡量，并且它们根据这些要求可能会被认为是失败的。因此我相信，论证的语用学逻辑是最合适的导线，借助它，"审美-表现的"合理性类型能够区别于其他的合理性类型。[1]

从与形式的世界的关系角度来说，审美批判不仅从主观世界中汲取论据，而且在批判中形成的价值标准又反过来成为主观世界的一部分。因此，审美批判能够提出并传播新的价值标准，能够"引导人们生成符合特定的价值标准的审美知觉，并将其内化为人的自觉意识"[2]。这里需要注意的是，虽然讨论双方的地位是平等的，即可以公开地主张自己的论据，但就论据内容而言，他们相互之间并不是平等的，因为在进入自己的主观世界时，行为者本身比其他人具有优先性。当然，价值标准不同于行为规范，并不具有普遍的约束力，但这并不意味着它是纯粹主观的。如康德所说，审美表达的这种价值标准是一种无概念的普遍性，它处于无条件的必然性与纯粹偶然性之间，是可在主体间传达的。康德将这种可传达性寄托在共通感这一模糊概念上，而哈贝马斯则是将之建立在主

---

[1] Jürgen Habermas, *On the Pragmatics of Communication*, Maeve Cook, ed., Cambridge：The MIT Press, 1998, p. 412.

[2] 陈士部：《法兰克福学派批判理论的历史演进》，合肥，安徽大学出版社，2010，第199页。

体间现实的交往行为当中，在评判审美对象的过程中，人们相互之间真诚地表达出各自主观世界当中的价值观念，由此形成的被一定圈子所承认的价值标准，成为人们对待外部世界的尺度之一。

以上阐述是将审美批判视为价值标准恰当性要求的论证形式。实际上，在一种合理的审美批判活动中，真诚显然也是不可或缺的。试想，如果在某一审美批判活动中，参与者并不真心实意地阐明自己的理由与价值标准，那么最终达成的所谓共识也必然是虚假的，因而也就不具有约束力。因此可以说，审美批判本身就包含着审美-表现合理性领域的两种有效性要求，这种批判形式不仅可以作为审美-表现领域的典型论证形式，而且似乎可以作为唯一的形式。然而，乍看之下令人费解的是，哈贝马斯在审美批判之外，又提出了疗法批判，并将其作为审美-表现领域的另一论证形式，这似乎是多此一举。哈贝马斯这一做法的理由何在呢？

二、疗法批判：审美-表现合理性的解蔽形式

根据哈贝马斯的相关论述（以及法兰克福学派经常援引的弗洛伊德理论资源），疗法批判的典型是心理治疗或精神分析。在这种活动中，心理医生、精神分析师"关注的是对某个分析对象加以训练，使得他对自己的表达能采取一种反思的立场。……这涉及自身愿望和欲望的表达、情感和情绪的表达，这种表达要求具有真诚性"①。由此，哈贝马斯对于疗法批判的定义就是，"用于解释清楚彻底自我欺骗的论证形式"②，这种批判起到的是一种解蔽或启蒙功能。同样，在这种活动中，参与双方的地位也如审美批判中那样不是平等的，而是存在着一种引导与被引导、启蒙与被启蒙的关系。那么问题是，本具有心理治疗或精神分析意义的疗法批判，在哈贝马斯的交往合理性理论中，何以能够与审美批判一起，成为审美-表现合理性的论证形式？对此，哈贝马斯并未做充分交代。甚至有论者认为他在这里混淆了日常生活的真诚性和艺术活动中的本真性。③ 与之相反，本书认为，这种所谓的混淆只是表面的，疗法批判与审美批判实际上构成了互为前提、良性循环的有机整体。

一方面，疗法批判是审美批判的前提，为后者扫清了论证障碍。如

---

① 〔德〕尤尔根·哈贝马斯：《交往行为理论》第 1 卷，曹卫东译，上海，上海人民出版社，2018，第 39 页。

② 〔德〕尤尔根·哈贝马斯：《交往行为理论》第 1 卷，曹卫东译，上海，上海人民出版社，2018，第 40 页。

③ 参见〔德〕汉斯·约阿斯、〔德〕沃尔夫冈·克诺伯：《社会理论二十讲》，郑作彧译，上海，上海人民出版社，2021，第 212 页。

在审美批判中行为者对自己使用的价值标准持一种反思立场一样，在疗法批判中行为者也需要对自己的表达采取反思立场。不同的是，这一要求主要是针对"治疗"对象（如病人）而言的，这指的是他要摆脱无意识的自我欺骗造成的幻想，而这种幻想将使得他不能正确地认识自身的愿望和情感，因而也就不能将之真诚地表达出来。而当一个人实现了这种自我反思（即便最初的时候他需要依靠他人），那么就可以说他是启蒙了的、具有合理性的成熟主体，并且能够"冲破彻底笼罩在其认知的、道德-实践的和审美-实践的表达当中的非理性限制"①。

另一方面，审美批判也是疗法批判的前提，为后者提供了作为论据的恰当的价值标准。相对于审美批判，疗法批判除了在有效性要求方面不能满足普遍性之外，还存在着如下这些不满足普遍商谈前提的情况：相关有效性要求并非在互动一开始就被发现了问题，分析对象没有就他所说的内容采取假设立场，互动双方的地位不平等（如医生要使病人认识到自我欺骗造成的幻想），等等。而这些正表明了合理理由的重要性，因为无论是他者说服自己意识到自己的无意识的自我欺骗，还是在此之后自己与欺骗所造成的幻想的斗争即自我解蔽过程，都需要强有力的论据来实现。在这些论据中，恰当的价值标准因其与主观世界之间的密切关系而具有特殊地位。这种标准不仅是分析者引导、影响被分析者时所运用的理由，而且也是被分析者在接受治疗过程中取代幻想的合理要素。同时，当他能够真诚地表达自己的主体经验后，他就能够与他人就这一价值标准的有效性进行争辩。

将审美批判与疗法批判结合起来的做法，反映了哈贝马斯对德国审美拯救路向的继承，也是对审美-表现合理性的解放作用的继承。这种合理性不仅应当在个体的主观世界中发挥作用，在交往合理性理论的视域下，它还应当在整个现代性问题上发挥作用。

第三节　审美的解放兴趣与生活世界

与道德-实践领域一样，作为现代性组成部分的审美-表现领域也遭遇了合理化的辩证法：它在获得自律地位的同时，陷入了迷失自我的困境当中。为此，哈贝马斯重启审美-表现领域与现代性关系的话题，试图在交往合理性理论框架中，重新阐释审美-表现合理性的解放兴趣，并将

---

① 〔德〕尤尔根·哈贝马斯：《交往行为理论》第 1 卷，曹卫东译，上海，上海人民出版社，2018，第 40 页，译文有改动。

之落实到与生活世界的关系当中。

一、审美现代性的辩证法：自主化的悖论

无论我们如何定义审美现代性，审美-表现领域的自主化都是其必不可少的核心要素。按照齐美尔的观点，以交换关系为核心的市场经济的发展打破了传统的人身依附关系，使人得以独立，这也为审美-表现领域的独立提供了可能。因此，历史地看，审美-表现领域的自主性的初步确立开始于资本主义经济肇启的文艺复兴时期，这表现为"美的范畴与美的对象领域"的初步确立。

> 在 18 世纪，文学、美术和音乐都被制度化为独立于宗教生活和宫廷生活的行为领域。最后，大约在 19 世纪中期，出现了唯美主义的艺术观念，它激励艺术家按照为艺术而艺术的独特意识来创制作品。由此，审美领域的独立性成为一种意图（Vorsatz）。天才的艺术家赋予自己在遭遇去中心化的主体性时所具有的体验以某种本真性的表现，它摆脱了刻板的认知和日常行为的限制。①

在哈贝马斯看来，这种自主性是审美-表现合理性具有独特的有效性要求的逻辑前提。

不过，与道德-实践领域类似，对于审美-表现领域来说，现代性的合理化过程带来的影响也是双重的。合理化过程中实现的价值领域分离、市场经济对人身依附关系的打破，的确带来了自主化。然而，随着现代性进程的展开，资本主义的经济原则渗透到社会生活的方方面面，并逐渐占据主导地位，审美-表现领域也未能幸免。审美价值本身的独立性丧失了，它必须依赖于交换价值并在交换关系中才能存在。与之紧密相关的个体则沉沦在对物欲的迷恋和感官快感的陶醉当中。先锋派的出现正是为了对抗这种异化了的审美形态，为此，它坚持展现审美-表现领域的内在价值和艺术家的本真自我。但与此同时，对审美-表现领域的内在性、独立性的过度强调，使得先锋派忽视了这一领域与其他文化价值领域的关系与互动，最终在将这一领域的自主性推至极端的同时，也割断了与人的日常生活实践的联系，这一领域也就成了空中楼阁。本雅明赞赏的超现实主义正是要试图克服先锋派的这一缺陷。作为一种回归日常

---

① 〔德〕于尔根·哈贝马斯：《现代性对后现代性》，周宪译，《文化现代性精粹读本》，周宪主编，北京，中国人民大学出版社，2006，第183页，译文有改动。

生活的艺术形态，超现实主义试图重启通过审美批判来实现启蒙大众这一道路。然而，它却有可能走向另一个极端，即将本应富于个性的艺术产品等同于标准化的实用物品，由此导致审美-表现领域的独特形式与逻辑遭到破坏，使得艺术作品再次堕入文化工业的深渊当中。

面对上述看似无解的困境，哈贝马斯在交往合理性理论框架内综合了阿多诺与本雅明的理论。他认为，前辈理论家固然看到了现代化过程中审美-表现领域自主性所面对的悖论式困境，但却未能给出切实可行的解决方案，即便走到了理性批判，却在这一环节中放弃了辩证的方法。

一方面，哈贝马斯继承了阿多诺的文化工业命题，并在系统-生活世界框架中对其做出解释。哈贝马斯将文化工业命题落实到他关于公共领域的分析当中。文学公共领域之所以能够成为资产阶级公共领域的最初形态，正是由于审美-表现领域因其自主性而与资产阶级的商业化之间存在着一种不和谐关系。在过去，文化作品即便需要进入商品市场，它所利用的也仅仅是后者的中介功能，"恰恰是通过商业中介才产生了独立于消费的批判和美学特征"①，交换价值对于所谓文化"商品"质量本身并没有什么影响，后者依然保有相对于其他商品的独特性。但如今，"市场规律已深入作品之中，成为创作的内在法则"，正是在这一背景下产生了工业文化，"它试图迎合教育水平较低的消费集体的娱乐和消闲需求，以增加销售，而不是将广大公众导向一种实质未受损害的文化"②。上述异化过程之所以发生，并不仅仅是因为审美-表现领域的自主性自身出现了问题，更深层的原因是系统对生活世界的殖民："自主性艺术遭到来自系统的自觉排斥，要进入这个系统之中，它就必须消除这种自主性。"③如此一来，审美-表现领域就被纳入经济子系统与政治管理子系统当中去了，受到认知-工具合理性的支配。

另一方面，在反思学派早期理论家关于大众文化、文化工业的理解时，哈贝马斯也像本雅明那样，意识到大众文化中潜在的积极要素。他认为，本雅明已经隐约地注意到了审美体验中的主体间结构，

　　光晕的消失所带来的"震惊"，能唤醒人们对主体与自然、他者

---

① 〔德〕哈贝马斯：《公共领域的结构转型》，曹卫东等译，上海，学林出版社，1999，第191页。
② 〔德〕哈贝马斯：《公共领域的结构转型》，曹卫东等译，上海，学林出版社，1999，第191页。
③ 李健：《审美乌托邦的想象：从韦伯到法兰克福学派的审美救赎之路》，北京，社会科学文献出版社，2009，第180页。

之间亲密交往的能力与体验："那个被我们观看的人，或那个觉得自己正被观看的人，也先后在看我们。能够看到一种现象的光晕意味着赋予它回看我们的能力。"①

就此而言，本雅明对技术之于审美-表现领域的合理意义的重视，使得他的美学理论较之阿多诺更具有可操作性。不过，哈贝马斯对本雅明关于沟通艺术与生活的设计方案也是不满意的。只是围绕着艺术与生活的关系打转，不仅破坏了艺术自身的独特性，而且也难以抵挡文化工业陷阱。诉诸传统的弥赛亚力量更是无助于当前现代性问题的解决，我们固然不能否认传统与现代之间的连续性，但也必须意识到现代相对于传统的独特性。

总之，审美现代性悖论的出现，不仅仅是审美-表现领域自身的问题，更是现代合理化过程的问题。因此，这一问题既不能仅以新的艺术形态来解决，也不能通过告别理性来破解。理性的问题还需理性自身来解决，需要依靠现代性自身所提供的合理性潜力来解决。

二、审美解放兴趣的重新定位及其与交往合理性的解放兴趣的合作

自康德、席勒以来，审美-表现领域中的解放指向一直是德国理论传统中不可或缺的要素，无论是作为现代性的捍卫拯救者，还是作为颠覆反对者，这一领域都与主体解放紧密联系在一起，哈贝马斯继承了这一传统。那么接下来的问题是，这种审美的解放维度与交往合理性的解放指向的关系是什么？这一问题可以具体化为：交往合理性的解放兴趣对审美-表现合理性的解放兴趣（简便起见，这里将之称为审美解放兴趣）进行了重新定位，并在此前提下，利用后者的特殊性，实现二者之间的合作。

首先，审美解放兴趣要想在现代合理化过程中发挥恰当作用，需要交往合理性的解放兴趣对之予以定位，因为前者对个体性的强调以及颠覆性潜力有脱离现代性合理发展轨道的危险。

审美解放兴趣更多是指向个体的自由，并且强调个体进入自身主观世界的优先性。这至少存在着两方面的潜在危险。就哲学角度而言，虽然对个体特殊性的强调是打破忽视差异性的意识哲学之主体范式的有力武器，但若片面强调个体性，将会与主体范式一样，将视域封闭于自身

---

① 陈开晟：《超越现代性的困境——论法兰克福学派的审美现代性思想》，《广西大学学报（哲学社会科学版）》2009 年第 1 期，第 68 页。

之中，而忽视他者的存在。就社会理论角度而言，这种封闭性与一种利己主义的、以自我为中心的生活方式紧密相关。这不仅造成人们在日常生活中相互隔阂，形成所谓原子式个人，而且对于整个社会生活来说也是不利的。而交往合理性的解放兴趣当中包含的对于主体间结构的强调，无疑有助于打破这种封闭性。这种理性本身的兴趣要求行为者面对与自己一样拥有交往资质的他者。对于它来说，个体性是重要的，但这种个体性要在主体间的良性互动中实现。

哈贝马斯虽然明确地反对后现代主义倾向，但他也承认，后现代主义思潮对于审美-表现领域中感性的、颠覆性的方面的重新发现是有意义的。如论者言，这一领域"是规则与超规则的结合，是审美合理性与非理性体验的熔铸，是审美公共领域的交往的理性、透彻性与不可交往的神秘性、隐私性的交汇，是意义共享与无意识欲望的纽带"①。因此，就地位而言，审美解放兴趣因自身中的这种复杂性而低于交往合理性的解放兴趣。对此，后者的"纯粹性"是大有裨益的。这种"纯粹性"固然不同于德国古典哲学中那种完全排斥感性、忽视具体现实的纯粹性，但它对于合理性标准的坚持却能够使得审美解放兴趣在指向个体的感性解放的同时，将一系列合理程序标准纳入自身当中，如体现在审美批判、疗法批判关于有效性问题的论证当中。

其次，审美-表现领域以诗性语言的表达方式涵盖了认知-工具与道德-实践领域中的有效性要求，因而其解放兴趣与交往合理性的解放兴趣有了相似之处，故而二者能够合作。

哈贝马斯后来回应质疑时，曾对《交往行为理论》中关于审美问题的讨论做了修正。

> 我们归于一件作品的审美"有效性"或"统一性"，是其单独地打开我们面向表面上的熟悉之物的视野的阐明能力，是重新披露一种表面上熟悉的现实。无可否认的是，这种有效性要求象征着一种"真理"潜力，只有在生活经验的整个结构当中它才能被释放出来；因而，这种"真理"潜力可能不是如我之前倾向于坚持的那样，仅仅关联于（或者甚至不同一于）三个有效性要求中的某一个。对于艺术作品的真理潜力同由审美经验所激发的自我与世界之间的转化了的关

---

① 傅其林：《论哈贝马斯关于审美领域规范性基础的阐释——兼及文艺学规范性之反思》，《四川大学学报（哲学社会科学版）》2010 年第 1 期，第 45 页。

系之间的关系来说，一对一的关系……并不是一个恰当的模式。①

由此来看，哈贝马斯认为，审美-表现活动通过运用其独特的诗性语言，换言之，依靠其对个体性与感性的凸显，在一定意义上能如哲学那样超出其特定领域，同时指涉三种有效性要求及相应的世界。

需要注意的是，上述引文似乎与本章第一节中关于审美-表现合理性有效性的讨论相悖。并且相当一部分解释者由此认为哈贝马斯的交往行为理论存在着一种"交往的审美化"倾向，甚至认为他关于交往行为的分析阐释都是建立在审美交往基础上的。若是如此，他就犯了他曾批评的德里达的那种抹平哲学与文学的错误。上述观点虽然注意到了审美-表现维度在哈贝马斯理论中的重要性，看到了两种解放兴趣之间的合作，但同时也做了过度解读。

本书认为，哈贝马斯表述的这种相悖只是表面的。我们必须为审美-表现领域设定限度，交往合理性之解放兴趣对审美解放兴趣的定位，使这一点能够合理实现。进而，交往合理性更多地强调主体间的结构与合理性，但是复杂的社会现实同样需要考虑交往行为者的个体性及其相关的感受性，而这恰恰是审美-表现领域所能够提供的。并且，审美-表现领域并不是在语用学意义上涵盖了所有的有效性要求，诗性语言不能取代语言在认知-工具和道德-实践领域中的其他功能。

总之，正是基于与交往合理性的解放兴趣的上述关系，审美-表现合理性及其解放兴趣才能在生活世界当中发挥恰当作用。

三、审美-表现领域在生活世界中的作用

从生活世界结构的角度来说，审美-表现领域主要是与主体的个体方面紧密联系的。在这一领域中，个体被要求将自己的主观经验真诚地展现出来，展现给其他个体，展现在外在世界当中。只有如此，个体才能真正进入社会当中，与其他个体实现交往、达成共识。反过来说，当行动者面向外在世界时，如果没有审美-表现合理性作为主观世界的"立法者"发挥作用，那么在现实的合理化过程中、在生活世界当中，认知-工具合理性和道德-实践合理性的作用将很难顺利地贯彻下去。当然，上述说法还是抽象的，哈贝马斯对审美-表现领域在生活世界当中的作用的论

---

① Jürgen Habermas, *On the Pragmatics of Communication*, Maeve Cook, ed., Cambridge: The MIT Press, 1998, p. 415.

述也相对较少，不过我们可以利用第四章中已经讨论过的公共领域特别是文学公共领域概念作为中介，根据上述概括来探讨这一论题。

其一，文学公共领域对于个体交往能力的培养。哈贝马斯认为，现代资产阶级公共领域首先是在文学领域当中形成的，这是审美-表现领域自主化的表现，并推动了这一自主化过程，同时这一领域也是审美-表现合理性得以发挥其效用的基本语境。在这一语境中，

> 通过阅读小说，也培养了公众；而公众在早期咖啡馆、沙龙、宴会等机制中已经出现了很长时间，报纸杂志及其职业批评等中介机制使公众紧紧地团结在一起。他们组成了以文学讨论为主的公共领域，通过文学讨论，源自私人领域的主体性对自身有了清楚的认识。①

虽然这一公共领域最初是以小圈子的形式展现的，是专家化的审美批判领域，但这并不是这一公共领域的全貌。按照社会理论的分析，

> 审美经验不能被简单地转换为专家学者的鉴赏判断，不能只在艺术领域中得到考量，审美经验能够在一种可以说理想上不受限制的主体性状态中引发变化。如果审美经验被结合到个人生活历史的语境当中，如果它被用于阐明情境并解答个人的生活难题——如果它归根结底不过是沟通个人冲动与集体的生活方式——那么，艺术就进入了一种语言游戏当中，这种语言游戏不再属于审美批判，而是属于日常交往实践。②

换言之，它不再仅仅属于一种专家文化领域，而是属于普通参与者的交往领域。因此，在文学的或审美的公共领域当中，参与者通过表达其审美经验的方式充分地表达出个体的主体意识，这是日常交往实践的构成性因素之一，也是生活世界摆脱殖民化状态的重要维度。

其二，文学公共领域与政治公共领域的互动。一方面，历史地看，文学公共领域是政治公共领域的形成前提。哈贝马斯认为，政治公共领

---

① 〔德〕哈贝马斯：《公共领域的结构转型》，曹卫东等译，上海，学林出版社，1999，第55页，译文有改动。
② Jürgen Habermas, *On the Pragmatics of Communication*, Maeve Cook, ed., Cambridge: The MIT Press, 1998, p.414.

域是从文学公共领域当中发展出来的，后者通过对个体的培养，为前者提供了合格的参与者——公众及相应的政治意识。例如，勒佩尼斯曾以德国为例指出，"在德国历史的特定阶段，国家的政治意识首先发端于艺术、文学、音乐"①。就此而言，根据政治公共领域同生活世界的关系，无论是在制度层面上（如审美作品及其批判作为国家意志的体现），还是在非制度层面上（如对艺术公共性的凸显），文学公共领域都能够促进生活世界在社会层面上的发展建设。另一方面，健全的政治公共领域能够为文学公共领域提供社会保障。不同的国家文化政策会导致文学公共领域走上不同的发展方向，"只有在一个自由民主的政治体制中，自由的审美公共领域才得以萌生，得到法律的认可，并充分发挥自由言语的交往行动功能，推动审美公共领域的合法性建构，促进审美领域的文化再生产"②。与之相反，极权主义下的文化政策则会成为消除个体性的帮凶，在这种情况下，文学的和政治的公共领域都会消失。

其三，审美的乌托邦意义。文学公共领域中的审美活动凭借其诗性语言的特性，能够提供一种非彼岸性的乌托邦内涵。哈贝马斯认为，

> 审美经验不仅影响我们的评价语言或更新对我们感觉丰富之需的解释；毋宁说，它进入我们的认知解释与规范期待之中，并转换了这些要素相互关联的整体性。就此而言，现代艺术庇护了一种乌托邦，当被吸收进艺术作品当中的模仿力量在与日常生活中的平衡的、未扭曲的主体间性的模仿关系中发现共鸣时，这种乌托邦将会变为现实。③

此外，哈贝马斯还从需求的角度，更为具体地展现了这种乌托邦的现实意义。他认为，

> 已经自主化的艺术代表资产阶级合理化的受害者而采取了补足的立场。艺术是块保护区，为那些在资产阶级社会生活的物质过程中——可以说——被认为是非法的需求提供哪怕仅仅只是虚拟的满

---

① 〔德〕沃尔夫·勒佩尼斯：《德国历史中的文化诱惑》，刘春芳、高新华译，南京，译林出版社，2010，第13页。

② 傅其林：《论哈贝马斯关于审美领域规范性基础的阐释——兼及文艺学规范性之反思》，《四川大学学报（哲学社会科学版）》2010年第1期，第44页。

③ Jürgen Habermas, *On the Pragmatics of Communication*, Maeve Cook, ed., Cambridge: The MIT Press, 1998, p. 415.

足：这些需求包括，与外部自然和自己的身体自然保持模仿关系，过团结一致的生活，以及，总而言之，对共同体验所带来的幸福，这种体验摆脱了实用理性的强制要求、为幻想和自发行为留有空间。①

文学公共领域虽然可以说是资产阶级的，但它同时也能够成为资产阶级意识形态内部的爆破性因素，成为批判资本主义现代性的重要环节。当然，我们在运用这种乌托邦意义时必须保持谨慎，正如审美解放兴趣不能等同于交往合理性的解放兴趣那样，审美化的乌托邦也不等于生活世界本身的重建。

---

① Jürgen Habermas, *On the Pragmatics of Communication*, Maeve Cook, ed., Cambridge：The MIT Press, 1998, p. 415.

第六章　交往合理性对认知-工具合理性的作用：限制与引导

在一定意义上，相较于道德-实践合理性和审美-表现合理性，认知-工具合理性的问题是更为尖锐、更为复杂的。在哈贝马斯所处的法兰克福学派传统乃至整个马克思主义传统当中，这一问题不仅涉及理论认识，而且涉及社会实践，并且后一方面是更为重要的。哈贝马斯在《交往行为理论》中对合理性的最初讨论就是从认识同合理性之间的关系开始的，同时，正是认知-工具合理性的误用，造成了人们在现代社会合理化过程中的诸多病态现象，这也是哈贝马斯提出交往合理性理论的现实动因。根据这一理论，解决问题的关键在于实现交往合理性对认知-工具合理性的限制与引导。而根据认知-工具合理性领域的特殊性，这种限制与引导作用又是从两个方面展开的。

一是认识论方面。这一方面主要是指哈贝马斯关于知识何以可能问题的探讨，这表现在他对实证主义关于知识有效性的客观主义理解的批判、关于认知-工具合理性有效性要求的讨论，以及作为理论商谈的真理共识论的提出。在上述探讨过程中，我们可以看到，交往合理性所提供的关于真实性要求的规定，既有助于限制认识的有效性要求对其他有效性要求的同化，也有助于引导认识领域正确理解自身的真理要求。

二是社会批判方面。这一方面主要是指对生活世界殖民化问题的探讨，因为系统得以入侵生活世界的理性动力正在于认知-工具合理性。第二章已就殖民化论题做了框架性的描述，这里我们再次回到这一点上，对之做更为详尽的阐释，这包括对实证主义社会研究方法、晚期资本主义危机的发生问题进行讨论，并与前文道德-实践领域与审美-表现领域中阻击生活世界殖民化的内容相结合，展现在交往合理性之"枢纽性发动机"作用下，现代性三个基本领域之间的互动，从而祛除系统对生活世界的殖民化。

在这一过程中，交往合理性对认知-工具合理性的限制与引导，除了在方法论上限制实证主义关于知识有效性的客观主义理解侵入社会知识领域外，更多地表现在理论-现实关系层面，即根据理论上对交往合理性与认知-工具合理性关系的规定，在处理现代性的现实时，将以认知-工具合理性为理性基础的系统限定在恰当范围内，并使之接受生活世界的引导。

第一节 实证主义认识论批判与认知-工具合理性的有效性要求

实证主义认识论放弃了传统认识论的反思批判精神，形成了客观主义和科学主义的非反思立场。同时，由于实证主义以自然科学作为理解社会历史的样板，因而上述立场被运用到对社会历史的理解当中，致使其未能对社会历史状况乃至其与知识之间的关系做出合理解释。由以上两方面关系来看，认识论不仅是实证主义思潮的一个部分，实际上也扮演着元理论意义上的角色，因为在认识论中得到论证的非反思立场，不仅奠定了实证主义理解自然与社会的思维特征，而且使得实证主义最终成为认知-工具合理性片面扩展的理论反映和辩护者。针对实证主义的这种非反思性，同样是在元理论层面上，哈贝马斯恢复反思批判精神的重要步骤是分别讨论了认知-工具合理性当中的两种有效性要求，即真实性（真理）①和效用性。

一、实证主义认识论及其批判

传统认识论的危机和自然科学的发展为实证主义认识论的出场提供了可能。不过，它是传统认识论否定意义上的继承者，因为它虽然还在继续探讨某些认识论问题，但却不再追问认识何以可能这一对于认识论来说具有根本意义的问题，而是以自然科学知识为模型来解释知识及相关问题。而马克思主义的认识论纲领可被视为传统认识论的肯定意义上的继承者，当然并不是简单地恢复，而是要在新的语境下恢复其反思批判性，这正是哈贝马斯试图完成的工作。

（一）实证主义认识论的特征：以孔德和马赫为例

哈贝马斯认为，从康德到黑格尔的认识论"都具有反思批判性，从而构成哲学史上的反思阶段。而实证主义却丢掉了这一反思批判的传统"。

---

① 真实性和真理对应的德语词均为 Wahrheit。为与其他有效性要求之译法对应，本章在明确指向有效性要求时，将 Wahrheit 译为真实性，而在强调哈贝马斯真理观与其他真理观的区别、一般真理问题等语境中，则依然将其译为真理。

然而，这种丢弃并非偶然，"它同'反思阶段'所具有的缺陷密切相关"①。因为无论是康德还是黑格尔，都未能彻底摆脱其对立面，即独断论，特别是黑格尔通过精神反思所建立起来的绝对知识："虽然绝对知识的观点应该是内在地、令人信服地产生于现象学的经验中，但是，作为绝对知识，真正说来，它无须通过精神现象学的自我反思来论证，严格说来也不能由此给以论证。"②进言之，这种缺陷在很大程度上根源于一种过时的信念，即哲学应当为科学的发展辩护，甚至应当重新高居于科学之上。正是由此，传统认识论没有正确对待科学，而科学的发展不会因哲学的辩护或否定而停下脚步。

相较而言，"实证主义就是在科学进步的基础上建立起来的"③，它用以认知-工具合理性为核心的单一理性观取代了传统哲学中内蕴多元化趋势的大全理性观(并由此轻视现代合理性分化的事实)，并将自然科学知识作为唯一知识形态或其他知识形态的样板。这就是说，实证主义放弃了构成认识论之核心的认识何以可能问题，在实证主义看来，随着现代经验科学的发展及其现实效用，这一问题已经变得毫无意义。人们通过经验观察、实验验证等方法就能够形成关于经验对象的恰当认识，并且，只有经得起经验验证之标准考量的，才是真正合理的，才是可以形成认识的。进而，实证主义所理解的知识只是对事实的描述、反映，并且要实现知识与事实的转换，前提是二者结构相同。与此同时，按照这种认识论模式，实证主义在社会历史研究领域中的影响也是巨大的，包括哈贝马斯在内的法兰克福学派理论家关注并批判实证主义思潮，很大程度上是这一点所激发的。由于实证主义思潮历经了不同发展阶段、人物众多，限于篇幅不能对之做全面梳理，因此，本书在这里仅涉及哈贝马斯所讨论的实证主义思潮开端时期的状况，即孔德与马赫的具有典型意义的实证主义观念。

孔德通过两个理论排除了认识何以可能这一问题及其据以为核心的主体反思。一是认识实证阶段论。孔德将人类认识划分三个发展阶段，即神学阶段、形而上学阶段和实证阶段。其中，只有实证阶段才是"唯

---

① 李淑梅、马俊峰：《哈贝马斯以兴趣为导向的认识论》，北京，中国社会科学出版社，2007，第134页。

② 〔德〕尤尔根·哈贝马斯：《认识与兴趣》，郭官义、李黎译，上海，学林出版社，1999，第7页，译文有改动。

③ 〔德〕尤尔根·哈贝马斯：《认识与兴趣》，郭官义、李黎译，上海，学林出版社，1999，第20页。

一完全正常的阶段，人类理性的定型体制的各个方面均寓于此阶段之中"①。因此，实证阶段有着区别于另两个阶段的显著特征，即它不再探寻对本原基础、终极原因等问题的解答，而是关心事实（现象）及其之间的联系（或普遍法则）。为了掌握这些内容，主体不再需要反思康德所谓的知性范畴何以可能、如何综合，而只需要运用这些范畴来观察，并形成相应的理论陈述。二是认识效用论。通过主观范畴形成的理论陈述并非纯然主观的，它们是有着客观标准的，这就是效用。这意味着，实际的应用性成为衡量认识是否有效的主要的经验标准，或者可以说是真理的标准。因此，孔德认为："真正的实证精神主要是为了预测而观察，根据自然规律不变的普遍信条，研究现状以便推断未来。"②这就是说，认识主体不应在自身之内或在某种客观精神上反思地寻找认识有效性的根据，而是需要观察认识是否在满足外部条件的情况下达到了预期效果。

正是孔德提出的上述认识发展阶段论和认识工具性观点，使得实证主义在最初时将认识问题与社会历史问题结合在一起，并执着于二者之间的同构性。一方面，实证主义者认为认识是社会历史发展的产物。在此，不同于马克思主义认识论，孔德关心的不是知性范畴如何从社会历史中发生，而是聚焦于作为整体的认识或认识体系与社会历史的关系。他认为，认识是人的理智状态在面对外部世界时所获得的反映，而每一个理智状态又与特定的社会组织体系紧密相关。另一方面，也是更重要的，实证主义者认为真正的科学知识应当在社会历史中发挥效用。如哈贝马斯所言，在孔德看来，"我们的一切健全的理论（必然与）我们个人和集体的生活条件的不断改善（相联系）"③。科学应当使人们有能力运用技术来支配自然和社会历史过程。上述这种认识-社会历史观带来了一个极为重要，也被包括哈贝马斯在内的马克思主义者猛烈抨击的方法论结果，即"自然科学的研究方法和社会科学研究方法之间没有本质的区别。在科学方法的一致性方面，自然科学通常被当做是所有科学的典范"④。在这种观念看来，社会现象与自然现象一样，都可以通过观察而形成独立于价值判断和主观要素的客观理论陈述。

---

① 〔法〕奥古斯特·孔德：《论实证精神》，黄建华译，北京，商务印书馆，2001，第2页。
② 〔法〕奥古斯特·孔德：《论实证精神》，黄建华译，北京，商务印书馆，2001，第12页。
③ 〔德〕尤尔根·哈贝马斯：《认识与兴趣》，郭官义、李黎译，上海，学林出版社，1999，第74页。
④ 〔英〕吉尔德·德兰逊：《社会科学——超越建构论和实在论》，张茂元译，长春，吉林人民出版社，2005，第2页。

　　孔德奠定的方法论原则成为之后的实证主义者们研究自然事实（乃至社会事实）的基本原则，关于此，本章第二节将会进一步讨论。随之，一个已经隐含在孔德理论当中的问题逐渐凸显，即实证主义所理解的"事实"究竟是什么。马赫的要素论正是对此问题的回答。

　　认识过程包括认识主体与认识对象两方面，因此在关于认识的理解上就出现了一个理论上难以回避而又总是试图克服的问题——心与物的二元对立。对此，马赫要素论主张的是"心理的东西和物理的东西完全平行的原理"①，由此出发，人们应当坚持如下观点："将'感觉'看作一切可能的物理经验和心理经验的共同'要素'。"②事实正是由这种要素组成的。由于要素的主客双重性，事实也就具有了双重性：事实是"在感性经验中被清晰地给予；同时，它们又具有主体间遇见之物的确定无疑性和无可争议性"③。如此，事实就成为统一认识主体和认识客体的本体。进而，马赫从这种事实本体论出发，再度论证了孔德提出的客观主义的科学观："一切科学……都是以在思想中表述的事实为出发点。"④不过，这并不意味着马赫恢复了主体反思维度。恰恰相反，这里所指的"思想"依然是实证主义所理解的对事实的反映或适应。

　　虽然与孔德不同，马赫的要素论主要针对的是自然科学领域，但它的影响力却超出了这一领域而渗透到社会领域当中，按照实证主义关于自然科学与社会科学同构性的理解，这也是符合实证主义精神的。例如，马赫主义是第二国际的重要理论来源之一，后者基本上将马赫关于"事实"的理解照搬到社会领域当中，这表现为事实与其历史环境之间的割裂。由此出发提出的是一种决定论的社会历史理论，在其中，主体的能动性是不重要的，甚至是被忽略了。

　　当然，实证主义思潮不是一成不变的，孔德和马赫的实证主义思想通常被称为旧实证主义，以区别于之后的发展变化。虽然如此，但他们确实为实证主义认识论奠定了一个具有核心意义的基本特征，即非反思的客观主义、唯科学主义。正是这一点，遭到了马克思主义的批判。

---

①〔奥〕恩斯特·马赫：《感觉的分析》，洪谦、唐钺、梁志学译，北京，商务印书馆，1986，第 49 页。

②〔奥〕恩斯特·马赫：《感觉的分析》，洪谦、唐钺、梁志学译，北京，商务印书馆，1986，第 v 页。

③ Jürgen Habermas, *Erkenntnis und Interesse*, Frankfurt am Main: Suhrkamp Verlag, 1992，S. 105.

④〔德〕尤尔根·哈贝马斯：《认识与兴趣》，郭官义、李黎译，上海，学林出版社，1999，第 85 页。

·（二）马克思主义对实证主义认识论批判

从理论史的角度来说，马克思主义与实证主义这两种思潮自产生起就处于一种对峙状态。马克思曾多次提到孔德，并对其持一种批评态度。在马克思的文本中，孔德的名字最早出现应该是在 1866 年写给恩格斯的一封信中：

> 我现在顺便研究孔德，因为英国人和法国人都对这个家伙大肆渲染。使他们受迷惑的是他的著作简直像百科全书，包罗万象。但是这和黑格尔比起来却非常可怜（虽然孔德作为专业的数学家和物理学家要比黑格尔强，就是说在细节上比他强，但是整个说来，黑格尔甚至在这方面也比他不知道伟大多少倍）。①

通过"顺便研究"孔德的"实证主义破烂货"，马克思对孔德做出了这样的定位："孔德在政治方面是帝国制度（个人独裁）的代言人；在政治经济学方面是资本家统治的代言人；在人类活动的所有范围内，甚至在科学范围内是资本家统治的代言人。"②因此，在致实证主义者爱德华·斯宾塞·比斯利的信中，马克思写道："我作为一个有党派的人，是同孔德主义势不两立的，而作为一个学者，我对他的评价也很低。"③

结合马克思的上述关于孔德实证主义的评论，从认识论角度来说，马克思主义的认识论与实证主义认识论虽都可以被视为传统认识论崩溃之后的产物，二者之间有着一定的相似性（如对社会历史问题、知识之现实效用的关注），但更重要的是差异性。马克思开创的实践唯物主义的认识论模式，由于其继承了德国古典哲学的反思批判精神，能够构成对实证主义认识论的批判。同时，由于意识到传统唯心主义的认识论困境，马克思提出了以现实的生产劳动为核心的实践概念，并以之作为解决认识论问题的关键。马克思明确指出：

> 人的思维是否具有客观的真理性，这不是一个理论的问题，而是一个实践的问题。人应该在实践中证明自己思维的真理性，即自己思维的现实性和力量，自己思维的此岸性。关于思维——离开实践的思维——的现实性或非现实性的争论，是一个纯粹经院哲学的

---

① 《马克思恩格斯文集》第 10 卷，北京，人民出版社，2009，第 239 页。
② 《马克思恩格斯文集》第 3 卷，北京，人民出版社，2009，第 206 页。
③ 《马克思恩格斯文集》第 10 卷，北京，人民出版社，2009，第 357 页。

问题。①

在认识过程中，认识主体不再是纯粹的理性存在物，而是必须通过社会实践来维持自身存在、实现自我发展的有限主体。因此，既不同于孔德机械地将人的认识与社会历史关联起来，也不同于马赫以唯心主义的方式抹平主客之间的界限，马克思强调的是，处于社会关系中的人在与对象的实践性关联中，获得相应的对象知识。作为认识对象的自然虽然具有相对于人的先在性，但并不是完全独立人的，而是一种"人化自然"。在这一过程中，由于主体与客体、认识与实践的异质性，黑格尔所设想的同一性也仅仅是一个不断趋近的目标，而不是人的认识与实践过程的现实。

在一定意义上，马克思的认识论方案奠定了之后马克思主义者批判实证主义认识论的基调，即在坚持实践唯物主义的前提下，恢复认识论(或认识论问题)中的反思批判精神，哈贝马斯也属此列。不过，在他看来，马克思的方案依然是不令人满意的，问题关键就在于作为其核心概念的生产劳动上，正是这一概念导致马克思的认识论存在着向实证主义倒退的危险。哈贝马斯认为：

> 马克思的劳动概念涉及了生产力和生产关系这两个方面，马克思将其理解为同一个过程的两个方面。而由于其唯物主义立场，马克思在解释人类生活时将生产力置于优先地位，甚至将生产关系归结到生产力的发展状况上。而这就造成了马克思认识理论的反思维度的缺失。②

因此，在哈贝马斯看来，依然有必要继续批判马克思尚未真正战胜的实证主义认识论。

虽然哈贝马斯认为科学的发展无须哲学作为"法官"来进行裁决，因而传统认识论的方案是不恰当的，但是，"实证主义把科学对自身的信任独断化，所以实证主义起着使研究不受认识论的自我反思影响的绊脚石

---

① 《马克思恩格斯文集》第 1 卷，北京，人民出版社，2009，第 500 页。
② 谢永康：《综合的社会起源——马克思主义认识论的两个方案》，《教学与研究》2015 年第 2 期，第 9 页。

的作用"①，这同样是成问题的。这集中体现在其客观主义以及由此而来的唯科学主义立场上。"客观主义为科学虚构出一种按规律建构的事实的自在性，从而掩盖了这种事实的以往的形成过程。"②这在马赫的要素论中体现得淋漓尽致。哈贝马斯认为，要素论是充满矛盾的："当它把事实的总体解释为科学的对象领域，并把科学当作事实的复现从而同形而上学相区别时，它却不能为超越科学的反思作辩护，因而也不能为自身做辩护。"因此，要素论虽然是科学的反思形式，"但却禁止任何超越科学的反思"③。

正是实证主义对非反思立场的坚持，使得它在产生之初就被一个内在矛盾所困扰，即客观主义与历史主义之间的对立，而仅凭科学是不断发展的这一点，并不足以解决这一矛盾。如在孔德那里表明的，"实证主义学说的科学主义内涵，很明显，同实证主义最初赖以产生的历史哲学的形式是不相容的；因为按照这一内涵，合法的认识只有在经验科学的体系中才是可能的"④。如果将这种知识观贯彻到底，那么为了理论的一致性，实证主义要么按照自然科学知识的模式来对待社会历史的知识，要么将后者斥为非理性的形而上学。无论选择哪一方向，实证主义都不能通过知识与社会组织结构同构性的分析来恰当解释科学知识和社会历史的现实发展。而这有可能使得最初以关注现实为指向的实证主义，重新退回到抽象当中。可见，实证主义虽然不是传统认识论遗产的保护者，但却与之一样都脱离了现实历史语境。

对传统认识论和实证主义认识论的分析批判，为哈贝马斯提出自己的认识论主张扫清了道路。这些主张既包括他在认识兴趣理论中的工作，也包括接下来将呈现的基于交往合理性理论的探讨。在后一方面中，就元理论层面上来说，哈贝马斯首先解决的是真理问题，这就是作为认知-工具合理性有效性要求之一的真实性。

二、认知-工具合理性的有效性要求之一：真实性

随着近代自然科学的迅速发展，认知-工具合理性逐渐被视为合理性

---

① 〔德〕尤尔根·哈贝马斯：《认识与兴趣》，郭官义、李黎译，上海，学林出版社，1999，第66~67页，译文有改动。

② Jürgen Habermas：*Erkenntnis und Interesse*，Frankfurt am Main：Suhrkamp Verlag，1992，S. 91.

③ Jürgen Habermas：*Erkenntnis und Interesse*，Frankfurt am Main：Suhrkamp Verlag，1992，S. 112.

④ 〔德〕尤尔根·哈贝马斯：《认识与兴趣》，郭官义、李黎译，上海，学林出版社，1999，第69页，译文有改动。

的典范，这在实证主义那里体现得尤为明显。虽然哈贝马斯并不赞同实证主义对合理性的狭隘理解，但他不能对当前认知-工具合理性占据统治地位这一事实视而不见。因此，在《交往行为理论》关于合理性概念的"临时定义"中，哈贝马斯从认识与合理性的关系开始。他指出，"我们的知识具有一种命题结构：意见可以用陈述的形式准确地表达出来"①。它与合理性的关系是："表达的合理性要回溯至可批判性和可论证性。只要一种表达所体现的是可以证伪的知识，因而和客观世界建立起一种联系，即一种事实联系，而且可以从客观上加以判断，那么这种表达的合理性前提就得到了满足。"②因此，从合理性的角度来看，对陈述的真值讨论是十分重要的。

简单来说，哈贝马斯认为，真实性是与陈述相结合的，换言之，只有陈述才能被称为真的或假的，而之所以如此，是因为陈述的命题内容能够恰当地再现或表达事态(Sacheverhalt)。就此而言，真实性不是对外在经验对象的符合(如符合论所认为的)，也不是诸命题之间的融贯性(如融贯论所认为的)，更不是用于强调等修辞目的或表明命题在推论中的位置的不重要的谓词(如冗余论所认为的)。真实性由于其与事态及作为事态总体的客观世界的关系，因而是一个与正确性、真诚性同样基本的有效性要求，并且同样可以在商谈中得到辩护或驳斥。根据以上论述，本书将围绕"陈述""事态"与"有效性要求"这三个关键词来分析哈贝马斯对真实性概念的理解。

(一)作为真值承担者的陈述

将陈述作为真值承担者，这解决的是用真或假来指称什么的问题。一般我们可以说知识是真的或假的，但这并不准确，需要继续追问的是，知识中的哪部分结构使得我们可以运用真与假这些谓词。哈贝马斯认为，语言哲学为此提供了十分重要的概念工具，这就是对句子(Sätze)、表达(Äußerungen)与陈述(Aussagen)的区分，哈贝马斯借助这一成果，以排除法选择了陈述作为真值承担者。

句子指的是由语言中的语词按照一定语法规则所组成的语言单位。它之所以不能恰当地用真或假来衡量，是因为"不同语言的句子或同一语

---

① 〔德〕尤尔根·哈贝马斯：《交往行为理论》第 1 卷，曹卫东译，上海，上海人民出版社，2018，第 24 页。

② Jürgen Habermas, *Theorie des kommunikativen Handelns*, Bd. 1. *Handlungsrationalität und gesellschaftliche Rationalisierung*, Frankfurt am Main: Suhrkamp Verlag, 1995. S. 27. 严格来说，根据哈贝马斯自己所做的区分，他在这里应当使用"陈述"而非"表达"。

言的不同句子能够再现同一事态，而同样的句子出现在不同的言谈语境中时，也能够再现不同事态"①，因此我们不能将句子与事态一一对应起来。表达，又称断言（Behauptungen），指的是对语词或句子的运用。它之所以也不能恰当地用真或假来衡量，是因为"断言呈现的是某一时期的表达或语言片段，而真实性显然要求具有不变性，并因而具有非片段性特征"②。陈述虽与作为句子类型之一的陈述句相关，但并不是指这一句型本身，而是指一个陈述句述说的内容。哈贝马斯认为，陈述为真的充要条件是，"当且仅当一个陈述复现一个真实的事态或一个事实（Tatsache）——并且绝不是将一个事态佯称为一个事实时，陈述才是真的"③。因此，选择陈述作为真值承担者，根源还在于事态。

（二）事态与真实性

陈述所应当"符合"的是事态，而不是经验对象，换言之，真实性不是符合论所理解的"肖像"与其描述的对象之间的符合关系。这解决的是真理的描述范围问题。在哈贝马斯真理观所面对的竞争者中，最具影响力的就是自亚里士多德起流行至今的真理符合论。既为了批判这种真理观，也为了回应对自己理论的批评，哈贝马斯重新规定了事实概念，并进而区分了客观性与作为有效性要求的真实性。

哈贝马斯认为，真理符合论的基本预设是客观的实在世界与主体意识到的实在世界之间的对应关系。然而，这种对应关系实际上是无法得到证明的，因为客观的实在世界"乃是主体意识的超越物，它与主体意识，与主体的语言陈述完全是二元的，因此二者的相符不过是人的一种主观感觉"④。与之相对，哈贝马斯主张的与真实性相关的事实指的是我们在陈述中所肯定的存在着的事态，而不是外在的经验对象。虽然"当我断言事实时，我能够以经验为支撑，并且涉及对象"，但事实与经验对象毕竟是不同的："我所经验的是对象，而我所断言的则是事实；我不能经验事实，不能断言对象。"⑤

---

① Jürgen Habermas, *Vorstudien und Ergänzungen zur Theorie des kommunikativen Handelns*, Frankfurt am Main: Suhrkamp Verlag, 1995, S. 127.

② Jürgen Habermas, *Vorstudien und Ergänzungen zur Theorie des kommunikativen Handelns*, Frankfurt am Main: Suhrkamp Verlag, 1995, S. 128.

③ Jürgen Habermas, *Vorstudien und Ergänzungen zur Theorie des kommunikativen Handelns*, Frankfurt am Main: Suhrkamp Verlag, 1995, S. 128.

④ 〔德〕得特勒夫·霍尔斯特：《哈贝马斯传》，章国锋译，上海，东方出版中心，2000，第 76 页。

⑤ Jürgen Habermas, *Vorstudien und Ergänzungen zur Theorie des kommunikativen Handelns*, Frankfurt am Main: Suhrkamp Verlag, 1995, S. 132.

如果暂不涉及客观性与有效性要求之间的区分的话，事态与经验对象的区别至少还表现在两点上。一是事实或存在着的事态是在陈述范围内的，是"在陈述中出现的""同经验对象相关的（或相关物的）符号表达（名字与符号）"①。因此，"从范畴上来说，真理属于（弗雷格意义上的）观念世界"②，而不属于作为接触经验对象方式之一的感知。二是经验对象可以被称为"某种存在于世界当中的东西"③，而事实或事态则不是（需要注意的是，这里的世界就是通常所理解的外在于我们的思想观念的经验世界，而非形式的世界）。换言之，经验对象是存在于实在世界当中的，而事实或事态则是存在于形式的客观世界当中的（这后一方面之后还将具体论述）。正是由于这种分野，"无论事态如何，它对经验的存在都没有影响，它只是决定了论证过程"④。

在澄清了事实与经验对象的区别之后，我们就能够为客观性与真实性划界。哈贝马斯认为，无论是经验主义真理观所理解的、通过感知等获得的作为感官确信（die sinnliche Gewißheit）的经验，还是先验主义真理观所理解的、通过先验自我意识构成而获得的经验，指向的都是客观性而非真实性。具体来说，

> 经验随着对客观性的要求而出现；但是，客观性并不等于相应陈述的真实性。经验客观性可以在一种先验转向的实用主义的意义上来理解。可能经验的对象的范畴结构使经验客观性得以可能；特定经验的客观性经得住以这些经验为支撑的行为的检验。相反，真实性不是在成功可控的行为中，而是在成功的论证中展现出来的。这也能在个别陈述中得到解释。一个在行为语境中表达出的断言包含了一种有效性要求（也就是说，它假定了表达出的命题的真实性），但是，它所主题化的是对世界之中的对象的经验。这同一个断言也能成为商谈的组成部分。那么它的意义就改变了：根据一种明确的、遭到质疑的有效性要求，它将一种事态主题化了，并假定，当这

---

① 〔德〕尤尔根·哈贝马斯：《认识与兴趣》，郭官义、李黎译，上海，学林出版社，1999，第316页。

② Jürgen Habermas, *Vorstudien und Ergänzungen zur Theorie des kommunikativen Handelns*, Frankfurt am Main: Suhrkamp Verlag, 1995, S. 151-152.

③ Jürgen Habermas, *Vorstudien und Ergänzungen zur Theorie des kommunikativen Handelns*, Frankfurt am Main: Suhrkamp Verlag, 1995, S. 135.

④ Jürgen Habermas, *Vorstudien und Ergänzungen zur Theorie des kommunikativen Handelns*, Frankfurt am Main: Suhrkamp Verlag, 1995, S. 135.

一事态存在时，该事态能够经由经验来辩护。当我断言一个事态时，我并未断言一个经验。①

（三）作为有效性要求的真理

真理是一种有效性要求，这解决的是真理的定位问题，也是以上两个方面的归宿点。陈述为关于有效性要求的争辩提供了相关内容，而对事实概念的澄清则解决了对象构成问题与有效性问题之间的区分。同时，这一定位问题也为解决如何达到真理的问题提供了出发点。接下来，我们可以按照哈贝马斯的论述，从真实性与其他有效性要求的区别、它在交往合理性对认知-工具合理性之作用中的地位及其与客观世界之关系这三个方面来做具体分析。

首先，在交往合理性理论框架中，作为有效性要求，真实性固然与可理解性、正确性与真诚性相互联系，但它们之间并不存在可还原的关系。在真理理论史上，体现了还原主义谬误的包括真理表现论（Manifestation der Wahrheit）、真理成功论与分析真理论。

真理表现论将真实性与真诚性相混淆。哈贝马斯借鉴图根德哈特，将海德格尔视为真理表现论的代表。图根德哈特认为，海德格尔将真理理解为被发现性，而"发现"这一含义的模糊性使得海德格尔错失了真理的含义，即便他将被展示性作为发现与命题为真的条件，同样也未能解决问题，因为"海德格尔并没有在被展示性的语境中讨论'真'的特殊概念，毋宁说他只不过是在'真'的名义下讨论被展示性而已"②。哈贝马斯关心的不是具体概念，而是图根德哈特揭示出的海德格尔理解真理的思路。他将上述批评与有效性要求概念结合起来，认为无论是发现还是展示，都是意向行为，这涉及的是真诚性要求。因为在意向行为中，我们所要做的不是提出命题或做出陈述，而是面对他者时展现出我们的主观经验。故此，

> "真实性"指向的是我断言一个命题这一意义，而"真诚性"指向的是我表达一个意向这一意义。当我们将真诚性理解为表达出的意向句子与事件或状况的内在实体（Entität）之间的关系时，我们就已

① Jürgen Habermas, *Vorstudien und Ergänzungen zur Theorie des kommunikativen Handelns*, Frankfurt am Main: Suhrkamp Verlag, 1995, S. 153.
② E. Tugendhat, *Der Wahrheitsbegriff bei Husserl und Heidegger*, Berlin: de Gruyter, 1967, S. 351.

经是按照真实性模式来理解真诚性了，而这种理解是错误的。①

　　真理成功论混淆了真实性与正确性。哈贝马斯认为，尼采、詹姆士的心理学实用主义以及卢曼的系统理论体现的真理概念都可以被视为真理成功论的代表。一般而言，这种理论认为，"真理应当根据生活中重要的功能是否得到满足来衡量，在此，生活重要性或是通过有机体或种族的应然价值，或是通过社会系统的持存行为命令来规定"②。但是，"在选择规范时，如在自我展现行为中那样，我同样没有就内在情节做断言；我并不是要做出陈述，而是要辨别正确之事与错误之事"③。这可以以如下一点为证，即规范性命题不能从描述性命题之中得出，也就是通常所说的应然与实然是不能相互转换的。因而，"如果我们将正确性视为命令或告诫同内在实体（如欲望或憎恨）之间的关系，那么我们就已经按照真实性模式来误解正确性了"④。

　　分析真理论混淆了真实性与可理解性。分析真理论的方法论基础来自库诺·洛伦兹。他主张，一个陈述是否为真，要凭借该陈述中出现的言语表达的运用规则来确定。在既定情况中，真理条件是否得到满足，应当通过比较现实言语运用情境与合理重构了的相应言语引入情境来检验。哈贝马斯认为，可理解性这一有效性要求表明的是，"我已经掌握了特定的规则能力，即我知道一种自然语言"⑤。在现实中，我们的任何陈述都不能脱离自然语言。因此洛伦兹的方法论程序确保了与真理相关的记述式言语行为的可理解性，是陈述为真的必要条件。但是，可理解性本身并不等于真实性。在一定意义上，真理融贯论也犯了将命题的可理解性与真实性相混淆的错误。

　　其次，正是将真理视为一种有效性要求，才使得认知-工具合理性有可能与交往合理性建立起联系。

　　"我们的知识是由命题或判断——那些可错可对的基本单元——构成

① Jürgen Habermas, *Vorstudien und Ergänzungen zur Theorie des kommunikativen Handelns*, Frankfurt am Main: Suhrkamp Verlag, 1995, S. 157.
② Jürgen Habermas, *Vorstudien und Ergänzungen zur Theorie des kommunikativen Handelns*, Frankfurt am Main: Suhrkamp Verlag, 1995, S. 158.
③ Jürgen Habermas, *Vorstudien und Ergänzungen zur Theorie des kommunikativen Handelns*, Frankfurt am Main: Suhrkamp Verlag, 1995, S. 157.
④ Jürgen Habermas, *On the Pragmatics of Social Interaction*, Barbara Fultner, trans., Cambridge: Polity Press, 2001, p. 92.
⑤ Jürgen Habermas, *On the Pragmatics of Social Interaction*, Barbara Fultner, trans., Cambridge: Polity Press, 2001, p. 91.

的；考虑到其命题结构，知识本质上具有一种语言学性质。"①并且，"我们不能独立于我们的语言能力和行为能力来分析我们的认知能力"②。因此，认知-工具合理性也就内在地同语言运用交织在一起，从这一角度来说，认知行为可以被理解为记述式言语行为（这里不考虑具体的认识方式），陈述是这一言语行为的结果，真实性是与这一言语行为相联系的有效性要求。不过，真实性并不总是或在每一相应言语行为中都是被主题化的。"只有当行为语境默认的有效性要求遭到质疑时，验证真实性的任务才会产生"③，即从表现经验理论知识的记述式言语行为转入理论商谈。在这种商谈中，仅仅有作为认知能力的认知-工具合理性是不够的。只有依靠具有反思批判性的交往合理性，依靠由此而来的商谈的形式特征，这一商谈过程才能够展开，并形成一种实质性的语言批判过程（这已经超出了认知-工具合理性的范围），而且这一过程在理论上是可以无限进行的。交往合理性与认知-工具合理性的这种关系构成了认识进步的动力。关于上述要点的具体阐述，将留待本章第二节来解决。

最后，真理并不与实在世界直接联系，而是与事态及作为其总体的客观世界紧密相关。

在应对批评的过程中，哈贝马斯意识到他关于事态的解释并不充分，由于过于强调语言的作用而有落入情境主义的危险，即将真理还原为"理想的可辩护性"。这种可辩护性固然是必需的（特别是对于我们达到真理的方法论而言），但从真理的概念上来说却是不充分的。同时，以实在世界为标准来衡量认识真理性的符合论当然也是哈贝马斯不能接受的。他虽然承认实在世界的存在，并认为关于这一世界的经验对于真理问题来说也是有意义的，因为"经验支撑断言的真实性要求；当没有不和谐的经验出现时，我们通常都会坚持这一真实性要求"④，并且这种要求所必须满足的条件之一就奠基于经验当中。但毕竟，"在经验中建立起来的要求，绝不是一个得到了辩护的要求"⑤。所以，实证主义坚持的真理符合

---

① Jürgen Habermas, *On the Pragmatics of Communication*, Maeve Cook, ed., Cambridge: The MIT Press, 1998, p. 311.

② Jürgen Habermas, *Truth and Justification*, Barbara Fultner, trans., Cambridge: The MIT Press, 2003, p. 30.

③ Jürgen Habermas, *Vorstudien und Ergänzungen zur Theorie des kommunikativen Handelns*, Frankfurt am Main: Suhrkamp Verlag, 1995, S. 135.

④ Jürgen Habermas: *On the Pragmatics of Social Interaction*, Barbara Fultner, trans., Cambridge: Polity Press, 2001, p. 89.

⑤ Jürgen Habermas: *Vorstudien und Ergänzungen zur Theorie des kommunikativen Handelns*, Frankfurt am Main: Suhrkamp Verlag, 1995, S. 135.

论并没有认真对待真理的语言学意蕴，而是徒劳地努力突破语言的领域，因而也就不能真正理解真理。

可以说，客观世界概念的引入就是为了摆脱以上两难困境，并以此弥补将经验的实在世界排除之后造成的本体论空场，甚至《真理与辩护》的英译者芭芭拉·福尔特纳认为，在掌控我们认知实践的各种实用预设中，首要的和最重要的就是单一的客观世界。① 虽然这一世界必须首先是语言学意义上的，但也并非主观臆造的产物，它具有不同于实在世界的"客观性"（当然，这种客观性依然不能被视为真实性）："我们应该在我们的商谈过程中，甚至在我们的行为中，预设一个客观世界，这个世界并不是我们所创造的，在很大程度上对于我们所有人来说都是同一个世界。"②这就是说，我们可以运用不同的语言系统来指称同一个事态或其总体，因此，这样的世界需要语言揭示但又独立于某一语言系统的局限。

哈贝马斯认为，对客观世界的指涉可以从两个方面来看：

> 一方面，语言实践自身必须使得对独立于语言的客体（我们就其做出断言）的指涉得以可能。另一方面，关于客观世界的语用学预设必须是一种形式的预期，为的是确保如下这一点：任何主体——而不是仅仅一个既定时间中的既定的言说者共同体——无论如何都能共同指涉一个可能的参照物之系统，并独立地确认时空中存在的客体。③

据此，同一个客观世界成为真实性必须指涉的，但其也超越了辩护的参照点。这就构成了揭示世界的基本概念（指涉）与处于被揭示的世界之中的学习过程（指涉能力）之间的互动关系：基本概念构成的"理论范式具有一种先验功能，因为它使得学习过程具有一个特定方向。同时，它根本上来说是可错的，因为学习过程的修正力量可以回溯性地使得对基本概念的再解释成为必要"④。

---

① Barbara Fultner, "Translator's Introduction", in Jürgen Habermas, *Truth and Justification*, Barbara Fultner, trans., Cambridge：The MIT Press，2003，p. xiii.

② 〔德〕尤尔根·哈贝马斯：《对话伦理学与真理的问题》，沈清楷译，北京，中国人民大学出版社，2005，第49页。

③ Jürgen Habermas, *Truth and Justification*, Barbara Fultner, trans.，Cambridge：The MIT Press，2003，p. 34.

④ Jürgen Habermas, *Truth and Justification*, Barbara Fultner, trans.，Cambridge：The MIT Press，2003，p. 34.

与关于客观世界的预设相应的，是认知与非认知两种形式的真理，在前者中表现为命题的真实性要求，而在后者中则表现为行为中隐然预设的信念。就认知形式的真理而言，如果我们想要确定命题的真理性，就必须进入商谈过程当中。换言之，在此情况下，"一个陈述为真的充要条件是，当且仅当在合理商谈的严格语用学预设下，陈述能够抵挡所有使其无效的企图，也就是说，当且仅当陈述在一种理想的认知情境中能够得到辩护"①。就非认知形式的真理而言，当真理作为信念时，它总是被绝对地视为真而未被主题化。主体在行为过程中，其面对的客观世界中的问题是"在稳定预期的背景下发生的，也就是说，是在被朴素地视为真的信念总体的语境中发生的"②。所以，在行为语境中，对随着断言或命题而提出的有效性要求的澄清是多余的；只有当实践失败、矛盾产生时，命题的真实性要求才会成为参与者讨论的主题，并进入商谈程序当中。

三、认知-工具合理性的有效性要求之二：效用性

由于受到马克思主义传统对于现实社会行为的关注取向和韦伯的合理化理论（特别是目的合理性概念）的影响，同时为了澄清实证主义对真理与效用的混淆，哈贝马斯在讨论认知-工具领域中的认识问题的同时，也从行为角度关注到了这一领域的另一面，即目的行为及其有效性要求。③

（一）目的行为及其效用性要求

哈贝马斯认为，在目的行为中表达的问题是认知-工具性的，因而，

---

① Jürgen Habermas, *Truth and Justification*, Barbara Fultner, trans., Cambridge: The MIT Press, 2003, p. 36.

② Jürgen Habermas, *Truth and Justification*, Barbara Fultner, trans., Cambridge: The MIT Press, 2003, p. 39.

③ 这种目的行为不同于上节最后提到的将真理视为信念的行为（可将其简称为信念行为），后者可被视为认知行为的非反思的延伸形态。当然，这种区分是理论上的，在同一个现实行为中，这两种行为模式可以共存，或者我们可以用这二者作为两种视角来考察同一行为。例如，我们以某一真理为信念来达成某一目的，其中，信念行为模式所关注的是这一信念是否能够作为实现目的的工具，而目的行为模式所关注的则是这一目的能否达成，二者相互补充。这进而涉及另一个十分关键但哈贝马斯并未给予集中说明的问题，即认知-工具合理性领域为何能够甚或应当包含认知与目的行为这两方面。关于这一问题，除了信念行为是认知-工具领域中认知与目的行为这两方面得以联系起来的中介这一点之外，还可以从两方面来证明。一是从理论规定角度来说，二者具有一定意义上的同构性，即真实性与效用性都涉及客观世界并持一种客体化立场，这也是认知-工具合理性的应有之义。二是从现实情况来看，技术兴趣构成了科学技术进步与作为目的行为领域的系统的扩展的共同动力，由此二者相辅相成。关于这两方面，本书还将给予详论。

支配目的行为的合理性也就是认知-工具合理性，或者说，在目的行为中，认知-工具合理性表现为韦伯所称的目的合理性。关于目的行为模式，哈贝马斯的规定是：

> 行为者在既定情境中选择能够确保成功的手段并以恰当的方式加以运用，从而得以实现一种目的或进入一种期望的状态。核心概念是在不同行为选项之间做出决定，这一决定指向的是目的的实现，受到准则的引导，并且获得了关于情境解释的支持。①

在目的行为中，还有一类特殊的行为模式，即策略行为："如果行为者在考虑效果时，能够将其他至少一位以目的为指向的行为者对决定的期待纳入其中，那么目的行为模式就会扩展为策略行为模式。"②在这种行为模式中，"行为者既通过指向其他行为者来实现其目的，又对后者的决定施加影响"③。换言之，在策略行为中，行为者将其他行为者视为客观世界的一部分，并对之采取一种客体化立场。为与这种策略行为相区分，哈贝马斯又将非策略行为的目的行为称为工具行为。

总之，由于目的行为是行为者为了实现一定的目的而采取的干预世界中的客体的行为，因此在这一行为中，

> [行为者]要求其行为计划具有成功的可能性，或者说，要求他实现这一计划所依据的行为规则具有效用性（Wirksamkeit）。所谓效用性意味着这样一种要求，即在既定情况下所选择的手段，适于用来达到已设定的目的。④

---

① Jürgen Habermas, *Theorie des kommunikativen Handelns*, Bd. 1. *Handlungsrationalität und gesellschaftliche Rationalisierung*, Frankfurt am Main: Suhrkamp Verlag, 1995, S. 126-127.

② Jürgen Habermas, *Theorie des kommunikativen Handelns*, Bd. 1. *Handlungsrationalität und gesellschaftliche Rationalisierung*, Frankfurt am Main: Suhrkamp Verlag, 1995, S. 127.

③ Jürgen Habermas, *Theorie des kommunikativen Handelns*, Bd. 1. *Handlungsrationalität und gesellschaftliche Rationalisierung*, Frankfurt am Main: Suhrkamp Verlag, 1995, S. 131.

④ Jürgen Habermas, *Theorie des kommunikativen Handelns*, Bd. 1. *Handlungsrationalität und gesellschaftliche Rationalisierung*, Frankfurt am Main: Suhrkamp Verlag, 1995, S. 26.

（二）效用性与真实性

既然同属于认知-工具领域，那么效用性与真实性之间有何关系？孔德曾将二者视为等同的。哈贝马斯认为，虽然孔德的观点是错误的，但不可否认的是，

> 行为的效用性同行为计划或行为规则中所暗含的一定预期的真实性之间有一种内在关系。"真实性"涉及事态在世界中的存在，而"效用性"则涉及对世界的干预，凭借这种干预，存在着的事态得以产生出来。①

在目的行为中，如果行为者想要其行为是合理的，那么就要满足如下条件，即他用来为其行为奠基的，是一种包含了满足真实性要求的知识的行为计划，按照这一计划，既定目标能够实现。② 正是由于这种内在关系，"目的行为模式为行为者提供了一种'认知-意志的复合体'，从而行为者一方面（通过感知为中介）形成关于存在着的事态的意见，另一方面能够提出以期待的事态能够存在为目标的意图"③。因此，对于目的行为，我们也可以用真实性要求来加以评判，而我们在进行这一评判时，所运用的是理论商谈。④

此外，与真实性要求的情况一样，要求效用性的目的行为指涉的世界也是客观世界，并对之采取了一种客体化立场。不过，这两种要求依然是有差异的。哈贝马斯认为，在围绕真实性的争辩中，客观世界固然

---

① Jürgen Habermas, *Theorie des kommunikativen Handelns*, Bd. 1. *Handlungsrationalität und gesellschaftliche Rationalisierung*, Frankfurt am Main: Suhrkamp Verlag, 1995, S. 26.

② Jürgen Habermas, *Theorie des kommunikativen Handelns*, Bd. 1. *Handlungsrationalität und gesellschaftliche Rationalisierung*, Frankfurt am Main: Suhrkamp Verlag, 1995, S. 29.

③ Jürgen Habermas, *Theorie des kommunikativen Handelns*, Bd. 1. *Handlungsrationalität und gesellschaftliche Rationalisierung*, Frankfurt am Main: Suhrkamp Verlag, 1995, S. 130.

④ 关于效用性的论证形式，哈贝马斯并未给予明确说明。如果从能够形成相关技术知识和策略知识的角度来说，目的行为的论证形式还是理论商谈（Jürgen Habermas, *Theorie des kommunikativen Handelns*, Bd. 1. *Handlungsration-alität und gesellschaftliche Rationalisierung*, Frankfurt am Main: Suhrkamp Verlag, 1995, S. 447）。但是，如果从目的行为造成现实效果角度来说，理论商谈是不能满足的，因为这种效果是在干预世界的行动中表现出来的。就此，我们应当讨论的是实用商谈。不过，哈贝马斯重视的不是目的行为是否达成其效果，而是这一行为模式在现实中的无限制扩展所造成的否定性后果，并着力对之展开批判。

是一个本体论前提，但争辩者对之是持一种反思立场的，即意识到客观世界"之所以具有客观性，是因为对于具有言语能力和行为能力的主体所组成的共同体而言，它永远都是同一个世界"①。与之相对，目的行为者对于客观世界所采取的是如下的"实在论立场"，即他们"从作为事实之所是的总体的世界的本体论预设出发，试图以此为基础来澄清合理行为的条件"，因此，目的行为者"只限于分析行为主体在能够设定并实现目的时所必须满足的条件"②。

（三）目的行为与交往行为

哈贝马斯在规定交往行为时，还采取了一种对比方法，即区分目的行为与交往行为。在此，我们可以反过来依据此区分来分析目的行为的特征。

首先，从言语行为的角度来看。作为目的行为类型之一的工具行为不是言语行为，因为它不涉及与其他行为者借助语言所进行的协调，因而这种行为就是与作为言语行为的交往行为相对立。对于目的行为中蕴含的目的，我们只能通过行为效果来加以推断，而这种行为本身及其行为者"绝不会主动让人们认识到这一点，也就是说，它们自身不会让人们认识到它们是一种有意图的行为"③，并且，对于目的行为者来说，他没必要通过形成语言陈述来主动交代自己的目的（甚至在某些情况下，主动坦白自己的目的可能会危及目的行为的预期）。作为目的行为另一类型的策略行为属于言语行为，不过它对语言的运用与交往行为是有差异的，区分的关键在于，"自然语言是否只是传达信息的媒介，还是同时也是社会性整合的源泉"。根据这一点，"在交往行为中，语言沟通的共识力量，即语言自身的约束力能够协调行为；而在策略行为中，协调效果依赖于行为者对行为语境以及行为者相互施加的影响，这是通过非言语行为实现的"④。

其次，从目的类型的角度来看。虽然交往行为和目的行为都可以说是有目的的行为，但二者所能达到的效果是不同的。哈贝马斯认为，在

---

① 〔德〕尤尔根·哈贝马斯：《交往行为理论》第 1 卷，曹卫东译，上海，上海人民出版社，2018，第 30 页。

② Jürgen Habermas, *Theorie des kommunikativen Handelns*, Bd. 1. *Handlungsrationalität und gesellschaftliche Rationalisierung*, Frankfurt am Main: Suhrkamp Verlag, 1995, S. 30.

③ 〔德〕于尔根·哈贝马斯：《后形而上学思想》，曹卫东、付德根译，南京，译林出版社，2012，第 54 页。

④ Jürgen Habermas, *Philosophische Texte*, Bd. 1. *Sprachtheoretische Grundlegung der Soziologie*, Frankfurt am Main: Suhrkamp Verlag, 2009, S. 204.

目的行为中，行为目的的特征可以用如下三点来描述："(a)独立于干预手段；(b)是一种因果意义上所实现的状态；(c)处于客观世界当中。"①而如果把交往行为理解为达成沟通目的的手段，那么行为者追求的目的并不符合以上描述。(a)虽然语言表达是达成沟通目的的工具，但这一工具与目的之间是相互解释的关系，任何一方离开另一方都无法得到解释。(b)行为者不能试图将沟通目的看作某种因果意义上所实现的东西，因为交往行为的效果依赖的是听者的合理赞同，这实际上已经超出了单个言说的理解范围，因而这种目的必须通过相互合作来实现。(c)在交往行为中，虽然沟通目的也会涉及客观世界，但行为双方相互承认对方是语言共同体中主体间共享的生活世界的成员，因此，沟通目的是直接地与生活世界相关的，而与包括客观世界在内的形式世界处于一种间接的反思关系当中。

最后，从满足合理性的类型的角度来看。目的行为和交往行为虽然都会涉及对知识的运用，但二者的运用方式是不同的。

> 如果我们从目的行为中对命题知识的非交往运用出发，我们就会遇到目的合理性概念……如果我们从言语行为中对命题知识的交往运用出发，我们就会遇到沟通合理性概念。目的合理性揭示的，是从因果角度干预存在着的事态之世界的条件；而沟通过程的合理性则是通过言语行为的有效性条件关系、言语行为提出的有效性要求以及商谈中兑现这些要求的理由来衡量的。②

不过，虽然目的行为是与交往行为对立的，但这并不意味着二者之间水火不容。因为"对事物事件的分散感知与操控能力，同主体间关于事物事件的沟通能力有着内在关系"③。交往合理性可以通过限制目的行为的僭越，为调节目的行为与其他行为之间的冲突提供可能。

---

① Jürgen Habermas，*Philosophische Texte*，Bd. 1. *Sprachtheoretische Grundlegung der Soziologie*，Frankfurt am Main：Suhrkamp Verlag，2009，S. 200.

② Jürgen Habermas，*Philosophische Texte*，Bd. 1. *Sprachtheoretische Grundlegung der Soziologie*，Frankfurt am Main：Suhrkamp Verlag，2009，S. 202.

③ Jürgen Habermas，*Theorie des kommunikativen Handelns*，Bd. 1. *Handlungsrationalität und gesellschaftliche Rationalisierung*，Frankfurt am Main：Suhrkamp Verlag，1995，S. 33.

第二节　理论商谈与实证主义社会研究方法批判

根据认知-工具合理性的两重结构及两种有效性要求，相关方法论也包括两个方面，即关于真理何以达成以及如何理解社会中的目的行为。从理论历史来看，马克思主义理论家们在前一方面似乎并未做出多少推进，而后一方面工作中最为显著的莫过于源自由卢卡奇、法兰克福学派第一代学者们所发展的工具理性批判。与之相对，实证主义不仅在经验科学方面的工作可圈可点，而且试图将自己的基本立场扩展到对社会现实的理解上。这不仅构成了对马克思主义理论传统的挑战，甚至有马克思主义学者将实证主义的立场引入对马克思的理解当中，并且这种实证主义作为一种"意识形态"，也构成了现代性问题意识层面的重要部分。就此而言，在方法论上，哈贝马斯试图从这两个方面来发展马克思主义的立场。一是认识的方法论，这集中在如何达至真理的问题，该问题将围绕理论商谈与共识这两个关键词展开；二是对实证主义的社会研究方法的批判。

一、理论商谈：真理共识论

按照哈贝马斯的主张，在形成真理的过程中，理论商谈与共识的关系可以概括为：主体之间可以通过理论商谈来获得关于命题真实性的共识，即在方法论上获得对真理的确证。这就是他提出的真理共识论。

(一)理论商谈的逻辑及其程序

哈贝马斯认为，由于语言的中介作用，在理论商谈过程中，"客观世界的客观性与交往的主体间性是相互指涉的"①。在认知-工具领域中，当一个人关于客观世界的意见遭到他者有理有据的反驳，或他对客观世界的干预遭到失败时，从知识的角度来说，作为具有合理性的主体，他就有必要利用理论商谈，来将反驳或失败中的负面经验转化为积极作用。因此，哈贝马斯将理论商谈规定为认知-工具领域中指向真实性要求的论证形式。

如图尔明所理解的那样，关于理论知识的合理性或陈述的有效性，

① Jürgen Habermas, *Truth and Justification*, Barbara Fultner, trans., Cambridge: The MIT Press, 2003, p. 16.

"既不能从经验主义的角度，也不能从绝对主义的角度加以证明"①。因此，围绕有效性而展开的论证逻辑，"既不同于陈述逻辑（它是在真值恒定的情况下对陈述的建构与转换规则进行说明），也不同于先验逻辑（它是为可能经验的对象的建构寻找相关基本概念）"②。当然，这种有效性也可以用一般逻辑模态的三个方面即三个模态词来分析，即"可能的""必然的"与"不可能的"。这些模态词在形式上标示出了理论商谈中的论据是否适合于支持或反驳真实性这一有效性要求。它们又可以分为两组。"必然的"与"不可能的"为一组，因为可以通过分析的理由或逻辑推导来将它们赋予某一论据。"可能的"为一组，因为它所标示的论据是"非形式性的，并且不仅仅根据分析的连贯性（或不连贯性）而是有效的（或无效的）"③，哈贝马斯又将这种论据称为"实质性的"。

进而，哈贝马斯利用图尔明提出的论证逻辑模式进行说明，这一说明可以表示为图 6-1（TD_1 模式④）：

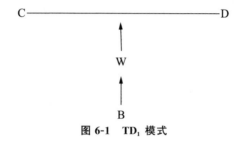

图 6-1 TD_1 模式

在 TD_1 中，断言内容或陈述（C = conclusion）通过一个原因或动机（D = data）而得到了解释，这一解释又是因引入推理规则（W = warrant，如经验同一性、法则原理等）而被证明是可信的推导，这些推理规则或一般前提的可信性要通过后续的或其他的观察、研究成果或确证

① 〔德〕尤尔根·哈贝马斯：《交往行为理论》第 1 卷，曹卫东译，上海，上海人民出版社，2018，第 44 页。

② Jürgen Habermas, *Vorstudien und Ergänzungen zur Theorie des kommunikativen Handelns*, Frankfurt am Main: Suhrkamp Verlag, 1995, S. 161.

③ Jürgen Habermas, *Vorstudien und Ergänzungen zur Theorie des kommunikativen Handelns*, Frankfurt am Main: Suhrkamp Verlag, 1995, S. 162.

④ Jürgen Habermas, *Vorstudien und Ergänzungen zur Theorie des kommunikativen Handelns*, Frankfurt am Main: Suhrkamp Verlag, 1995, S. 163. 在《真理理论》一文中，哈贝马斯提到了狭义的理论商谈与广义的理论商谈的区分，前者只涉及内在于既定的同一语言系统中的论据，而后者不仅包括这种狭义商谈，还包括对语言-概念系统与认知图式的反思，下文会论及其具体步骤。为简便起见，本书将前者称为 TD_1，后者称为 TD_2。

等(B＝backing)来辩护。上述三个模态词也可以用这一程序来解释：

> 如果 W 不能被解释为允许从 D 到 C 的分析性过渡的推理规则，那么论据就是(商谈模态意义上的)不一致的(即不可能的)。当 D 能够从 B 中推导出来时，论据就是强制的(即必然的)。在这两种情况中，我们所面对的是一种分析性的、非实质性的论据，因为针对 B 来说，W 不是非形式性的。……如果 B 和 W 之间不存在演绎关系，但 B 依然是一个充分的动机，能够支持 W 是可信的这一点，那么这就是商谈逻辑模态中"可能的"这一情况。①

对于理论商谈来说，这三个模态词所标示的证据都是必需的，不过，就其获得之难易程度而言，哈贝马斯认为，显然"可能的"论据是最难获得的，因而也是关键性的。如果 B 与 W 之间存在演绎关系，那么这种分析性的论据就具有(一定意义上的)无条件性，也就在一定时期内不会引发商谈(除非有新的现象足以引发对原论据及其关系的质疑，因而也就质疑了原陈述或理论的真实性)。从普通逻辑的角度来说，除了以演绎方式建立 B 与 W 之间的联系，另一方式就是归纳。因此，与道德商谈中的情况类似，哈贝马斯将归纳原则称为 TD_1 的搭桥原则，它用来为科学原理奠基，它"用于为有限数目的单称陈述(数据)到一种全称陈述(原理)的逻辑上的非连续性过渡提供辩护"②，论据由此展现其达成共识的力量。

当然，图尔明模式是一种抽象的理论模型，就具体的商谈理论过程而言，这一模式虽然适用，但却不全面。即便我们能够为 B 与 W 之间的非演绎关系提供辩护，也难以避免错误，而这种错误在既定的理论范式中有可能是无法解释的，甚至是无法发现的。因此，哈贝马斯认为，理论商谈的成功，不仅依赖于 TD_1 中论据的说服力，而且还需要一系列背景条件，即商谈所运用的语言-概念系统以及作为这一系统之成因的认知图式的发展。

哈贝马斯指出：

> 论据能够达成共识的力量，与用于论证目的的语言的和相应概

---

① Jürgen Habermas, *Vorstudien und Ergänzungen zur Theorie des kommunikativen Handelns*, Frankfurt am Main: Suhrkamp Verlag, 1995, S. 164.

② Jürgen Habermas, *Vorstudien und Ergänzungen zur Theorie des kommunikativen Handeln*, Frankfurt am Main: Suhrkamp Verlag, 1995, S. 167.

念系统的恰当性相关。只有当所有论据的所有部分都属于同一语言时，一种令人满意的论据才能出现。因为语言系统确定了基本概念，人们可以用这些概念来描述需要解释或辩护的现象。①

在理论商谈过程中，恰当的概念-语言系统起到了三方面的作用。首先，这一系统使我们在商谈过程中能够将需要解释或辩护的单个现象、断言内容或陈述，归于某类我们已经掌握的对象领域当中。其次，我们能够运用我们的已有知识形成相应论据，或者说，这一系统决定了"哪类经验作为证据引入既定论证语境当中。因为我们想要引入论据当中的观察数据、研究数据以及对需要的解释，自然都是被解释了的经验，并因此依赖于所选择的语言系统的范畴框架"②。最后，这一系统决定"将描述的现象与哪些原因、动机和根据，以及哪些法则预设或规范联系起来。论证用于展开因所从属的语言与概念系统而包含在现象描述当中的内涵"③。因而我们能够就现象或关于它的陈述的真实性要求展开论辩。

进一步说，能够确保所选择的语言-概念系统恰当性的是认知图式的发展。"认知图式是个性系统与社会系统主动深入研究自然的结果：它们是在同化过程以及与此同时的适应过程中形成的。这些图式的基础层面进入个性结构当中，并形成了认知装置。"④这意味着，认知图式具有可变性与先天性的双重特性，即"它们一方面是依赖于经验的形成过程的结果，而另一方面它们对于经验（这些经验是在这些图式之下被组织为经验的）来说又好像是先天有效的"⑤。对于 TD_1 的顺利实现来说，认知图式的后一方面特性是极为重要的。当系统恰当性获得了认知图式的保障（或证明），那么如前所述，将需要解释或辩护的现象或陈述归于某类对象领域的做法就具有了合理性。所以，认知图式间接地为依赖于这种发展的陈述的有效性提供了担保。

根据上述说明，哈贝马斯给出了 TD_2 的程序：

---

① Jürgen Habermas, *Vorstudien und Ergänzungen zur Theorie des kommunikativen Handeln*, Frankfurt am Main: Suhrkamp Verlag, 1995, S. 165.

② Jürgen Habermas, *Vorstudien und Ergänzungen zur Theorie des kommunikativen Handeln*, Frankfurt am Main: Suhrkamp Verlag, 1995, S. 166.

③ Jürgen Habermas, *Vorstudien und Ergänzungen zur Theorie des kommunikativen Handelns*, Frankfurt am Main: Suhrkamp Verlag, 1995, S. 166.

④ Jürgen Habermas, *Vorstudien und Ergänzungen zur Theorie des kommunikativen Handeln*, Frankfurt am Main: Suhrkamp Verlag, 1995, S. 167.

⑤ Jürgen Habermas: *Vorstudien und Ergänzungen zur Theorie des kommunikativen Handeln*, Frankfurt am Main: Suhrkamp Verlag, 1995, S. 167.

（1）引发商谈。曾被视为真的陈述或理论遭到质疑或挫折，因而其受争议的有效性要求成为商谈对象。（2）进入 TD_1。"对成问题的断言的做理论解释，即说明内在于所选择的语言系统的中的论据"①。从内容上说，这一商谈包括两个方面：一方面，借助观察到的规则、单个原理或理论来解释现象（或陈述）；另一方面，借助其他相关理论来解释理论命题与理论。（3）进入元理论商谈。"对最初选择的语言系统进行修正，或权衡可供选择的语言系统的恰当性。"②（4）展开知识批判。这涉及对认知图式可变性的反思，这种反思"导致了一种一般知识的规范性概念。这最后一步超出了理论商谈的界限。它通向了如下这种商谈层面，在该层面上，我们……查验什么应当被视为知识"③。因此，认知图式的先天性只是一种有用的"假象"，它依然需要知识批判来赋予其合理性。

上述过程可以概括如图 6-2（TD_2 模式）：

引发并执行TD_1 ⟶ 反思语言-概念系统 ⟶ 反思认知图式

图 6-2　广义理论商谈的程序（TD_2 模式）

TD_1 的各个步骤涉及的是论据的不同层面，而 TD_2 的各个步骤涉及的则是商谈的不同层面，是对 TD_1 的背景条件、预设的反思。当然，在具体的商谈过程中，我们并不一定需要完成所有这些步骤，对于通常的理论知识而言，TD_1 已经足够了，这也是认知-工具合理性的能力范围（也是通常的达成关于单个陈述之真理的共识的范围）。而一旦发生理论范式危机甚至关于知识定义的争论，那么就必须超出 TD_1，就需要追求更高层次意义上的"真理共识"，就要进入 TD_2 中关于语言-概念系统、关于认知图式的反思批判，认知-工具合理性也就力所不及了。这就必须依赖于交往合理性，因为正是它能够确保不同商谈层面之间自由转换、自由地来回往还，最终达成合理共识。而实现这一点的具体条件，正是哈贝马斯所称的理想的言说情境或一般论证的预设。

（二）与真理相联系的合理共识

真理共识论并非哈贝马斯的首创，他曾明确指出他关于这一主张的思考得益于皮尔士的真理论。皮尔士指出，"那种最终必然会被所有研究

---

① Jürgen Habermas, *Vorstudien und Ergänzungen zur Theorie des kommunikativen Handeln*, Frankfurt am Main: Suhrkamp Verlag, 1995, S. 174.

② Jürgen Habermas, *Vorstudien und Ergänzungen zur Theorie des kommunikativen Handeln*, Frankfurt am Main: Suhrkamp Verlag, 1995, S. 174.

③ Jürgen Habermas, *Vorstudien und Ergänzungen zur Theorie des kommunikativen Handeln*, Frankfurt am Main: Suhrkamp Verlag, 1995, S. 175.

者赞同的意见，就是我们所说的真理"①。当然，这种为所有相关者赞同的意见，绝不是偶然形成的。② 在商谈过程中获得的共识是一种"得到奠基的共识"(der begründete Konsensus)，这种共识作为商谈的结果，"既不能通过逻辑强制来决定，也不能通过经验强制来决定，而是通过'更好的论据的力量'来决定的"③，是论证参与者在商谈过程中运用交往合理性所规定的主体间程序，在理想言说情境的预期下获得的结果。

无论是 TD_1 中的 W，还是 TD_2 中的语言-概念系统或认知图式，都是作为商谈过程的背景知识来运用的。从共识的角度来看，它们可以被称为"背景共识"，它们在特定语境中满足了真实性。当然，在实际科学认识活动中，图 6-2 中展现的从左至右的商谈层次需要展开的可能性是递减的，因而我们意识到它们是共识的可能性也是递减的。而当低层次的商谈不再能够满足达成认识的需要，那么进一步的商谈就会认为低层次商谈的背景知识是成问题的，并就之展开论辩。不同商谈层次的直接对象是不同的，但我们还是能够对它们达成的共识做出一些一般规定。

哈贝马斯认为，根据真理共识论，

> 我能够将一个谓词归于一个对象，当且仅当能够与我进行商谈的任何其他人也都将同一谓词归于同一对象。为了区分真假命题，我诉诸其他人的判断，也就是能够与我进行商谈的所有其他人(包括所有反事实意义上的商谈参与者，如果我的生命历史与人类历史一样长久的话，我就能够遇到这些参与者)的判断。命题的真理条件是所有其他人的潜在同意。任何其他人都应当确信，我在用谓词 p

---

① Charles S. Peirce, *Philosophical Writings of Peirce*, Justus Buchler, ed., New York: Dover Publications, Inc., 1995, p. 38.

② 按照尼古拉斯·雷舍尔的观点，真理问题包括真理标准与真理意义两方面，前者涉及的是运用真理概念的条件，而后者涉及的是关于真理概念的定义(Nicholas Rescher, *The Coherence Theory of Truth*, Oxford: Clarendon Press, 1973, p. 1)。在《真理理论》一文中，哈贝马斯曾将共识视为真理的标准。但是这引发了质疑和批评。为此，在1983，哈贝马斯作了如下增补："谈及真理标准是有误导性的。真理共识论解释的是真理概念的意义，尽管涉及一种程序——不过不是发现真理，而是兑现真实性要求的程序。"(Jürgen Habermas, *Vorstudien und Ergänzungen zur Theorie des kommunikativen Handeln*, Frankfurt am Main: Suhrkamp Verlag, 1995, S. 160.)不过，虽然哈贝马斯做了上述修正，但从其文本来看，他并未像雷舍尔那样看重真理问题不同方面的区分。

③ Jürgen Habermas, *Vorstudien und Ergänzungen zur Theorie des kommunikativen Handeln*, Frankfurt am Main: Suhrkamp Verlag, 1995, S. 161.

来断言客体 x 时是正当的，并且能够赞同我。①

这里需要注意的关键词是"所有"和"潜在"，它们涉及哈贝马斯关于共识达成所依赖的理想言说情境。

的确，就实际的商谈过程及其达成的共识而言，参与者通常只能根据一部分人的赞同来检验其断言是否符合真实性要求。那么，如何区分合理共识与在特定条件下也能够获得赞同的虚假共识？这里的关键就是理想言说情境。哈贝马斯指出，在商谈过程中，参与者总是自信地知道如何区分合理共识与虚假共识，这是因为，

> 他们相互预设了理想的言说情境这类东西。它的关键特征是任何在其条件下获得的共识都能实际上被视为合理共识。我认为，只有对一种理想言说情境的预期，才能在涉及事实上达成的共识时确保这种共识是一种合理共识。同时，这种预期是一种批判性标准，它也可用于质疑任何实际上达成的共识……只有当我们假设我们在每一商谈中都要求预设理想言说情境，真理共识论才能摆脱论据的循环运动。②

当然，虽然合理共识是在对理想言说情境的预期下获得的，是不同于虚假共识的，但这并不排除合理共识的可错性：

> 一种商谈达成的一致使我们有权认为一个命题是真实的。但关于客观世界，命题的真实性预示着一个事实——一个事态的存在。事实将它们的事实性归因于它们植根于一个客体世界中，这些客体独立于我们对它们的描述。这种本体论描述意味着，无论多么认真地建立起关于命题的共识，以及多么好地为命题做辩护，根据新的证据，命题都有可能被证明是错的。③

哈贝马斯作为法兰克福学派成员，之所以着手处理认知-工具合理性

---

① Jürgen Habermas, *On the Pragmatics of Social Interaction*，Barbara Fultner, trans.，Cambridge：Polity Press，2001，p. 89.
② Jürgen Habermas，*On the Pragmatics of Social Interaction*，Barbara Fultner, trans.，Cambridge：Polity Press，2001，p. 97.
③ Jürgen Habermas，*Truth and Justification*，Barbara Fultner, trans.，Cambridge：The MIT Press，2003，p. 257.

问题，不仅仅是因为对认识问题的关注，而且是出于建构社会批判理论的需要。他正是由此提出了认识兴趣理论。虽然随着交往行为理论的提出，哈贝马斯声称放弃了认识论进路的社会批判理论方案，但这种放弃并非根本性的，更为恰当地来说，他实际上是为认识兴趣理论找到了交往合理性理论这一基础性框架，并由此将之作为整体性的社会理论的一部分。这也就使得他在考察认知-工具合理性中的真理问题的同时，能够进一步对认知-工具合理性在现代社会中造成的现实结果展开分析批判。为此，在方法论层面上，哈贝马斯反思了占据社会研究主流的实证主义方法。

二、实证主义社会研究方法及其批判

实证主义的社会理论与马克思主义有着一定相似之处，因为从合理性角度来看，它们都是在现代合理性发展的背景下提出的，并且都试图对现代化进程中认知-工具合理性所造成的现实后果做出解释。正是因此，继承马克思主义理论-实践传统的哈贝马斯，必须重视实证主义这个对手。在社会理论方面，建立于实证主义认识论之上的是其社会研究方法。在此，本书将首先讨论这种方法与目的行为及其现实后果之间的关系，而后展现哈贝马斯对之所做的批判。

(一)实证主义社会研究方法的两个基本预设

实证主义在理性观念上出现了狭隘化倾向，即将认知合理视为唯一的理性形态，与之相应的是将自然科学作为理论知识的样板。在实证主义的社会研究中，其认识论上客观主义的、唯科学主义的科学观也得到了贯彻。当然，实证主义在其发展中具有不同形态，甚至经历了自我反思批判的过程。不过，正如杰弗里·C. 亚历山大所言，虽然"当今最圆熟的社会学思想家早已避而不谈古典实证主义的那些形式的方法论原则了。然而，在更高的类概念的意义上的实证主义仍然是渗透在当今社会科学中的一种倾向"[①]。在此，本书无意对具有实证主义倾向的社会研究方法做全面梳理，而仅讨论其最为重要且相互关联的两个基本预设：经验还原论与价值中立原则。

关于社会行为的经验还原论指的是，实证主义在研究社会时，抛开了行为主体的意向意义（Sinn），采取在自然科学中作为基础的观察实验方法来对待社会行为，使之具有与自然科学对象一样的"公共可观察性"，

---

① 〔美〕杰弗里·C. 亚历山大：《社会学的理论逻辑》第 1 卷，于晓、唐少杰、蒋和明译，北京，商务印书馆，2008，第 6 页。

也就是将复杂的社会实践行为转换为单纯的目的行为。基于这种方法论，实证主义者认为，虽然个体主观感知能力存在差异，但这种差异"可以通过建立客观的准则，如建立统一的度量标准和度量工具而加以克服。由于对绝大多数人而言，感性经验是公共可观察的，并能通过测量加以量化，科学所需要的客观性和精确性就能建立起来"①。那么，经过还原之后的行为经验如何是真的？实证主义者虽然将人的行为还原为可观察的经验，但他们并不否认人的理论知识能够对其行为发挥影响，反过来，这种影响又可以作为理论知识的确证。不过，正如其认识论表明的，他们所理解的理论知识主要是甚至只是自然科学意义上的知识（至多包括按照自然科学样板构建的社会科学知识）。那么作为这种知识之确证的行为效果，仅仅是在技术层面上来讨论的。所以，在实证主义的框架中，"理论和实践的关系，只是更多地适用于如下一点，即对有经验科学保障的技术的目的上合理的使用"②。换言之，理论与实践之间的合理关系，就是这种目的合理行为模式中经验知识与技术效果之间的"符合"。

与上述方法论相应的，是实证主义在研究过程中坚持的价值中立原则。由于实证主义将社会行为还原为经验上可观察的、符合目的合理性的行为，因此，往往带有主体印记的价值方面就成为某种不必要甚至是干扰性的要素，必须予以排除。如此一来，实证主义以为，它通过科学的研究方法，

　　　　撕下了那种被用来证明特殊的伦理和政治制度之社会、人类普遍视角的规范性——因此也是"非认知的"、"主观的"和"非理性的"——基础的假面具。这些规范的普遍性视角伪装成科学，甚至经常作为一种高于科学的知识形式，但是，它们实际上是自然科学进步和人类生活合理化的障碍。③

在此意义上可以说，实证主义以祛除规范性要素，甚至祛除启蒙理想自身的方式，"继承"了启蒙的工作。

---

① 张庆熊：《社会科学的哲学——实证主义、诠释学和维特根斯坦的转型》，上海，复旦大学出版社，2010，第12页。
② Jürgen Habermas, *Theorie und Praxis*, Frankfurt am Main: Suhrkamp Verlag, 1978, S. 308.
③ 〔美〕托马斯·麦卡锡：《哈贝马斯的批判理论》，王江涛译，上海，华东师范大学出版社，2010，第6页。

(二)对两个基本预设的批判

在哈贝马斯看来，实证主义的上述两个预设都是成问题的。社会行为的经验还原论忽视了理性以及社会行为的复杂性，而所谓的价值中立原则也并未真正做到中立性，而且削弱了对认知-工具合理性的合理限制，甚至促进了后者的僭越。为此，哈贝马斯着力对这两个预设展开了批判。

一是对社会行为的经验还原论的批判。哈贝马斯认为，这种还原论抹杀了对社会行为的区分，特别是目的行为与交往行为之间的区分。虽然有论者批评哈贝马斯所做的这一区分，但他依然坚持这一区分对于研究社会行为来说是恰当且必要的。在他看来，对于目的行为与交往行为的区分，绝不会因反对实证主义而将这两种行为层面在现实中割裂开来。相反，他认为这一区分不仅能够为实证主义试图解释的目的行为提供更为广阔的理论框架，而且相较于实证主义，能够更为恰当地处理复杂的社会行为。因此，基于上述区分，能够将抽离掉实证主义还原论的主体意向以及决定这种意向的文化传统等要素纳入研究范围。如此一来，理论与实践之间的关系就不再仅仅是技术意义上的，而且必须囊括规范性维度。因此哈贝马斯指出，

> 文化传统是一种规定着社会群体的世界观的符号语境，它是以日常语言形式表达出来的，并且由此是在群体之间可能的交往框架中表达出来的。因此，社会行为只能在指涉社会群体的自我理解在其中得以表达的传统文化样式系统时才能存在。行为科学方法论不能回避意义理解问题，不能回避解释学意义上运用的文化传统问题。①

如此，在哈贝马斯看来，符合论式的理解就不够用了，必须引入以主体间对称关系为前提的真理共识论以及批判解释学，因为它们恰恰能够容纳以上这些要素，并且必须将之作为商谈的内容和对象。

二是对研究方法的价值中立原则的批判。哈贝马斯认为，虽然表面看来，价值中立原则并未包含任何具体的价值取向，但它依然是一种特殊的价值观。这是因为，基于价值中立原则进行的实证主义意识形态批判赞同不断进步的、认知-工具意义上的合理化。在这种立场中，"包含

---

① Jürgen Habermas, *On the Logic of the Social Sciences*, Shierry Weber Nicholsen and Jerry A. Stark, trans., Cambridge: The MIT Press, 1998, pp. 55-56.

着一种排斥一切其他兴趣的技术的认识兴趣"，对于这种兴趣来说，"目的合理性意义上手段选择的经济性，即通过有限预测、以技术建议形式而被证实的经济性是唯一被允许的'价值'"①。当然，实证主义者是不会承认其为一种价值的，因为他们将它与合理性本身等同起来。由此出发，实证主义就能够凭据这种"唯一的"合理性，通过唯科学主义的"意识形态批判"，祛除所有阻碍科学进步及其单纯技术应用的价值观念。但在哈贝马斯看来，如此，在社会层面上，实证主义观念也就陷入了非反思的独断论，"它毫无保留地支持技术知识的扩大和传播"②。所以，虽然实证主义看似继承了启蒙的祛除蒙昧的工作，但实际上，它与本章第三节中将要讨论的"技术统治论"的意识形态相辅相成，祛除了反思，制造了新的蒙昧。

与实证主义相对，在哈贝马斯看来，在面对社会行为所蕴含的价值取向时，我们不能也无法采取一种完全客观中立的立场，因为研究者本身就是处于一定文化传统约束、生活世界情境当中的。但这并不妨碍我们对于价值观本身，乃至于"兴趣"做出批判性反思（如批判解释学所做的那样）。关于多种社会行为模式的区分为此提供了可能。不同行为模式、合理性形态所具有的兴趣之间是分离的，不应当被强行统一，但这也不意味着它们之间是无法沟通的，凭借交往合理性，它们能够实现一种良性的互动。而交往合理性虽然并不包含具体的价值取向，但它却指向一种人类不断追求的最高兴趣——解放兴趣，目的行为的技术兴趣应当服从于这一兴趣。

第三节　技术兴趣与生活世界的去殖民化

哈贝马斯认为，虽然现代性进程在不断发展变化，但卢卡奇以及法兰克福学派第一代理论家批判的现代性问题并未从根本上消失，因此依然需要通过建构起新的元理论-方法论框架，继续从认知-工具领域角度对现代性问题做分析批判。哈贝马斯最初延续第一代批判理论的研究路向，对近代以来自然科学与技术的飞速发展及其社会实践、意识后果进行了分析，这一成果在其提出的晚期资本主义危机理论中得到了更加充

---

① Jürgen Habermas, *Theorie und Praxis*, Frankfurt am Main: Suhrkamp Verlag, 1978, S. 317.

② 〔德〕尤尔根·哈贝马斯：《理论与实践》，郭官义、李黎译，北京，社会科学文献出版社，2010，第248页。

分的阐发，为其之后的现代性合理化问题研究提供了基本的经验对象。与此同时，哈贝马斯将早期的认识兴趣理论中提出的技术兴趣扩展纳入交往合理性理论中，提出了技术民主化方案，并将之整合进重建生活世界的规划当中。

一、科学技术进步的后果与晚期资本主义危机

认知-工具合理性的发展本身是现代性过程开启的重要动力，也是生活世界结构分化的诱因。但是，这种合理性的片面发展也成为生活世界病态现象的动因，成为阻遏不同合理性实现良性互动的障碍。认知-工具领域在现代性过程中的片面扩张一直是哈贝马斯关注的核心问题，在《作为"意识形态"的技术与科学》中，他集中讨论了科学技术进步在实践与意识层面上带来的负面效果，在之后的《合法化危机》《重建历史唯物主义》中，他又将上述相关讨论扩展并纳入关于晚期资本主义危机的理论当中。

（一）科学技术进步的实践与意识后果

根据认知行为与目的行为这种二分模式，认知-工具合理性不仅能够在认知性的经验科学中发挥作用，而且能够在社会系统建构中发挥作用。按照实证主义的基本观念，科学技术进步与人类社会的合理化之间存在着一种正相关关系，即随着科技进步以及以自然科学为样板的社会科学的发展，我们不仅能够更为精确地预测人类行为，而且能够对之加以控制，进而形成对整个社会的合理操控。然而，在哈贝马斯看来，科技进步对社会实践活动造成的一系列影响似乎预示了类似趋势，但这并不意味着技术操控社会是正当的。当然，他也注意到，实证主义的这种设想虽未成为现实，但由此而来的一种新的意识形态——技术统治论——却使得人们难以真正认识科学技术进步在实践方面造成的负面后果。因此，哈贝马斯认为我们有必要超出实证主义的理解，重新批判地思考技术进步所带来的成果与挑战。

1. 科学技术进步对社会制度框架演变的作用

现代科学技术的运用极大提高了人类的物质生活条件和人类适应与改造外部自然环境的能力。不仅如此，哈贝马斯认为，科学技术进步也对"社会系统的制度框架或者社会生活的世界"发挥了作用："科学和技术的合理形式，即体现在目的理性活动系统中的合理性，正在扩大成为生活方式，成为生活世界的'历史的总体性'。"①

---

① 〔德〕尤尔根·哈贝马斯：《作为"意识形态"的技术与科学》，李黎、郭官义译，上海，学林出版社，1999，第47页。

在传统社会中，生产方式、技术和科学的稳定模式，

> 使得制度框架同目的理性活动的子系统的独特关系有了可能：以社会劳动系统和在社会劳动中积累起来的、技术上可以使用的知识为出发点，自身发展着的这些子系统，虽然取得了可观的进步，但却从未使自身的"合理性"发展成为使统治合法化的文化传统的权威受到公开威胁的程度。①

不过，

> 自从资本主义的生产方式使[它的]经济制度具备了一种尽管不是没有危机、但从长远观点看却能使得劳动生产率持续增长的有机规律之后，新的技术和新的策略的实行，一句话，革新本身就制度化了。资本主义的生产方式……可以被理解成为这样一种机制，这种机制能够保证目的理性活动的子系统不断发展，从而动摇了[传统社会的]制度框架在生产力面前的传统的"优越性"。②

随着传统制度结构的稳定性与优越性的崩溃，出现了现代社会特有的一种不协调关系，即两种适应形式之间的不协调。一方面，人类对于外部生存条件的适应是通过以技术为表征的目的行为展开的，是一种主动的适应形式。另一方面，一旦制度框架的变革不是有计划提出的，而是"直接或间接地归因于生产、交往、军事等领域中的新技术或战略的改进"③，那么制度框架的适应就是被动的。哈贝马斯认为，应当使制度框架的变化化被动为主动，并将社会结构的变化置于人自身的监督之下，从而最终使得人能够摆脱历史必然性，获得自由解放。

实际上，发达资本主义国家正在试图完成这一主动化过程，不过其结果却存在着技术领域兼并社会实践领域的危险。从合理性角度来看，这表现在一种"来自下面的"合理化过程当中。哈贝马斯指出，在资本主义社会中：

---

① 〔德〕尤尔根·哈贝马斯：《作为"意识形态"的技术与科学》，李黎、郭官义译，上海，学林出版社，1999，第52页。

② 〔德〕尤尔根·哈贝马斯：《作为"意识形态"的技术与科学》，李黎、郭官义译，上海，学林出版社，1999，第53页。

③ 〔德〕尤尔根·哈贝马斯：《作为"意识形态"的技术与科学》，李黎、郭官义译，上海，学林出版社，1999，第73页。

　　　　一旦新的生产方式一方面随着财产和劳动力的区域性的交换活动的制度化，另一方面随着资本主义经营的制度化得到确立，便会自下产生一种持续性的适应压力。在社会劳动的系统中，生产力的累积性进步，以及以此为出发点的目的理性活动的子系统的横向发展是有保障的……这样一来，诸种传统的联系……都将日益屈从于工具合理性或策略合理性的条件。于是，在现代化的压力下，形成了社会的基本设施。这种基本设施一步一步地涉及了一切生活领域。①

这就是系统性整合取代了社会性整合，调节社会交往的手段是否合理的最主要甚至是唯一的标准就是认知-工具合理性，这一点在第四章所讨论的法律-政治制度工具化中表现得尤为明显。

　　2. 作为意识形态的"技术统治论"

　　除了上述"来自下面的"合理化过程，在现代社会中还存在着一种与之相应的"来自上面的"合理化过程，这就是技术统治论的意识形态。其基本信念是，"用我们许久以来把自然过程置于我们的控制之下的方法来控制制度框架对前进中的技术系统的那种滞后的被动适应，来控制进入社会生活世界中的技术进步的无计划的、社会和文化的后果"②。技术统治的梦想虽然尚未完全实现，但我们却不能简单地认为其是虚假的，因为不仅"来自下面的"合理化反映出了这种趋势，而且它本身是在合理化过程中依靠科技进步而产生的。自现代性进程开启以来，"使统治合法化的和指明行为导向的那些传统，特别是用宇宙观对世界所作的解释，根据目的理性的新标准，丧失了自身的约束力"③。这在一定程度上要归因于现代自然科学的发展：

　　　　新的物理学用哲学的观点解释自然和社会以及它们同自然科学的互补关系，可以说，它导致了十七世纪机械论世界观的产生。古典的自然法就是在十七世纪机械论世界观的框架中重建起来的。这

---

　①　〔德〕尤尔根·哈贝马斯：《作为"意识形态"的技术与科学》，李黎、郭官义译，上海，学林出版社，1999，第55页，译文有改动。

　②　〔德〕尤尔根·哈贝马斯：《理论与实践》，郭官义、李黎译，北京，社会科学文献出版社，2010，第270~271页。

　③　〔德〕尤尔根·哈贝马斯：《作为"意识形态"的技术与科学》，李黎、郭官义译，上海，学林出版社，1999，第56页。

种现代的自然法曾经是十七、十八和十九世纪资产阶级革命的基础，资产阶级革命最终摧毁了旧的统治的合法性。①

面对这种状况，新生的资本主义需要为自身的统治确立新的合法性，这种合法性是"对世界的传统的教义解释的批判，并且要求科学性"②。不过，资本主义自其产生一直到晚期资本主义时期，都未能成功解决这一问题。为此，它就需要技术统治论这种意识形态。

如实证主义所谓的价值中立原则那样，这种意识形态具有一种中立的假象，因为它依靠的是技术进步及其同科学的紧密结合，这也就为它带来了两个方面的特征。一方面，"技术统治的意识同以往的一切意识形态相比较，'意识形态性较少'，因为它没有那种看不见的迷惑人的力量"③。旧的意识形态往往表达了关于"美好生活"的设想，涉及某种特定的价值取向。而技术统治论是将合理性狭隘化为认知-工具合理性，它固然需要调节人的社会生活关系，但由于这种狭隘化，它在表面看来摆脱了任何特定的价值观，并由此不再像旧意识形态那样依靠制造幻想、蛊惑或宣传等欺骗手段进行统治。另一方面，这种新的意识形态"比之旧式的意识形态更加难以抗拒，范围更为广泛"④。以往意识形态遮蔽的事实是某一或某些社会群体对其他群体的剥削和压迫，而当剥削和压迫达到人们的容忍极限时，意识形态自身的虚伪性便会暴露出来，从而产生出与之对立的意识。与之相反，技术统治论建立的"不再是一种没有得到改进的剥削和压迫……不能像旧的意识形态那样以同一种方式建立在对集体的压制上"⑤。由于这种意识形态将自身的辩护标准同认知-工具合理性活动所构成的子系统的功能紧密联系起来，将技术进步以及由此而来的生产力发展作为国家乃至社会生活的核心，消除了实践与技术的差别，也就暗示人们不必再去追问规范性意义上的"美好生活"问题。

哈贝马斯认为，相较于传统的意识形态，技术统治论由于具有更强

① 〔德〕尤尔根·哈贝马斯：《作为"意识形态"的技术与科学》，李黎、郭官义译，上海，学林出版社，1999，第57页。
② 〔德〕尤尔根·哈贝马斯：《作为"意识形态"的技术与科学》，李黎、郭官义译，上海，学林出版社，1999，第56页。
③ 〔德〕尤尔根·哈贝马斯：《作为"意识形态"的技术与科学》，李黎、郭官义译，上海，学林出版社，1999，第69页。
④ 〔德〕尤尔根·哈贝马斯：《作为"意识形态"的技术与科学》，李黎、郭官义译，上海，学林出版社，1999，第69页。
⑤ 〔德〕尤尔根·哈贝马斯：《作为"意识形态"的技术与科学》，李黎、郭官义译，上海，学林出版社，1999，第70页。

的隐蔽性和更大范围的影响力，其危害也就是更为巨大的。

> 技术统治论的命题作为隐形意识形态，甚至可以渗透到非政治化的广大居民的意识中，并且可以使合法性的力量得到发展。这种意识形态的独特成就就是，它能使社会的自我理解同交往活动的坐标系以及同以符号为中介的相互作用的概念相分离，并且能够被科学的模式代替。①

如此一来，技术统治论不仅能够实现维护特定阶级的局部统治利益这一传统功能，而且更为严重的是，它"损害了同由日常语言交往所决定的社会化和个体化的形式联系在一起的兴趣。这种兴趣既涉及维护沟通的主体间性，也涉及建立一种摆脱统治的交往。技术统治的意识可以让这种实践兴趣消失在扩大我们的技术支配力量的兴趣后面。"②由此最终损害人类要求实现解放的兴趣本身。那么接下来的问题是，什么是科技进步以及技术统治论所表现出的技术兴趣？这种兴趣如何能够回归其本来的合法领域？上述问题将在下一部分中予以讨论。在此之前，我们有必要引入哈贝马斯关于晚期资本主义危机的分析，这将有助于我们更加清楚地理解认知-工具领域的片面扩展给当代社会带来的负面效应。

(二)晚期资本主义社会的四种危机趋势

在社会理论运用危机概念之前，它已经存在于医学和戏剧当中。哈贝马斯认为，医学和戏剧的使用，都表达出了危机这一术语的基本意涵，即危机虽然是与一种外部客观力量相关的，但对危机的理解并不因此就能够脱离处于危机之中的人或主体，正是客观力量剥夺了主体的正常控制能力才会造成危机。由此，危机的克服就意味着陷入危机的主体重获能力、获得解放。这对于社会理论的危机概念来说依然有着本质性意义。在社会研究中，系统论所提供的危机概念具有典型意义。如被哈贝马斯视为这种概念代表的马丁·耶尼克曾对一个存在着危机的系统做出过如下规定："这个系统(a)客观上处于紧迫的变革压力之下，(b)自身中产生在结构上全面改善现存关系的观念，并且最终(c)同时也产生贯彻这种变

---

① 〔德〕尤尔根·哈贝马斯：《作为"意识形态"的技术与科学》，李黎、郭官义译，上海，学林出版社，1999，第63页。

② 〔德〕尤尔根·哈贝马斯：《作为"意识形态"的技术与科学》，李黎、郭官义译，上海，学林出版社，1999，第71页，译文有改动。

革的社会学手段。"①根据这种系统论的危机概念,克服危机的关键在于通过变革系统的结构来保持系统的继续存在。但这种概念的不清晰之处也在于此,因为按照它,"同样的系统发生改变,既可以说是系统的学习过程和转型过程,也可以说是系统的瓦解过程和崩溃过程。究竟是有一种新的系统在形成,还是只有旧系统在更生,这是无法明确判定的"②。

同时,哈贝马斯认为,虽然可以说系统出现了危机,但毕竟"系统不能说是主体;根据前科学概念的定义,只有主体才会被卷入危机。在社会成员感觉到结构变化影响到了继续生存,感觉到他们的社会认同受到威胁时,我们才会说出现了危机"③。不过,如果我们对危机的理解仅止于此的话,那么就会陷入唯心主义,因为这尚未涉及危机的意识形态(关于危机的意识)与实实在在的危机经验的区分,或者说,尚未涉及危机过程的客观性。哈贝马斯认为,这种客观性在于:

> 危机是从无法解决的控制问题中产生出来的,认同危机与控制危机紧密相关。虽然行为主体绝大部分情况下都没有意识到控制问题的重要性,但这些控制问题造成了一些后果,对主体的意识产生了特殊的影响,以至于危及到了社会性整合。因此,一种适当的社会科学危机概念应当能够把握住系统性整合与社会性整合之间的联系。④

这正是哈贝马斯在分析晚期资本主义社会的危机趋势时试图完成的。

哈贝马斯认为,在晚期资本主义社会中存在着四种可能的危机,即经济子系统中的经济危机、政治管理子系统中的合理性危机与合法化危机,以及社会文化领域中的动机危机。

1. 经济危机

经济危机并非只是晚期资本主义社会中才出现的。早在前一阶段即

---

① Martin Jänicke, "Krisenbegriff und Krisenforschung", in *Beiträge zur politikwissen-schaftlichen Krisenforschung*, Martin Jänicke(Hg.), Opladen: Westdeutscher Verlag, 1973, S. 13.

② 〔德〕尤尔根·哈贝马斯:《合法化危机》,刘北成、曹卫东译,上海,上海人民出版社,2019,第5页。

③ 〔德〕尤尔根·哈贝马斯:《合法化危机》,刘北成、曹卫东译,上海,上海人民出版社,2019,第5页。

④ 〔德〕尤尔根·哈贝马斯:《合法化危机》,刘北成、曹卫东译,上海,上海人民出版社,2019,第6页,译文有改动。

自由资本主义时期就已出现了周期性经济危机。在分析这种危机时，哈贝马斯赞同马克思，认为资本主义经济子系统中存在着一种螺旋式上升的矛盾，这可以从资本积累及其实现两个角度来看。从资本积累的角度来看，

> 一方面，大量的交换价值和使用价值（即资本和社会财富），通过提高相对剩余价值，即通过既能使资本增殖，又能减少开支的技术进步积累起来。另一方面，在每一个新的积累阶段上，资本构成的变化都不利于唯一能够继续生产剩余价值的可变资本。由此，马克思推导出了利润率下降的趋势以及积累过程的动力持续减弱的趋势。①

从资本实现的角度来看，

> 一方面，在每一个新的积累阶段，随着剩余价值的增多，潜在的社会财富也在增长；但另一方面，大众的消费能力以及与此相关的资本运作机会也会有同样程度的提高，但前提是资本拥有者必须放弃相应比例的私有剩余价值。因此，由于缺少资本实现的可能性，或缺少对投资的刺激，积累过程就必定会陷入停滞。②

与此同时，哈贝马斯又将上述分析按照系统-生活世界框架来加以解释。他认为，"经济危机源于矛盾的系统命令，并因此威胁着社会性整合"，因此它"具有从目的理性行为系统中心迸发出来的自然灾难的特征"③。就此而言，经济危机不仅仅是经济子系统内的危机，它同时也是生活世界的社会方面的危机，"在此危机中，行为集团的利益相互冲突，并且对该社会的社会性整合提出了质疑"④。

经济危机根植于资本主义的生产方式当中，因而不能依靠单纯的市

---

① 〔德〕尤尔根·哈贝马斯：《合法化危机》，刘北成、曹卫东译，上海：上海人民出版社，2019，第31~32页。
② 〔德〕尤尔根·哈贝马斯：《合法化危机》，刘北成、曹卫东译，上海：上海人民出版社，2019，第32页。
③ 〔德〕尤尔根·哈贝马斯：《合法化危机》，刘北成、曹卫东译，上海：上海人民出版社，2019，第32页，译文有改动。
④ 〔德〕尤尔根·哈贝马斯：《合法化危机》，刘北成、曹卫东译，上海：上海人民出版社，2019，第32页，译文有改动。

场调节来加以克服。为此，自由资本主义逐渐过渡到晚期资本主义阶段，即进入"有组织的资本主义"或"国家调节的资本主义"。顾名思义，这一阶段的经济领域特征是，作为政治管理子系统的国家不再消极地保障一般生产条件或通过法律制度建设来补充市场不足，而是为了抵御自由放任的资本主义中产生的功能失调，开始干预经济发展过程并做出持续性调整。国家对于作为第一生产力的科学技术的掌控也为这种干预提供了物质基础。

国家干预虽然在一定程度上解决了自由资本主义时期的经济问题，但并不意味着经济危机被彻底克服了，相反却产生出了新问题。哈贝马斯认为，晚期资本主义的经济危机主要表现在三个方面。一是持续的通货膨胀。这主要是因为国家垄断和垄断组织一方面缩减生产，另一方面采取刺激经济政策。这种主要表现在流通领域里的现象，导致货币贬值。二是持续的生产停滞。为了减缓通货膨胀，政府不得不压缩生产，这会导致经济停滞，进而导致经济低增长率和工人高失业率。三是经常性的严重财政赤字。这是因为国家职能不断扩展，它就必须付出相应的费用，而前述现象的存在，使得国家财政收入经常入不敷出，造成赤字。

因此，在晚期资本主义社会中，无论是在克服原有的经济危机还是在产生新的经济危机的过程中，国家都已经不可避免地卷入了经济子系统的运行过程，甚至在一定程度上成为其中的决定性因素。正是由于国家对经济子系统的干预，最终也对政治管理子系统自身产生了反作用，例如，随着政府参与经济活动，其所制定的计划对经济子系统的影响日益深远，这就增加了对政策合理性和政治合法性的需求。换言之，在晚期资本主义中，资本主义的基本矛盾已经从经济子系统逐渐转移到政治管理子系统，因此哈贝马斯认为，当前更为值得关注、更为突出的危机是政治危机。

2. 政治危机：合理性危机与合法化危机

如图 4-1 表明的，政治管理子系统"需要尽可能投入各种不同的大众忠诚，所产出的则是由权力机构贯彻的行政决定"[①]。相应地，政治危机表现为两种形式，即作为产出危机的合理性危机与作为投入危机的合法化危机。前者指的是政治管理子系统"不能成功地协调和履行从经济子系统那里获得的控制命令"，或者"在既定条件下，国家机器不可能充分地控制经济子系统"。后者则是指国家的合法化机制"无法在贯彻来自经济

---

① 〔德〕尤尔根·哈贝马斯：《合法化危机》，刘北成、曹卫东译，上海，上海人民出版社，2019，第53页。

子系统的控制命令时把大众忠诚维持在必要水平上"，或者"用行政手段无法维持或确立必要的合法性规范结构"①。

(1)关于合理性危机。这种危机趋势包含三方面内容：

一是政治管理子系统发出了相互矛盾的控制命令。如前所述，科学技术进步使得资本主义的制度框架发生了改变，政治管理子系统是这种改变的重要一环，这导致了技术决定论意义上的"政治科学化"倾向："政治家成了有科学知识的人[所作的决断]的执行人；这些有科学知识的人，提出了具体情况下可以掌握的技术和资源以及最佳战略和控制手段的必然规律性。"②由此，政治不得不依附于科学技术，先是在政治活动中采取先进的科学技术手段，然后是在政治运作的程序性方面吸收科学技术的操作规则。由此，政治管理子系统能够以看似科学的方式做出经济计划。但是同时，"权力机构几乎毫无信息能力和计划能力，彼此也不能很好地协调一致，因此它们要依赖于其服务对象所给予的信息。这样也就无法保证它们和服务对象会保持必要的距离，以作出独立的决策"③。这种非独立性使得政治管理子系统屈从于服务对象的特殊利益，因而又不得不对相关的经济计划做出限制。这种既进行干预又限制干预的状况，在面对复杂经济形势时，极容易导致冲突。如此一来，不仅无助于克服经济危机，甚至还会给经济子系统带来更大的损害。

二是国家的计划功能与补偿责任之间发生矛盾。为了克服经济危机、保证积累过程顺利进行，"国家必须承担越来越多明显的计划功能。但是这些功能不应被公开视为国家所应有的行政行为"④，因为这将使得因资本主义增长而受损的受害者，将自己的损失转嫁给国家，要求国家予以补偿。然而，这种补偿将会妨碍积累，而一旦积累过程遭受损害，国家自身的计划功能也将受到阻碍。因此，国家的服务于积累的计划功能是与阻碍积累的补偿责任不相容的，福利国家的现状可以作为这种不相容性的证明。

三是异质性的要素进入经济子系统并扩散。

① 〔德〕尤尔根·哈贝马斯：《合法化危机》，刘北成、曹卫东译，上海，上海人民出版社，2019，第53~54页，译文有改动。
② 〔德〕尤尔根·哈贝马斯：《作为"意识形态"的技术与科学》，李黎、郭官义译，上海，学林出版社，1999，第99页。
③ 〔德〕尤尔根·哈贝马斯：《合法化危机》，刘北成、曹卫东译，上海，上海人民出版社，2019，第69页。
④ 〔德〕尤尔根·哈贝马斯：《合法化危机》，刘北成、曹卫东译，上海，上海人民出版社，2019，第71页。

　　由于国家弥补自我封闭的经济系统的弱点，承担起协助市场的任务，因此，国家控制手段的逻辑就迫使国家不得不允许越来越多的外部因素进入系统。受制于资本运作要求的经济系统所产生的各种问题是无法纳入行政手段控制的领域，并在这一领域中得到处理，而同时又不使这一结构的异质倾向得以扩散的。①

也就是说，随着国家职能的不断扩展，晚期资本主义社会的国家可以被理解为一系列功能多元的、异质的政治与管理机构，它们的目的是掌控社会化结构与资本主义经济，这种混合使得诸多非经济因素进入经济子系统当中，但毕竟，经济社会生活是不能与政治管理子系统完全和谐一致的。这就造成国家在干预经济时产生了越来越多的难以解决的政策失败、政治冲突、社会抗议等，因而最终，试图克服危机的国家，不得不屈从于新出现的危机趋势。

　　合理性危机可以说是政治管理子系统内部的一种"技术性"问题，它可以通过更为有效的技术性手段来加以缓解甚至部分地解决，因而一般来说并不会对政治管理子系统本身的存在造成根本性威胁。与之不同，对于政治管理子系统来说，合法化危机作为一种"输入资源"的危机，不是仅凭技术手段就能解决的，而是一个根本性问题，因为一旦合法性源泉枯竭，政治管理子系统也就走向了尽头。也正是由此，哈贝马斯的讨论从认知-工具合理性的系统领域转向了以交往合理性为核心的生活世界领域。

　　（2）关于合法化危机。在哈贝马斯看来，合法化危机是晚期资本主义社会中最为重要的危机，因而与其相关的理论也成为哈贝马斯危机理论中最核心的部分。

　　哈贝马斯认为，合法化的顺利实现意味着，"同一种政治制度联系在一起的、被承认是正确的和合理的要求对自身要有很好的论证"②，或者说，合法化是用来表明，"怎样和为什么现有的（或推荐的）制度是适宜于行使政权，从而使对社会的同一性起决定性作用的价值得以实现"③。合法化问题对于任何具有国家形态的政治管理子系统来说都是必须面对的，

---

① 〔德〕尤尔根·哈贝马斯：《合法化危机》，刘北成、曹卫东译，上海，上海人民出版社，2019，第54页。
② 〔德〕尤尔根·哈贝马斯：《重建历史唯物主义》，郭官义译，北京，社会科学文献出版社，2013，第199页。
③ 〔德〕尤尔根·哈贝马斯：《重建历史唯物主义》，郭官义译，北京，社会科学文献出版社，2013，第204页。

"如果它不抓合法化，那么，它就不可能永久地保持住群众(对它所持有的)忠诚心，这也就是说，就无法永久地保持住它的成员们紧紧地跟随它前进"①。衡量合法化的一般标准是："在国家保证通过具有约束力的决断去防止社会分化时，那么，维护由当时社会规范所确定的社会同一性的要求，就同行使国家的权力结合起来了。"②那么晚期资本主义在合法化问题上出现了什么危机？本书第四章已经从法律角度对此做了分析，这里则是从整个国家层面做一分析。

在晚期资本主义社会，经济子系统与政治管理子系统重新结合起来，生产关系在一定程度上被再度政治化了，这也需要加以合法化，国家行为必须在这种合法化中找到必要的界限，因为虽然符合认知-工具合理性的程序本身并不关注合法化问题，但如果没有合法化的"输入"，这种程序迟早会丧失其效能。甚至在一定意义上可以说，晚期资本主义经济危机和政治合理性危机的解决，也必须依赖于合法化危机的解决。

晚期资本主义合法化问题的严峻性主要表现为两点。一是合法化资源枯竭与合法化需要之间的冲突。如前文讨论的科学技术进步对社会制度框架的影响所表明的，晚期资本主义的合法化"已经没有可能再依赖资本主义发展过程中已经被破坏和消耗掉的传统因素"③。但同时，对于合法化来说"具有重要意义的各种传统是不可能用行政手段再造出来的"④。二是公民对政治管理子系统的实质参与度降低。由于系统的扩张，原本用来保证公民参与政治的民主制度日益形式化、技术化，能够提供合法性源泉的公共领域不断被削弱，公共领域的功能被简化为周期性的投票。其后果是，合法化需求被压缩成了如下两个需求。第一，"公民私人性，即对政治冷漠，而转向关注事业、休闲和消费，助长了在系统内获得适当回报的期望(主要表现为金钱、休闲时间以及安全感)"⑤，由此，国家也就需要承受日益沉重的补偿责任。第二，需要为公共领域的去政治化提供证明，即为政治管理子系统在功能上独立于合法化资源提供证明。

---

① 〔德〕尤尔根·哈贝马斯：《重建历史唯物主义》，郭官义译，北京，社会科学文献出版社，2013，第 201 页，译文有改动。
② 〔德〕尤尔根·哈贝马斯：《重建历史唯物主义》，郭官义译，北京，社会科学文献出版社，2013，第 200～201 页。
③ 〔德〕尤尔根·哈贝马斯：《合法化危机》，刘北成、曹卫东译，上海，上海人民出版社，2019，第 40～41 页。
④ 〔德〕尤尔根·哈贝马斯：《合法化危机》，刘北成、曹卫东译，上海，上海人民出版社，2019，第 54 页。
⑤ 〔德〕尤尔根·哈贝马斯：《合法化危机》，刘北成、曹卫东译，上海，上海人民出版社，2019，第 41 页。

面对合法化危机，晚期资本主义国家采取了一些应对措施，但是这些措施都不足以真正解决危机。与危机的两点表现相应，这些措施主要体现在两个方面。一是国家在干预经济领域的同时又试图以次要的形式在政治管理子系统中重建经济自发性。这样做不仅是为了减少自身的财政负担，也是为了将合法化问题重新转移到经济领域，或者说，是以经济发展来转移公民对合法化问题的关注。但是，这种转移的作用并不明显。因为在政治管理子系统内重建的经济自发性毕竟不同于自由资本主义时期经济子系统自身中的自发性，因而也就不再能够像之前那样将合法化问题掩盖在经济发展之下。二是国家进行意识形态操控与规划，试图以此来掩盖合法化危机。前文曾提及的技术统治论的意识形态正是其中之一，它试图证明，政治管理子系统无须公民的主动介入，他们只拥有对政治决定"喝彩或不喝彩"的权利，科学家与政治家的结合就能够使得政治管理子系统合理运行，从而解决合法化问题。但是，无论国家如何操控意识形态、规划何种意识形态，其"机动的余地是十分有限的，因为文化系统特别能抵制行政控制；意义从来都不是用行政手段创造出来的"①，文化领域与政治管理子系统之间或者说系统与生活世界之间的结构差异，限制着通过有意识的意识形态操控与规划来弥补合法化缺失的企图。

哈贝马斯认为，既然合法化危机产生的唯一原因是政治管理子系统与社会文化领域之间的矛盾，那么我们就可以由此进一步追溯到晚期资本主义的最后一类危机，即作为社会文化领域之"输出"危机的动机危机。

3. 动机危机或社会文化领域自身内的危机

哈贝马斯认为，社会文化领域存在两种动机模式，即公民私人性和家庭职业私人性。

在合法化危机中已经提到了公民私人性，不过在那里是就这种私人性与政治管理子系统的关系而言的，这里则是要讨论其在社会文化领域中所形成的内在结构。哈贝马斯认为，公民私人性包括两个要素。(1)对政治管理子系统的期望，即他们关心政治管理子系统的控制和维持活动，因为政治管理子系统干预他们关心的事业、休闲和消费等领域。这种期望是由资产阶级形式法传统所决定的，因为这种形式法为公民提供了关注国家行使权力的自由与权利。(2)对意志形成程序的消极态度，即公民很少真正参与合法化过程，很少参与民主决策。这与传统主义的国家伦

---

① 〔德〕尤尔根·哈贝马斯：《合法化危机》，刘北成、曹卫东译，上海，上海人民出版社，2019，第77页。

理，甚至与家庭取向紧密相关，这些因素构成一种政治文化，"这种政治文化能够从资产阶级意识形态中去掉参与的行为期待，并且用前资产阶级传统所遗留下来的权威模式取代这种期待"①。

作为公民私人性的补充，家庭职业私人性同样包括两个要素。(1)"经过训练而培养起来的关心消费和休闲的家庭取向"②，这种取向又是由"占有性个人主义和边沁式功利主义这种资产阶级所特有的价值取向决定的"③。(2)"适应地位竞争的职业取向"④，它包括中产阶级追求成就的职业精神和下层阶级的宿命论，这些由新教伦理提供宗教意义上的保障，这种伦理强调自我节制与世俗化的职业精神，并要求杜绝不劳而获。

由以上这两种动机模式可见，资产阶级文化无法完全由"自身再生产出来。它总是要依赖于传统主义世界观对动机的有力补充"⑤。然而同时，合法化危机已经表明，这些传统无法在资本主义市民社会的基础上得到更新。因此，哈贝马斯认为，晚期资本主义的社会文化领域"不能长久地再生产出对于系统生存具有重要意义的一系列私人性"⑥，因而出现了动机危机。

需要注意的是，随着哈贝马斯理论工作的深入，"动机危机"概念的内涵也发生了明显变化。在《合法化危机》时期，哈贝马斯曾"使用'动机危机'来表示生活世界的畸变"，就此而言，哈贝马斯此时所指的社会文化领域可以等同于生活世界。但是，随着系统-生活世界这一分析框架的明确，哈贝马斯对之前的观点做出了修正："将动机危机视为与合法化危机相平行的状况；并且要将这二者与殖民化了的生活世界的病态现象相区分。"⑦根据这一修正，按照生活世界的结构来说，社会文化领域主要

---

① 〔德〕尤尔根·哈贝马斯：《合法化危机》，刘北成、曹卫东译，上海，上海人民出版社，2019，第 83 页。

② 〔德〕尤尔根·哈贝马斯：《合法化危机》，刘北成、曹卫东译，上海，上海人民出版社，2019，第 82 页。

③ 〔德〕尤尔根·哈贝马斯：《合法化危机》，刘北成、曹卫东译，上海，上海人民出版社，2019，第 84 页。

④ 〔德〕尤尔根·哈贝马斯：《合法化危机》，刘北成、曹卫东译，上海，上海人民出版社，2019，第 82 页。

⑤ 〔德〕尤尔根·哈贝马斯：《合法化危机》，刘北成、曹卫东译，上海，上海人民出版社，2019，第 84 页。

⑥ 〔德〕尤尔根·哈贝马斯：《合法化危机》，刘北成、曹卫东译，上海，上海人民出版社，2019，第 85 页。

⑦ Jürgen Habermas, "A Reply to my Critics", in Habermas: Critical Debates, John B. Thompson & David Held, eds., London & Basingstoke: The Macmillan Press Ltd., 1983, p. 281

涉及社会要素的文化再生产与社会化，关于此，本章第三节还将予以讨论。

　　由上可见，晚期资本主义的诸种危机趋势虽各有不同，具体成因多样，但它们都与认知-工具合理性领域的片面扩张息息相关。因而，哈贝马斯试图从合理性根源角度提出解决之道。为此，他对这一领域的理性兴趣——技术兴趣进行了反思。

二、解放兴趣对技术兴趣的限制与引导

　　哈贝马斯并不完全认同以往西方马克思主义理论家们对科学技术所做的过度消极理解，而是试图通过将之限定在合理限度内来解决问题。在他看来，这种限制不仅是现代性发展必需的，而且也源自理性自身的结构。认知-工具合理性表现出的技术兴趣是一种不可或缺的理性兴趣，因此，在交往合理性理论框架下，这种兴趣是不可被抛弃的，交往合理性的解放兴趣应当将技术兴趣限定在恰当范围内，并引导它与实践兴趣形成良性互动。

(一)技术兴趣的产生

　　虽然技术统治论试图将基于认知-工具合理性建构的科技进步制度乃至于社会制度、社会生活方式，表述为具有超越性的、中立性的，但在哈贝马斯看来，这些不过是假象，因为认知-工具合理性依然反映了人类的一种基本兴趣——技术兴趣。前述关于科技进步造成的实践与意识方面的后果可以作为认知-工具领域二分模式的例证，不过，这一例证并未展现出这一模式的全部内容。因为它讨论的主要是认知之于目的行为的作用，尚未涉及目的行为(主要是其中的工具行为)之于认知的作用，而哈贝马斯所理解的技术兴趣，正是在这后一方面中产生的(这也可以被视为哈贝马斯对认识何以可能这一经典认识论问题的回答)。

　　早在1965年法兰克福大学就职演说中，哈贝马斯就已经开始讨论自然科学中的认识兴趣问题。自然科学或经验-分析科学的理论发展是与一种实证主义的自我理解相辅相成的，按照这种自我理解，自然科学"遵守从独断论的联系中和从自然的生活兴趣的令人迷惑的影响中解脱出来的理论观点"[①]。哈贝马斯认为，使科学认识与兴趣脱离关系，这不是完全错误的，但其成立是有条件的。也就是说，这种脱离"不应该是把理论从主观性的混浊中净化出来，而相反，应该是把主体强烈地从激情中净

---

① 〔德〕尤尔根·哈贝马斯：《作为"意识形态"的技术与科学》，李黎、郭官义译，上海，学林出版社，1999，第120页。

化出来"。因为激情会导致人们陷入"变化不定的和偶然的利害关系中"①。换言之，应当脱离的兴趣是"感性"意义上的，而非理性意义上的。自然科学是不可能彻底地排除主体性要素的，因为自然科学理论中的基本命题"并非自在的事实的模拟，而是表达了我们的操作活动的成功或失败"②。就此而言，自然科学的主要兴趣是"使可有效地加以控制的活动有可能从信息上得到维护和扩大，并以这种兴趣来揭示现实"③。

哈贝马斯认为，从行为的角度来说，这种技术兴趣产生于工具行为，特别是生产劳动活动。所以，哈贝马斯主张，不仅"那些从经验科学上讲是至关重要的事实，本身是通过我们的经验的先前的组织，在工具活动的功能范围内形成的"④，而且"我们解释自然的基本的范畴框架扎根于工具行为的结构中"⑤，而这之所以可能，是因为"工具活动的条件同时又把我们对自然界的认识，先验地、必然地同我们用可能的技术去支配自然过程的兴趣联系在一起"⑥。因此，现代性展开过程中发生的科学与技术的紧密结合并非偶然，"自然科学的技术力量，本质上应当归因于如下一点，即自然科学只能在服从于我们的技术控制的范围内才能遇到其对象"⑦。

在哈贝马斯看来，工具行为框架首先是在我们对自然的前科学理解中发挥作用的。在这一层次上，这一框架将自然界规定为累积的学习过程的对象，在这一过程中，我们关于自然的信念受到它所引导的工具行为的检验。因此，前者的效用依赖于后者是否成功。若是顺利，具有效用性的信念就能转化为成功的技术性建议。自然科学是对上述学习过程的系统性、有意识的延续，是将行为真理（信念）转换为认知真理（真实性要求）的过程。为此，科学的研究过程完成了三项任务：

---

① 〔德〕尤尔根·哈贝马斯：《作为"意识形态"的技术与科学》，李黎、郭官义译，上海，学林出版社，1999，第124页。
② 〔德〕尤尔根·哈贝马斯：《作为"意识形态"的技术与科学》，李黎、郭官义译，上海，学林出版社，1999，第127页。
③ 〔德〕尤尔根·哈贝马斯：《作为"意识形态"的技术与科学》，李黎、郭官义译，上海，学林出版社，1999，第127页。
④ 〔德〕尤尔根·哈贝马斯：《作为"意识形态"的技术与科学》，李黎、郭官义译，上海，学林出版社，1999，第127页。
⑤ 〔美〕托马斯·麦卡锡：《哈贝马斯的批判理论》，王江涛译，上海，华东师范大学出版社，2010，第77页。
⑥ 〔德〕尤尔根·哈贝马斯：《认识与兴趣》，郭官义、李黎译，上海，学林出版社，1999，第30页。
⑦ Gary Gutting, "Habermas and the Natural Sciences", in *Symposia and Invited Papers*, 1978 (2), p. 426.

把学习过程同生活过程相分离，因此，研究活动就皱缩为所选择的可以有效的监督；保证［研究的］精确性和主体间性的可靠性，因此，［研究］活动采取抽象的、以测量方法为中介的实验形式；把认识的进程系统化，因此，大量的普通假设被一体化到相当简单的理论联系中。①

（二）技术兴趣与解放兴趣

无论技术兴趣在现代性进程中出现了何种问题，它毕竟是一种摆脱了利害关系的理性兴趣，而"摆脱利害关系的观点显然意味着解放"②。这就是说，技术兴趣本身也是蕴含着解放指向的，正因如此，只有沿着交往合理性的解放兴趣，技术兴趣才能实现恰当发展，并由此与实践兴趣展开良性互动。关于此，我们依然可以从认知-工具领域的认知与工具行为两方面来看。

1. 认知方面

按照前面关于技术兴趣与工具行为之间关系的分析，哈贝马斯似乎是将科学陈述的真理问题，理解为这种陈述是否能够成功地成为对自然的技术控制的基础这一问题。不过，如果仅止于此，那么哈贝马斯自己也是难以避免向实证主义倒退的。为此，他强调，"尽管科学陈述的意义是由技术兴趣构成的，但这并不适用于陈述的真理"③。因为技术兴趣规定的是那些用于科学陈述指涉的对象的基本范畴，但是，自然世界或实在世界中的对象，不同于与真理相关的事实或事态，对于后者来说，技术兴趣并非建构性的。并且，如果关于自然世界的经验是评价理论真理的唯一标准的话，那么理论进步就将总是要求新的经验。但实际上，对于理论进步来说，关键不在于根据新的经验修正理论，而是为同样的经验提供更有力的新解释。

在提供新解释的过程中，关于真理的商谈与共识在科学进步中发挥着重要作用。参与这一过程的相关各方，必须相互将对方承认为平等的、具有交往资质的主体，这种主体间的相互承认是以交往合理性及其解放

① 〔德〕尤尔根·哈贝马斯：《认识与兴趣》，郭官义、李黎译，上海，学林出版社，1999，第120页，译文有改动。
② 〔德〕尤尔根·哈贝马斯：《作为"意识形态"的技术与科学》，李黎、郭官义译，上海，学林出版社，1999，第124页。
③ Gary Gutting, "Habermas and the Natural Sciences", in *Symposia and Invited Papers*, 1978 (2), p.427.

兴趣为理性基础的。而只有伴随着科学知识的进步，科学与技术的紧密结合以及技术进步才能实现，只有科学技术进步服从于解放兴趣，才能保证这一进步不会走向否定主体持存的否定性结局。

2. 工具行为方面

在哈贝马斯看来，工具行为也可能会利用语言，不过这种语言是通过操作规则建立起来的符号联系之总和，是从日常语言中抽象出来的结果，它与工具行为相应，也是独白式的。与之相反，在作为言语行为的交往行为的条件下，"日常语言的语法才具有先验的重要意义，同时它还调节着人们熟悉的生活实践的非语言成分……它确定了把握世界和互动的模式。语法规则规定着社会化个体之间的破裂了的主体间性的基础"①。因此，哈贝马斯认为，从语言角度来说，我们可以将工具行为理解为一种特殊情况：

> 语言从它与互动的联系中脱离出来，并以独白而告终；行为与交往相分离，并还原为目的上合理的工具运用的孤独活动；最后，为了工具行为之成果的可再现经验，个体化的生活经验被排除了——这里被扬弃的恰恰是交往行为的条件。②

因此，交往行为可以为对工具行为的批判提供标尺，并有理由要求后者将自己的行为模式限定在与之相应的语言运用语境中，而不能僭越到非独白的运用情境中。

工具行为是独白式的，因此它关于行为主体的要求也仅仅满足于原子式个人的假定，这在工业生产的流水线上的工具行为中尤为明显，进而随着技术规则逐渐占据统治地位，它也成了社会实践活动中的趋向，即形成策略行为。策略行为虽然至少涉及两个主体，不是纯粹的独白，但这些主体并未将对方作为平等的主体，而是作为自己可以影响甚至操控的客体。因此，表面看来这些主体处于互动关系当中，但他们的意图、行为方式都是非互动的，因而其实质仍是独白的。然而，人的再生产或"类"的自我形成不是只在这种行为中就能够完成的。哈贝马斯认为，马克思关于人类或主体的自我形成过程的变化已经表明了这一点。在

---

① Jürgen Habermas: *Erkenntnis und Interesse*, Frankfurt am Main: Suhrkamp, 1992, S. 237.

② Jürgen Habermas: *Erkenntnis und Interesse*, Frankfurt am Main: Suhrkamp, 1992, S. 238.

《1844 年经济学哲学手稿》中，马克思以类是通过劳动而自我产生的作为主导观念来唯物主义地理解《精神现象学》，不过他也因此狭隘地"把类的历史构想成为通过劳动（并且仅仅通过劳动）的综合"①。这种观点在《政治经济学批判大纲》中得到了一定程度的修正，在此，"马克思正式表示，科学转变为机器的采用，当然绝不是自觉的、控制着生产过程的整个主体的自由和解放。根据这种不同的论述，也可以说，类的自我产生不仅是在人对自然界的工具活动中完成的，同时也是在相互确定人们之互动的力量关系的维度内完成的"②，即在主体间交往行为中完成的。在马克思那里，"人对自然界的工具活动"表现为在生产劳动领域中提高生产力以对抗自然必然性，而交往行为则表现为在阶级斗争领域中实现消除压迫与自我解放、消除历史必然性，并且按照《资本论》中的观念，后者才是社会进步、人类自由的真正标志。因此，哈贝马斯认为，仅仅着眼于技术兴趣，我们是不能真正完全地理解主体的形成与发展的。

总之，交往合理性将解放兴趣作为自己的兴趣，正因如此，人类理性才会去"反思技术的认识兴趣的实证主义统治……由此，只有这种理性才能使得一种已经实现的语言辩证合理性，不会献身于一种劳动合理性（它受限于技术）的最非理性的标准"③。这意味着为技术兴趣划定了恰当边界，从而限制乃至于消除其对实践兴趣的侵蚀。不仅如此，在解放兴趣引导下，技术兴趣还应当服从于重建了的实践兴趣。当然，这也只是为引导与限制认知-工具合理性提供了可能，而这种可能性要成为现实，就需要有与实践兴趣、解放兴趣相应的具体措施。

三、技术民主化与危机的解决

分析认知-工具领域在现代社会中产生问题的原因，最终是为了解决这些问题。哈贝马斯的解决方案是在系统-生活世界框架中依照相关方法论做出的，这主要包括技术民主化与对晚期资本主义危机的解决。

(一)技术民主化的必要性与程序

哈贝马斯认为，技术进步固然是认知-工具领域中的主题，但基于道德-实践合理性作为交往合理性实现通道的地位，面对"科技革命带来的

---

① 〔德〕尤尔根·哈贝马斯：《认识与兴趣》，郭官义、李黎译，上海，学林出版社，1999，第 44 页。

② 〔德〕尤尔根·哈贝马斯：《认识与兴趣》，郭官义、李黎译，上海，学林出版社，1999，第 45 页，译文有改动。

③ Jürgen Habermas, *Theorie und Praxis*, Frankfurt am Main: Suhrkamp Verlag, 1978, S. 333.

问题和可能性，法律和道德实际上发挥着越来越重要的作用"①。因此，哈贝马斯集中讨论了技术民主化问题。

随着科学技术进步带来的各种实践与意识后果，以及晚期资本主义政治管理子系统的扩张，社会理论家们也逐渐开始关注科学性专业知识与政治之间的关系。哈贝马斯认为，关于这一关系，存在着三种具有代表性的观点，即决定论模式、技术统治论模式和实用主义模式。在哈贝马斯看来，这三种模式中，只有实用主义模式必然同民主相关。前两种模式维护的是一种虚假的民主制度的要求，因为它们要求"把民主的政治意志的形成过程最终归结为对经过挑选被任命来进行统治的领袖人物的正常的喝彩过程"②。与它们相反，按照实用主义模式，

> 把技术成果和策略成果有效地转变为实践，有赖于政治公众社会作中介，因为专家同政治决断当局之间的交往，必须以一个给定的社会生活世界的社会利益和价值导向为出发点；政治决断从实际需求的、受传统制约的自我理解出发，决定着技术进步的方向，反过来，它又以实际需求得到满足的技术上可能的机遇来衡量和批评这种自我理解。③

由此专家-科学技术与政治家-决断政策之间形成了一种"反馈性的交往过程"，"这种交往可以在公民大众中以公开讨论的民主形式制度化。对政治的科学化来说，科学同社会舆论的关系是建设性的"。④

因此，在哈贝马斯看来，科学和政治之间的合理转化过程，最终是与公共领域相关的。这是因为，"按照受理性制约的讨论标准，用科学作工具而形成的政治意志的启蒙，只能产生于彼此交谈的公民本身的认识，并且必然归结为这种认识。"⑤如此，我们面对技术进步所提出的挑战，

---

① 〔德〕H. 鲍克纳：《论哈贝马斯对进步、理性和民主的选择》，李黎译，《哲学译丛》1992 年第 4 期，第 59 页。
② 〔德〕尤尔根·哈贝马斯：《作为"意识形态"的技术与科学》，李黎、郭官义译，上海，学林出版社，1999，第 103 页。
③ 〔德〕尤尔根·哈贝马斯：《作为"意识形态"的技术与科学》，李黎、郭官义译，上海，学林出版社，1999，第 104 页，译文有改动。
④ 〔德〕尤尔根·哈贝马斯：《作为"意识形态"的技术与科学》，李黎、郭官义译，上海，学林出版社，1999，第 104 页，译文有改动。
⑤ 〔德〕尤尔根·哈贝马斯：《作为"意识形态"的技术与科学》，李黎、郭官义译，上海，学林出版社，1999，第 110 页。

必须进行一种政治上有效的、能够把社会在技术知识和技术能力上所拥有的潜能同我们的实践知识和意愿合理地联系起来的讨论。这样一种讨论一方面能够启导政治活动家们参照着技术上可能的和可行的情况，纠正他们对其利益所持的那种由传统决定的想当然的态度；另一方面，政治活动家们将能够根据讨论中所表达的和想得到重新解释的需求的认识，实事求是地作出判断：将来，我们想在哪个方向上和在多大规模上发展技术知识。[①]

哈贝马斯正是试图以这种讨论，来使认知-工具合理性及其技术兴趣受到限制与引导，因而能够在一个恰当的框架内运行。

当然，上述论述仅仅是原则性的，只有到了《在事实与规范之间》时期，哈贝马斯才具体地对民主商谈政治的原则、制度与程序做了规定，科技进步与政治之间的合理转化才有了具体的道路。在此，我们可以结合本书第四章第二节中提到的商谈立法程序，提出一个涉及科学技术对于社会发展的影响问题的民主讨论模型：

(1)实用商谈。讨论参与者对科学技术的相关知识内容、应用的情境、所要面对的问题等作出处理。这一讨论的参与者可能主要是科学专家和政治活动家，他们通过相互交往，共同制定出应用科学技术成果的方案。

(2)妥协。上述成果无论如何具体，都带有一定的理想性和抽象性，当其应用到社会生活当中，必然会牵涉到种种不同利益，并将这些利益之间的冲突凸显出来。为了能将方案付诸实施而又兼顾各方利益，各方就要在追求各自利益的前提下，抱有合作的诚意。由此开始，民主讨论的过程中逐渐涉及科学专家和政治活动家之外的个人或群体，也就需要引入公共领域。

(3)伦理商谈。这一讨论中虽然会涉及各种不同的价值观，但是它毕竟更为强调共同体方面，因而要求参与者不仅要重视应用科技成果的方案及各自的利益，而且需要考虑他们生活于其中的文化传统、生活形式，因为这将涉及公民对于既定方案乃至国家行为的认同度。正是由这一讨论开始，社会文化方面的重要性逐渐凸显。

(4)道德商谈。由于其普遍性，这种商谈要求参与者不仅考虑当前历史共同体，而且应当具有一种"超越性"眼光，能够尽可能地将应用科技

---

① 〔德〕尤尔根·哈贝马斯：《作为"意识形态"的技术与科学》，李黎、郭官义译，上海，学林出版社，1999，第95页。

成果的后果与人类普遍利益相结合，考虑到其对于其他群体（如同时期的潜在参与者、后代子孙等）的影响。

（5）法律商谈。这指的是对科学技术发展及其应用相关的法律法规进行合法律性的审查，以及具体条文的修订、完善等。

（二）危机的解决与系统-生活世界关系的重建

随着哈贝马斯将科学技术进步的后果扩展为对晚期资本主义危机的分析，系统-生活世界这一框架也日益清晰，并成为解决危机所必须依赖的理论框架。如前所述，哈贝马斯主要关心的，是晚期资本主义的合法化危机与动机危机①的解决。进一步来说，是如何重建生活世界及相关项，并通过交往合理性对认知-工具合理性的限制与引导，恢复生活世界对系统的规约作用。

1. 生活世界殖民化同两重危机的区别与联系

关于现代性展开过程中出现的问题，《交往行为理论》时期哈贝马斯讨论的重点不再是两重危机，而是系统对生活世界的殖民。那么问题是，这两种表述之间的关系是怎样的？必须承认的是，这二者之间是有差异的。不过，在相互区分的前提下，我们也可以发现二者之间的相关性。

就区别而言，两重危机不同于生活世界殖民化，这可以从发生领域与发生时间这两个角度来看。

一方面，两重危机是在系统与生活世界的"接缝"中产生的，而系统对生活世界的殖民主要表现在生活世界三重结构的核心领域中。动机危机涉及的是家庭职业私人性，这又涉及与经济子系统进行交换的生活世界私人领域。合法化危机则涉及与政治管理子系统进行交换的生活世界公共领域。这两个领域正是系统与生活世界之间的"接缝"。而关于生活世界殖民化，简单来说，主要表现在生活世界三重结构的核心领域中，即适用于共识的解释图式（文化）、合法组织的人际关系（社会）与社会从属性（个体）中。当然，这三者中危机现象的发生序列是不同的，哈贝马斯在《合法化危机》中指出，一个社会的再生产能力是与成功的社会性整合密切相关的，与这种整合对应的社会方面的核心领域正是合法组织的人际关系，这也是能够把生活世界殖民化与两重危机联系起来的枢纽，这一点将在下文予以进一步讨论。

另一方面，两重危机的出现要先于生活世界的殖民化。在《交往行为

---

① 在《交往行为理论》中，这二者又被称为合法化丧失与动机丧失。为简便起见，以下二者并称时，合称为两重危机。

理论》中，哈贝马斯将经济危机和政治合理性危机统称为操控危机。这种危机的出现"导致冲突和对矛盾的反应，从而损害了生活世界的符号再生产。这直接涉及的是生活世界的社会要素。而在这些冲突威胁社会性整合的核心领域之前，它们被推移到外围：在失范情况出现前，合法化丧失和动机丧失就已经表现出来了"①。

就联系而言，两重危机是与生活世界殖民化紧密相关的，这不仅是因为前者引发了后者，而且还因为后者的出现又反过来作用于前者。

一方面，两重危机引发生活世界殖民化。如前所述，两重危机先于生活世界殖民化，与此同时，哈贝马斯延续了《合法化危机》中危机转移的观点，认为操控危机转移到系统与生活世界的"接缝"中形成了合法化危机与动机危机，而这二者，即"雇员与消费者的行为领域和国家公民与国家官僚机构委托人的货币化、官僚化"成为危机转入生活世界的"入侵点"②。当"只有以破坏生活世界的符号再生产为代价，才能克服物质再生产中的关键性失衡"③时，生活世界殖民化就开始了。由此，生活世界不仅丧失了规范经济子系统与政治管理子系统并为之提供解决危机的出路的能力，而且也接受了货币与权力作为自身的媒介。结果，生活世界似乎成为经济子系统与政治管理子系统的从属。两重危机引发生活世界殖民化的过程可以归纳如图 6-3 所示：

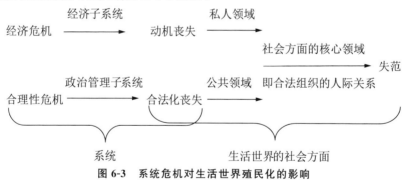

图 6-3　系统危机对生活世界殖民化的影响

---

①　Jürgen Habermas, *Theorie des kommunikativen Handelns*, Bd. 2. *Zur Kritik der funktionalistischen Vernunft*. Frankfurt am Main：Suhrkamp Verlag，1995，S. 566. 据此，严格来说，两重危机也是先于生活世界的社会方面核心领域的病态现象"失范"的。不过，如果将两重危机作为"接缝"危机来看，那么将失范作为完全处于生活世界内部的病态现象的第一个表征也是有道理的。

②　Jürgen Habermas, *Theorie des kommunikativen Handelns*, Bd. 2. *Zur Kritik der funktionalistischen Vernunft*，Frankfurt am Main：Suhrkamp Verlag，1995，S. 566.

③　Jürgen Habermas, *Theorie des kommunikativen Handelns*, Bd. 2. *Zur Kritik der funktionalistischen Vernunft*，Frankfurt am Main：Suhrkamp Verlag，1995，S. 452.

另一方面，生活世界殖民化加剧了两重危机。与生活世界殖民化的发生相伴随的，是克服这种殖民化的企图："通过牺牲、彻底占用其他资源，来克服失范状况，并确保合法化和动机（它们对于制度秩序的持存来说是重要的）。"不过，这种克服的企图是不成功的，现实是，"为了建立一个能够克服危机的社会，文化和个体遭到了攻击。……后果是：取代失范状况（以及支持失范的合法化丧失与动机丧失），出现了异化现象和集体认同动荡现象"①。也就是说，在生活世界殖民化的状态下，失范现象不仅未被消除，相反危及了生活世界的另外两个方面——个体与文化。异化现象和集体认同动荡现象还只是在社会性整合过程中出现的，而由于文化与个体遭到攻击，另外两个再生产过程也遭受威胁，生活世界的病态现象也就全面展开了。如此，在晚期资本主义社会中就形成了一种恶性循环：操控危机通过系统与生活世界之间的"接缝"——私人领域与公共领域——将危机转移到生活世界社会要素当中，确切地说是社会方面的核心领域。由此生活世界殖民化过程开始，生活世界的三重结构都病态化，而基于生活世界的流动性，这种病态化将会反过来加重合法化与动机的丧失，加剧系统危机或操控危机。可见，认知-工具合理性的片面扩张，即系统的不合理扩张并侵蚀生活世界的领域，不仅造成了生活世界的危机，而且也加重了系统危机，最终危及整个社会。

总之，在《交往行为理论》当中，哈贝马斯将之前的晚期资本主义危机理论，从系统与生活世界的关系角度出发，扩展为关于整个现代社会的危机趋势理论。不仅如此，正是由此出发，哈贝马斯提出了解决这些危机趋势的道路——基于交往合理性的生活世界重建，从而理顺系统与生活世界的关系。

2. 现代性危机与生活世界的重建

从合理性角度来说，生活世界殖民化可以概括为经济子系统与政治管理子系统的命令侵入生活世界的交往结构当中，这使得认知-工具合理性超越并压制了其他合理性，而交往合理性的任务就是要解除这种不合理状态，实现三种基本合理性的良性互动，只有如此，现代性危机才有可能得到解决。接下来，本书依照上文讨论的危机转移顺序，依次来讨论生活世界病态现象的解决。按照这一顺序，这些病态现象及其解决方案可以分为以下三组。

第一，"接缝"的重建，即对合法化危机和动机危机的解决，这主要

---

① Jürgen Habermas, *Theorie des kommunikativen Handeln*, Bd. 2. *Zur Kritik der funk-tionalistischen Vernunf*, Frankfurt am Main: Suhrkamp Verlag, 1995, S. 566.

体现了对认知-工具合理性的引导，在承认系统逻辑的客观性并允许客体化立场存在的同时引入道德-实践合理性因素，由此使认知-工具的行为模式摆脱内在局限和自身的恶性循环。

关于合法化危机。合法化涉及的是政治制度自身的论证问题，这可以通过制度性的民主商谈来解决，并由此发挥法律的社会性整合与系统-生活世界之间转换器的功能。当然，合法化危机并不仅仅涉及法律的有效性，因而民主商谈也不仅仅适用于立法，它关系到整个政治制度的合法性的辩护问题。该问题涉及两个要素，一是认同政治合法化的经验动机，二是合法化自身所具有的能够激发认同的基本力量。从文化再生产过程的角度来说，这两个要素都涉及合法化所依赖的世界观。"一种政治统治在一定的世界观的背景上的合法化是有效的，就是指每一个接受该世界观的人，也承认或接受人们依据世界观而提出的合法化的根据和理由。"①而世界观的不断变化也就带来了合法化辩护水平的变化，所谓辩护水平指的是"使合法性产生效力并使它成为取得共识和形成意向的力量的可接受的诸种根据的表面上的条件"②。在哈贝马斯看来，世界观与辩护水平的进化又可以被视为学习过程，是学习水平的演进。包括民主商谈在内的诸种商谈形式都可以被视为学习过程。因此，民主商谈不仅能够实现在既定世界观或辩护水平的条件下论证合法性，而且能够与其他商谈形式相配合，促进世界观本身的转变。

关于动机危机。从经济角度来说，哈贝马斯并未明确提供直接解决动机危机的方法。不过，根据经济子系统与政治管理子系统的关系，以及晚期资本主义危机的新特征，民主商谈也是解决动机危机的、间接的但有力的方案。由于经济子系统的再政治化，经济问题也成为政治讨论的重要议题，并且它可能涉及公民切身的物质利益，因而，当制度性的民主商谈激发了公民的政治参与热情（政治动机被唤醒），他们就可能主动地在公共领域当中表达自己关于经济形势、经济政策等的意见，并经过制度程序将其上升为国家意志，从而为经济子系统的正常运行提供可能。而这也将使得公民在转入劳动者角色时，不仅仅被高工资所激发，民主商谈过程中考虑的诸要素（实用的、道德的、伦理的与法律的）也能够内化到他们的经济行为当中，使得这种行为成为内在地符合道德规范

---

① 王晓升：《合法化与可辩护性——评哈贝马斯的合法化概念》，《福建论坛（人文社会科学版）》2002 年第 4 期，第 45 页。

② 〔德〕尤尔根·哈贝马斯：《重建历史唯物主义》，郭官义译，北京，社会科学文献出版社，2013，第 205～206 页。

和法律规范的行为。

第二，社会性整合的重建，即对失范、集体认同动荡和异化的解决，这主要体现了对认知-工具合理性僭越的限制，祛除对待社会世界以及主观世界的、以目的为取向的客体化立场。

关于失范现象。根据上文分析，失范现象的解决是重建社会性整合的关键和突破口，这正是本书第三章和第四章处理的，主要是围绕着道德-实践合理性展开的。道德-伦理方面，通过道德商谈(以及相应的应用商谈)与伦理商谈，社会成员形成了既具有共识性，又并非以认知-工具模式为样板的道德-伦理领域中的规范。在法律与政治制度建设方面，满足了事实性与规范性的法律成为社会成员行为的恰当的强制性规范，能够从制度层面保证社会成员人际关系的合理性。哈贝马斯认为，如果以上措施能够实现，那么，在社会性整合过程中，曾经被认知-工具合理性压制的道德-实践合理性就能够恢复，从而也为解决集体认同动荡和异化提供了可能，由此重塑责任和个体社会从属性，最终社会性整合又将在更高水平上发挥其效用。

关于集体认同动荡即文化要素中的责任问题。道德-伦理、法律-政治都涉及了对他者的责任，并要求共同体成员承担起各种责任，而这些责任可以被视为交往责任的具体表现形式。前述各种商谈形式，都要求参与者承认对方的交往能力和平等地位，并以此为前提参与到交往过程中，这就是交往责任。以这种责任为纽带，共同体成员们能够形成集体认同并团结在一起。

关于异化即个体要素中的社会从属性问题。道德-实践合理性的恢复能够对作为参与者的个体的行为意识产生作用，这点主要表现在，促进个体形成与交往合理性相符合的后俗成道德意识，这使得共同体成员在面对人际交往时拥有恰当的道德-伦理行为意识。个体意识的上述变化使得原子式的"碎片化意识"得到克服，因而个体能够"以一种批判性方式将关于现实的认知的、规范的和审美的理解整合起来"①。

第三，文化与个体方面的其他领域的重建，即对意义丧失、传统崩溃、取向与教育危机和精神病态的解决。前述两点主要解决的是社会方面的再生产过程，即社会性整合当中的病态现象，同时也涉及了文化要素与个体要素。因此，以集体认同动荡与异化的解决为契机，文化和个体方面的其他领域也有可能实现重建。

---

① Daivd Ingram, *Habermas: Introduction and Analysis*, New York: Cornell University Press, 2010, p. 272.

　　关于文化方面。集体认同的形成作为一个达成共识的过程，既需要又产生阐释图式或解释语言系统。由于集体认同涉及的是主体间交往能力，因此，这种相互关系不仅表现在对社会世界的阐释上，而且也体现在对客观世界和主观世界的阐释上。理论商谈与实践商谈都可以适用真理共识论，据此，这些商谈过程，既是在已定的解释语言系统中展开的，同时也会涉及对于这种系统的批判与重新选择。因而从宽泛的意义上来说，关于自然与社会的知识、道德-伦理观念、法律观念乃至于审美价值标准，都构成了这种解释系统，构成了意义来源。个体在阐释自身主观世界时，也应当首先将自己作为集体成员来理解，并且在保有进入自身主观世界优先性的同时，允许具有交往能力的他者来评判自己关于主观世界的阐释。而在阐释图式与具有参与能力的主体相结合的情况下，共识成果的达成，既需要之前作为传统的商谈结果提供内容，又会在新的商谈和阐释过程中形成新的传统。以上的相互关系既保证了文化资源的丰富性，又为文化再生产的不断进行和社会化提供了足够的文化资源。

　　关于个体方面。个体意识既影响人们对于取向与教育的态度，同时又需要取向与教育方面的培育。由于个体意识的非异化与丰富化，个体在选择与学习过程中，不再仅仅或过度关注于客观世界及其知识，也不再以单纯客体化立场来处理社会世界与主观世界当中的问题。这就需要一系列道德-法治教育、审美教育等。而文化知识储备方面的丰富化和不断更新，又为个体选择与学习提供了更多的内容。个体意识摆脱碎片化状态和选择与教育内容的丰富化，既需要具有互动能力的个体主动地投入这些过程当中，同时审美-表现合理性与交往合理性的合作，也有助于已经病态化的个体摆脱精神病态、打破自身封闭性，恢复其交往能力，从而恰当合理地进入社会化过程中。以上相互关系既保证了个体的意识的或精神的健康状态，又为文化再生产和社会化提供了合格参与者。

　　总之，在哈贝马斯看来，面对认知-工具合理性扩张所导致的现代性危机，既不能像实证主义那样将之视为理所当然，也不能只试图在认知-工具领域自身之内寻找出路，而是应当以交往合理性为理性基础、通过不同合理性的良性互动统一来解决。

下篇

反思与争辩中的
交往合理性理论

引　言

　　哈贝马斯的交往合理性理论既处于现代性语境下，又处于理性观念发展历程中，它要完成的"多元声音中的理性统一"任务，实际上是在纵向与横向两条线上作战。从纵向上来说，既有对前辈理论家的批判发展，同时也要面对后辈学人的批评；从横向上来说，则是要与当代理论家展开交锋，以为自身合法性做辩护。可以说，围绕着交往合理性理论，我们能看到一幅精彩纷呈的"诸神之战"画面。我们也可以由此框定交往合理性理论在当代理论图谱中的位置。当然，本书在此不能将交往合理性理论引发的反思与争辩一一述及，而只选择对于这一理论来说最为重要的三个向度来展开。这三个向度就是马克思主义方向、主体范式与主体间范式之争和法兰克福学派社会批判理论传统。

　　历史唯物主义是马克思主义解释社会历史问题时最重要的理论指引，而马克思对交往问题的探讨不仅呈现了历史唯物主义创立时期的理论探索，而且也是其重要的组成部分，哈贝马斯的交往合理性理论在一定意义上是他早年提出的"重建历史唯物主义"的口号的实现。在实现这一口号的过程中，哈贝马斯认为，面对当前的现代性问题，主体范式及作为其变体的马克思的生产范式都不敷其用，为此，他提出了主体间范式转向，并在此范式下构建了交往合理性理论。由此，从法兰克福学派内部来看，这一理论不仅构成了对社会批判理论的更新，同时也是该学派以霍耐特为代表的第三代理论家构建理论的坐标与反思的对象。

　　那么，在这三个向度上，交往合理性理论究竟引发了哪些反思与争辩？这正是本篇所要呈现的。

第七章　马克思主义方向中的交往合理性理论

本书第一章概述了马克思以生产劳动为基石的实践理性观念，以之作为交往合理性理论的提出背景。而在这里，本书将着重于"交往"，将交往合理性理论在马克思主义方向中的定位问题"主题化"。就马克思主义理论发展史而言，对交往问题作出探讨的，哈贝马斯并非第一人。早在马克思那里，特别是在《德意志意识形态》当中，就已经蕴含着丰富的交往思想。然而，或许是由于马克思的交往思想过于零散，在马克思之后，马克思主义方向中的交往理论长期未能呈现更加系统的新发展。而交往问题在马克思主义方向中的重新出现，乃至于马克思交往思想被重新挖掘出来，在一定意义上要归功于哈贝马斯。因此，我们有可能亦有必要将哈贝马斯的交往合理性理论置于马克思主义的传统中作一审视。基于此，本章将从两个方面展开：一方面，分析交往合理性理论对马克思交往思想的批判性发展；另一方面，站在历史唯物主义的立场上反思交往合理性理论存在的问题。

第一节　马克思关于交往及其与生产劳动关系的论述

在马克思交往思想中，"交往"①是一个与生产劳动、人的发展和社会发展密切相关的基础性范畴。其中，交往与生产劳动的关系是根本性的，由此确立了马克思交往思想的唯物主义底色。

一、交往范畴及相关概念的厘定

就文本而言，马克思唯一一次较为明确地说明他所使用的交往范畴的内涵，是在 1846 年 12 月 28 日致帕·瓦·安年柯夫的信中。他指出，

　　为了不致丧失已经取得的成果，为了不致失掉文明的果实，人

---

① 哈贝马斯使用的"交往"范畴，在德语中为 die Kommunikation。马克思也使用过这一词语，不过作为其交往思想核心的始终是 Verkehr。正如本书接下来表明的，马克思所谈的"交往"从其形式上来说包括物质交往与精神交往，而哈贝马斯的"交往"主要指向精神交往。

们在他们的交往[commerce]方式不再适合于既得的生产力时，就不得不改变他们继承下来的一切社会形式。——我在这里使用的"commerce"一词是就它的最广泛的意义而言，就象在德文中使用"Verkehr"一词那样。例如：各种特权、行会和公会的制度、中世纪的全部规则，曾是唯一适合于既得的生产力和产生这些制度的先前存在的社会状况的社会关系。①

由上可见，马克思使用的"交往"，即 commerce，与德文中的 Verkehr 一词具有相同的内涵，是指社会生活中的交通、交换或交易，日常生活中的交际或交流等。因此，交往与生产劳动密切相关，"在人们的生产力发展的一定状况下，就会有一定的交换[commerce]和消费形式"，同时它又与社会形式、社会关系密切相关，"社会——不管其形式如何——究竟是什么呢？是人们交互活动的产物。……在生产、交换和消费发展的一定阶段上，就会有相应的社会制度形式、相应一定的家庭、等级或阶级组织"②。

因此，马克思语境中的交往范畴是指向人与人之间的关系的，是人们的相互交流、相互沟通、相互作用和相互影响。在这一点上，他与哈贝马斯对于交往的理解是一致的。在这一范畴基础上，马克思又使用了诸如"交往关系"(Verkehrsverhältnis)、"交往形式"(Verkehrsform)等概念。这两个概念是马克思交往思想的核心构件。

交往形式是人们开展交往活动的具体方式，所以，马克思有时又将交往形式称为交往方式(Verkehrsweise)。在《德意志意识形态》中，马克思曾对交往形式以列举的方式做过界定，例如："私有财产是生产力发展一定阶段上必然的交往形式"；"在过去一切历史阶段上受生产力所制约、同时也制约生产力的交往形式，就是市民社会"；"工业和商业的发展创造出新的交往形式，例如保险公司"③。据此，我们可以将马克思交往形式概念的内涵概括为所有制、市民社会和一些具体的经济组织或运作方式等。而如果从其他更为宽泛的视角来看，马克思关于交往形式的规定要比上述界定更为丰富。如从交往属性的视角来看，马克思把交往形式分为"物质交往"和"精神交往"，并认为，精神交往起初是物质交往的"直

---

① 《马克思恩格斯文集》第 10 卷，北京，人民出版社，2009，第 43~44 页。
② 《马克思恩格斯文集》第 10 卷，北京，人民出版社，2009，第 42~43 页。
③ 《马克思恩格斯全集》第 3 卷，北京，人民出版社，1956，第 410~411、40、72 页。

接产物"，尔后又成为物质交往的"必然升华物"①。又如从交往地域范围的视角来看，马克思将交往形式分为"区域交往"和"世界交往"。在资本主义产生之前，交往范围是有限的，通常带有明显的狭隘地域性。而随着资本主义的产生和对外扩张，区域交往的狭隘地域性被打破，世界交往得以逐渐形成并发展，这种交往形式实现了世界各民族、各国家之间的深度互动和互通，使各个交往主体日渐结合为一个统一体，这也正是哈贝马斯提出其交往合理性理论的时代背景。

交往关系是指人们在交往活动中形成的经济关系、政治关系和思想关系等一系列社会关系。交往关系和交往形式是内在相关的。人们通过一定的方式进行交往，形成一定的交往关系；交往关系形成后又会反过来规定着人们采取何种方式进行交往。据此，我们同样可以按照交往的基本属性，将交往关系划分为物质交往关系和精神交往关系，而根据马克思的实际用法，它主要侧重的是经济领域中的相互关系。如马克思曾使用过"经济关系即交往关系"②的表述；《德意志意识形态》中也曾提出，共产主义运动"推翻了一切旧的生产和交往的关系的基础"，"建立共产主义实质上具有经济的性质"③。

通过以上简要梳理，我们可以发现，马克思使用的交往范畴与生产劳动密切相关，这一点始终贯穿着马克思关于交往问题的讨论。在一段时期，特别是在马克思交往思想未得到充分重视时，交往形式概念和交往关系概念都曾被误认为是生产关系概念"代用品"，是后者的不成熟的表达。④ 这种观点无疑大大低估了马克思交往思想的价值，不过，这也表明，我们在谈论马克思交往思想时，不能绕开交往与生产劳动的关系。哈贝马斯对马克思交往思想的批判和发展，实际上也与这一关系密切相关，因此，这一关系也就成为在马克思主义方向上框定哈贝马斯交往合理性理论的关键。

二、交往与生产劳动之间的相互作用

在马克思的视野中，作为人类活动的两个领域，交往与生产劳动是

---

① 《马克思恩格斯全集》第3卷，北京，人民出版社，1956，第30页。
② 《马克思恩格斯全集》第46卷下册，北京，人民出版社，1980，第476页。
③ 《马克思恩格斯全集》第3卷，北京，人民出版社，1956，第79页。
④ 关于这一点的澄清，参见侯振武、杨耕：《关于马克思交往理论的再思考》，《哲学研究》2018年第7期，第11～12页。其中，交往关系与生产关系更易混淆，简单来说，交往关系包括经济关系，而生产关系又是一种经济关系，因此交往关系包含生产关系但不等于生产关系。

互为前提的。一方面，生产劳动是交往的前提，因为没有生产劳动，人们就没有赖以存在发展的物质条件，交往就没有可供使用的手段，各种不同的交往形式和丰富的交往关系就无从产生、无从更新。另一方面，交往又是生产劳动的前提，因为孤立的个人无法生产，生产劳动只有在人们的交往以及由此形成的相互关系中才能进行。正是在交往与生产劳动的相互作用中，人本身以及人类社会才得以在广度和深度上不断发展。

（一）生产劳动之于交往的作用

生产劳动为交往提供了物质条件，这是由生产劳动在整个人类社会中的基础性地位决定的。在人类的所有实践活动中，生产劳动是最基本的，因为人的一切活动的前提是"能够生活"，

> 为了生活，首先就需要衣、食、住以及其他东西。因此第一个历史活动就是生产满足这些需要的资料，即生产物质生活本身。同时这也是人们仅仅为了能够生活就必须每日每时都要进行的（现在也和几千年前一样）一种历史活动，即一切历史的一种基本条件。①

基于此，生产劳动对于交往的作用，具体体现在如下两个方面。

一是交往内生于生产劳动。

人不像其他动物那样单纯依赖自然的供给就能生存，而自然也不会自动满足人的需要，因此，人总是要根据一定的目的、通过运用工具来改造自然从而占有自然，也就是将自己的力量对象化到自然当中去。这一过程单凭个人的力量是难以完成的，强大的自然和有限的个体力量的对立、自然环境和人自身自然的差异，以及个人能力的自然和社会差别等，这些因素都要求人们在改造自然时，以群体的合作形式弥补自然个体肉体力量的有限性，采取相互协作、相互结合的活动方式，将原本分散和彼此对立的力量结合为社会生产力。由上可见，人们一旦开始生产劳动，便必然会同时进行交往，发生一定的社会联系。

就此而言，交往的基础性内涵就是人们生产劳动过程中的活动互换和共同活动。在直接生产过程中，生产者为了生产产品而进行的活动互换本身就构成了一种最基本的物质交往形式，形成了生产关系这种最基本的物质交往关系。人们一旦进行生产劳动，这种物质交往形式和关系就产生了，并且作为内在环节包含在生产劳动之中。而生活资料产品的

---

① 《马克思恩格斯全集》第 3 卷，北京，人民出版社，1956，第 31~32 页。

分配、交换和消费中的物质交往，也正是由生产劳动提供了中介物。而且生产劳动的发展提供了质上多样和量上丰富的产品，人的需要不断得到满足，同时"需要本身、满足需要的活动和已经获得的为满足需要用的工具又引起新的需要"①。由此，人的需要的无限性同生产能力的有限性之间的矛盾使得人们必须进行产品的分配和交换。这就促进了人们之间的物质联系的进一步发展。进一步地，随着生产力的发展和脑力劳动与体力劳动的分工，从物质交往中分化发展出来了精神交往，这是指人们相互之间观念意识、思想文化的交换传播以及情感的交流沟通。

二是交往随着生产劳动的发展而发展。

马克思指出，人们"相互间不是作为纯粹的我，而是作为处在生产力和需要的一定发展阶段上的个人而发生交往的"②。因此，生产劳动的发展状况总是制约着人们的交往，一定的生产力水平总是有一定的交往水平与之相应，人们之间的相互关系及其性质也"必然随着这些生产力的改变和发展而改变"③。

首先，生产劳动的发展能够逐渐打破交往的地域狭隘性，推进交往的普遍化。在生产力不发达的情况下，"人们对自然界的狭隘的关系制约着他们之间的狭隘的关系"④，因此，"真正的交换只是附带进行的，或者大体说来，并未触及整个共同体的生活，不如说只发生在不同共同体之间"⑤。而生产劳动的发展使得人们有能力突破血缘的、地域的、等级的等各种限制，加强了个体之间的交往，从而使一定区域的人们逐渐建立起了经济、政治和文化等方面的联系。进入资本主义社会之后，工场手工业以及之后的机器大工业的生产方式打破了传统区域交往的狭隘性，不同共同体之间的交往已不再仅仅发生在边界上，也不仅仅限于少数文明地区，而是进行全球范围内的世界交往。因此，只有随着生产劳动发展带来的生产力的普遍发展，人们的普遍交往才能建立起来。

其次，生产劳动的发展要求物质交往的发展。从历史角度来说，人们是在继承前人生产力的基础上，为着满足新的需要而不断地推动生产力的发展，从而围绕生产力的发展需要，人们的交往形式要做出相适应的调整。这在物质交往中表现得尤为明显。物质交往是直接由生产劳动

---

① 《马克思恩格斯全集》第 3 卷，北京，人民出版社，1956，第 32 页。
② 《马克思恩格斯全集》第 3 卷，北京，人民出版社，1956，第 515 页。
③ 《马克思恩格斯文集》第 10 卷，北京，人民出版社，2009，第 47 页。
④ 《马克思恩格斯全集》第 3 卷，北京，人民出版社，1956，第 35 页。
⑤ 《马克思恩格斯全集》第 46 卷上册，北京，人民出版社，1979，第 105 页。

决定的，所以随着生产劳动的发展，物质交往及其相应关系都会发生变化。例如，在资本主义产生之初，技术革命带来了生产力的快速发展，促进了生产中的行业和地区分工的扩大，从而推动了手工业到工场手工业再到机器大工业的发展。在这一过程中，生产者逐渐被限制在一个固定的生产环节当中，个人不再能独立地生产出自己所需的产品。同时，每个人的生产所创造的产品也不再是为自己所使用，他需要通过交换，用自己的劳动产品换取他人的劳动产品以作为自己的生产资料和生活资料。由此，交往不再是自给自足模式的补充，而是必须经常进行的活动。随着商品交换的发展，其他以物的形式体现的人与人交往，即货币流通、资本扩张也逐渐发展起来。

最后，生产劳动的发展促进了精神交往的发展。随着精神交往逐渐从物质交往当中分化出来并具有了相对独立性之后，

> 意识才能真实地这样想像：它是同对现存实践的意识不同的某种其他的东西；它不想像某种真实的东西而能够真实地想像某种东西。从这时候起，意识才能摆脱世界而去构造"纯粹的"理论、神学、哲学、道德等等。①

精神交往的这种独立性尤其表现在其形成为传统之后的延续性和稳定性，即能够在没有相应的经济基础的情况下延续存在一定时间。此外，生产劳动的发展也为交往提供了更为便利快捷的交往手段、交往工具，这也使得各民族之间的精神交往更为频繁，深度和广度都日益扩大，形成了马克思恩格斯在《共产党宣言》中所说的"世界文学"，各个民族的精神成果成为共享的东西。

（二）交往之于生产劳动的作用

马克思指出，人们"只有以一定的方式共同活动和互相交换其活动，才能进行生产。为了进行生产，人们相互之间便发生一定的联系和关系；只有在这些社会联系和社会关系的范围内，才会有他们对自然界的影响，才会有生产"②。简言之，交往为生产劳动的展开提供了条件。这一点可以分别从交往对于生产力的作用和对于生产关系的作用来看。

一是生产力在交往中形成、保存和扩大。

从生产力的起源上来说，它是在生产过程中，通过人与人之间的生

---

① 《马克思恩格斯全集》第 3 卷，北京，人民出版社，1956，第 35～36 页。
② 《马克思恩格斯文集》第 1 卷，北京，人民出版社，2009，第 724 页。

产能力的交往互换而形成的："一定的生产方式或一定的工业阶段始终是与一定的共同活动的方式或一定的社会阶段联系着的，而这种共同活动方式本身就是'生产力'。"①这就是说，真正具有改造自然效果的生产力，不是单个人生产能力的简单相加，而是人们在交往过程中，通过生产资料的合理分配与交换、通过分工协作和互换其活动而实现的一种集体力量、社会力量。所以，如果没有人们之间的交往，人只能单独地面对自然，也就没有所谓的社会生产力。

不仅如此，从生产力的发展上来说，只有在交往中，才能实现生产力的纵向继承和横向传播，因此马克思指出，"某一个地方创造出来的生产力，特别是发明，在往后的发展中是否会失传，取决于交往扩展的情况"②。从纵向角度来说，生产力处于不断的发展过程中，在一定水平的生产力被创造出来之后，它就会成为后一代人的生产和生活的前提，每一代人都在继承上一代创造的生产力基础上进行再创造，从而不断地发展生产力。在前现代社会中，生产力的传递是以这种纵向继承为主的。但是，正如马克思指出，"一些纯粹偶然的事件，例如蛮族的入侵，甚至是通常的战争，都足以使一个具有发达生产力和有高度需求的国家处于一切都必须从头开始的境地"③。而这种状况随着现代社会交往的日益扩大而极大改观，因为现代社会交往实现了时空的极大"压缩"，从而加快了生产力各要素的流动，某一地区创造出来的相对发达的生产力就可以在交往过程中转移传递到其他地区，实现了生产力横向的、并存式的传递和多重叠加式积累，而这也有助于生产力的纵向继承。

二是生产关系在交往中形成并发展。

与生产力一样，生产关系也是在交往中形成的，是人们在生产过程中通过交往而发生的一定的经济关系。生产关系可以分为权力关系（生产者在生产资料的分配与交换过程中形成的支配与被支配的关系）与技术关系（生产者在生产过程中的技术性分工关系）。并且，随着现代社会交往的扩大，这两重关系都发生了极为重大的变化。

就权力支配关系而言，这种关系的形成可以从所有制角度来看。所有制的核心内涵是人对生产资料的支配，同时，它又是指"对他人劳动力的支配"④，而这也正是生产关系的内容之一。随着现代性进程的发展，

① 《马克思恩格斯全集》第3卷，北京，人民出版社，1956，第33页。
② 《马克思恩格斯全集》第3卷，北京，人民出版社，1956，第61页。
③ 《马克思恩格斯全集》第3卷，北京，人民出版社，1956，第61页。
④ 《马克思恩格斯全集》第3卷，北京，人民出版社，1956，第37页。

这种权力支配关系完成了从人对人的直接统治与人身依附关系，转变为资本对劳动力的支配关系。在前现代社会，人们往往从属于一个共同体方能生存，并且主要是在这个共同体内交往。其中，经济领域如哈贝马斯所分析的那样，很大程度上附属于政治权力，生产关系表现为以血缘、宗法、阶级和等级为形式的人身依附关系。进入现代社会后，人们可以通过交换价值而自由地相互交往，在生产劳动中，工人向资本家出卖自己的劳动力来换取生存所需，而劳动力所创造的剩余价值则被作为资本之人格化代表的资本家无偿占有，这就形成了资本对劳动力的统治关系。

就技术关系而言，这种关系的发展是一个不可逆转也不应被消灭的社会进程，这构成了生产关系的另一面。分工状况以生产工具的性质为前提，本身就体现着生产的技术构成形式，它既指不同类型生产者运用不同生产工具进行生产的方式，又指生产过程中生产者的分离与组合方式。不同技术层次上的生产资料要求不同的生产者分离与组合方式，这就意味着对生产者之间的活动互换即交往的要求是不同的。随着现代性进程的展开，这种技术关系完成了从简单落后到复杂发达的转变。在前现代社会中，由于交往和分工的程度较低，生产技术关系处于不发达状态，人们主要是以自己的劳动换取自然的产品。进入现代社会后，自然科学在生产中逐渐转化为技术条件，这除了表现为生产机器的不断改进，也表现为分工的不断技术化和"合理化"。这种状况随着交往的发展而成为国际性的，特别是在今天，交往的全球化、信息化、智能化，使得生产劳动的各个环节的分工水平与协作紧密程度，远远超过了历史上的任何时期。

在马克思去世后的百余年，现代社会发生了许多重大的变化。因此，我们需要结合当今交往领域中的新变化来批判地发展马克思的交往思想。就此而言，哈贝马斯的交往合理性理论也是在试图完成这一工作。

第二节　哈贝马斯对马克思交往思想的批判

在"重建历史唯物主义"的口号下，哈贝马斯在《作为"意识形态"的技术和科学》《重建历史唯物主义》《交往与社会进化》《交往行为理论》等著作中，对马克思的交往思想，特别是围绕生产劳动与交往的关系进行了批判。

一、"重建历史唯物主义"

马克思的交往思想不仅呈现了历史唯物主义创立时期的理论探索，

而且也是其重要的组成部分。而在哈贝马斯这里，关于交往问题的理解与他关于历史唯物主义的态度也是紧密相关的。反过来说，他围绕生产劳动与交往这两个关键词进行的"重建历史唯物主义"，在一定意义上就是在"重建"马克思的交往思想。按照哈贝马斯自己的说法，所谓"重建"是指"把一个理论拆开，用新的形式重新加以组合，以便更好地达到这种理论所确立的目标。这是对待一种在某些方面需要修正，但其鼓舞人心的潜在力量仍旧（始终）没有枯竭的理论的一种正常态度"①。与此同时，哈贝马斯相信他的理论工作"可能会对历史唯物主义的更新做出贡献"②。这意味着，在哈贝马斯看来，马克思的历史唯物主义并未过时，也不应被抛弃，其依然具有生命力，只是需要根据现实变化做出修正。这一现实就是他所称的晚期资本主义社会。

哈贝马斯认为，自由资本主义产生的标志是"分离"，这表现在两个方面。一是社会文化领域同经济子系统与政治管理子系统的分离。这意味着经济的持续发展和政治统治的稳定，无须如传统社会那样相当地依赖于社会文化。二是经济子系统与政治管理子系统的分离。二者虽然在与社会文化相对的意义上被视为一个整体，但还是有明显区别的。此时，经济子系统不再像传统社会那样依附于政治管理子系统之下，相反，经济子系统不仅独立出来，而且政治管理子系统的合法性来自它能够维持一般的生产条件。然而，为了应对周期性经济危机，资本主义国家不得不对经济子系统实施越来越强的干预，与此同时，又试图在政治管理子系统中重建经济自发性以补充经济子系统的不足。经济子系统与政治管理子系统重新结合起来了，由此，当代资本主义国家违背了资本主义产生的历史前提和原则，而这也意味着自由资本主义的终结。

根据以上分析，哈贝马斯得出如下结论：运用马克思根据自由资本主义社会而正确提出历史唯物主义理论的重要社会条件已然不复存在了。因此，马克思的历史唯物主义必须经过重建之后，才能承担起分析、批判当代资本主义的历史使命。哈贝马斯正是试图以他的交往合理性理论"对现代西方社会进行预测性的分析，重建马克思对资本主义社会的批判"③。

---

① 〔德〕尤尔根·哈贝马斯：《重建历史唯物主义》，郭官义译，北京，社会科学文献出版社，2013，第3页。

② Jürgen Habermas, *Communication and the Evolution of Society*, Thomas McCarthy, trans., Boston: Beacon Press, 1979, p. 98.

③ 郭官义："译序"，《重建历史唯物主义》，郭官义译，北京，社会科学文献出版社，2013，第10页。

哈贝马斯认为，在自由资本主义向晚期资本主义转变的过程中，科学与技术日益紧密结合，其效应深深地渗透到经济子系统和政治管理子系统当中。在这种情况下，社会生产力的发展依赖于公认的学习机制，而不再受制于生产关系的调整。反过来，生产力的发展也不必然会导致生产关系的变革和生产方式的革新。甚至，作为第一生产力的科学技术，由于被国家掌控，成为服务资产阶级政治统治的意识形态工具。因此，生产力的发展也不再具有马克思所说的解放力量，无助于消除交往扭曲现象。综上，哈贝马斯指出，马克思提出的"生产力-生产关系"原理也许适用于自由资本主义时期，但它对于晚期资本主义社会是缺乏充分解释力的。由此，"生产力和生产关系之间的联系，似乎应该由劳动和互动之间的更加抽象的联系来代替"①。并且，在生产劳动和交往之间，更应当重视的是主体间的交往，正是由于在交往中形成的社会规范独立于生产逻辑而成为协调人们行为和调节社会财富分配的基础性力量，人类社会生活才得以可能和发展。

正如洛克莫尔所说，"从某种程度上来说，哈贝马斯自己独特的思想，就是他努力掌握马克思和马克思主义的产物"②。这一掌握当然不是简单的重复，对于哈贝马斯的交往合理性理论来说，马克思的交往思想既是极为重要的理论资源，同时也是需要做批判性解读的"靶子"，也正是因此，才有必要"重建历史唯物主义"。接下来，我们首先具体考察哈贝马斯如何在其理论中展开对马克思交往思想的批判，而在下一节中，将呈现他基于这种批判在何种意义上发展了马克思的交往思想。

二、对交往与生产劳动的再理解

正如南希·弗雷泽所说，"哈贝马斯的理论是一个二元理论，劳动问题为一元，而交往问题为另一元"③。在哈贝马斯以交往合理性理论重建历史唯物主义的过程中，"生产劳动"与"交往"是其始终关注的两个关键词。系统特别是为社会提供物质基础的经济子系统，正是在生产劳动过程中形成发展的，而生活世界则既是人们以往交往的产物，同时又是新的交往的背景。由此，哈贝马斯要求将生产劳动与交往区分开。哈贝马

---

① 〔德〕尤尔根·哈贝马斯：《作为"意识形态"的技术与科学》，李黎、郭官义译，上海，学林出版社，1999，第71页，译文有改动。
② 〔法〕洛克莫尔：《历史唯物主义：哈贝马斯的重建》，孟丹译，北京，北京师范大学出版社，2009，作者序，第1页。
③ 〔美〕南希·弗雷泽、魏小萍：《论马克思与哈贝马斯——魏小萍访南希·弗雷泽》，高静宇译，《世界哲学》2014年第1期，第140页。

斯考察了马克思关于生产劳动与交往之间关系的论述，并认为马克思在二者关系的处理上存在着还原论倾向，即将交往还原到生产劳动当中。在他看来，这正是马克思交往思想在元理论层面的症结所在。

从内涵上来说，生产劳动概念表示的是人与自然的关系，并且这里的自然主要是指人化的自然界以及人造物所构成的世界，也就是生产劳动的对象及其成果所构成的世界。马克思在理解生产劳动时，特别是其逐渐摆脱黑格尔唯心主义和费尔巴哈人本主义的影响之后，明确地从人的生存发展需要出发，将人与自然之间的物质变换过程作为生产劳动概念的首要内涵。据此，哈贝马斯认为，生产劳动是"比一个简单的自然过程更复杂的自然过程，它调整物质变换和构造世界"①。

因此，生产劳动概念的核心是主客关系，这是这种行为的本质特征；与之相对，对于交往来说，主体间关系是核心，这是这种行为的本质特征，交往就是"互为补充的行为期待"或"互为补充的活动"②。这种期待或互动，是互相承认对方为平等的行为主体的行为者，通过以语言或符号为媒介、在一定的交往规范的约束下完成的。因此，交往所表示的就是，"当两个或更多的人共享一种对应当指导他们行动的社会规范和规则的理解，因而他们对于各自的行为有交互的期待时，存在于他们之间的关系"③。

由此，哈贝马斯指出，交往所遵循的"规范并不依赖于工具活动"，而生产劳动所属的工具活动遵循的"技术规则同互动的交往规则没有关系"④。他认为，马克思"从一开始就把社会实践看作是劳动过程"⑤，这使得马克思能够"以生产力的发展为轴心来重复［历史的］直线型进步和用辩证的思维方式来表述生产关系的发展"⑥。但这样一来，马克思的理论视角就局限在了工具行为领域。当然，作为人的两种行为类型，无论如

---

① 〔德〕尤尔根·哈贝马斯：《认识与兴趣》，郭官义、李黎译，上海，学林出版社，1999，第 23 页。

② 〔德〕尤尔根·哈贝马斯：《作为"意识形态"的技术与科学》，李黎、郭官义译，上海，学林出版社，1999，第 22、第 23 页。

③ 〔英〕安德鲁·埃德加：《哈贝马斯：关键概念》，杨礼银、朱松峰译，南京，江苏人民出版社，2009，第 85 页。

④ 〔德〕尤尔根·哈贝马斯：《作为"意识形态"的技术与科学》，李黎、郭官义译，上海，学林出版社，1999，第 22、第 23 页，译文有改动。

⑤ 〔德〕于尔根·哈贝马斯：《现代性的哲学话语》，曹卫东译，南京，译林出版社，2011，第 386 页。

⑥ 〔德〕尤尔根·哈贝马斯：《重建历史唯物主义》，郭官义译，北京，社会科学文献出版社，2013，第 133 页。

何强调生产劳动与交往之间的异质性，从现实角度来说，也必须考虑二者之间的联系。哈贝马斯并不否认这一点，但他同时指出，生产劳动和交往之间"不存在一种自动发展的联系，尽管在它们之间存在着一种联系"①。所谓自动的联系就是指二者之间的"无缝"推论关系。这就意味着，对生产劳动和交往的联系的思考，必须以承认二者的异质性为前提，二者的合理关系应当是在此前提下的相辅相成。工具行为能够为互动的进行提供相应的物质条件。至于这种条件在何种限度内发挥作用，则要取决于交往。因为交往及其形成的规范应当对工具行为起到约束作用。如果没有这种约束作用，即便二者建立起联系，这样的联系也是不合理的，晚期资本主义的现实已经表明了这一点。本书第六章关于交往合理性对认知-工具合理性的限制与引导作用的论述，正是哈贝马斯上述观点的具体化。

总之，在哈贝马斯看来，由于在元理论层面未能给交往提供足够充分的独立空间，马克思的交往思想只能是零散不成体系的，其中关于以语言为中介的精神交往的分析当然就更是难以深入。而根据哈贝马斯自己对当代社会的诊断，精神交往问题恰恰是在面对晚期资本主义社会危机时亟须探讨的。如本书上篇表明的，在交往合理性理论中，生产劳动形成的经济子系统依然是晚期资本主义社会的物质基础，而且经济危机依然存在，但是，随着合法化危机和动机危机的凸显，亟须分析的不应再是经济子系统，而是社会文化领域或生活世界，这一领域正是精神交往构成的领域。由于本书上篇已经具体呈现了哈贝马斯如何通过其交往合理性理论而系统地深化了关于精神交往问题的探讨，因此在这里无意再赘述，而只从以上要点出发，分析交往合理性理论是如何发展了马克思未能充分说明的精神交往问题。

第三节　哈贝马斯对马克思交往思想的发展

哈贝马斯在对马克思交往思想进行批判反思的同时，又由此出发，在他提出的交往合理性理论中对交往一极，特别是马克思未能充分阐发的精神交往进行了系统探讨，这在一定程度上发展了马克思的交往思想。

---

① 〔德〕尤尔根·哈贝马斯：《作为"意识形态"的技术与科学》，李黎、郭官义译，上海，学林出版社，1999，第33页。

一、从生产范式转向交往范式

哈贝马斯认为，马克思在面对现代社会时，采取的是以生产劳动为基石的理论范式，即生产范式。在他看来，从马克思当时所处的现实与理论情境来看，生产范式的积极意义是明显的。从现实即自由资本主义阶段的社会状况来看，随着雇佣劳动和资本的关系的建立，人们之间的阶级关系第一次以纯粹经济的形态出现，在生产范式下，这种关系及其对人际交往的影响，得到了较为充分的分析。从理论界当时占据主导地位的唯心主义历史观来看，马克思的生产劳动概念及生产范式具有着鲜明的唯物主义内涵："它的矛头既指向理论上的唯心主义，也指向实践上的唯心主义，因为这两种唯心主义都强调精神优先于自然。"① 正是在马克思之后，"现代性的规范内涵显然只有在唯物主义的前提下才能获得确定并保持下来"②。并且，正是在这一前提下，"马克思第一个用抽象劳动和具体劳动辩证法形式分析了系统命令与生活世界命令"③ 之间的矛盾冲突。总之，马克思开创了一种真正的、唯物主义的实践哲学路向，重新发现了现实的人，而只有在这种现实性上，对现代性条件下人与人之间的交往实践的分析才是有可能的。哈贝马斯本人也赞同并属于这一路向。

不过，哈贝马斯同时认为，这种生产范式的缺陷也是明显的，特别是对于批判晚期资本主义社会来说，"生产范式气数已尽"④。无论是要重新激发历史唯物主义的活力，还是充分而准确地批评当代资本主义社会，都需要实现范式转换，即从生产范式转换为交往范式。甚至，在他看来，生产范式的问题不是在面对晚期资本主义社会时才出现的，而是从提出之时起就蕴含在其理论结构当中了。甚至可以说，生产范式的积极方面恰恰包含其缺陷，因为在这种范式下，"一切都溶化在生产的自我活动中"⑤。

---

① 〔德〕尤尔根·哈贝马斯：《重建历史唯物主义》，郭官义译，北京，社会科学文献出版社，2013，第107页。
② 〔德〕于尔根·哈贝马斯：《后形而上学思想》，曹卫东、付德根译，南京，译林出版社，2012，第20页。
③ 〔德〕于尔根·哈贝马斯：《现代性的哲学话语》，曹卫东译，南京，译林出版社，2011，第393页。
④ 〔德〕哈贝马斯：《生产力与交往——答克吕格》，曹卫东、班松梅译，《天津社会科学》2001年第5期，第101页。
⑤ 〔德〕尤尔根·哈贝马斯：《作为"意识形态"的技术与科学》，李黎、郭官义译，上海，学林出版社，1999，第33页。

在生产范式中，由于以工具性的生产劳动为核心概念，所以逻辑上占据优先地位的就是主客关系，即生产者与生产对象及生产成果之间的关系。同时，马克思将生产劳动概念同类的历史相联系，在哈贝马斯看来，这就是预设了一种类的主体或"宏观主体"。因此，哈贝马斯认为，虽然马克思以唯物主义的方式重新恢复了人的地位，但并未突破主体哲学原有的方法论，生产范式是传统哲学主体范式的唯物主义变种（关于哈贝马斯对主体范式本身的批判，本书将在第八章做详细讨论）。在这种范式下，人与人之间的交往是不能得到充分阐明的。这种生产范式只能"解释社会制度与外界自然的自我控制的交换问题"，即马克思所称的人与自然之间的物质变换过程，而对于"社会制度同人的内部自然的自我控制的交换问题"，即对于人与人及人与社会之间的关系则显得乏善可陈。[①]

当然，哈贝马斯并不否认，马克思的生产劳动概念涉及人与人之间的关系。他指出，"马克思所理解的生产，不仅是一个个的个人的工具行为，而是不同的个人的社会协作"[②]。但这种关系并不是互动，而是与工具行为有着相同逻辑的策略行为。生产劳动过程中人与人之间的协作，是根据策略行为的规则形成的，这种规则是生产劳动过程的必要组成部分。因此，这种策略行为并未改变生产劳动的工具性。

总之，在哈贝马斯看来，由于生产范式强烈的工具性特征，它不能容纳资产阶级精神文化意义上的合理要素，这并不是说马克思武断地排斥了这些内容，而是其生产范式本身限制了他不能对此进行深入研究，也就限制了他对人们的精神交往形式、精神交往关系以及规范等精神文化领域的实践问题的探讨。但正是在这一领域中，个人以及他们"自身创造的、更高级的、主体间的共同性"[③]得以充分彰显。因此哈贝马斯认为，必须由生产范式转向作为主体间范式的交往范式。顾名思义，这一范式是以交往概念为核心的，在其中，主体间关系是居于优先地位的，因此适用于分析精神交往领域。

二、对精神交往及规范问题的深化

按照马克思关于交往类型的划分，哈贝马斯处理的是精神交往问题，

---

① 〔德〕尤尔根·哈贝马斯：《重建历史唯物主义》，郭官义译，北京，社会科学文献出版社，2013，第135页。

② 〔德〕尤尔根·哈贝马斯：《重建历史唯物主义》，郭官义译，北京，社会科学文献出版社，2013，第106页。

③ 〔德〕尤尔根·哈贝马斯：《重建历史唯物主义》，郭官义译，北京，社会科学文献出版社，2013，第113页，译文有改动。

之所以有此指认，是因为有一个关键点，这就是哈贝马斯吸收语言哲学成果之后提出的"普遍语用学"构成了交往合理性理论的基石。在《德意志意识形态》中，马克思也注意到了精神交往的中介即语言问题，认为精神交往是"与现实生活的语言交织在一起的"。同时，马克思还对语言的本性做了规定：语言是"感性的自然界"，是一种"实践的、既为别人存在并仅仅因此也为我自己存在的、现实的意识"①。这就是说，语言通过基于生产劳动的物质性的存在方式（这包括人自身具备的生理器官以及人所生存的物质环境）表现出来，从而使得个人的主观精神世界外在化，并能够与其他同样具有语言能力的人进行交往。

哈贝马斯认为，由于对生产劳动概念的理解以及基于此的生产范式，马克思在解释现实的社会历史发展时过于重视生产劳动而忽视了精神交往的意义，也就难以展开对语言问题及精神交往问题的系统论述。马克思在生产力和生产关系的辩证法中发现了生产劳动和交往的联系，然而他又将它们"理解为同一个过程的两个方面。而由于其唯物主义立场，马克思在解释人类生活时将生产力置于优先地位，甚至将生产关系归结到生产力的发展状况上"②。关于这一点，哈贝马斯做了两点具体阐述。

一是马克思只看到了生产劳动领域中的学习过程，而忽视了交往领域中的学习过程。对于交往合理性理论来说，学习过程是极为重要的，无论是个体交往资质的发展，还是生活世界内容的更新，都离不开学习过程。哈贝马斯认为，马克思在揭示生产劳动作为人类社会及其再生产的基础性条件的过程中，看到了生产劳动领域中的学习过程的作用。但是，马克思的缺陷也在于此，因为他将这一过程限制在生产劳动领域，也就是"限制在技术的知识和组织的知识、工具行为和策略行为的局部领域中"③，从而忽视了另外一方面的学习，即"对于互动的结构具有决定性作用的道德-实践意识的领域中学习"④，更宽泛地来说就是精神交往领域中的学习过程。哈贝马斯指出，"在道德观的领域中，在实践知识、交往行为和用共识调解行为冲突的领域中，也存在着学习过程，这些学习过程反映在社会整合的成熟形式之中，即反映在新的生产关系中，而

---

① 《马克思恩格斯全集》第 3 卷，北京，人民出版社，1956，第 34 页。
② 谢永康：《综合的社会起源——马克思主义认识论的两个方案》，《教学与研究》2015 年第 2 期，第 9 页。
③ 〔德〕尤尔根·哈贝马斯：《重建历史唯物主义》，郭官义译，北京，社会科学文献出版社，2013，第 5 页，译文有改动。
④ 〔德〕尤尔根·哈贝马斯：《重建历史唯物主义》，郭官义译，北京，社会科学文献出版社，2013，第 120 页，译文有改动。

只有这些学习过程才可能使新的生产力得到使用"①。简言之,以上作为社会文化领域中的学习过程即便只是一种上层建筑现象,并且其作用受制于系统、受制于生产劳动,但在哈贝马斯看来,它毕竟发挥着比许多马克思主义者迄今为止所认为的还要重要的作用。

二是马克思关于经济子系统在社会发展中的基础性地位的观点是有效的,但对于晚期资本主义社会来说不再具有批判功能。哈贝马斯认为,这种经济基础论对于自由资本主义时期还具有一定的批判潜能,它揭示了经济子系统和政治管理子系统在分离状态下的对抗关系,揭示了资本主义制度所建立并维护的生产方式将如何成为摧毁这种制度形态的"地雷"。但是,从晚期资本主义社会的情况来看,资本主义制度并没有束缚科学和技术的生产力。不仅如此,马克思的观点甚至有可能成为资产阶级技术统治论的意识形态的同谋。如本书第六章所述,哈贝马斯认为,在晚期资本主义社会中,科学技术本身成为资本主义统治合法性的辩护士,但这种辩护显然得不到身处公共领域的大众的完全认同,相反却成了掩盖交往扭曲现象、阻碍人的解放的意识形态。由此,生产力的相对提高"不再是理所当然地表现为一种巨大的和具有解放性后果的潜力"②,作为马克思批判资本主义社会根据的生产力与生产关系的辩证关系,也已失去了原有的批判力量。

以上两点综合起来,都指向了一个问题——规范问题,也就是说,在现代社会中,如何建构(无论是通过学习过程还是经济基础的变革)能够最终实现人的解放的规范。作为人的行为以及人际互动的约束,规范主要是属于上层建筑层面的,这与哈贝马斯关注的精神交往领域是相合的。同时,人类社会是在人的实践活动中形成的,因此,规范问题必然构成了马克思主义者解释社会历史发展时的一个极为关键的环节。

马克思在分析生产劳动与交往的关系时已经认识到交往中的规范问题。他指出,"在生产……的一定阶段上,就会有相应的社会制度形式"③,而"现存制度只不过是个人之间迄今所存在的交往的产物"④。这就是说,在一定的生产力水平提供的物质前提下,交往活动的规范化就形成了社会制度、社会结构,社会制度、社会结构一旦形成又反过来制

---

① 〔德〕尤尔根·哈贝马斯:《重建历史唯物主义》,郭官义译,北京,社会科学文献出版社,2013,第5~6页,译文有改动。
② 〔德〕尤尔根·哈贝马斯:《作为"意识形态"的技术与科学》,李黎、郭官义译,上海,学林出版社,1999,第68页。
③ 《马克思恩格斯文集》第10卷,北京,人民出版社,2009,第43页。
④ 《马克思恩格斯全集》第3卷,北京,人民出版社,1956,第79页。

约、规范交往活动。不过，与对语言的讨论一样，马克思对于规范中的交往问题也只是点到为止，并没有对这些问题作深入系统阐述。

相较于马克思，哈贝马斯的交往合理性理论的元理论、方法论与理论-现实关系三个层面都渗透着关于规范问题的讨论，并且这种规范是广义上的、多层次的，而不是局限于道德-实践领域。或者可以说，哈贝马斯是将马克思那里蕴含的交往规范思想清晰化、系统化了。在元理论层面上，交往合理性为三种基本合理性提供的有效性要求是一种规范性要求，只有满足这些有效性要求，三种基本合理性及其支配的行为才能称得上是合理的。就此而言，交往合理性提供的是一种理性自身的规范性要求。在方法论层面上，交往合理性为关于有效性要求的争辩提出了一系列的论证预设，这也是一种规范性要求，只有满足这些要求，相关争辩才有可能达致合理的、具有规范性力量的共识。在理论-现实关系层面，哈贝马斯关于狭义的即道德-实践领域意义上的规范的讨论，构成了交往合理性理论的关键内容，因为如本书上篇一再论证的，道德-实践合理性构成了交往合理性实现的"通道"，道德-伦理领域和法律-政治领域也由此构成了哈贝马斯后期的工作重心，而其目的不仅仅在于恢复道德-实践合理性本有的规范性领域，更在于重建生活世界的规范性力量，从而完成现代性事业。

如斯蒂文·贝斯特所言，"马克思的主要问题不是排除了交往，而是未能详尽地思考生产劳动与交往之间、技术合理性与实践合理性之间的差异。哈贝马斯工作的重要意义就在于，他具体地思考了这些差异，并尝试了一种关于道德-实践知识和批判逻辑的社会进化理论"[1]。马克思的确试图从生产劳动与交往的双重角度来解释社会历史发展，而哈贝马斯提出的系统-生活世界二元论，可以被视为对马克思这一解释方向的发展，因此，就交往合理性理论对精神交往的中介语言及交往中规范问题的深入探索而言，这一理论可以被视为对马克思交往思想的发展。

第四节 交往合理性理论对历史唯物主义的偏离

系统-生活世界框架是交往合理性理论的基本框架，而这一框架实际上又是哈贝马斯在认知兴趣理论时期提出的生产劳动-互动框架的发展。由此可以说，哈贝马斯的交往合理性理论和马克思一样，也是围绕生产

---

[1] Steven Best, *The Politics of Historical Vision: Marx, Foucault, Habermas*, New York: The Guilford Press, 1995, p. 165.

劳动与交往进行的，不过他做出了理论重心的转移，即专注于马克思讨论相对较少的精神交往，并对之做了相当系统化的阐述。不过，如果站在历史唯物主义的立场上来看，哈贝马斯的这种发展在一定程度上存在着偏离历史唯物主义的倾向。这是我们在马克思主义视域下肯定交往合理性理论所做的发展时必须注意到的。

一、对生产劳动及其与交往之间关系的误解

如前所述，哈贝马斯对马克思的批判是基于生产劳动与交往的区分，这一区分为交往合理性理论的建构、为考察当代社会的交往状况提供了理论场域。然而，如果从历史唯物主义的角度来说，哈贝马斯在做出这种区分时，却有着割裂生产劳动与交往之间内在联系的倾向，这不仅是对马克思的误解，而且也与他自己的理论目的相悖。

吉登斯认为，哈贝马斯借鉴了韦伯关于行为类型的划分，他所提出的目的的行为和交往行为，并不是现实的行为类型，而是一个"复合体"的分析性要素、行为的理想型特征。也就是说，这两种行为类型可以通过理论分析而分离开，但在现实活动中它们则是相互交织、不可分离的。哈贝马斯虽然意识到了这一点，不过他的错误在于，他将这种韦伯意义上的分析性区分强加给马克思，并以此批判马克思的现实的生产劳动概念。①

由此，哈贝马斯就仅将生产劳动视为一种工具行为，认为生产劳动只体现了人与自然的关系，只体现了主客关系，这一维度当然是生产劳动的应有之义，甚至可以说是其首要维度。正如马克思指出的，"劳动首先是人和自然之间的过程，是人以自身的活动来中介、调整和控制人和自然之间的物质变换的过程"②。因此，人与自然的关系的确是马克思生产劳动概念最核心、最基础的内容，据此可以说生产劳动具有工具性。在马克思的思想发展中，对生产劳动现实性的理解与对这一工具性维度日益深刻的认识是分不开的。然而，工具性维度毕竟只是现实生产劳动这一复合结构中的一个维度，而哈贝马斯将之独立出来，以此来代表整个现实的生产劳动过程，这无疑是一种狭隘理解，同时也是对马克思的生产劳动概念的误解。

马克思指出，在生产劳动过程中形成了人对自然的关系，与此同时，

---

① Anthony Giddens, *Profiles and Critiques in Social Theory*, London：Macmillan Education，1982，pp. 108-109.

② 《马克思恩格斯文集》第 5 卷，北京，人民出版社，2009，第 207～208 页。

制约这一关系的人与人之间的关系也产生了。因此,在现实生产劳动中,这一双重关系是不可分割的。人与自然的关系虽然决定着人与人的关系,但反过来,人与人的关系也制约着人与自然的关系,二者虽然是异质性的,但并非相互外在的。因此,马克思在考察生产劳动时,不仅关注其技术形式,还关注其内在性质。对生产劳动的技术形式的考察是一种主客维度,反映的是一种生产力状况,而对生产劳动的内在性质的考察则是一种主体间维度,反映了人们在生产之中的关系,这种关系不能仅从所谓的策略行为角度来理解。因此,马克思的生产劳动概念包含着人与自然的关系和人与人的关系这一对统一但不可相互还原的关系。

与马克思相比,哈贝马斯在讨论生产劳动与交往的关系时,其重心显然不在生产劳动以及物质交往上,而是要为精神交往建立足够充分的独立空间。强调精神交往的相对独立性,这是符合历史唯物主义基本原则的,但要注意的是,这种独立性的前提是物质生产和物质交往对精神交往的决定作用。如果没有这一前提,那就难免落入唯心主义的窠臼。在哈贝马斯的视野中,真正的交往行为的本质特征是语言的主体间运用,人与人交往行为的中介就是语言。为此他通过普遍语用学确定了交往行为中达成沟通与共识所必需的语用学条件。马克思曾指出,语言"只是由于需要,由于和他人交往的迫切需要才产生的","无论思想或语言都不能独自组成特殊的王国,它们只是现实生活的表现"。① 哈贝马斯在建构其理论时,也提醒自己要"留有余地、谨慎行事,以免陷入原教旨主义、语言先验主义的圈套"②。因此,他强调语言中介及相关预设只是交往行为的协调机制,而"交往行为表现了一种互动,这种互动可以用言语行为来加以协调,但不能把它们混为一谈"③,对交往行为的理解还要进一步落到具体现实当中。不过,他所指的"现实"依然主要是精神文化意义上的,也就是道德-伦理、法律-政治等精神交往领域或上层建筑领域,而非马克思曾多次提及的"实际的"或"现实的生活过程",即物质生产以及物质生产方式制约着的"整个社会生活、政治生活和精神生活的过程"④。根据马克思,人与人之间的关系不仅存在于人们的规范互动中,而且存在于人对自然的改造中。哈贝马斯更为关注的显然是前一方面。如此,

---

① 《马克思恩格斯全集》第 3 卷,北京,人民出版社,1956,第 34、525 页。
② 〔德〕哈贝马斯:《我和法兰克福学派——同西德〈美学和交往〉杂志编辑的谈话》,张继武摘译,《哲学译丛》1984 年第 1 期,第 73 页。
③ 〔德〕尤尔根·哈贝马斯:《交往行为理论》第 1 卷,曹卫东译,上海,上海人民出版社,2018,第 133 页。
④ 《马克思恩格斯文集》第 2 卷,北京,人民出版社,2009,第 591 页。

他就将主体间关系的论域狭隘化了。

进而，这种误解也给哈贝马斯自己的理论目的带来了严重的负面影响。由于对生产劳动与交往之间关系的误解，哈贝马斯也就从概念上否认了生产劳动过程中存在人与人之间的交往，否定了物质交往概念，而是将之当作策略行为，与作为工具行为的生产劳动一起归并到目的行为领域。如此，他就要面对如何将两种根本异质性的人类活动领域即目的行为与交往行为联系起来的难题。虽然本书第六章呈现的正是哈贝马斯对这一难题的解决，但如果基本概念上还存在着缺陷的话，那么即便再完备的现实措施，其效力也总是可疑的。

不可否认，如果没有语言作为媒介进行精神文化沟通，没有各种丰富的精神交往形式，我们很难想象人类物质生产与物质交往的发展。但是，这并不意味着语言、精神交往是物质生产和物质交往的基础。恰恰相反，如马克思明确指出的，语言及精神交往都是在劳动过程中产生的。由于动物与自然是同一的，以单一尺度与自然发生联系，而人不仅可以运用任意尺度，而且还有内在尺度，这意味着人在依赖自然时，总会超越自然对人的直接供给的需要，即改造自然的需要。正是这种改造自然的需要、生产劳动的需要，带来了产生语言的需要，从而产生了语言，产生了各种精神交往形式，并与生产劳动、物质交往一道，体现了人的主体性、体现了对自然状态的超越。哈贝马斯在轻视物质生产、物质交往的情况下强调精神交往的作用，有倒果为因之嫌。这也就使得他在其交往合理性理论中，片面地强调了精神交往中的规范重建以及精神交往在社会历史发展中的意义。

二、精神交往领域规范的片面重建

面对现代性病症，哈贝马斯着力从精神交往领域出发来解决问题，因为在他看来，生产劳动领域中的解放潜能已然消失殆尽，虽然生产劳动中存在着人与人之间的关系，但这种关系是策略行为意义上的，并不具有批判效能。因为策略行为作为一种特殊的目的行为，按照韦伯的合理化理论，其本身是无所谓价值的，因而也就不能从价值或规范角度进行批判。从马克思主义的视角来看，这实际上是将资本主义社会这一特定历史阶段中的生产劳动形态，非法地扩展为非历史的、具有一般意义的劳动模型。

与哈贝马斯的工具性理解不同，在马克思看来，人通过生产劳动为自己创造了一个人化的自然环境，同时也就为自己造就了人所特有的自然属性；与此同时，人通过生产劳动以及交往为自己创造了一个社会关系系统，同时也就自己造就了人所特有的社会属性。因此，历史的客观必然性和人的价值规范性这两个异质性维度能够统一在生产劳动概念中。这种统一不是通过理论上的逻辑演绎实现的，而是基于生产劳动本身的现实性。这固然在理论理解上会造成"矛盾"，但这种矛盾不是逻辑矛盾，而是具有爆破力的"批判的武器"。

　　正是通过这种生产劳动概念，马克思既科学地揭示了资本主义生产方式的根本局限性，即生产力与生产关系之间不可调和的矛盾，也呈现了这种生产劳动形式给人带来的片面性，即人（包括资本家和无产阶级）因此而受到物的支配。通过这种揭示，马克思表明，交往异化的根源在于资本主义的生产方式。在资本主义商品生产的基础上，商品交换、货币流通和资本扩张成为资本主义社会主要的物质交往形式，物质交往中因对商品、货币和资本的依赖而产生的异化，是精神交往中诸种病态现象产生的基础，因此只有消除了物质交往中对物的依赖性，才能真正实现人在整个交往领域中的独立性。正是在此意义上说，马克思强调："'解放'是一种历史活动，不是思想活动，'解放'是由历史的关系，是由工业状况、商业状况、农业状况、交往状况促成的。"[①]因此，劳动解放意味着人与自然关系和人与人关系的同时和解，"作为完成了的自然主义，等于人道主义，而作为完成了的人道主义，等于自然主义"[②]。由此，克服交往异化的前提就是消除生产劳动的异化状态，"劳动转化为自主活动，同过去的被迫交往转化为所有个人作为真正个人参加的交往，也是相互适应的"[③]。所以，在一定意义上可以说，在生产劳动概念中，"马克思对人与自然关系的考察，目的在于揭示为人与自然关系所中介的不合理的人与人的社会关系"[④]。

　　哈贝马斯意识到系统对生活世界的殖民造成了交往扭曲现象，这可以视为对马克思物化思想的继承。在马克思的交往思想中，生产劳动与交往的辩证关系已经指出了解决交往物化问题的现实物质前提和可能途径，为解决交往中的病态现象确立了唯物主义基础。哈贝马斯本应在此基础上，结合他对现代社会新问题的分析，沿着马克思指出的方向进

[①] 《马克思恩格斯文集》第1卷，北京，人民出版社，2009，第527页。
[②] 《马克思恩格斯文集》第1卷，北京，人民出版社，2009，第185页。
[③] 《马克思恩格斯全集》第3卷，北京，人民出版社，1956，第77页。
[④] 李淑梅、马俊峰：《哈贝马斯以兴趣为导向的认识论》，北京，中国社会科学出版社，2007，第364～365页。

一步深化拓展。但是，对马克思生产劳动概念的工具化理解，他去掉了这一概念当中的规范性内涵，由此，就使生产劳动概念与交往解放的规范性要求脱钩，只能依靠他认为本应对系统具有制约力量的生活世界的重建。因此正如霍耐特所批评的，这导致的结果就是，"在哈贝马斯的社会理论中，对解放理论来说，交往概念获得的重要性导致劳动概念的相应贬值"①。

在哈贝马斯看来，晚期资本主义社会的现实是，只有系统对生活世界施加了操控性影响，使得生活世界难以作为独立一元，而是成为系统的一部分。针对这种状况，哈贝马斯构想的是在发挥生活世界对系统的规范性引导的前提下，实现二者的相互影响，而这又特别依赖于道德-实践合理性作用的发挥。因此，在完成交往合理性理论的基本框架与概念搭建之后，哈贝马斯着力针对道德-实践和法律-政治这两个精神交往领域中的问题进行了一系列具体的理论建构工作。这些工作的内容固然翔实，但对于真正解决交往问题来说，仍有隔靴搔痒之感。因为道德-实践和法律-政治两个领域中的规范及其制度化，实际上都依赖于以交往合理性为基础的商谈程序的构建。而这种程序要想得出合理的结果，那么就要求交往参与者在开展商谈时，已完全了解相关商谈内容，提出的理由是具有充分论证力量的"好的理由"。这是一种理想情境。虽然哈贝马斯一再强调这种理想只是一个不断接近的目标，但他又承认它具有规范性力量，可以推动人们去达成共识。然而，一种非现实、反事实的理想目标，如何能够具有这种力量？

三、精神交往之社会历史意义的片面强调

尽管生产劳动与交往的异质性不可否认，然而，更重要的是，在马克思看来，作为人类社会历史的两个基本活动领域，生产劳动与交往的联系不是"二元"之间的线性联系，而是一种辩证的相互作用的关系。所以，马克思对生产劳动的强调并未忽视交往应有的作用，尽管他更多是强调物质交往，而非哈贝马斯所看重的精神交往。对此，哈贝马斯正确地认识到，马克思是"根据生产力的发展水平和社会交往形成的成熟与否

---

① Axel Honneth, "The Fragmented World of the Social", in *Essays in Social and Political Philosophy*, Charles W. Wright, ed., New York: State University of New York, 1995, pp. 42-43.

来评价社会发展"①；他自己也承认，马克思的"社会理论没有抹煞实践中的以符号为中介的互动的联系以及统治和意识形态可以从中得到理解的文化传统"②。因此他认为，马克思所说的"衡量历史进步的标准——生产力的发展和交往形式的成熟——可以被系统地证明"③。不仅如此，经济维度在哈贝马斯自己的理论中始终占据着重要地位，经济维度或经济子系统，作为系统的组成部分、作为整个社会存续的物质基础，哈贝马斯对其也给予了相当程度的关注。例如，他自己曾说，关于社会病态，他是"通过指涉推进资本主义的机制即经济增长来解释的"④，这也构成了他对认知-工具合理性批判的重要内容。

但是，对生产劳动与交往之间异质性的着重强调，使得哈贝马斯未能将上述正确认识贯彻到底。哈贝马斯曾明确表示："我信奉的不是生产力理性——所谓生产力理性，说到底就是自然科学和技术的理性；我信奉的是集中表现在社会解放斗争中的交往生产力。"⑤他的这种"信仰"形成了他力图取代马克思生产范式的交往范式。正是这种对范式转换的强调，使得他在交往范式下解释社会发展时，虽呈现了劳动与互动、系统与生活世界的二元图景，并且不是将认知-工具合理性与交往合理性简单对立起来，而是试图考虑它们之间的辩证关系，但交往互动及作为其背景的生活世界，始终占据着相对于生产劳动及其结果的系统的优先地位。这使得他实际上有着将精神交往作为社会发展状况的真正推动力的倾向。

由此出发，哈贝马斯认为，在社会进化与社会形态变迁上，交往领域中的结构变化才是真正有意义的划界标志，是社会进化的"起搏器"，因为这种发展所带来的是新的社会组织原则，而这些原则"意味着新的社会整合形式。这些新的社会整合形式，使现有的生产力使用或者新的生产力的产生，以及社会复合性的提高有了可能"⑥。据此，他将社会形态

---

① 〔德〕尤尔根·哈贝马斯：《重建历史唯物主义》，郭官义译，北京，社会科学文献出版社，2013，第114~115页。

② 〔德〕尤尔根·哈贝马斯：《认识与兴趣》，郭官义、李黎译，上海，学林出版社，1999，第37页。

③ 〔德〕尤尔根·哈贝马斯：《重建历史唯物主义》，郭官义译，北京，社会科学文献出版社，2013，第115页，译文有改动。

④ Jürgen Habermas, "A Reply", in *Communicative Action: Essays on Jürgen Habermas's The Theory of Communicative Action*, eds., Axel Honneth & Hans Joas, Cambridge: Polity Press, 1991, p. 225.

⑤ 〔德〕哈贝马斯：《生产力与交往——答克吕格》，曹卫东、班松梅译，《天津社会科学》，2001年第5期，第100页。

⑥ 〔德〕尤尔根·哈贝马斯：《重建历史唯物主义》，郭官义译，北京，社会科学文献出版社，2013，第24~25页，译文有改动。

的变迁划分为新石器社会、早期文明、发展了的文明和现代文明。① 具体到现代社会的产生与演变、爆发危机与克服危机，交往的作用表现得最为明显：系统从生活世界中分化出来意味着现代社会的产生；系统不断扩张而生活世界不断萎缩，从而规范力不断丧失，是现代社会发展的现状，也是危机产生的根源；生活世界的规范力与交往行为对工具行为的约束力的重建，则意味着危机的克服。

因此，关于社会发展进化的程度，哈贝马斯主张，"基本上不是由物质生产，即经济的发展阶段，而是由同生活世界相联系的独立的社会意识形式，法律和道德以及它们的制度化决定的"②。也就是说，哈贝马斯虽然一直试图遵守生产劳动与交往的根本差异，但实际上最终放弃了基于物质环境和生产实践背景的研究方向，特别是放弃了作为马克思思想之核心的政治经济学批判。交往合理性理论呈现的现代精神交往的复杂性及其危机，的确具有相对于传统社会来说更为重要的意义。然而，如果在未能对社会的物质层面提出恰当而充分的变革方案的情况下一再强调精神交往领域的重建，无疑是片面的。因此，哈贝马斯开出的"药方"，并不足以真正治愈他所诊断的晚期资本主义社会的交往危机。如果不对"病灶"本身即非法扩张的系统进行变革，它并不会主动地接受生活世界的引导，否则也就不会侵入生活世界。那么，即便生活世界本身的规范力量得以恢复，它也无法制约系统，交往合理性对认知-工具合理性的限制与引导作用也就难以实现。因此洛克莫尔批评哈贝马斯，认为他"用一种可以解释世界但无法改变世界的理论替代了一种既可以解释世界又可以改变世界的理论"③。

正如马克思曾指出的，"正确的理论必须结合具体情况并根据现存条件加以阐明和发挥"④。随着当今交往情境中不断出现新现象、新特征，我们确需"重建"马克思主义的交往理论，将这些新的时代条件加以理论化，实现交往形式、交往关系等概念的时代转换。因此，哈贝马斯的工作是极为重要且有意义的尝试。但同时，从根本上来说，当代资本主义社会的基本矛盾并没有发生质的变化，生产力的决定性作用也并没有失

---

① Jürgen Habermas, *Communication and the Evolution of Society*, Thomas McCarthy, trans., Boston: Beacon Press, 1979, p. 1.
② 〔德〕H. 鲍克纳：《论哈贝马斯对进步、理性和民主的选择》，李黎译，《哲学译丛》1992 年第 4 期，第 59 页。
③ 〔法〕汤姆·洛克莫尔：《社会批判理论与资本主义》，祝伟伟译，《国外理论动态》2022 年第 2 期，第 40 页。
④ 《马克思恩格斯全集》第 27 卷，北京，人民出版社，1972，第 433 页。

效，而只是以更加曲折的方式表现出来。精神交往问题的凸显，固然有这一领域自身的逻辑，但在归根结底的意义上是资本主义社会物质生产与物质交往派生的。对马克思主义交往理论的"重建"必须以上述基本原则的坚持为基础，否则就会畸变为理论路线的根本改写，也不能真正切中现实。

第八章　范式之争中的交往合理性理论

在一次演讲中，哈贝马斯指出如下问题是极有争议的："自我意识和认知的自我关系，以及……与他者在对话过程中建立的交往关系，到底哪一个更具有基础意义？"在他看来，这一问题"并非只是众多问题中的一个问题，这是一场根本性的范式之争"。紧接着，他对这一问题给出了两个基本向度的回答：

> 人是否首先是一个认知主体，他既可以与客观世界中的事态发生关系，也可以用客体化的立场通过反思与自身发生关系？果真如此，人与其他动物的区别首先就在于自我意识。抑或，一个人只有在与他者的交往中才会意识到自己是一个主体？果真如此，就不是自我意识，而是社会化交往形式，把我们人类与相近的类群区别了开来，并展示出人类自身的存在。①

前一向度的回答构成了主体范式的基本观点，而后一向度的回答则构成了主体间范式的基本观点。在黑格尔哲学之后，强烈的反主体主义似乎成了德国哲学的主流，哈贝马斯针对主体范式所提出的主体间范式转换无疑是这一潮流的重要口号，也正是其交往合理性理论及法兰克福学派之后理论工作的基本前提。但近年来，向主体和主体性的回归却成了同样不可忽视的潮流，并形成了主体范式与主体间范式相争之势。因此，考察这一争辩，将对恰当理解交往合理性理论在当代哲学图谱中的位置具有重要意义。

第一节　近代哲学以来的主体与理性关系

实际上，主体间范式虽然与主体范式针锋相对，但二者并非绝然水火不容，按照哈贝马斯的理解，主体间范式是以主体性为原则的现代性的产物，是与主体范式相对又相伴的"反话语"。而将这两种范式勾连起

---

① 〔德〕哈贝马斯：《马丁·布伯：当代语境中的对话哲学》，曹卫东译，《现代哲学》2017 年第 4 期，第 4～5 页。

来，并且构成了二者冲突焦点的，就是对主体的理解。进而需要追问的是，哈贝马斯在构建交往合理性理论时，为何要以主体间范式转换为前提。关于这一问题，本书将在第二节中予以详论。而为了更好地理解这一问题，我们有必要考察一个背景性的问题，即主体与理性之间的关系。

理性与主体作为哲学的两个基本观念，早在古希腊哲学时期，哲学家们就已对之展开了颇为丰富的讨论。不过，哈贝马斯所称的主体范式，主要指向的是近代哲学以来特别是德国古典哲学以来以人为原型的主体观念。与此相应，关于理性的讨论就越发从这个层面上展开，并将这种主体视为解决理性问题的基点，即破解分裂-统一这一"循环"的关键。如哈贝马斯所说，在这种哲学传统中，我们"认清了理性的本来面目，即理性被揭发为主体性"①。本书第一章已经讨论了交往合理性理论的"前史"，因此这里不妨结合这一讨论，简要回顾德国古典哲学及马克思哲学中理性与主体之间的关系。

之所以理性统一问题的解决还需要一个恰当的主体观念，是因为如第一章已经暗示了的，作为统一之动力的自由指向的始终是某种主体的自由，换言之，自由总是需要一个承载者的。那么显而易见的是，与自由的情况一样，这样的主体自身必须是统一的，因为我们难以想象一个分裂的主体能够支撑起统一的理性大厦。然而，回顾近代哲学特别是德国古典哲学中的主体观念，其自身始终面对着个别性与普遍性之间的张力。这一张力为一个统一的主体观念带来了严峻的挑战。虽然在德国古典哲学中，哲学家们为解决这一张力不断努力，各种方案彼此各异，但我们更关心的是这一张力之于理性问题的意义，因此，有着"蓄水池"之称的康德哲学应当是一个更为恰当的入手点。

对于自己哲学的使命，康德在《纯粹理性批判》中提出的三个问题做出了很好的概括："1. 我能够知道什么？2. 我应当做什么？3. 我可以希望什么？"②康德将第一个问题称为"单纯思辨的"即理论理性的问题，第二个问题是"单纯实践的"即道德实践理性的问题，第三个问题既是实践的又是理论的。在康德看来，在第三个问题中，事实性的"存在"与规范性的"应当"实现了统一。实际上，无论是理论理性还是道德实践理性，作为纯粹理性的具体形态，展现的都是对普遍之物的掌握能力。在这

① 〔德〕于尔根·哈贝马斯：《现代性的哲学话语》，曹卫东译，南京，译林出版社，2011，第4页。
② 〔德〕伊曼努尔·康德：《纯粹理性批判》，邓晓芒译，杨祖陶校，北京，人民出版社，2004，第612页。

一层面上，两种理性的统一不过是不同普遍性领域的统一问题。但同时，理性始终与个体性的经验纠缠着，而这必然要求突破普遍性领域。更为棘手的是，这两种理性形态与经验的关系又是截然不同的。对于形成知识的理论理性来说，经验是必需的，否则形成的概念只能是空洞的；然而，对于进行道德践履的实践理性来说，经验是必须被排除掉的，否则表面看来善的行为也是不道德的。那么，同样作为理性，二者在面对普遍性与个别性之间的关系时为何如此迥然不同？

同样是在《纯粹理性批判》中，康德给出了解答的方向，即拥有自由能力的主体。一方面，该主体处于感官世界当中，他拥有"经验性的品格，借此它的行动作为现象就会与其他现象按照固定的自然规律而彻头彻尾地处于关联之中，并有可能从作为其条件的其他现象中被推导出来"。与此同时，该主体还拥有"理知的品格，借此这个主体虽然是那些作为现象的行动的原因，但这种品格本身并不从属于任何感性的条件，并且本身不是现象"①。如此看来，两种理性在面对普遍性与个别性的关系时虽有差异，但这种差异不过是该主体面对不同生存领域时采取的不同态度，因为这一主体本身能够而且必然会跨越普遍性与个别性两个领域。这一主体，也正是对后来《逻辑学讲义》中康德追加的那个具有纲领性的问题即"人是什么"的回答。

由此，无论是理论理性与道德实践理性，还是普遍性与个别性之间的不同关系，都可以没有任何冲突地共同存在于"人"之中。② 曾被康德视为继承者的费希特对此做了更为简要而精确的定义："人既是理性的生物，又是有限的生物，既是感性的生物，又是自由的生物。"③但这仅仅是一个消极的规定而已，与对自由问题的回答一样，这并没有说明二者是如何共存的。因此，这样的主体并未彻底解决理性统一问题，只不过是将张力转移了而已。在《判断力批判》中，康德做出了沟通两个方面的努力，但实际上，基于康德批判哲学的划界原则，这两个方面之间的分离始终是首要的。

在康德之后，试图实现理性完全统一的德国古典哲学家们则不满于这种"保守"态度，这就造就了以抽象主体性原则为内核的主体性范式出

---

① 〔德〕伊曼努尔·康德：《纯粹理性批判》，邓晓芒译，杨祖陶校，北京，人民出版社，2004，第437页。

② 参见〔德〕伊曼努尔·康德：《纯粹理性批判》，邓晓芒译，杨祖陶校，北京，人民出版社，2004，第439页。

③ 〔德〕费希特：《论学者的使命、人的使命》，北京，商务印书馆，2009，第5页。

现的契机。无论是费希特的绝对自我、谢林的"绝对"还是黑格尔的绝对精神，作为理论理性与实践理性及其统一的基础，作为（主观的或客观的）自由主体，其具有最高普遍性，故而能够将个别性吸纳进自身当中，这实际上是普遍性对个别性的吸收，个别性成为普遍性的一个环节或是衍生物。就此而言，德国古典哲学家们的具体路数虽有差异，但有一点是共同的，即从普遍性出发，并以普遍性为归宿。然而这种方式并未真正解决普遍性与个别性之间的张力，而是一种此消彼长。这不仅使得个别性方面消失不见，而且使得普遍性方面沉迷于意识或精神当中，越发脱离现实。

对于德国古典哲学在主体与理性关系问题上的抽象性，马克思在批判作为其代表的黑格尔哲学时指出："意识的对象无非是自我意识；或者说，对象不过是对象化的自我意识、作为对象的自我意识。（设定人＝自我意识。）"同样是在批判黑格尔哲学时，马克思提出了破解这种抽象性的钥匙，即"对象性的活动"：

> 当现实的、肉体的、站在坚实的呈圆形的地球上呼出和吸入一切自然力的人通过自己的外化把自己现实的、对象性的本质力量设定为异己的对象时，设定并不是主体；它是对象性的本质力量的主体性，因此这些本质力量的活动也必定是对象性的活动。①

因此，在马克思看来，真正现实的主体、人，是进行对象性活动的主体。正是这一规定，为处理主体与理性的关系问题带来了现实性，这种现实性又具体体现在生产劳动的基础性和人类活动的有限性两个方面。

其一，生产劳动的基础性。关于这一点，本书第一章已有所讨论，因此在这里不妨以此为基础做一扩展。对于进行生产劳动的人来说，理性就是其完成生产劳动目的的能力。这种能力包括认知与实践两个基本层面，亦即通常所说的理论理性与实践理性（这主要是指生产劳动中的实践理性）。从任一具体的生产劳动目的角度来说，该目的的实现，通常需要理论理性预先对生产对象进行认知，并据此对生产过程展开筹划，而后需要实践理性在实际生产活动中推进该目的的实现。就这一角度而言，理论理性更为突出地体现着人之区别于动物的能动性和创造性。正如马克思所言，

---

① 《马克思恩格斯文集》第1卷，北京，人民出版社，2009，第206页。

> 最蹩脚的建筑师从一开始就比最灵巧的蜜蜂高明的地方，是他在用蜂蜡建筑蜂房以前，已经在自己的头脑中把它建成了。劳动过程结束时得到的结果，在这个过程开始时就已经在劳动者的表象中存在着，即已经观念地存在着。①

而从人类认识与实践的更为一般性的角度来说，作为人类最基本的实践活动，生产劳动又体现着实践理性相对于理论理性的奠基性。在生产劳动中，劳动工具成为劳动主体与其对象之间的联结点，而这一特性正是与理论理性同构的。一方面，"工具是人类目的作用于劳动对象的手段。工具自身与目的和对象两端都具有同一性"。工具是劳动主体为达成劳动目的而创造的，因此必须既合于劳动主体的目的，又合于劳动对象的特性。我们的理论理性所创造的概念范畴等思维工具，要想达成认识目的，无疑也要符合这一要求。另一方面，"劳动工具是主体的抽象和抽象能力的表现"②。劳动工具不能仅仅改造某一个别的劳动对象，而是承担着某项改造同类对象的任务，其在理论上的对应物便是某种形式或范畴。由上可见，生产劳动的奠基性，不仅体现在其为人类的其他一切历史活动创造物质条件，而且在这种活动中，两种理性类型之间的关系以及主体与理性的关系得到了最为清晰的呈现。

其二，人类活动的有限性。这意味着人类活动无论是认识活动还是实践活动，始终是受到其对象限制的，这也是"对象性"活动的应有之义。就此而言，人类的活动目的是否能够实现以及实现到何种程度，都不是人类单方面能够决定的。如果没有其对象，人类活动也就是无的放矢。正是在此意义上，马克思对以黑格尔为代表的"绝对"观念进行了批判：

> 一个存在物如果在自身之外没有对象，就不是对象性的存在物。一个存在物如果本身不是第三存在物的对象，就没有任何存在物作为自己的对象，就是说，它没有对象性的关系，它的存在就不是对象性的存在。非对象性的存在物是非存在物。③

---

① 《马克思恩格斯文集》第 5 卷，北京，人民出版社，2009，第 208 页。
② 王南湜、谢永康：《后主体性哲学的视域——马克思唯物主义的当代阐释》，北京，中国人民大学出版社，2004，第 167 页。
③ 《马克思恩格斯文集》第 1 卷，北京，人民出版社，2009，第 210 页。

这里所指的对象，不仅包括作为单纯客体与主体相对的事物（如自然界及人造物），而且也包括既作为客体又作为主体的人及其关系。而人类理性正是在人类活动中产生、体现于人类活动并支配人类活动的。因此，理性必须在人类活动或者说在作为对象性活动者的主体的基础上，才能得到恰当的理解。

马克思关于主体与理性关系的理解，奠定了之后马克思主义者们处理这一关系时的基调。虽然哈贝马斯将马克思对生产劳动的首要性错误地理解为将社会实践还原为生产劳动，但从一定意义上来说，哈贝马斯依然是在马克思开辟的现实性视域中来处理主体与理性的关系，是在试图完成马克思未能完成的工作，他自己也曾承认，他的理论意图与马克思的实践哲学"履行的是同一项使命：把理性实践理解为体现在历史、社会、肉身和语言中的理性"①。只不过，在他看来，马克思的生产范式依然未能彻底摆脱其力图打破的主体范式传统，而他为了完成上述使命，建构起新的范式——主体间范式。

第二节　主体间范式与交往合理性理论

在哈贝马斯看来，主体范式自身的困境使得它不再能够为理解理性以及解决理性统一问题提供新的可能，如果依然坚持这种范式，要么走向对理性的解构，要么在捍卫理性时难以抵挡非理性主义的攻击。黑格尔之后的哲学发展已经印证了这一点。因此，如果想更新理性观念，就必须转向主体间范式。关于哈贝马斯对主体范式的批判，在他对马克思生产劳动观念（以及本书第九章将讨论的学派第一代的工具理性批判）的反思中能够看到，因此这里不再赘述。现在我们所关心的是，相对于主体范式，哈贝马斯认为主体间范式具有何种优越性，而这又为理解理性、为建构他自己的理性统一方案即交往合理性理论提供了何种可能性。

一、主体间关系相对于主客关系的优先性

即便哈贝马斯对主体范式的反思有其道理，但若与作为此反思之成果的主体间范式主张难以证立，那么他自己建构交往合理性理论的工作效力无疑也会大打折扣。由于主体间范式是与主体范式相对而称的，因此从相对于主体范式之优越性的角度来证成，自然是一个便捷而有效的

---

① 〔德〕于尔根·哈贝马斯：《现代性的哲学话语》，曹卫东译，南京，译林出版社，2011，第 369 页。

途径。由于主体间范式的核心是主体间关系，而主体范式的核心是主客关系，因此，这种优越性就首要地表现在结构上，即主体间关系相对于主客关系的优先性。

如前所述，哈贝马斯认为主体间范式是与主体范式相伴而生的"反话语"，关于此的一个明证就是黑格尔的早期思想。哈贝马斯指出，虽然黑格尔《精神现象学》及其之后的哲学是主体哲学的典型，并由此在哲学层面上将主体性确立为现代性的原则，但在早期，他却曾尝试从主体间范式出发，提出了一种颇具古典意味的交往理性观念，即在《基督教的精神及其命运》一文中构想了和解理性观念。哈贝马斯认为，这一概念只能从主体间关系出发来理解，而它正是青年黑格尔破解现代性难题的一次尝试。

虽然历史学意义上的现代性可以追溯至 15 世纪前后，即美洲的发现、文艺复兴和宗教改革三大事件所标志的"新时期"，但在哈贝马斯看来，直到 3 个世纪之后的黑格尔，才真正在哲学意义上对现代性进行了有意识的、充分的阐述。在这种阐释中，黑格尔力图讲清楚现代性中的种种分裂，并试图将这些分裂重新整合起来。在此，黑格尔借助了理性的整合力量。当然，对于理性整合力量的确信并非黑格尔的首创。在那个启蒙运动风起云涌的时代，康德、费希特、谢林等已经确立了理性的权威。但在黑格尔看来，他们不过是"建构起了一个理性的偶像。它错误地把知性或反思放在了理性的位置上"①。而青年时期的黑格尔所主张的，是一种真正能够推动人们生活的理性，它能够"引起人们内心的兴趣，影响人的感觉与需要"②。这就是和解理性，并基于这种理性构建起新的理性宗教，即民众宗教。这种民众宗教具有三方面规定："它的教义必须建立在普遍理性的基础上；幻想、心情、感性在客观宗教里必须不要空无着落，没有出路；民众宗教必须与生活的一切需要结合起来，必须与公众的政治行为结合起来。"③在这种新宗教的规定中，第一方面即理性的权威无疑是首要的。

当然，所谓和解理性概念是哈贝马斯自己的理解。黑格尔在哈贝马斯所援引的《基督教的精神及其命运》一文中并未明确提出这一概念。不过，哈贝马斯的这一理解也是有其根据的。黑格尔的确重点阐述了以

---

① 〔德〕于尔根·哈贝马斯：《现代性的哲学话语》，曹卫东译，南京，译林出版社，2011，第 28 页。

② 〔德〕于尔根·哈贝马斯：《现代性的哲学话语》，曹卫东译，南京，译林出版社，2011，第 31 页。

③ 〔德〕黑格尔：《黑格尔早期神学著作》，贺麟译，北京，商务印书馆，2016，第 28 页。

"爱"为形式的和解。这种和解显然不是通过下位者卑微的顺从或上位者怜悯的宽容实现的，也不是一时的冲动，而是由理性支配的。因此，这里的"爱"实则是理性之爱。这种和解，

> 由于与接触到的个人（也许人数很少）所发生的活生生的关系之丰富性，它却有了真正的无限的收获。它不排斥现实的东西，而只排斥在思想中的、可能的东西。……和解的精神本身没有仇恨的意向的，而且努力于消灭他人的仇恨。……在爱中的和解扬弃了奴役统治，恢复了生命的纽带、爱的精神、相互信任精神。①

正是由于这种和解理性的丰富性，哈贝马斯认为它是不可能从主体性原则推导出来的，也是不可能从主体范式的角度来理解的。在哈贝马斯看来，青年时期的黑格尔在分析现代性的种种分裂时，将其所处的现代生活类比于古希腊社会的衰落时期，因为在二者之中，社会生活总体性都已经崩解。哈贝马斯将这种崩解理解为主体间生活世界中的分裂，正是由于这种分裂，主客关系作为异化因素，被引入主体间关系当中，并占据统治地位。在哈贝马斯的这一分析中，主客因素进入主体间关系当中，这是社会生活总体性日趋难以恢复的原因，但令人不解之处也在于此，即主客关系何以成为一种异化因素。在关于系统、生产劳动等概念的分析中，他也承认人对自然的改造及其成果是社会存续的物质基础，就此而言，很难将这种物质基础所体现的主客关系视为异化因素。实际上，哈贝马斯的讨论是限定在人-人关系而非人-物关系上的，主体间范式所指的主体间关系的优越性，也主要是体现在这种人-人关系上，在这一关系中，"具有的是主体间相互沟通的结构，而不是单个主体的客体化逻辑"②。随着传统的社会生活总体性的崩解，人们从"共同生活环境中分离和抽象出来"，"主体间生活语境对称性和相互承认关系"③遭到破坏，每个人都可能成为为了自身生存而利用甚至侵犯他人的个体，即将他人视为达成自身目的的客体。因此，主客关系一旦被引入主体间关系中，必然是作为异化因素存在的，并呈现出一种压迫特征。甚至，在黑

① 〔德〕黑格尔：《黑格尔早期神学著作》，贺麟译，北京，商务印书馆，2016，第301~302、326页。
② 〔德〕于尔根·哈贝马斯：《现代性的哲学话语》，曹卫东译，南京，译林出版社，2011，第35页，译文有改动。
③ 〔德〕于尔根·哈贝马斯：《现代性的哲学话语》，曹卫东译，南京，译林出版社，2011，第34~35页。

格尔看来，"在时代困境中，人要么成为客体遭到压迫，要么把自然作为客体加以压迫"①。面对这种状况，一个可行的选项就是重建真正的主体间关系。为此，黑格尔试图重建一种伦理总体性，这正需要和解理性发挥其作用。因此，哈贝马斯认为，黑格尔的这一早期方案表明了，要想为现代性问题提供一种恰当的理性观念，必须在主体间范式下进行。

然而，黑格尔后来的哲学虽依然强调理性的权威，但这种理想化的主体间交往理性并未成为其哲学的真正基石。那么，这是否意味着主体间范式本身是成问题的，因而使得黑格尔放弃了这一进路？在哈贝马斯看来显然并非如此。黑格尔未能将主体间范式贯彻到底，原因在于他自己的操作方案："在民众宗教里，交往理性具有一种理想化的历史共同体形式，类似于原始基督教的团契和希腊城邦。这种民众宗教不仅具有描述性，而且和古典时代的理想特征紧密地联系在一起。"虽然黑格尔绝不会主张完全回到古典时代，但是其与民众宗教之间的强烈的类似性对于伦理总体性的重建来说是致命的，因为"现代已经通过反思获得了自我意识，并拒绝彻底回到理想的过去"，结果便是，"无论原始基督教和古希腊城邦的伦理是如何的完整有力，它们都不能为内部发生分裂的现代性提供一种准则"②。

虽然黑格尔的方案失败了，但在哈贝马斯看来，伦理总体性的理想——"所有的社会成员都享有权利，其要求也得到了满足，而且不会危及他人的利益"③——依然是值得追求的。关键就在于，如何在现代性条件下实现这种总体性。经过分析批判，哈贝马斯认为，在黑格尔之后，无论是马克思及黑格尔左派、黑格尔右派、海德格尔的形而上学批判，还是法兰克福学派第一代及福柯的批判理论、德里达对逻各斯中心主义的批判，虽然对主体哲学及其之下的理性观念所进行的批判都显得激进，并且在其理论中利用了主体间关系因素，但归根结底都是在主体范式下来破解主体哲学的问题，最终都与黑格尔哲学殊途同归。在现代性进程中，主体性原则及主体范式的权威得到了确立，并由此形塑了"主体理性"的统治地位（如法兰克福学派第一代所批判的工具理性、交往合理性理论所针对的认知-工具合理性）。但是，现代社会生活是主体间关系的

---

① 〔德〕于尔根·哈贝马斯：《现代性的哲学话语》，曹卫东译，南京，译林出版社，2011，第 33 页。

② 〔德〕于尔根·哈贝马斯：《现代性的哲学话语》，曹卫东译，南京，译林出版社，2011，第 36～37 页。

③ 〔德〕于尔根·哈贝马斯：《现代性的哲学话语》，曹卫东译，南京，译林出版社，2011，第 34 页。

场域，如果完全以主客关系来理解和实现，那么必然会引发弊病。因此，继续利用主体哲学虽然看似尊重了现代性成果，但在哈贝马斯看来，鉴于主体性作为现代性确证自身的原则所造成的种种否定性后果，限于主体范式是无助于问题的解决的，转向主体间范式势在必行。

二、主体间范式对主体观念的更新

如弗莱德·R. 多迈尔所言，"再也没有什么比全盘否定主体性的设想更为糟糕了"[①]。对于哈贝马斯来说同样如此。作为主体间范式之一种的交往范式虽然与主体范式对立，这是出于理论一贯性的需要，但对主体间关系的强调并不排斥对主体的讨论。综合哈贝马斯对主体范式的批判，这一范式的关键问题正在于孤立主体这一不恰当的观念。因为如果还存在一个与之地位等同而又异质性的主体，那么它的基础性、绝对性无疑会遭到动摇。即便在这一范式下会论及"我们"，但也不过是"我"的同质性变种或扩展。然而，社会现实中的主体显然比这种主体概念更为复杂。因此，在面对现实主体时，形而上学的主体范式要么无能为力，要么只能采取客体化逻辑，即将之统统视为与己相异的客体。而这又会"反噬"这种抽象的主体观念，使它最终沦为徒具主体外表的客体。目的行为及认知-工具合理性大行其道也就难以避免。

如前所述，马克思通过对黑格尔哲学的批判，用生产劳动取代了黑格尔的自我意识活动，完成了主体观念的现实化。在马克思的视野中，主体不再是抽象绝对的意识、精神，而是有限的、历史性的、活生生的现实的人，这样的人当然需要一定的社会关系才能维持其存在。因此，马克思以唯物主义的方式容纳了以往被唯心主义片面发展了的主体能动性，摆脱了以认知主体为原型的、被错误地提升为绝对者的主体概念。但在哈贝马斯看来，马克思做得依然不够。与黑格尔类似，马克思早年也曾"主张将相互合作的交往共同体中非强制性的意志结构用于调和分裂的市民社会"。不过，在后来的工作中，

> 和黑格尔一样，马克思也难以承受主体哲学概念的重压。……
> 马克思把社会现代化和日益提高的自然资源开发能力以及日益扩张
> 的全球贸易和交通网络联系起来。因此，这种生产力的解放，必须
> 被还原为现代性的一种原则，其基础与其说是认知主体的反思，不

---

① 〔美〕弗莱德·R. 多迈尔：《主体性的黄昏》，万俊人译，桂林，广西师范大学出版社，2013，第 2 页。

如说是生产主体的实践。①

这种主体观念强调的是"行为主体与可以操纵的客体世界之间的关系"②，反过来，这种主体也必须首先在这一关系当中得到理解。因此，哈贝马斯认为，马克思在将主体观念现实化的过程中，尚未能彻底摆脱与孤立主体观念相伴而来的客体化逻辑，从思维模式上来说，马克思的生产范式体现的依然是主体哲学的传统，因为它的首要内涵是主体与客体之间发生的相互影响和相互改变，而不是多个有限主体之间的关系，因而也就未能真正完成对主体观念的更新。

在一次演讲中，哈贝马斯指出，"经历了实用主义转向、历史主义转向和语言学转向之后，先验主体已经被剥夺了先天知识的盔甲"③，主体问题的解决必须抛弃在形而上学传统中形成的主体范式。在哈贝马斯这里，上述转向的结果便是，我们应当去考虑，如何以主体间的语言沟通为媒介，使得形而上学中的孤独主体恢复其本应有的主体间维度。甚至，正是对主体间关系优先性的确认，才能够解开"主体之谜"。

一般来说，语言哲学包含语义学和语用学两大分支。语义学对语言学转向、对语言哲学扩展其影响力贡献巨大，其主要包括三条路向：意向主义语义学、形式（真值）语义学和应用理论。不过，在哈贝马斯看来，在总体上，语义学分析是一种命题形式分析，对于考察主体间语言沟通来说，它的主要缺陷是"不考虑说话者的言语情境、措辞及其语境、要求、对话角色和所持立场"④。而这些正是语用学应当考虑的，也是其普遍语用学的任务。

在论述普遍语用学时，哈贝马斯提道，"我将以达成沟通为目的的行为视为根本性的"⑤。从语言学角度来说，这种"以达成沟通为目的的行为"或交往行为属于语言表达行为或言语行为，这一点本书在上篇中已一再说明。哈贝马斯认为，言语行为具有完成行为式意义，即我们通过

---

① 〔德〕于尔根·哈贝马斯：《现代性的哲学话语》，曹卫东译，南京，译林出版社，2011，第72~73页，译文有改动。

② 〔德〕于尔根·哈贝马斯：《现代性的哲学话语》，曹卫东译，南京，译林出版社，2011，第73页。

③ 〔德〕尤尔根·哈贝马斯：《在克鲁格奖颁奖仪式上的演讲》，童世骏译，《哲学分析》2016年第1期，第140页。

④ 〔德〕于尔根·哈贝马斯：《后形而上学思想》，曹卫东、付德根译，南京，译林出版社，2012，第45页。

⑤ Jürgen Habermas, *Communication and the Evolution of Society*, Thomas McCarthy, trans., Boston: Beacon Press, 1979, p.1.

言说而行事，同时，通过一种言语行为，将所作所为言说出来。这对于孤立主体来说是没有意义的（即便这个主体是具有言语行为能力的），而必须有能够与之互动的第二人称即采取参与者立场的、"有能力的听众"。

也正是在这种以语言为中介的交往活动中，被哈贝马斯视为"主体哲学思想的基本思想"①的自我意识得以形成："原始的自我意识并不是一种主体内在所固有的现象，而是一种在交往中产生的现象。"②或者说，通过以语言为媒介不断地与其他交往主体沟通互动，自我处于一个不断的学习过程之中。在这个过程中，主体的自我意识呈现为一种"客我"。这虽看似将自我意识纳入哈贝马斯所反对的客体化逻辑之中，但实际上它与后者有着根本差别，因为它不是将自我意识视为一个独立的实体，而是将其视为主体学习能力和由此获得的成果的记忆。也正是学习过程的开放性，确保了主体不是"原子式"个人，也不是偶然联合的"乌合之众"（由于下一节将以哈贝马斯-亨利希之争来具体讨论自我意识问题，因此这里不再展开）。

当然，如果仅限于此，那么似乎还未能彻底突破传统主体观念，毕竟理性存在者与语言使用者同样是抽象概念。从结构上来说，言说者和听众构成了言语行为的两个端点，这两个端点作为语言使用者的同一性是显而易见的。但是，如果执着于"同一性"，那么所谓的主体间关系，在概念上最终仍然可以还原到单一主体上。而且，普遍语用学作为形式语用学，其首要任务不是对特殊的语言使用情境的考察，而是对语用学规则所构成的一般条件的阐明，这似乎不足以彻底避免哈贝马斯力图消除的非历史主义倾向，仍然无法彻底避免先验化。因此，哈贝马斯也意识到，这种语用学及由此展开的主体间范式会遭遇如下质疑："为何不优先选择一种经验语用学理论，它对高度理想化的言语行为不遗余力地加以合理重建，并开始关注日常交往实践。……相比而言，形式语用学为了重建资质理论，集中关注沟通的条件，因而似乎已经远离了语言的实际应用。"③因此，这种主体间范式还需要一种具有现实性的共同性。

为此，哈贝马斯引入了生活世界概念。关于这一概念，本书上篇也已做过详细介绍。这里则从语言哲学角度对之再做简要探讨。在任一具

① Jürgen Habermas, *On the Pragmatics of Communication*, Maeve Cook, ed., Cambridge: The MIT Press, 1998, p. 186
② 〔德〕于尔根·哈贝马斯：《后形而上学思想》，曹卫东、付德根译，南京，译林出版社，2012，第 198 页。
③ 〔德〕尤尔根·哈贝马斯：《交往行为理论》第 1 卷，曹卫东译，上海，上海人民出版社，2018，第 410 页。

体的言语行为中，都会涉及两个方面。一是该行为所涉及的我们对包括对话者在内的周遭世界的理解；二是能够将这些内容表达出来的语言知识（虽然在具体的言语行为中我们难以将这两方面清晰地区分开）。前者是后天获得的，与言语行为者的自身经历有关；后者相对而言则是先天的，言语行为者只是学习既定的语言知识。哈贝马斯认为，这看似相悖的两个方面，即世界知识与语言知识，是在生活世界的基础上整合起来的，因为二者都是由生活世界提供的。世界知识是关于生活世界片段的理解，而这又有赖于整个生活世界作为背景；语言知识则是在生活世界中形成的，因此它只相对于具体的言语行为者来说是先天的，而非绝对先天的。总之，在言语行为过程中，生活世界提供的是背景性的非主题知识，"参与者依赖的就是这种知识，并把它当作是语用学前提和语义学前提"①。这意味着，一个言语行为者将"他的言语行为的说服力建立在大量主体间共有的非主题知识基础上"②。在此意义上，生活世界构成了这些言语行为者能力形成的场域与进行言语行为的情境。因此，虽然对于具体的言语行为来说，言说者和听者构成了两端，但从生活世界的角度来说，他们"不再是始作俑者，而是自身传统的产物，是所属协同群体的产物，是被抛入的社会化过程和学习过程的产物"③。在这样一个过程中，不同的言语行为者以既有差异又有同一的方式结合在了一起。

由此，从普遍语用学进路展开的主体间范式，按其逻辑分别对主体观念、主体间关系以及作为此二者之存在发展背景的生活世界进行了分析。由此就为理解理性问题提供了一个新的范式框架，正是在此意义上，交往合理性体现着语用学意义。

三、交往合理性的语用学意义

从理性角度来说，现代性以来社会生活的领域分化带来了两重后果。一方面，理性领域日益多元化。虽然在现代之前理性不同方面的差异已然被意识到，但正是在现代社会中，社会生活的复杂化和丰富化使得理性不同方面之间的差异凸显，理性的"解中心化"趋势愈加明显。另一方面，理性统一的需求日益强烈。无论是从概念理解角度，还是社会现实

---

① 〔德〕于尔根·哈贝马斯：《后形而上学思想》，曹卫东、付德根译，南京，译林出版社，2012，第76页。
② 〔德〕于尔根·哈贝马斯：《后形而上学思想》，曹卫东、付德根译，南京，译林出版社，2012，第81页。
③ 〔德〕于尔根·哈贝马斯：《后形而上学思想》，曹卫东、付德根译，南京，译林出版社，2012，第81页。

角度，既然都以理性为名，那么我们有理由设想存在着某种具有统一性的理性"标准"，而领域分化使得这一问题变得更为突出，甚至危及了理性本身的合法性。就此而言，作为主体范式之典范的德国古典哲学的理性方案，一直处于这两重后果的张力当中：既要尊重理性领域分离的"事实"，又要为之提供一种统一的"规范"。黑格尔哲学意味着德国古典哲学在解决理性问题上已经达到最大的努力限度，而最终的结果是这种强调主体理性权威的方案失败了。因此，哈贝马斯认为，围绕主体性原则展开的统一计划已经再无出路。与此同时，合理性话语的出现则为问题的解决带来了新的契机。在传统理性观中，理性概念无论其具体内涵有何种变化，最基本的一点是基础、是提供第一原理的（属于神、上帝或是人的）能力。合理性概念固然不能与传统理性史割裂，但合理性话语本身更为强调的是论证性、程序性、逻辑性。① 在上述背景下，传统的理性不同方面的统一问题转变为不同领域合理性的统一问题。

在这种转变过程中，现代性已经提供了一种统一方案，作为其他合理性之基础的认知-工具合理性。在哈贝马斯看来，这种统一方案虽然是以合理性话语展开的，但依然未能摆脱以主客关系为核心的主体范式，也未能摆脱传统的单一大全式理性观念。因此，这种统一方案无论是在理论上还是在实践上都带来了诸多严重问题。而交往合理性理论则是在合理性话语下、在主体间范式中展开的。本书上篇已对交往合理性的后形而上学性质、结构等进行了阐释，这里则结合本节关于语用学与主体间范式之关系的讨论，对交往合理性的语用学意义做一说明。

交往合理性理论实际上是在"双线作战"：既要摆脱传统形而上学的理性同一性带来的压抑的普遍性而去面对个别性，又要避免因此可能带来的语境主义、相对主义。在哈贝马斯看来，"在语言沟通的可能性当中，我们可以看出一种稳定的理性概念，它的声音既存在于依赖语境又具有先验意义的有效性要求中"②。本书第一章曾基于哈贝马斯关于"后形而上学"的理解，介绍了交往合理性的三点特征，即保持有限整体性关联的程序合理性、准先验化的合理性与实践的合理性。如果我们进一步观察则可发现，这三方面都体现着一种语用学意义。

其一，交往合理性的有限整体性与程序性体现着语言的交往运用意

---

① 参见〔德〕W. 威尔士：《理性：传统和当代》，张敦敏译，《哲学译丛》2000 年第 4 期，第 65～66 页。

② 〔德〕于尔根·哈贝马斯：《后形而上学思想》，曹卫东、付德根译，南京，译林出版社，2012，第 162 页。

义。虽然相较于语义学，关注语言运用的语用学更适于分析言语行为，也就更适于交往合理性理论，不过，"不是每一语言运用都是交往的，并且不是每一语言交往都是给予主体间认可的有效性要求而服务于达成沟通"①，如策略行为就是如此。只有以达成沟通和共识为指向的语言交往运用才体现了交往合理性。因此哈贝马斯尤为重视语言的交往运用意义，而交往合理性的有限整体性与程序性正体现着这种意义。主体一旦进行交往行为，就必须借助语言媒介，因此这种合理性直接或间接地蕴含在人的所有不同指向的交往活动当中。这特别表现在程序性方面，即平等的主体之间关于有效性要求的论证形式。与此相应的就是一种整体性或全面性。因此哈贝马斯指出：

> 我们可以根据不同论证形式之间的相互依赖关系，即用一种语用学的论证逻辑，来明确一种程序主义的理性概念。由于包含了道德-实践内涵和审美-表现内涵，这个理性概念要比局限于工具-认知因素的目的性理性概念更加丰富多彩；它是建立在言语有效性基础上的理性潜能的体现。②

其二，交往合理性的准先验性体现着语言运用的普遍性与差异性并存这一特征。对于形而上学传统来说，作为理性之承载者的主体被当作始基、本源，而不是处于一定社会和历史语境中的现实的人。而在黑格尔之后，与程序合理性概念相应，出现了"对传统的基本概念加以解先验化的潮流"③，原本建立在传统主体概念之上的理性观念也面临被否定的危险。对此，交往合理性作为准先验的合理性，其体现的语言运用的普遍性与差异性并存特征就显得尤为重要。一方面，任何具体的言语行为者总是处于一个由语言建构和阐释的世界里。就此而言，对于行为者来说，语言是某种先在的和客观的东西，对于言语行为的所有参与者来说都具有共同性，即一定限度上的普遍性。交往合理性作为理性具有"尺度"，这一意义也就体现在这一点上。另一方面，在运用语言进行沟通并达成共识的过程中，"并没有彻底消除说话者视角的差异性，而是把这种

---

① Jürgen Habermas, *On the Pragmatics of Communication*, Maeve Cook, ed., Cambridge: The MIT Press, 1998, p. 333.

② 〔德〕于尔根·哈贝马斯：《现代性的哲学话语》，曹卫东译，南京，译林出版社，2011，第367页。

③ 〔德〕于尔根·哈贝马斯：《后形而上学思想》，曹卫东、付德根译，南京，译林出版社，2012，第33页。

差异性作为必不可少的前提"①。与之相应，交往合理性在起作用时，始终是与言语行为者的"各种自成总体性的传统、社会实践以及切身的复杂经验都保持着紧密的联系，其中介包括文化的自我理解、通过直觉而呈现出来的集体团结以及社会化个体的认知潜能等"②。

其三，交往合理性的实践性体现着语言运用的结构与实践的互补特征。语言可以被理解为一种结构系统，它对于语言运用实践来说具有规范性的约束力。同时，哈贝马斯意识到，如果过度重视结构及其相对独立性，将会陷入结构主义的抽象当中："由于结构主义把普遍的语言形式提高到先验的地位，因此，它也就把主体及其言语降低为纯粹偶然的东西。"普遍语用学为走出这种抽象提供了契机，因为在语用学中，"先验能力绝对不会回到语法规则系统本身中去，相反，语言综合是建构在中断了的主体性中的交往活动的结果"③。相应地，对于作为具有现实向度的实践合理性（虽然主要是一种精神文化意义上的合理性）的交往合理性来说，作为结构的诸种预设（如有效性要求及相应的论证程序）并不具有永恒的非历史性，而是在人的实践活动特别是商谈实践以及运用商谈实践的社会实践当中形成的，并且只有运用到实践活动中才有其意义。因此，在交往合理性当中，存在着语言结构与语言实践的循环式的、不可相互还原的互补关系。

第三节　与当代主体范式的争辩

哈贝马斯的主体间范式及其交往合理性理论是在对诸如黑格尔、马克思等被他归入主体范式的哲学家的批判中产生、发展的，与此同时，随着其理论影响力日增，也就难以避免与当代主体范式的支持者发生争辩。如果说对前辈哲学家的批判更多是单向的，那么与当代理论家的交锋则是双向的，就此而言，对这后一方面的考察，将更有利于我们了解交往合理性在当代理论图谱中的意义与问题。综合来看，围绕交往合理性，这两种范式的争辩表现为两个问题，即谁之理性与何种理性。

① 〔德〕于尔根·哈贝马斯：《后形而上学思想》，曹卫东、付德根译，南京，译林出版社，2012，第47页。

② 〔德〕于尔根·哈贝马斯：《现代性的哲学话语》，曹卫东译，南京，译林出版社，2011，第378～379页。

③ 〔德〕于尔根·哈贝马斯：《后形而上学思想》，曹卫东、付德根译，南京，译林出版社，2012，第46页。

<h2 style="text-align:center">一、谁之理性：理性的承载者之争</h2>

如前所述，自近代以来，哲学对理性问题的解决始终是以某种主体观念为前提的，因此，无论提出何种理性观念，都会遭遇这样的问题，即这种理性是谁之理性，或者说，是哪种主体的理性。哈贝马斯对以往主体范式的批判表明，理性不是某个超越于人的超级存在者所有，它是一种现实的人的能力，而这种能力又不仅仅只有主客关系向度，甚至，只有在主体间关系中，现实的主体才会拥有理性。由此，对交往合理性本身合法性的质疑，也就不可避免地推进到对哈贝马斯强调的主体间关系优先性以及主体观念的质疑。反过来也可以说，如果能够在这一方面给予交往合理性理论以致命一击，那么其本身将是难以证立的。因此，无论是哈贝马斯还是被他视为主体范式之代表的批评者们，在这一问题的争辩上表现得尤为激烈，而这又集中表现在对于自我意识问题的理解上。

关于自我意识之于近现代哲学的重要性，无论是哈贝马斯还是作为其批评者的主体哲学家都表示了认可。例如，哈贝马斯认为，"自笛卡尔以来，自我意识，即认知主体与自身的关系，提供了一把打开我们对于对象的内在绝对想象领域的钥匙"[1]。又如，本书即将讨论的海德堡学派的代表人物迪特·亨利希也曾指出，"如果说在现代哲学史中有哪个标识着基本概念的语词起着首要作用，那就是'自身意识'"[2]。的确，自近代哲学以来，自我意识成为讨论主体概念时不可或缺的基础环节，甚至，在狭隘的意义上，自我意识可以等同于主体（性）。因此，在分析从康德到黑格尔的德国古典哲学时，哈贝马斯又将这种主体范式下的哲学称为意识哲学。

同样，当代主体哲学的一个集中论题、同时也是批判哈贝马斯主体间范式的主攻方向，也是自我意识。哈贝马斯自己曾概述过坚持自我意识优先于人际关系的批评者的论证：

> 要让第一人称和第二人称之间建立起关系，就必须设定自我言说的主体已经在自我与其他的主体之间做出了区分。而且，这种区

---

[1] 〔德〕于尔根·哈贝马斯：《后形而上学思想》，曹卫东、付德根译，南京，译林出版社，2012，第31页，译文有改动。

[2] 〔德〕迪特·亨利希：《自身意识：一门理论的批判导言》，张任之译，《现代外国哲学》总第18辑，张庆熊、孙向晨主编，上海，上海三联书店，2020，第79页。

分行为反过来还设定一种认知上的自我关系，因为一个主体如果事
先没有意识到自己是一个主体并把自己确认为一个主体，他就无法
与其他的主体保持距离。①

或者说，在当代主体哲学家看来，虽然主体间条件之于主体性发展的意
义是不可否认的，但由于缺乏一种稳固的自我意识观念，因而主体间范
式及其主体观念就是不可靠的，交往合理性本身的合法性自然也是值得
怀疑的。围绕着上述问题，亨利希与哈贝马斯展开了深入的争辩。②

"亨利希是当代德国少数几个主张形而上学未丧失其传统重要性的哲
学家之一，所以，并不令人吃惊的是，他遭到了诸如哈贝马斯这样的思
想家的指责。"③的确如此。虽然一般认为哈贝马斯与亨利希的争辩始于
1985 年，不过，早在 1973 年哈贝马斯获得斯图加特市颁给他的"黑格尔
奖"时，亨利希就曾撰文讨论过哈贝马斯的工作。④ 而后者在 1981 年出
版的《交往行为理论》中，对亨利希在 20 世纪六七十年代重提自我意识问
题并围绕这一问题所做的工作进行了简短的讨论。在这里，哈贝马斯认
为亨利希试图以"无自我的意识"为基础描述自我意识的方案并不成功。
亨利希对传统意识哲学的批评表明，他已经意识到以主客关系模式或反
思模式来理解自我意识会陷入循环中，因为在这种模式中，自我意识被
理解为作为主体的自我返回自身，并且将自身呈现为自己的客体，而之

---

① 〔德〕哈贝马斯：《马丁·布伯：当代语境中的对话哲学》，曹卫东译，《现代哲学》
2017 年第 4 期，第 4 页。

② 此外深受亨利希影响的曼弗雷德·弗兰克对哈贝马斯的主体间范式的批评也颇为重
要(参见〔德〕曼弗雷德·弗兰克：《个体的不可消逝性——反思主体、人格和个体，以
回应"后现代"对它们所作的死亡宣告》，先刚译，北京，华夏出版社，2001 年；Man-
fred Frank, *Ansichten der Subjektivität*, Frankfurt am Main：Suhrkamp, 2012。关于
二者之间分歧的梳理，参见侯振武：《主体范式与主体间范式之争及其实质——以弗兰
克和哈贝马斯为例》，《天津社会科学》2018 年第 4 期)。不过，鉴于哈贝马斯只是专门
回应了亨利希，且弗兰克与亨利希观点相近，因此本书仅讨论哈贝马斯与亨利希之争。
或许在哈贝马斯看来，亨利希所代表的路向是当代主体哲学范式的典型(对此的一个例
证是，亨利希《建筑线》的书评以及对亨利希的回应的反驳，均收录于《后形而上学思
想》中。虽然哈贝马斯在该书前言中曾说明该书收集的论文是一段时间内的，但将对同
一作者的评论与反驳收录到同一部书中，在哈贝马斯的著作中还是极为少见的)，因而
对其反驳具有"毕其功于一役"之效，也就无须对弗兰克做出重复回应。

③ Dieter Freundlieb, *Dieter Henrich and Contemporary Philosophy*：*The Return to Sub-
jectivity*, Hants：Ashgate Publishing Company, 2003, p. 11.

④ Dieter Henrich, "Kritik der Verständigungsverhältnisse. Laudatio für Jürgen Haber-
mas", in Jürgen Habermas, Dieter Henrich, *Zwei Reden. Aus Anlaß des Hegel-Preises
1973 der Stadt Stuttgart an Jürgen Habermas am 19. Januar 1974*, Frankfurt am
Main：Suhrkamp Verlag, 1974, S. 9-22.

所以能做到这一点，是因为自我已经首先将自身作为自我来把握了，而这种把握本应当是反思的任务。在这一点上，亨利希与哈贝马斯是一致的。

不过，哈贝马斯认为亨利希依然是在主体范式下工作的，因为他以主客关系模式的改变形式来展开其理论："一方面要消除只有作为客体才能被把握的自我的痕迹；另一方面又要在自我客体化过程中保持主体性内容。"①后来亨利希放弃了"无自我的意识"的方案，因为他自己也认识到，这一方案无法表明，自我意识是如何从一种无自我的意识中形成，同时又不会陷入传统意识哲学的悖论当中。不过，他依然试图阐明一种非经验的自我意识，但他并不接受哈贝马斯所主张的基于语言理论的商谈模式。因此，针对亨利希1982年出版的论文集《建筑线》（*Fluchtlinien*），哈贝马斯于1985年发表对该书的书评《回归形而上学——德国哲学中的一个趋势?》，这使得二者的争辩正式进入了白热化阶段。

《建筑线》实际上已然包含了对哈贝马斯的回应，因为在这本书当中，亨利希拒绝哈贝马斯所主张的主体间范式转换，并继续坚持在后者看来已因语言学转向和主体间范式而被克服的主体哲学主张，即"以'自身熟知'和'自身保存'为核心来展开自身意识与世界理解之间的内在共属关系，并最终导向对生活整体和存在者整体的把握"②。在其书评中，哈贝马斯指责亨利希陷入了悖谬。亨利希认同"现代意识结构"，这种结构有两个基本分支，即关于世界的"客观的自然知识"和关于主体自身生活的知识。这种意识结构是与现代性条件下主体的处境与其理性领域分离相应的。亨利希意识到了这两个分支的差异性，而他又试图将二者统一起来。在这一点上，他与哈贝马斯是有一致之处的，交往合理性理论实际上就是从理性角度、在后形而上学语境下来解决这种统一性问题的。然而，在哈贝马斯看来，亨利希的工作走向了与这种意识结构相悖的方向，即他"试图恢复哲学的古典要求"，即以自我意识为核心建构一种"超越科学的理论形态"③的哲学，这无疑又否定了现代意识结构。

针对哈贝马斯的批判，亨利希在1986年以《何种形而上学-何种现代

---

① 〔德〕尤尔根·哈贝马斯：《交往行为理论》第1卷，曹卫东译，上海，上海人民出版社，2018，第488页。

② 刘晚莹：《迪特·亨利希与当代德国哲学》，《清华西方哲学研究》2017年夏季卷，黄裕生主编，北京，中国社会科学出版社，2017，第179页。

③ 〔德〕于尔根·哈贝马斯：《后形而上学思想》，曹卫东、付德根译，南京，译林出版社，2012，第246、252页。

性：驳于尔根·哈贝马斯的批判》[①]为题做出了直接回应。在这篇论文中，亨利希除了结合哈贝马斯的批判对自己的基本理论方案做了澄清之外，还对哈贝马斯的互动主义或规范性视角下的普遍主义的主体间理论做了批判，我们这里关心的正是这后一方面。该文第八条论纲的标题是"范式转换？"，这一标题言简意赅地表达了亨利希对哈贝马斯所主张的主体间范式转换的质疑。因为在他看来，这种所谓范式转换并非转入一种全新的思维方式，而是"打算通过将一种旧的、确已被驱散的洞见提升为新的理论范式，来拯救和更新现代思维"[②]。这种旧的洞见就是自然主义，它是以人的自我描述特别是日常经验为支点的。在19世纪，这种自然主义与语言分析相结合，后者的核心是符号应用理论，如此一来，"这种自然主义将基础的话语形式分析为规则调节的符号应用的方式。进入话语的、以人和世界为依据的那些预设，被还原为语言符号的应用条件"[③]。在此，自我意识也就被还原为语言互动，并能够从后者中推导出来，人的"有意识的生活"就被还原为一系列语言学条件。

　　亨利希认为，这种做法不仅无助于解释语言的发生机制，而且由于上述还原论，也无法正确理解人的自我关系、自我意识以及"有意识的生活"。因此，哈贝马斯的主体间理论看似针对形而上学传统来恢复人，但造成的结果却又是对人的抽象化、客体化理解。由此，他对理性的理解也就不会是恰当的。对此，亨利希主张，对于自我意识、主体性的解释，"要有别于经由语言中的第一人称单数的用法做出的解释"[④]，因为这种用法本身是在学会使用语言或获得语言的过程中掌握的。而要继续追问的话，可以发现，"语言交往在起作用时，已包含着'言说者'的自我关系——作为其建构性的条件之一，并且就像带有主谓的句子那样是原初的"，因此，作为交往合理性之核心构件的"语言能力只有不断地凭借自

---

①　此后该文做了扩展后以《何种形而上学-何种现代性：驳于尔根·哈贝马斯的批判的十二条论纲》为题收录在其论文集 Konzepte，Essays zur Philosophie in der Zeit，Frankfurt am Main：Suhrkamp Verlag，2015，S. 11-43。

②　Dieter Henrich，"Was ist Metaphysik – was Moderne? Zwölf Thesen gegen Jürgen Habermas"，in Konzepte：Essays zur Philosophie in der Zeit，Frankfurt am Main：Suhrkamp Verlag，2015，S. 29.

③　Dieter Henrich，"Was ist Metaphysik – was Moderne? Zwölf Thesen gegen Jürgen Habermas"，in Konzepte：Essays zur Philosophie in der Zeit，Frankfurt am Main：Suhrkamp Verlag，2015，S. 23.

④　Dieter Henrich，"Was ist Metaphysik – was Moderne? Zwölf Thesen gegen Jürgen Habermas"，in Konzepte：Essays zur Philosophie in der Zeit，Frankfurt am Main：Suhrkamp Verlag，2015，S. 32.

我关系的自发产生才能发挥作用"。① 就此而言，哈贝马斯的方案是一种倒果为因。

虽然在这篇回应文章中亨利希认为他与哈贝马斯的争辩暂时结束了，但哈贝马斯并不这样认为。次年，哈贝马斯以《康德之后的形而上学》为题继续与亨利希展开争辩。在这篇文章中，哈贝马斯开宗明义，指责亨利希"比以前更加坚定不移地做康德之后一直还在坚持的形而上学的卫道士"，因为他将"认知和行为主体的自我关系与自我理解作为出发点"，根据这一出发点，"主体应当回到作为自我解释的标准视界，并且具有建构视界功能的主体性那里"②。这构成了哈贝马斯在这篇文章中反驳亨利希的基本论点。基于本部分主题，这里值得关注的是哈贝马斯结合亨利希的论证，对作为主体范式的意识范式和作为主体间范式的沟通范式之间的区别的强调。

哈贝马斯认为，随着"从对意识事实的反思分析向对公共语法事实的重建分析的转变"，出现了两种理论类型：一是着眼于"表现和处理主体的自我关涉"的意识哲学，其核心是"言语主体的自我关系"；二是从"语法表达的理解条件"出发的语言理论，其核心是"语言表达形式"。哈贝马斯认为，前者虽然是传统意识哲学的继承者，但也接受了语言学转向这一事实，亨利希正是处于这一阵营的。可以说，正是通过对语言分析方法的了解，亨利希才会选择这种在哈贝马斯看来过时了的范式。

如前所述，在亨利希看来，对于具体的语言表达，特别是关于第一人称单数的人称代词即"我"的语义分析，并不能真正阐明自我意识。哈贝马斯对此表示赞同，并且认为自己并非如亨利希所认为的那样，是这种语义分析的信徒。他进而批评亨利希，未能进一步凭借意识范式来对语言运用能力的前提进行追问，而是独断地设定了自我关系和语言能力之间同宗同源的关系。对此，哈贝马斯认为，语用学意义上的交往范式能够作为第三条道路来解决意识哲学与语义分析的冲突，因为在交往行为中，行为者，

> 不仅要理解他们在表述过程中所使用的命题的意义，而且相互

---

① Dieter Henrich, "Was ist Metaphysik-was Moderne? Zwölf Thesen gegen Jürgen Habermas", in *Konzepte: Essays zur Philosophie in der Zeit*, Frankfurt am Main: Suhrkamp Verlag, 2015, S. 34-35.

② 〔德〕于尔根·哈贝马斯：《后形而上学思想》，曹卫东、付德根译，南京，译林出版社，2012，第10～11页。

之间在没有旁观者的语言共同体中要同时承担起言语者和听众的角色。言语者的角色所决定的这种相互关系使得自我关系成为可能，而且自我关系绝不会把认知或行为主体的独立反思当作前提意识。相反，自我关涉源自互动关系。①

由此可见，哈贝马斯是将意识范式下的自我意识转换到互动语境当中，从而消除了其所具有的基础或出发点意义，这样一来，它也就不会被当作认识客体（虽然我们也可以将哈贝马斯对自我意识的理解视为一种认识，但在他看来，这并不是将自我意识当作一个独立的实体性客体来看待，而至多是一种理论上的描述）。在哈贝马斯看来，他与亨利希都认识到传统意识哲学的自我意识的客体化逻辑所带来的问题，而对于亨利希的方案，哈贝马斯认为其是自相矛盾的，而解决之路只能走向范式转换。

虽然在哈贝马斯文本中集中呈现的他与亨利希的争辩至此告一段落，但二者的交锋并未结束。例如，在 2003 年的魏玛讲座中，亨利希再次回应了哈贝马斯的主体间范式方案。他指出，像哈贝马斯那样从语言互动中推导出主体性的做法，不仅未能消除自我意识的客体化悖论，而且借助语言理论强化了这一悖论。行为者在互动中形成自我意识，特别是在没有旁观者时既作为言说者又作为听众，这意味着，这个行为者既是他发出的语声的实际发出者，也通过接受自己发出的语声而将自己理解为这种发出者。如此一来，在自我意识中，"主体自身变成了客体。……他通过他的被动性而必定成为客体"②。

与亨利希等当代主体哲学家的争论的批评推动了哈贝马斯进一步关注如何在主体间范式下理解主体或自我意识问题，但并未从根本上改变其立场，在他与批评者关于理性内涵的争论中亦是如此。

二、何种理性：理性的内涵之争

哈贝马斯与亨利希的争辩虽然是围绕着理性之承载者即自我意识问题展开的，但实际上也已经涉及对于理性本身的内涵问题。如论者所言，由于在自我意识问题上的分歧，哈贝马斯与亨利希对于理性内涵的理解也存在着差异，其争辩要点是，"理性自身在概念上如何划界，以及如何

---

① 〔德〕于尔根·哈贝马斯：《后形而上学思想》，曹卫东、付德根译，南京，译林出版社，2012，第 24 页。

② 〔德〕迪特·亨里希：《思想与自身存在》，郑辟瑞译，杭州，浙江大学出版社，2013，第 92 页。

尽可能地不但被证明为连贯的程序形式，而且恰恰被证明为合乎理性的和自律的"①。而这一问题，也正是交往合理性观念本身必须面对的。从交往合理性自身的结构及其运作来说，程序性是其核心内涵。这一点就成为哈贝马斯与其批评者们争论的另一焦点。在这一方面，与哈贝马斯工作域多有交集（如现代性理论、自我问题、道德哲学等）的当代社群主义代表人物查尔斯·泰勒同他的争辩可为我们提供一窥该焦点的契机。②

　　在一篇为哈贝马斯八十岁生日而写下的文章中，泰勒总结了哈贝马斯三个奠定其世界性影响的贡献，其中之一便是在后形而上学语境下对

---

① Placidus Bernhard Heider, *Habermas und Dieter Henrich: Neue Perspektiven auf Identität und Wriklichkeit*, Freiburg & München: Karl Alber Verlag, 1999, S. 39.

② 虽然相比于亨利希，泰勒似乎很难被视为严格意义上的主体哲学家，不过，如本书接下来将要呈现的，哈贝马斯认为泰勒也是处于主体范式当中的。而且社群主义也是哈贝马斯及其伙伴的重要理论对手，理性问题也是重点之一（此外，二者在道德-伦理理论上的争论也颇值得关注，不过这一争论的基础还是要追溯到理性问题上）。因此，本书这里选择泰勒与哈贝马斯之间的争辩来讨论。

　　鉴于交往合理性之于哈贝马斯理论的重要性，对这一点的批评者当然并非只有泰勒。在这一方面，有代表性的还有马丁·杰（Martin Jay, "Habermas and Modernism", in *Habermas and Modernity*, Richard J. Bernstein, ed., Cambridge: The MIT Press, 1991, pp. 125-139）、托马斯·麦卡锡（Thomas McCarthy, "Rationality and Relativism: Habermas's 'Overcoming' of Hermeneutics", in *Habermas: Critical Debates*, John B. Thompson & David Held, eds., London & Basingstoke: The Macmillan Press Ltd., 1983, pp. 57-78; Thomas McCarthy, "Reflections on Rationalization in the *Theory of Communicative Action*", in *Habermas and Modernity*, Richard J. Bernstein, ed., Cambridge: The MIT Press, 1991, pp. 176-191）、赫尔伯特·施奈德巴赫（Herbert Schnädelbach, "The Transformation of Critical Theory", in *Communicative Action: Essays on Jürgen Habermas's The Theory of Communicative Action*, Axel Honneth & Hans Joas eds., Jeremy Gaines & Doris L. Jones, trans., Cambridge: The MIT Press, 1991, pp. 7-22）、约尔·怀特布克（Joel Whitebook, Reason and Happiness: Some Psychoanalytic Themes in Critical Theory, in *Habermas and Modernity*, Richard J. Bernstein, ed., Cambridge: The MIT Press, 1991, pp. 140-160）、马丁·泽尔等，哈贝马斯也都对他们的批评做了回应。其中，同样就交往合理性的程序性内涵与哈贝马斯展开争辩的是马丁·泽尔。由于哈贝马斯对他的回应并未涉及范式之争，因此这里仅做一简要介绍。泽尔从交往合理性理论证成现代性语境中三种基本合理性的内在联系这一任务出发，认为哈贝马斯从言语行为理论角度提供的解释，特别是一系列论证程序，在完成合理性的统一时，有消除不同合理性独立地位的危险，因为这些程序具有内在的同一性。针对泽尔的观点，哈贝马斯主要是重申了《交往行为理论》的观点，强调交往合理性自身结构及其生活世界基础，使得其能够实现不同合理性之间的差异性的统一。关于泽尔的批评和哈贝马斯的回应，参见 Martin Seel, "The Two Meanings of 'Communicative' Rationality: Remarks on Habermas's Critique of Plural Concept of Reason" & Jürgen Habermas, "A Reply", in *Communicative Action: Essays on Jürgen Habermas's The Theory of Communicative Action*, Axel Honneth & Hans Joas eds., Jeremy Gaines & Doris L. Jones, trans., Cambridge: The MIT Press, 1991, pp. 36-48 & 222-228。

理性观念所做的扩展：既主张"生活中的科学、道德和审美维度都依赖于理性"，又意识到合理的有效性在生活各个领域的分化过程中具有了不同的形态。① 通过泰勒自己所做的总结，我们可以看到，他实际上对哈贝马斯的包括理性问题在内的工作是赞誉有加的。这在很大程度上是因为二者有着共同的工作背景，即语言学转向。② 可以说，泰勒对语言问题的重视不逊于哈贝马斯，如他曾指出，"对于人类本质这一问题来说，语言问题在某种程度上是战略性的，因为人首先是语言的动物"③。这是因为，"一个人只有在其他自我之中才是自我"，"只有在与某些对话者的关系中，我才是自我"④，而要实现这一点就必须以语言作为中介。由此可见，与哈贝马斯一样，泰勒也认为，人们凭借语言进入对话当中，由此形成了道德的、政治的等各类共同体。可以说，泰勒理论中与哈贝马斯工作域交集的部分，其深层内核就是语言哲学。

因此，泰勒对交往合理性概念的讨论，也是以语言和商谈为抓手的。他认为，商谈实践作为一种语言实践，包含两个具有互补性的视角，即"我的视角"和"我们的视角"。一方面，对于每个商谈参与者来说，他自然是从第一人称的"我的视角"出发来言说的；另一方面，"我们的视角"更具原初意义，因为这一视角意味着一种"共同的空间"，而这是商谈参与者实现自我理解并展开有效商谈的前提。不过，"我们的视角"或共识常常会遭受破坏，相应地就需要达成新的共识来修复或创造新的"我们的视角"。泰勒认为，哈贝马斯所构想的交往合理性正是在此紧要之处起作用的。在这里，交往合理性被理解为，

> 这一达成沟通过程的完满，因为共同分享的"我们"之中发生的破裂据说由此得到了修复。关于一种仅由理性激发的达成沟通的过

---

① 参见〔加〕查尔斯·泰勒：《坚定不移的激情：为什么说哈贝马斯的声誉和影响是名至实归的》，郁喆隽译，《当代国外马克思主义评论》第7辑，北京，人民出版社，2009，第7页。

② 如哈贝马斯在一篇为泰勒生日而作的书信体短文中说："尽管在语言哲学和理性概念的一些体系问题上相互批评，但我始终觉得我们以某种方式并肩追求同一个事业，你与政治学的联系更紧密，而我熟悉社会理论。"(Jürgen Habermas, "A Letter to an Old Friend and Colleague on His Birthday", in *Philosophy & Social Criticism*, 2018 [7], p. 801)

③ Charles Taylor, *Human Agency and Language*, New York: Cambridge University Press, 1985, p. 216.

④ 〔加〕查尔斯·泰勒：《自我的根源：现代认同的形成》，韩震等译，南京，译林出版社，2012，第50、第52页。

程的理想就是由此产生的，即以完全重新创造破裂了的共识为指向的过程。根据哈贝马斯，这就是我们的合理性理想的恰当基础。……正是这一过程的性质决定了被我们称为合理性的那种完满的程度。①

虽然泰勒与哈贝马斯有着相似的理论背景和意图，但在完成对这位同道者工作的概述之后，泰勒还是提出了批评。他认为，达成合理共识概念的交往合理性构想的核心问题是，它"运用的是一种单纯形式性的合理性伦理学"②，这种形式性尤其体现在哈贝马斯关于一系列商谈程序的设定上。在泰勒看来，这些设定本身在面对合法性质疑时，就会呈现出明显的不一致。哈贝马斯强调程序性的一个重要理由是，只有这样做，才能与一切特殊的文化、特殊的生活形式拉开距离，从而获得普遍性。泰勒指出，我们可以继续追问程序合理性本身的合理性。面对这一问题，哈贝马斯是无法给出恰当回答的。

泰勒认为，哈贝马斯陷入这一困境，原因在于其现代性观念上的局限，即由于他对现代性采取了一种非文化的理解方式。这种理解是将现代社会发生的种种转型"描述为文化上中立的运作……它不是以转型前或转型后的特定文化来界定，而是指任何传统文化都能经历的一类变化"，其中，最为流行的就是"将现代性理解为理性的增长"③。交往合理性理论正是处于这种解释潮流中的，因此也就难以克服这种解释的缺陷，即始终"认为我们自己隐含的自我理解对全人类来说是普遍的"，"未能注意到这种自我理解与其他自我理解之间的对比关系"④，看不到世界的多样性。这造成的结果是"将我们锁进一个种族中心主义的牢笼，注定只能将我们的形式强加于他人，洋洋自得而全然不觉我们的所作所为"⑤。

---

① Charles Taylor, "Language and Society", in *Communicative Action*: *Essays on Jürgen Habermas's The Theory of Communicative Action*, Axel Honneth & Hans Joas, eds., Jeremy Gaines & Doris L. Jones, trans., Cambridge: The MIT Press, 1991, pp. 28-29.
② Charles Taylor, "Language and Society", in *Communicative Action*: *Essays on Jürgen Habermas's The Theory of Communicative Action*, Axel Honneth & Hans Joas, eds., Jeremy Gaines & Doris L. Jones, trans., Cambridge: The MIT Press, 1991, pp. 29-30.
③ 〔加〕查尔斯·泰勒：《两种现代性理论》，陈通造译，《哲学分析》2016年第4期，第47页。
④ 〔加〕查尔斯·泰勒：《两种现代性理论》，陈通造译，《哲学分析》2016年第4期，第62页。
⑤ 〔加〕查尔斯·泰勒：《两种现代性理论》，陈通造译，《哲学分析》2016年第4期，第56页。

　　在泰勒看来，哈贝马斯正是陷入了这种"洋洋自得而全然不觉"的状态。交往合理性理论的程序性"立足于'强烈的道德感'，而这是我们西方文化的产物，因而根本不可能是纯形式性的、普遍性的。如果有人问，为什么要根据合理性商谈的规则来行事，那么我们就不得不回答说，因为合理性在我们的文化中具有极高价值"①，是我们在自己的生活形式中试图实现的一种美德。由此观之，交往合理性及其程序并非如哈贝马斯所认为的那样是普遍的，而是西方中心主义的。

　　与之相对，泰勒主张的是文化的现代性理论，这种理论是"从一种新文化的兴起这一角度来界定现代西方已经发生的种种转型。……这一文化可以与所有其他的文化相对照，包括它前身的文明"②。据此，交往合理性本身的合法性就需要一种"实质伦理学"来奠基。这种伦理学的核心是"美好生活"，它是"同特定文化的理念与价值更为紧密地结合着的"③。因此，泰勒更倾向于一种扩展了的合理性概念或实践理性概念。在这种概念中，可以包含哈贝马斯为达成沟通共识而设定的程序，同样重视语言的作用。更为重要的是，它包含着，

　　　　实质主义的标准——其中一个方面将会是，人们能够毫无扭曲地引入自己的道德处境。语言因此将具有揭示其中的道德的功能，而不仅仅是使沟通成为可能。或者毋宁说，沟通的达成，只有在其毫无扭曲地解释我们的处境时才是可能的。④

哈贝马斯也讨论过类似的"道德处境"或特定的伦理价值问题，不过在他看来，这些问题可以在程序性商谈中解决，我们需要的是"输入"材料，而泰勒的上述主张无疑是将哈贝马斯的这种逻辑颠倒了。

　　针对泰勒的批评，哈贝马斯从他们共同的工作背景——语言哲学——出发做出了回应。他认为，从语言哲学传统的角度来说，他与泰

---

①〔德〕德特勒夫·霍斯特：《哈贝马斯》，鲁路译，北京，中国人民大学出版社，2010，第145页。

②〔加〕查尔斯·泰勒：《两种现代性理论》，陈通造译，《哲学分析》2016年第4期，第47页。

③ Charles Taylor, "Language and Society", in *Communicative Action: Essays on Jürgen Habermas's The Theory of Communicative Action*, Axel Honneth & Hans Joas, eds., Jeremy Gaines & Doris L. Jones, trans., Cambridge: The MIT Press, 1991, p. 30.

④ Charles Taylor, "Language and Society", in *Communicative Action: Essays on Jürgen Habermas's The Theory of Communicative Action*, Axel Honneth & Hans Joas, eds., Jeremy Gaines & Doris L. Jones, trans., Cambridge: The MIT Press, 1991, p. 34.

勒有一个共同的源头，这就是洪堡的语言哲学，因为洪堡也将对话视为语言的中心。在洪堡的语言哲学中存在着一对张力：

> 一方面，其工作所借助的基本假设被奠基于一种主体间性理论中；另一方面，遮蔽了那些假设的思想的特征继承了主体哲学。我的理论更为倾向于前者，而泰勒的理论则更倾向于后者。这就是我们之间论战的根源。①

可见，哈贝马斯对泰勒的回应，其基本框架依然是主体间与主体两种范式之争。因此，关于这一回应，我们可以从泰勒的批评何以被指认为主体范式和哈贝马斯如何以主体间范式为交往合理性理论辩护这两个方面来看。

哈贝马斯认为，泰勒从"我的视角"和"我们的视角"来理解交往合理性是成问题的，这里的关键是泰勒主张后者优先于前者。他指出，

> 泰勒提到在一种过程保证的共识中的临时断裂，以致这种已经发生的断裂将必须由达成沟通的过程封上。我们可以在这一观点中发现浪漫主义语言概念的迹象，对于这种观点来说，一种自我指涉地运行的语言精神的综合化成就与统一的创造性活动是第一原则。语言总体的有机生命，借助民族语言的结构差异而延展到言语行为的多样性之中，并在这些差异中将自己断言为上位的普遍者。②

因此，泰勒的带有主体哲学印记的主张，不能正确处理主体自我理解时的普遍、特殊与个别三个要素之间的关系，即"'我'是同时作为一个一般主体、社会集体的一个典型成员与一个独特个体而形成的"③。作为一般主体，"我"是语言的理想化假设下的对话者；作为社会集体成员，"我"是有着一定集体认同的社会化了的人；作为独特个体，"我"是个体

---

① Jürgen Habermas, "A Reply", in *Communicative Action*: *Essays on Jürgen Habermas's The Theory of Communicative Action*, Axel Honneth & Hans Joas, eds., Jeremy Gaines & Doris L. Jones, trans., Cambridge: The MIT Press, 1991, p. 215.

② Jürgen Habermas, "A Reply", in *Communicative Action*: *Essays on Jürgen Habermas's The Theory of Communicative Action*, Axel Honneth & Hans Joas, eds., Jeremy Gaines & Doris L. Jones, trans., Cambridge: The MIT Press, 1991, p. 217.

③ Jürgen Habermas, "A Reply", in *Communicative Action*: *Essays on Jürgen Habermas's The Theory of Communicative Action*, eds., Axel Honneth & Hans Joas, eds., Jeremy Gaines & Doris L. Jones, trans., Cambridge: The MIT Press, 1991, p. 220.

化的，与其他主体是有差异的。泰勒强调的"美好生活"观念看似尊重了特定的生活形式、生活于这种形式中的人及其价值理念，但这种观念属于"我们的视角"，最终会漠视个体差异、个体权利。

哈贝马斯的这一反驳似乎是令人疑惑的，因为表面看来，哈贝马斯对主体间关系的强调与泰勒的主张是一致的，二者都指向一种复数性相对于单数性的优先地位。然而，哈贝马斯却将泰勒的主张归入了主体范式，认为其建构了一种语言的自我指涉的普遍总体，这是主体哲学传统中的主体概念的变种。实际上，在哈贝马斯看来，泰勒的"我们的视角"强调的是主体在自我理解过程中的集体认同相对于主体的个体认同的优先性，而哈贝马斯强调的主体间关系的对应一端是主客关系，它是主体自我理解的场域，无论是个体认同还是集体认同，都应当是在主体间关系中形成的。因此，在哈贝马斯看来，泰勒以"美好生活"观念为交往合理性构想奠基的新亚里士多德主义主张是不成功的。相对于泰勒的主体范式方案，哈贝马斯认为，只有在主体间范式下解释交往合理性，才能够体现其恰当处理以上三个要素之间关系的能力。

正如有论者评论哈贝马斯对泰勒的回应时所说的，哈贝马斯使用的是高度抽象和专业的语言，由此，"他关于程序合理性（这一合理性为裁定普遍规范性要求的主体间过程奠定了基础）的阐述往往难以理解，除非是相对较少的专业听众"[1]。因此，我们不妨借助哈贝马斯关于泰勒"承认政治"理论的评论来进一步理解。作为社群主义者，泰勒对自由主义建立在个体主义基础上的权利理论进行了批判，认为这种理论看似包含个体权利，但其实质是一种求同的普遍主义政治，忽视了集体权利以及不同集体之间的文化差异，其结果只能是对个体权利的抽象保护。这种保护不仅无助于个体的生存发展，甚至还会以普遍为名侵害总是生活在一定集体当中的个体。而他的"承认政治"理论关注的正是集体权利、文化差异，并认为这能够抵偿那种普遍主义政治所付出的代价，从而实现对个体权利的真正保护。

由此可见，泰勒对自由主义的批判与对哈贝马斯的交往合理性理论的批判遵循的是同一逻辑，而且交往合理性理论在法律-政治方面的追求，在某种意义上也属于泰勒所批判的这种普遍主义政治（虽然不能完全等同于自由主义）。哈贝马斯认为，泰勒提出的普遍主义政治与承认政治之间的对立是没有道理的，关键在于泰勒没有真正理解，对于现代性来

---

[1] Sebastian Gurciullo, "Making Modern Identity: Charles Taylor's Retrieval of Moral Sources", in *Critical Horizons*, 2001(2-1), p. 107.

说，私人自主与真正的公共自主是同宗同源的，二者是相辅相成、相互成就的。这意味着，作为普遍维度的公共自主的正当性，是私人主体作为政治法律等制度的制定者、通过一系列商谈程序而建立起来的；反过来，作为个别维度的私人主体必须在公共自主所划定的边界内活动。在这一框架内，作为特殊维度的集体认同、文化差异等，并非如泰勒所认为的那样是被排除了的。恰恰相反，如果存在着"完美的交往结构并且能良好运作的公共领域，从而实现和推动自我理解的话语，那么，实现平等主体权利的民主进程，同样也可以保证不同种族及其文化生活方式相互之间的平等共存"①。不仅如此，这一框架还能够为不同种族及其文化生活方式之间的交往提供可能，而不会像保护濒危动物那样对待特殊文化：

> 在多元文化社会中，各种生活方式的平等共存意味着每个公民及其子女都享有同样的机会在其传统文化世界中健康地成长；意味着每个公民都享有同样的机会深入了解该文化（以及其他任何一种文化），以便确定是坚持还是超越它们；也意味着每个公民都可以毫无顾忌地置其命令于不顾，或者通过自我批判宣布与它脱离关系，以便今天彻底告别传统，乃至告别支离破碎的认同而奋发生活。②

简言之，泰勒强调集体认同，又将之与个人自主同宗同源的公共自主对立起来，实际上是使个人自主丧失了公共自主的保护，丧失了交往合理性为之提供的达成共识的程序，而这最终会造成泰勒自己试图避免的对个人自主的压制。

虽然哈贝马斯与亨利希、泰勒的争辩已暂告一段落，但这并不意味着两种范式之争的结束。这实际上是由范式本身的性质决定的。作为范式，其要求一种一贯性，否则理论就难以体系化。因此如马尔库什所说，主体间范式与主体范式之间的对立"不是逻辑上的对立，而是视角的对立。每一种视角就其自身来说都有合理性，但是它们相互之间在原则上是不相容的"③。同时，从理论解释力上来说，这两种范式又各有优长。

---

① 〔德〕尤尔根·哈贝马斯：《包容他者》，曹卫东译，上海，上海人民出版社，2018，第284页。
② 〔德〕尤尔根·哈贝马斯：《包容他者》，曹卫东译，上海，上海人民出版社，2018，第287页。
③ 〔匈〕乔治·马尔库什：《语言与生产——范式批判》，李大强、李斌玉译，曹荣湘校，哈尔滨，黑龙江大学出版社，2011，前言第3页。

相较于主体范式，哈贝马斯关于主体间范式对于主体间关系的讨论的确是颇为丰富的，不过这并不意味着他的主体间范式是完美无缺的。除了本书下一章中将会讨论的霍耐特的批评之外，哈贝马斯在主体间范式下对于主体观念的讨论，相较于主体范式而言，始终是不够充分的，这也正是主体间关系的优先性所决定的，哈贝马斯对交往合理性及其相关问题的回应与辩护始终是在这种优先性的指导下进行的。因此，无论是对于亨利希乃至于主体哲学所关系的自我意识问题，还是针对泰勒从文化多元性出发对普遍主义的道德、法律-政治的批评，哈贝马斯的回应更多是守住自己领地的边界，而没有对对手的领地发动足够的冲击。

在此，如下主张或许是有道理的："社会哲学就必须包含一种主体哲学，它允许我们设定一些关键参数，在其中，主体能够变成社会的自律成员。将一种主体性哲学纳入社会哲学当中，其影响之一是，人类理性概念必须被拓宽。这不能限于哈贝马斯的交往合理性观念。"①总之，无论是在理性问题上，还是在更为根本亦更为复杂的现代性问题上，随着我们理解的深入，这两种范式之争还将继续。反过来说，这种争辩本身也是一种融汇，这又将会推进我们的理解，因此这种争辩也应当继续。

---

① Dieter Freundlieb, *Dieter Henrich and Contemporary Philosophy*: *The Return to Subjectivity*, Hants: Ashgate Publishing Company, 2003, p. 155.

第九章 法兰克福学派传统中的
交往合理性理论

从法兰克福学派社会批判理论发展谱系的角度来说，哈贝马斯的交往合理性理论起到了承上启下的作用。按照他自己的说法，"传统只有通过变革以适应新的形势才能求得生存。我和旧法兰克福学派的关系也是如此"①。而后哈贝马斯时代的法兰克福学派与他及第一代的关系也同样如此。因此，标定交往合理性理论在法兰克福学派社会批判理论谱系中的位置，对于理解这一理论本身以及法兰克福学派的理论嬗变来说都是极为重要的和必要的。为了实现这种标定，根据交往合理性理论本身的结构以及法兰克福学派的理论旨趣，本书选择了如下两个坐标点：理性观念与道德-实践主题。理性问题是法兰克福学派关于现代性批判与拯救的基本平面，而在这一基本平面上，道德-实践主题日益凸显。在这两个坐标点上，交往合理性理论既有对第一代理论家工作的反思批判，由此实现了对哈贝马斯之后学派理论传统的重塑；也有对学派理论理想的坚持，从而在一定意义上发展充实了学派的理论武器库。

第一节 理性观念的更新：从工具理性到交往合理性

哈贝马斯认为，仅就哲学层面而言，从理性角度出发对现代性进行分析是必需的，由此形成了各式各样的"现代性的哲学话语"。同样地，理性观念也一直是法兰克福学派社会批判理论在元理论层面上最为重要的概念，据此，不同的理性概念也构成了区分学派不同世代理论家的标志，特别是在第一代和第二代之间。作为法兰克福学派第二代的学术领袖，哈贝马斯的交往合理性理论与第一代，特别是与霍克海默和阿多诺的工具理性批判的关系，一直是一个极为关键而又众说纷纭的话题。在其早期，哈贝马斯无疑处在霍克海默和阿多诺的理论"阴影"之下。不过，随着阿多诺、霍克海默先后去世，哈贝马斯与社会研究所在组织上脱离，其理论上的独特性日益明显。但独特性绝不意味着断裂。从法兰克福学

---

① 〔德〕哈贝马斯：《现代性的地平线：哈贝马斯访谈录》，李安东、段怀清译，严锋校，上海，上海人民出版社，1997，第42页。

派发展谱系的角度来说，哈贝马斯的工作可以定位为，为第一代的社会批判理论奠定规范性基础，亦即重建社会批判理论。这种"重建"也颇符合他在《重建历史唯物主义》中的规定，因此，我们也可以从反思批判与继承发展这两个方面来看哈贝马斯的交往合理性理论是如何更新学派的理性批判工作的。

一、霍克海默和阿多诺的工具理性批判

在《理性之蚀》中，霍克海默对工具理性概念的内涵做了规定。工具理性即主观理性，

> 从根本上来说，它关切的是目的和手段，关切的是实现目的的程序的适当性，而目的则或多或少被视为理所当然的、不言自明的。它认为目的本身是否合理这一问题并不重要。如果它确实考虑到目的，那也是认为如下一点是理所当然的，即目的在主观的意义上是合理的，也就是说，目的服务于和自我持存相关的主体利益。①

在霍克海默和阿多诺看来，从理性的角度来说，正是这种理性形态造就了现代社会相对于传统社会的天翻地覆的变化。因此，工具理性的积极面向是不可否定的。但是，正如法兰克福学派理论家们一直致力于揭示的，现代社会的病症相较于传统社会而言也更为复杂且深重，对此，型塑了现代性的工具理性负有不可推卸的责任。因此，工具理性批判是贯穿于霍克海默和阿多诺理论工作的核心论题之一。

在霍克海默和阿多诺看来，理性的主观方面是理性观念甫一出现就具有的，是理性不可或缺的方面。也正是因此，它只是理性的一个方面。甚至可以说，在进入现代社会之前，理性的另一方面始终是占据主导地位的，这就是客观理性，这一方面意味着，"理性作为一种力量，不仅存在于个人的头脑里，也存在于客观世界中——存在于人和人的关系中以及社会阶级之间的关系中，存在于社会制度中，存在于自然及其表现中"②。这种客观理性指向的是能够规定人及其目的的、作为人的思想与行为之准绳的客观结构。不过，它虽然与主观理性有差异，但二者并不

---

① Max Horkheimer, *Eclipse of Reason*, London & New York: The Continuum Publishing Company, 2004, p. 3.
② Max Horkheimer, *Eclipse of Reason*, London & New York: The Continuum Publishing Company, 2004, p. 4.

构成对立关系，恰恰相反，从客观理性的角度来看，主观理性是自身一种局部的、有限的表达。这一点在古希腊哲学以及中世纪哲学中理念世界（或理性神、上帝）与人的理性之间的关系中表现得尤为明显。可以说，在这一阶段，主观理性是服从于、服务于客观理性的，以后者作为其"终极目的"。

不过，随着现代性进程的开启，人的主体意识觉醒也对原有的理性观念造成了冲击。在这一时期，主观理性中"理性的"或"合理的"逐渐占据主导地位，"在这一主观主义的观点看来，当'理性'用于指称某个事物或某个理念而非指称某一行为时，它仅仅是指这一客体或概念与某个目的的关系，而不是指客体或概念本身。它意味着事物或理念对别的某个东西来说是好的"①。与此同时出现的就是理性本身的形式化，这种形式化典型地表现为可计算性、同一性原则的不断扩张，这赋予理性的是一种有助于达成既定目的的可操作性或功能性。

虽然按照霍克海默和阿多诺在《启蒙辩证法》中的分析，这种类数学的特征在古希腊哲学中就已出现（如柏拉图后期哲学中理念与数字的等同），但其只有在这个工业化的现代社会中才真正大行其道。这种形式化的理性为人类的现实生活带来了不断增长的物质财富，因此对于工业乃至于经济领域的扩张的确是至关重要的，"但是，如果它成为思想的特征，如果理性本身被工具化了，它就具有了一种物质性和盲目性，成了一种拜物教"②。在霍克海默和阿多诺看来，理性的这种形式化、工具化不仅造成了思想上的后果，而且还有着极为严重的实践后果，"理性主义形而上学的基本理念和概念植根于普遍的人的概念、人类的概念中，它们的形式化意味着它们已经被从它们的人的内容中隔离出来了"③，由此，在实践上现代社会就成为一个被全面宰制的社会。

面对这种状况，似乎必须恢复客观理性相对于主观理性或工具理性的优势地位。不过，这显然不是重新回到前现代的理性观念当中去，因为传统的客观理性也带来了独断论和迷信，而这正是启蒙运动已经破除的。如果为了超越工具理性的异变而独断地设定一个新的所谓"起源"，那么这将是一种外在批判，一种新的拜物教。与之相反，霍克海默和阿

---

① Max Horkheimer, *Eclipse of Reason*, London & New York: The Continuum Publishing Company, 2004, p. 5.

② Max Horkheimer, *Eclipse of Reason*, London & New York: The Continuum Publishing Company, 2004, p. 16.

③ Max Horkheimer, *Eclipse of Reason*, London & New York: The Continuum Publishing Company, 2004, p. 18.

多诺所主张的工具理性批判要求一种内在批判。所谓内在批判，如阿多诺在《认识论元批判》中援引黑格尔的说法指出的，"真的驳斥必须在对手强有力的范围内，和他角力较量；在他以外的地方去攻击他，在他不在的地方去主张权利，对于事情是没有进益的"①。对于作为主观理性的工具理性来说，内在批判就是从其合法性的根基上来对之展开批判，即围绕主体的自我持存展开。如《启蒙辩证法》中曾明确说过的，这里对"启蒙的批判，目的是想准备好一种肯定的启蒙概念，以便把它从与盲目统治的纠结之中解脱出来"②。这就是说，通过批判理性工具化悖论，通过祛除其中的反主体要素而保留主体持存维度，恢复理性服务于主体自由与解放的本来目的。但不得不承认的是，在如何实现这种肯定的启蒙概念这一问题上，霍克海默和阿多诺并未给出更为具体的方案，毋宁说，他们留下的是一幅激进而又看似悲观的"崩溃"图景。这一困境也就成为哈贝马斯继续寻找社会批判理论规范性基础的直接动因，而对前辈的工作进行批判性反思则是必经的一步。

二、哈贝马斯对工具理性批判的再批判

哈贝马斯认为，霍克海默与阿多诺的工具理性批判因彻底的否定性而未能提供肯定的规范性基础，最终走向了理性毁灭的极端立场，是一种悲观主义的现代性哲学话语。而这一悖论的出现意味着传统的社会批判理论据以运转的主体范式已将自身矛盾彻底暴露出来，因而不再适用。因此，在他看来，社会批判理论若要实现当初的解放承诺，则必须随着主体间范式转换，从工具理性批判转向交往合理性理论。

在对前辈的工具理性批判进行再批判时，哈贝马斯对于这一工作有一基本定位，即"工具理性批判把自己理解为卢卡奇从韦伯那里接受过来的物化批判，而又不想承担客观主义历史哲学的后果"③。的确，对于霍克海默和阿多诺来说，卢卡奇的物化理论是极为重要的理论来源，而且也是将他们与马克思主义传统勾连起来的中介。哈贝马斯认为，卢卡奇的物化理论已经凸显出如下这一重要问题：正是"对表现为物化的合理化的片面性的批判，才能使人们意识到，认知-工具合理性同道德-实践合

---

① 〔德〕黑格尔：《逻辑学》下卷，杨一之译，北京，商务印书馆，2011，第244页。
② 〔德〕马克斯·霍克海默、〔德〕西奥多·阿道尔诺：《启蒙辩证法：哲学断片》，渠敬东、曹卫东译，上海，上海人民出版社，2006，"前言"，第4页，译文有改动。
③ 〔德〕尤尔根·哈贝马斯：《交往行为理论》第1卷，曹卫东译，上海，上海人民出版社，2018，第455页。

理性与审美-表现合理性之间的互补关系是内在于未被简化的实践概念——即我们所说的交往行为——中的尺度"①。但最终，这一物化批判并未实现真正意义上的实践转向，因为卢卡奇将希望寄托在作为历史主体-客体的无产阶级意识的自觉上，并将之视为一种能够推翻物化社会的革命实践。然而，20世纪20年代之后出现的一系列新现象以及法兰克福学派的法西斯主义理论和大众文化理论表明，主体的意识或"主观自然"已经深刻地卷入了物化过程当中（实际上卢卡奇关于物化意识的分析已经表明了这一点），因此，正如卢卡奇在后来所做的自我批评那样，这种"抽象的、唯心主义的实践概念"②无助于摆脱物化的囚笼。

哈贝马斯认为，面对这种状况，霍克海默和阿多诺"从客观理性难免要崩溃这一反讽地异化了的视角出发，对主观理性进行了一种严厉的批判"③。这就是工具理性批判，其典型成果便是《启蒙辩证法》。因此，哈贝马斯围绕这一成果，分析了工具理性批判如何克服卢卡奇留下的疑难，同时又付出了什么代价。

根据哈贝马斯的分析，在《启蒙辩证法》中，霍克海默和阿多诺对物化范畴加以一般化了，这包括三个方面。（1）卢卡奇根据资本主义社会的现实抽象出一种与之相应的对象性形式，并由此进一步推导出物化意识的结构；而霍克海默和阿多诺则突出了这种意识结构，并认为其才真正具有一般性意义，而资本主义的物化形态、对象性形式只是特定时期的历史形态。（2）以此为基础，霍克海默和阿多诺扩展了物化意识的外延，它不仅表现在以科学为典型的理论形式的同一性思想上，而且也表现在以目的为取向的行为主体对一般外在自然的处理上。这两方面的关系是：后者的目的在于主体的自我持存，而前者则为之提供了支配和适应已被纳入工具行为之功能范围的外在客观自然的手段。因而从理性角度来说，为物化意识结构奠基的是工具理性。（3）因此，物化既是对客体（外在自然）的控制，也是对主体（内在自然）的压制：

---

① Jürgen Habermas, *Theorie des kommunikativen Handelns*, Bd. 1. *Handlungsrationalität und gesellschaftliche Rationalisierung*, Frankfurt am Main: Suhrkamp Verlag, 1995, S. 485.

② 〔匈〕卢卡奇：《历史与阶级意识》，杜章智、任立、燕宏远译，北京，商务印书馆，2009，第13页。

③ Jürgen Habermas, *Theorie des kommunikativen Handelns*, Bd. 1. *Handlungsrationalität und gesellschaftliche Rationalisierung*, Frankfurt am Main: Suhrkamp Verlag, 1995, S. 505.

在启蒙过程中，主体不断追求进步，它听命于自然，推动了生产力的发展，使自己周围的世界失去了神秘性；但是，主体同时又学会了自我控制，学会了压制自己的本性，促使自己内在本质客体化，从而使得自身变得越来越不透明。战胜外在自然是以牺牲内在自然为代价的。这就是合理化的辩证法……工具理性在推动进步的过程中，也带来了许多的非理性。①

哈贝马斯认为，面对工具理性，霍克海默和阿多诺有着一种矛盾心态，既对工具理性进行严厉的批判，又希望这种批判是理性自身的批判。但是，由于"主观理性使得内在自然和外在自然都彻底工具化了，并最终取代了理性的位置，致使理性完全变成了'工具理性'。这样一种一体化使得理性无法具有一种内在的反作用力"②，亦即无法承担起理性自身启蒙的任务。最终，工具理性批判"走进了死胡同，和总体化理性批判的自我关涉纠缠到了一起。因此，我们如果想要继续从自我批判的角度搞清楚现代性，就必须另换一种理性概念，这就是体现在语言当中的'具体'理性"③。而在哈贝马斯看来，这另一种理性概念只能在主体间范式下得到充分阐明。

三、被夸大的变革：工具理性批判与交往合理性理论之关系

如前所述，在哈贝马斯看来，霍克海默和阿多诺的工具理性批判使"他们加入了'悲观'作家行列，把启蒙的自我毁灭过程加以概念化。据他们分析，人们不可能再对启蒙的拯救力量抱以希望"④。而之所以如此，乃是因为他们主张，"工具理性批判坚持的依然是工具理性本身所依赖的模式"⑤。正是这一点使得他们的批判陷入了两难境地。一方面，如果强调对这一模式的依赖，那么这种批判就是不彻底的，就残留着理性再次畸变的可能。另一方面，如果强调对这一模式的批判，那么就会导

---

① 〔德〕尤尔根·哈贝马斯：《交往行为理论》第1卷，曹卫东译，上海，上海人民出版社，2018，第472页。
② 〔德〕尤尔根·哈贝马斯：《后民族结构》，曹卫东译，上海，上海人民出版社，2019，第190页。
③ 〔德〕尤尔根·哈贝马斯：《后民族结构》，曹卫东译，上海，上海人民出版社，2019，第179页。
④ 〔德〕于尔根·哈贝马斯：《现代性的哲学话语》，曹卫东译，南京，译林出版社，2011，第122页。
⑤ 〔德〕尤尔根·哈贝马斯：《交往行为理论》第1卷，曹卫东译，上海，上海人民出版社，2018，第482页。

致批判本身的标准以及理性陷入自毁境地。实际上，为了批判的彻底性，启蒙辩证法选择的是后一方面。如此，工具理性批判就"表现为一种缺憾，对此，它自身是无法解释的，因为它缺少足够灵活的概念框架来掌握被工具理性所摧毁的东西的完整性"①。这种缺陷，在作为启蒙辩证法形而上学层面根据的"否定辩证法"中尤为明显。在这种辩证法逻辑中，我们只能找到作为被批判对象的同一性逻辑（主体对自身及客体的统治）与作为否定性他者的非同一性（客体对主体的反抗），二者的矛盾导致无休止的批判，主体与客体之间的和解被无限延宕。这反映在对待启蒙的态度上，就有可能导致不断的乃至彻底的否定。实际上，哈贝马斯的上述思考早在 20 世纪 70 年代致韦尔默的一封信中就已显露端倪，他写道，"要为现代社会中异化或物化现象负责的，不再是资本主义经济的交换原则或者工具理性在现代的胜利，而是生活世界与系统之间的紊乱关系，这种紊乱关系成为了批判理论的对象"②。

面对工具理性批判的问题以及"生活世界与系统之间的紊乱关系"，哈贝马斯改变了理论的建构视角，不再从主客关系出发，转而强调主体间关系的优先性。如此一来，主客矛盾也就被降级为次级矛盾。这就是将工具理性批判仰赖的矛盾动力"打包"，无论主体还是客体，乃至于主客之间的对抗与和解，都需要在主体间关系的框架下来理解。与之相应，哈贝马斯吸收了韦伯的合理化理论，将理性自身异化问题，转变为现代不同合理性如何实现平衡发展的问题。

由此，哈贝马斯就在主体间范式转换的口号下，"从工具理性批判终止的地方重新开始；这就允许我们把社会批判理论未能完成的使命重新承担起来"③。不过，无论是在哈贝马斯自己的工作中，还是在学界对两代理论的研究中，工具理性批判与交往合理性理论之间的差异都总是不断地被强调，以致形成了如下印象：交往合理性理论将工具理性批判的道路归入主体哲学范式下，从而将其清算掉了，二者只是在最终理论指向上具有某些共同之处（如"他们对自己眼中的社会畸形现象持启蒙批判

---

① Jürgen Habermas, *Theorie des kommunikativen Handelns*, Bd. 1. *Handlungsrationalität und gesellschaftliche Rationalisierung*, Frankfurt am Main: Suhrkamp Verlag, 1995, S. 522.

② 周爱民：《论物化批判的主体间性辩护路径》，《社会科学》2021 年第 3 期，第 107～108 页。

③ 〔德〕尤尔根·哈贝马斯：《交往行为理论》第 1 卷，曹卫东译，上海，上海人民出版社，2018，第 479 页。

立场"①），它们之间的差异却是实质性的、根本性的。这种印象看似突出了哈贝马斯理论的革新意义，实则不仅割断了法兰克福学派理论传统，而且也会使我们在理解哈贝马斯自己的工作时出现偏差。实际上，正如本书将要澄清的，哈贝马斯提出"范式转换"的口号时，依然坚持着工具理性批判所走的内在批判道路，他依然试图从理性的内在张力出发来寻找解决途径。只有基于此，我们才能够理解他要"从工具理性批判终止的地方重新开始"意味着什么。所谓的"范式转换"只是这一路向当中理论建构视角的转变，其变革性被夸大了。关于这两代理论的联系，我们可以从理论指向、论证结构和理论动机这三个方面来理解。

首先，二者都以真正的主体持存即主体解放为指向。

关注主体持存并不意味着封闭于主体自身当中，工具理性批判不仅要去除作为工具的理性的反主体要素，而且也要打破由此造成的主体自身的封闭性，从而使得主体获得其应有的丰富性。阿多诺在《否定辩证法》中主张的客体相对于主体的优先性，以及"星丛"当中主体与客体的和解，所表明的是主体自身的有限性，而正是因为这种有限性，主体才需要向其他主体以及客体打开自身。

这种主体开放性和丰富性的要求为交往合理性理论所继承。为了主体持存与解放，交往合理性要将认知-工具合理性限定在恰当范围内，并引导它与道德-实践合理性、审美-表现合理性实现良性互动。认知-工具合理性统治地位的形成意味着它背离了其实现主体持存这一根本目的，而交往合理性则是要对主体各个方面做充分考量：

> 交往合理性概念包含三个层面，第一，认识主体与事件的或事实的世界的关系；第二，在一个行为社会世界中，处于互动中的实践主体与其他主体的关系；第三，一个成熟而痛苦的主体（费尔巴哈意义上的）与其自身的内在本质、自身的主体性、他者的主体性的关系。②

为了实现这种考量，交往合理性理论展现了处于交往活动中的主体之间达成沟通与共识的可能性条件，这些条件虽具有"准先验性"，但同时也

---

① 〔德〕斯坦芬·缪勒-多姆：《于尔根·哈贝马斯传：知识分子与公共生活》，刘风译，北京，社会科学文献出版社，2019，第8页。

② 〔德〕哈贝马斯：《现代性的地平线：哈贝马斯访谈录》，李安东、段怀清译，严锋校，上海，上海人民出版社，1997，第57页。

是在主体间行为过程中历史地形成的。

其次，二者都揭示了理性发展的内在悖论。

依据内在批判，工具理性批判意味着，理性"必须有能力解释，它自己是如何从洞察万物之意义的力量中蜕变成为自我保存的纯粹工具性"①，也就是要解释，主体用来实现自我持存的理性又何以造就囚禁主体的"铁笼"。而这种批判得以可能，是因为它发现了工具理性当中手段与目的的内在关系已经发生了异化。工具理性的唯一目的本是主体持存，这一目的是内嵌于工具理性当中的，可以说，作为手段的工具理性真正实现，本身就是主体持存这一目的的实现。但是，现代社会呈现的现实是，作为手段的理性最终导致了主体自身被统治的悖论，"理性的主体，即这种理性的持有者与理性自身之间实际上是处于对立状态"②。工具理性因而也就具有了两种相反的价值属性：服务于主体持存与拘禁主体。就此而言，在启蒙辩证法的视角下，现代社会问题的理性根源在于工具理性自身内部的矛盾。

哈贝马斯虽然接受了韦伯对于现代社会的诊断，但这并不意味着他将韦伯的合理化理论改造为新的批判性框架，交往合理性也绝不是精致化了的价值合理性。正像霍克海默和阿多诺那样，哈贝马斯的交往合理性理论"未曾与德国哲学传统决裂，而不过是形成了后者的一个最新阶段"③，这一传统就是对实现理性统一的执着追求。这是工具理性批判中这种理性形态自我批判得以可能的前提，而在交往合理性理论中，这一前提不仅表现为交往合理性与道德-实践合理性的亲缘关系、表现为与审美-表现合理性的合作关系，更表现在交往合理性与认知-工具合理性之间的内在关系上："交往合理性和……认知-工具合理性概念可以说是相互配合、相互统一的。因为，分散利用和操纵事物及事件的能力，与主体相互就事物和事件达成共识的能力之间存在着一种内在联系。"④这种内在关系的畸变表现为现代性进程中系统对生活世界的殖民，从而导致现代合理性图谱本身的畸变，并同样威胁着主体持存。可以说，交往

---

① 〔德〕马克斯·霍克海默：《反对自己的理性：对启蒙运动的一些评价》，《启蒙运动与现代性——18 世纪与 20 世纪的对话》，〔美〕詹姆斯·施密特编，徐向东、卢华平译，上海，上海人民出版社，2005，第 369 页。

② 〔德〕马克斯·霍克海默、〔德〕西奥多·阿多尔诺：《启蒙辩证法：哲学断片》，渠敬东、曹卫东译，上海人民出版社 2006，第 72 页。

③ 〔法〕T. 罗克摩尔：《现代性与理性：哈贝马斯与黑格尔》，郭小平译，《国外社会科学》1991 年第 1 期，第 22 页。

④ 〔德〕尤尔根·哈贝马斯：《交往行为理论》第 1 卷，曹卫东译，上海人民出版社，2018，第 32 页，译文有改动。

合理性理论做出的这种现代性病症诊断，是工具理性批判所揭示的理性内在悖论在合理性话语中的一种变体。

最后，二者都具有批判与拯救的双重动机。

内在批判从来不意味着一种简单的否定性解构，而是要以批判为手段，以实现对被批判对象的拯救。如前所述，工具理性批判就是要揭示出原本服务于主体持存的理性发生悖论的根源，并将理性从这种悖论中解放出来，恢复其应当具有的主体持存取向这一价值属性。因此，工具理性批判不是要彻底摧毁工具理性，而是要祛除其中的反主体要素而保存主体持存维度，并进而实现与客体的和解。

与工具理性批判相比，交往合理性理论似乎没有锋芒毕露的批判，而是更侧重于拯救，因为在哈贝马斯看来，没能实现拯救意图的批判理论是没有出路的。因此，在交往合理性理论中，交往合理性具有综合性要求，但其前提是承认三种基本合理性的相对独立性，这就相当于承认资本主义自身具有解放的理性潜能，生活世界的正当合理化也要以此为前提。同时，交往合理性（及生活世界）对认知-工具合理性（及系统）具有限制与引导的作用，就是既要恢复生活世界的规范性力量又要保存现代性成果。这实际上就是要在现代社会中为批判理论的批判与拯救的双重动机寻找现实基础。

由上可见，作为指向现代社会的两种批判视角，工具理性批判与交往合理性理论之间的连续性是不可否认、不可忽视的。哈贝马斯的理论依然走在内在批判的道路上，从主客体关系到主体间关系的理论重心转移是这一批判路向中理论构建视角的转变。哈贝马斯虽然宣称自己不想继承工具理性批判的悲观情绪与悖论立场，并且在诸多向度上做了更为切实、更为具体的探讨，但交往合理性作为一种未被删减的主体间合理性，却实实在在地是对工具理性批判试图寻找的批判的、解放的理性观念的继承。这一点也体现在作为其后期工作重心的道德-实践主题上。

第二节 道德-实践主题的传承：
"正确生活"的理想及其建构

如本书上篇已经呈现的，在交往合理性理论当中，道德-实践主题是其解决现代性问题的关键一环。而如果从法兰克福学派的理论传承来看，哈贝马斯的这一工作依然是对第一代理论家特别是阿多诺的道德理论的一种完成。他认为，在道德学说中，"阿多诺试图阐释所谓的摹拟交往"，

"也就是通过以交往为导向的行动总体特征的分析方法来保证理性概念",并认为这是第一步,"接下来要把交往合理性的概念运用到社会关系和相互影响的体制中"。① 阿多诺显然并未完成这"接下来"的工作,而这正是哈贝马斯在交往合理性理论中完成的。从哈贝马斯理论框架出发、作为法兰克福学派第三代代表的霍耐特,更加强化了道德-实践主题的理论地位,完成了自哈贝马斯后期开始的"政治伦理转向"②。

　　由于本书上篇已详细论述了哈贝马斯在道德-实践主题上的工作,因此这里基于此,仅呈现阿多诺关于这一主题的讨论及其与哈贝马斯工作的联系,以及霍耐特对他的工作的批评与发展。

一、关于个体"错误生活"的道德-实践之思

　　在美国流亡期间,阿多诺完成了一部颇具个人色彩的随笔作品——《最低限度的道德:对受损生活的反思》。在这部以"道德"命名的作品中,阿多诺并非仅讨论了道德哲学问题,而是从个人经验角度对社会生活中的种种非人现象进行了描述,并得出结论:"在错误生活中是不存在正确生活的。"③因此,所谓"最低限度的道德",也非仅指道德规范、道德行为等,而更多指批判错误生活、重建正确生活的基本责任。由此可见,与哈贝马斯语境中的道德-实践领域类似,阿多诺所理解的"道德"也是宽泛的。在这种"道德"领域中,除了日常道德生活(狭义的道德),还涉及消费、娱乐、政治、教育、文化等诸多方面。阿多诺之后关于通常意义上的道德哲学问题的讨论,很大程度上可以视为对该书中现象的哲学阐明。相较于阿多诺专门讨论道德哲学的文献来说,该书为反思道德-实践问题所提供的,既有一个更为宽广的视野,也有更为生动的个人经验。因此,该书将成为我们这一部分讨论的主要文本依据。当然,由于其内容极度丰富,我们在此无意也不能对之做全面的呈现,而仅着眼于个体生活与政治领域这两个方面,这是阿多诺重点关注的两个道德-实践领域,而后基于此,探讨阿多诺和哈贝马斯这两代理论家在该主题上的可能联系。

---

① 〔德〕哈贝马斯:《现代性的地平线:哈贝马斯访谈录》,李安东、段怀清译,严锋校,上海,上海人民出版社,1997,第47页。

② 参见王凤才:《霍耐特与批判理论的"政治伦理转向"》,《现代哲学》2007年第3期。

③ Theodor W. Adorno, *Minima Moralia*:*Reflexionen aus dem beschädigten Leben*, Rolf Tiedemann, Hg., *Theodor W. Adorno*:*Gesammelte Schriften*, Bd., 4, Frankfurt am Main:Suhrkamp Verlag, 1996, S. 43.

（一）个体生活中的道德-实践问题

在《交往行为理论》等著作中，哈贝马斯对个体因生活世界殖民化而发生的种种病态现象做了分析。不过，相较于哈贝马斯，阿多诺对个体生活中的道德-实践问题的论述更胜一筹。在《最低限度的道德》中，阿多诺从家庭生活与社会生活两个方面，对个体生活中的种种道德畸变现象做了鞭辟入里的批判。

1. 家庭生活中的道德-实践问题

在家庭生活中，阿多诺重点关注的是以"爱"为内核的两性关系。在他看来，"只有两个有着自己生活的人，不是因经济上强制的利益共同体、而是出于自由自愿地共同承担相互责任走到一起，才是得体的婚姻"①。据此，从道德角度来说，两性结合的基础有两个方面。一方面是两个能够对自己的行为负完全责任的不同个体，这种个体在没有进入婚姻时，也能够独立地生活。另一方面是这两个个体有着共同承担责任的愿望，这种愿望推动个体进入了一种中介活动，它不是消除个体性，而是使个体性进入了一个更高阶段的共同性当中，因此阿多诺认为："爱是在不相似的东西中察觉到相似之处的能力。"②可以说，家庭生活构成了个体从个体性走向社会性的重要阶段。正是在这一阶段中，作为这种结合之成果的新个体（儿童）初步获得了哈贝马斯所关心的"交往资质"，也正是因此，之后的霍耐特将以"爱"为纽带的关系，视为承认关系的第一种模式。

由此来看，婚姻似乎"确保的是人在非人的普遍之物中形成人性细胞的最后可能性"，但实际上，这种"非人的普遍之物"同样侵入了这一领域，并使人们"服从于权利与财产的异化秩序"。因此，在现代社会当中，家庭生活不仅未能真正实现社会性即"真正的普遍之物"③的培养，相反却成为物化现象的一个表征："在整个资产阶级时代爱情局部违抗的交换

---

① Theodor W. Adorno, *Minima Moralia：Reflexionen aus dem beschädigten Leben*, Rolf Tiedemann, Hg., *Theodor W. Adorno：Gesammelte Schriften*, Bd., 4, Frankfurt am Main：Suhrkamp Verlag, 1996, S. 32.

② Theodor W. Adorno, *Minima Moralia：Reflexionen aus dem beschädigten Leben*, Rolf Tiedemann, Hg., *Theodor W. Adorno：Gesammelte Schriften*, Bd., 4, Frankfurt am Main：Suhrkamp Verlag, 1996, S. 217.

③ Theodor W. Adorno, *Minima Moralia：Reflexionen aus dem beschädigten Leben*, Rolf Tiedemann, Hg., *Theodor W. Adorno：Gesammelte Schriften*, Bd., 4, Frankfurt am Main：Suhrkamp Verlag, 1996, S. 33.

关系，已经完全吞没了爱情。"①这种交换关系就是阿多诺所说的"非人的普遍之物"。关于此，阿多诺除了提到婚姻关系中显而易见的财产之争，还讨论了"道德与时序"的关系。评判一种情侣之爱是否合乎道德，我们通常的标准是排他性，而这种排他性本身又有其标准，即"真正的爱是一种对他人的特别的兴趣，它依附于被爱之人的特征"②。

不过，随着交换关系在爱情中占据了支配地位，爱情的道德标准就由对象的不可替代性变为对象在时间顺序上的在先性："时间的不可逆性充当了客观的道德标准。"③在阿多诺看来，时序成为爱情的道德标准，正如社会必要劳动时间成为价值以及交换价值之标准那样。当然，二者是有差异的，前者依据时间的不可逆性，而后者依据时间量的积累。而阿多诺所看到的是二者之间的共性，即时间所代表的量化。任何量化都意味着对质上差异的祛除，随着交换关系在社会生活中占据统治地位，量化观念深入社会生活的方方面面，爱情和以爱情为内核的两性关系自然也未幸免，而这恰恰违背了其对于特殊性、对于质上差异的追求。据此，以时序为道德标准的爱情，实则是不道德的。如此一来，爱情不仅未能起到培养人的社会性的作用，相反，依据时序而来的，归根结底是交换社会所要求的"忠诚"，使人作为原子化的个体，更加沉浸于交换关系的统治之下。

2. 社会生活中的道德-实践问题

对于现实的个人来说，显然不能仅限于家庭生活，而是必须进入社会生活当中，建立起各种社会关系，甚至建立家庭生活本身也要依赖于社会生活及由此形成的社会关系。然而，在现代社会，社会生活不仅未能真正充分发挥其作用，反倒成为高居个人之上的、隐身不见且难以穿透的、作为假象的总体。因此阿多诺说："在正在到来的工业社会里，

① Theodor W. Adorno, *Minima Moralia：Reflexionen aus dem beschädigten Leben*，Rolf Tiedemann，Hg.，*Theodor W. Adorno：Gesammelte Schriften*，Bd.，4，Frankfurt am Main：Suhrkamp Verlag，1996，S. 190-191.

② Theodor W. Adorno, *Minima Moralia：Reflexionen aus dem beschädigten Leben*，Rolf Tiedemann，Hg.，*Theodor W. Adorno：Gesammelte Schriften*，Bd.，4，Frankfurt am Main：Suhrkamp Verlag，1996，S. 89.

③ Theodor W. Adorno, *Minima Moralia：Reflexionen aus dem beschädigten Leben*，Rolf Tiedemann，Hg.，*Theodor W. Adorno：Gesammelte Schriften*，Bd.，4，Frankfurt am Main：Suhrkamp Verlag，1996，S. 88.

一切人的关系都陷入了可怕的不可能性当中。"①这当然不是指个人陷入了相互隔绝的状态，恰恰相反，在现代社会中，人们摆脱了传统社会中固定的人身依赖关系及狭隘的社会关系，得以展开更为普遍的交往、建立更加多样的社会关系。但更为重要的是，由于普遍交换已成为每个人得以生存的必要条件，如马克思早已指出的，人们更加依赖于"物"，人的社会生活必然以物的形式体现出来。正是在此意义上，真正属人的社会关系消失了。这一点，在阿多诺关于"圆滑"的讨论中体现得尤为明显。

阿多诺认为，如歌德的小说《威廉·迈斯特的漫游年代》呈现的，"圆滑"已成为"异化了的人之间的拯救性的解决办法"。作为一种处事方式，圆滑的初衷是要让个体能够在世界中生活下去，而"圆滑的前提条件是已经不好使了但又继续存在着的惯例。这种惯例无可挽回地衰落了，只能在对形式的戏仿中苟延残喘，是一种随意想出的或回忆起的对被遗忘之物的致敬"②。表面看来，过时的传统惯例成为人与人之间交往的中介，但由于这种惯例实际上已经不能真正地起作用，所以，人们服从的并不是惯例，而是隐藏在惯例背后的东西。因此阿多诺指出，所谓"解放了的、纯粹个体的圆滑变成了单纯的谎言"，最终，这种圆滑"有助于让最普遍的东西，即赤裸裸的支配权，在最密集的星丛中取得胜利"③。

在这种情况下，人们虽然有着共同社会生活的表象，但实际上，这种共同生活已经不再可能。因为共同生活的前提，是有着自律性的独特个体及其构成的"星丛"。然而，在现代社会中，"构成了幸福、构成了个体存在之道德实质的那些差异，全都消失在时代之统一的背后"④。与真正的共同生活相对，这种"时代之统一"的前提是无差别的等同性，在阿多诺看来，这是对人之为人的资格的一种剥夺。人们依然在一起相处，

---

① Theodor W. Adorno, *Minima Moralia: Reflexionen aus dem beschädigten Leben*, Rolf Tiedemann, Hg., *Theodor W. Adorno: Gesammelte Schriften*, Bd., 4, Frankfurt am Main: Suhrkamp, Verlag 1996, S. 38.

② Theodor W. Adorno, *Minima Moralia: Reflexionen aus dem beschädigten Leben*, Rolf Tiedemann, Hg., *Theodor W. Adorno: Gesammelte Schriften*, Bd., 4, Frankfurt am Main: Suhrkamp Verlag, 1996, S. 38.

③ Theodor W. Adorno, *Minima Moralia: Reflexionen aus dem beschädigten Leben*, Rolf Tiedemann, Hg., *Theodor W. Adorno: Gesammelte Schriften*, Bd., 4, Frankfurt am Main: Suhrkamp Verlag, 1996, S. 40.

④ Theodor W. Adorno, *Minima Moralia: Reflexionen aus dem beschädigten Leben*, Rolf Tiedemann, Hg., *Theodor W. Adorno: Gesammelte Schriften*, Bd., 4, Frankfurt am Main: Suhrkamp Verlag, 1996, S. 28.

不过不是作为人，而是作为单子，他们形成的群体，就像是沙粒聚集而成的沙丘。

(二)政治领域中的道德-实践问题

如哈贝马斯那样，阿多诺也认为："政治问题是与道德范围紧密结合在一起的。"①因此，在阿多诺关于道德-实践问题的思考中，不可避免地也会涉及政治领域。鉴于当时的政治状况，阿多诺在《最低限度的道德》中所讨论的政治领域对象主要是法西斯主义。在法西斯主义中，最残暴、最明显的罪恶，无疑是"奥斯维辛"所代表的大屠杀。而这又是危及现代性自身合法性的二律背反的一种表征。无论从哲学还是从历史的角度来说，现代性进程的开启是为了人更好地生活即实现自我持存之目标。然而，如包括阿多诺在内的众多现代性反思者所指出的，众多野蛮的、看似只存在于前现代社会的事件，恰恰利用了现代性进程提供的便利，而给人类的自我持存带来了空前的威胁。正是基于此，阿多诺对法西斯主义这场政治暴行中的道德-实践问题的反思，并未限于对法西斯主义本身的控诉，而是深入其在现代性进程中的根源。

在前文关于个体社会生活的讨论中我们已经看到，在现代社会中，独特个体之间的差异被抹平为等同性，这种状况在法西斯主义的统治中同样存在，甚至成为其大屠杀政策的依据。对于法西斯主义的政治统治来说，"任何不认同统治的人，因单纯差异之缘故，就被证明为敌人"②。而具有悖反意味的是，为了实现这种等同性，法西斯主义的政治统治也承认并利用了差异："种族差异被提升为绝对的种族差异（人们可以凭借后者而废除前者），为的是使任何有差异的东西不再存活下来。"③这从纳粹德国实施的种族屠杀就能看出。在纳粹德国的种族理论中，所谓的雅利安人是最优等的，而犹太人等种族则是劣等的，为了保持雅利安人的种族纯粹、一种没有差异的等同性，必须对劣等民族进行"清洗"。由此可见，对于法西斯主义来说，差异不过是用来消除差异的手段。表面来看，这形成了一种团结统一的局面，然而，在阿多诺看来，在法西斯主

---

① 〔德〕T. W. 阿多诺：《道德哲学的问题》，谢地坤、王彤译，谢地坤校，人民出版社，2007，第 1 页。

② Theodor W. Adorno, *Minima Moralia*：*Reflexionen aus dem beschädigten Leben*，Rolf Tiedemann, Hg.，*Theodor W. Adorno*：*Gesammelte Schriften*，Bd.，4，Frankfurt am Main：Suhrkamp Verlag，1996，S. 149-150.

③ Theodor W. Adorno, *Minima Moralia*：*Reflexionen aus dem beschädigten Leben*，Rolf Tiedemann, Hg.，*Theodor W. Adorno*：*Gesammelte Schriften*，Bd.，4，Frankfurt am Main：Suhrkamp Verlag，1996，S. 116.

义的政治统治下实现的这种团结统一是病态的,是对真正的自由的压制。

在进一步分析这种悖反状况时,阿多诺指出:"国家权力甚至已经放弃了其独立于特定利润旨趣这一假象,它总是实在地,同时也以意识形态的方式为这种利润旨趣服务。"①阿多诺此语,一方面是指与法西斯主义的大屠杀相伴随的明目张胆的财富掠夺为其经济体系带来了"利润",不过,更为重要的是指,正如经济同一性对个体生活领域中的道德-实践活动的渗透与操控那样,政治领域中也同样如此。政治秩序以经济秩序为模板,并且为了后者而按照后者的逻辑不断"完善"自身。

简言之,无论是个体生活领域还是政治领域,道德-实践本身的独特性已经成为一种假象,其不过是以经济同一性逻辑为基础,并以其为动力的社会统治的遮羞布。正如阿多诺后来所说,在现代社会中,

> 在所有地方,工业劳动超出了一切政治制度的界限,成为社会的样板。它发展成为总体,因为类似于工业处理方式的那些处理方式在经济上不可避免地扩展到物质生产领域、管理、分配领域以及我们所称的文化当中。②

(三)对建构"正确生活"的探索

虽然在《最低限度的道德》中,阿多诺不吝笔墨地描绘了个体的道德生活状况,但在他看来,个体要想真正过上正确生活,恰恰必须反对从个体性出发的个体主义。因此,在《最低限度的道德》《道德哲学的问题》等著作中,他一再要求警惕"单调良心"(das schlechte Gewissen),即从个体的主观情感出发来评判生活。在他看来,如果人们"只按照自己的个性去生活,……那么,真正的生活就可能趋向于这样的结局:只有纯粹的幻想和纯粹的意识形态"③。相应地,在讨论道德问题时,"排除人们相互之间的关系是绝对没有意义的做法,因为纯粹为自己而存在的个人

---

① Theodor W. Adorno, *Minima Moralia*: *Reflexionen aus dem beschädigten Leben*, Rolf Tiedemann, Hg., *Theodor W. Adorno*: *Gesammelte Schriften*, Bd., 4, Frankfurt am Main: Suhrkamp Verlag, 1996, S. 59.

② Theodor W. Adorno, *Soziologische Schriften I*, Rolf Tiedemann, Hg., *Theodor W. Adorno*: *Gesammelte Schriften*, Bd., 8, Frankfurt am Main: Suhrkamp Verlag, 2015, S. 316.

③ 〔德〕T. W. 阿多诺:《道德哲学的问题》,谢地坤、王彤译,谢地坤校,人民出版社,2007,第 12 页。

是一种完全空洞的抽象"①。这种"相互之间的关系"正是社会关系。对于作为马克思主义者的阿多诺来说,社会关系中最为重要的莫过于经济关系。

由此可见,阿多诺对道德-实践问题的反思,始终是与经济维度相联系的。甚至,他在讨论道德观念的产生时,也纳入了经济因素。例如,他提道:"从一开始,善(Gut)和拥有商品(Güter)就是一回事。好人就像管理自己财产那样管理自己的人:他的自主存在是建立在物质支配的基础上的。"②因此,道德-实践领域中的悖论现象,在前现代社会时期已然存在,只不过是在现代社会中达致极端,以至于"道德以不道德为蓝本,时至今日,它已遍布于各个层面"③。

正是基于此,阿多诺在《最低限度的道德》一开篇,就指出了现代社会道德-实践领域悖论产生的根源:

> 曾被哲学家们称为生活的东西,已变成私人领域,而后变成了纯粹的消费领域,成了物质生产过程的附属物生活和生产之间的这种关系实际上是把前者贬低为后者的一种短暂的显象,这是完全荒谬的。手段和目的被调换了。④

由此来看,解决道德-实践领域悖论的出路就是实现一种再颠倒。物质生产固然是作为上层建筑的道德-实践领域存在的基础,但二者的异质性要求它们有着不同的行为逻辑。物质生产的发展不应当是道德-实践领域被经济同一性宰制的根据,相反,应当是真正的"正确生活"实现的物质基础。不过,正如阿多诺关于现代性其他领域的反思批判那样,他并未为实现这种"正确生活"提供一条切实可行甚至仅在理论上具体的方案。而哈贝马斯的工作,可以视为对阿多诺这一未完成的工作的继续。

如霍耐特所言,阿多诺和哈贝马斯的批判理论都预设了"一个规范上

---

① 〔德〕T. W. 阿多诺:《道德哲学的问题》,谢地坤、王彤译,谢地坤校,人民出版社,2007,第21页。
② 〔德〕T. W. 阿多诺:《道德哲学的问题》,谢地坤、王彤译,谢地坤校,人民出版社,2007,第222页。
③ 〔德〕T. W. 阿多诺:《道德哲学的问题》,谢地坤、王彤译,谢地坤校,人民出版社,2007,第223页。
④ Theodor W. Adorno, *Minima Moralia : Reflexionen aus dem beschädigten Leben*, Rolf Tiedemann, Hg., *Theodor W. Adorno : Gesammelte Schriften*, Bd., 4, Frankfurt am Main: Suhrkamp Verlag, 1996, S. 13.

理想的社会，这个社会是不能与自由主义传统的个人主义前提相容的"，它体现着"一种合作的自我实现的理想，只有在这种自我实现中，个人的自由才使得他人的自由得以可能"①。正是基于这种共同预设，哈贝马斯认为，他的交往合理性概念能够成为阿多诺关于"正确生活"的论断的基础。哈贝马斯将经济领域视为系统的一部分，即以货币为媒介的认知-工具合理性领域。在现代性的展开过程中，系统对生活世界的殖民化日益加深。这是哈贝马斯对现代社会病理的基本诊断，也可以视为他对《最低限度的道德》中种种悖谬现象之原因的解释。反过来也可以说，"《最低限度的道德》所提供的，是对这种入侵和殖民化经验的反思"②。作为系统之理性基础的认知-工具合理性也就越出了自己的边界，侵蚀了道德-实践合理性的合法领域。不过，后者的反抗潜力一直是存在的，并在一定条件下会威胁前者作用的发挥。而要重新理顺二者的关系，就要求认知-工具合理性能够服从交往合理性的限制，并由此在交往合理性所规划的现代合理性统一方案的引导下，实现与道德-实践合理性的良性互动。在这种互动中，道德-实践合理性具有实现交往合理性之通道的作用，其所对应的诸具体领域，是构成阻击系统侵蚀生活世界的防线的主力。因此，在完成交往合理性理论基础层面的搭建之后，哈贝马斯的工作重心转向了道德-实践领域问题的具体解决。而这一工作，又成为学派第三代领袖霍耐特理论中的核心组成部分。

二、交往合理性理论之道德-实践维度在承认理论中的回响

哈贝马斯所提出的主体间范式，是他及其之后法兰克福学派理论工作的基本语境，就此而言，哈贝马斯的理论工作的确为该学派奠定了一个有别于第一代的新传统。作为法兰克福学派第三代的"掌门人"，霍耐特在其思想形成与发展过程中深受哈贝马斯的影响。这一点，从《为承认而斗争》这部著作的副标题"论社会冲突的道德语法"即可看出，其是将哈贝马斯后期着重展开的道德-实践主题进一步凸显了出来。由此，我们可以看到，哈贝马斯与霍耐特之间的理论勾连点，最为重要的莫过于主体间范式与道德-实践问题。这两个方面是相互交缠的，因此本书此处虽侧重于后一方面，但为了准确理解之故，我们将围绕这两个方面，探究

---

① Axel Honneth, *Pathologie der Vernunft*: *Geschichte und Gegenwart der Kritischen Theorie*, Frankfurt am Main: Suhrkamp Verlag, 2007, S. 37-38.

② J. M. Bernstein, *Adorno*: *Disenchantment and Ethics*, New York: Cambridge University Press, 2001, p. 45.

哈贝马斯在道德-实践领域的工作,在霍耐特作为"社会冲突的道德语法"的承认理论中有何回响。

(一)承认:新的主体间范式

《为承认而斗争》作为呈现霍耐特承认理论轮廓的奠基之作,是在其教授资格论文基础上修订扩展而成的,而后者正如霍耐特自己所说,是在"哈贝马斯的不断督促和关怀"下完成的,在这一过程中,哈贝马斯理论也深刻地影响了霍耐特。在这部著作的前半部分中,霍耐特用了相当大的篇幅来做理论史梳理,其中的两位主角——黑格尔和米德——也正是哈贝马斯在阐述主体间范式转换之合法性以及构建交往合理性理论时所借重的。如哈贝马斯认为黑格尔早期理论中关于主体间问题的论述具有反主体范式潜能那样,霍耐特主张,这一时期的黑格尔打磨出了一套承认理论工具,这套工具使得黑格尔能够坚持如下论点:"主体之间为相互承认而进行的斗争产生了一种社会的内在压力……个体要求其认同在主体之间得到承认。"①如哈贝马斯不满黑格尔理论最终走向唯心主义主体哲学而在后形而上学语境下诉诸米德那样,霍耐特为了使黑格尔的承认理论模式再次获得现实意义,引入了米德的社会心理学来使"黑格尔的主体间性理论转化为后形而上学的理论语言"②。因此,从理论传承的角度来说,"正是哈贝马斯,为霍氏提供了一个思考问题的出发点和研究问题的进路,即用交往范式取代早期批判理论深受传统马克思主义影响的劳动范式,并从中引发出承认理论向度"③。

霍耐特从哈贝马斯开启的主体间范式出发,一个直接的理论原因就是他对于学派批判理论传统的理解。在他看来,法兰克福学派第一代和第二代理论家共享着一个理念,即社会病理的"成因必须在社会理性的缺损中才能被发现",换言之,社会病理"应当被理解为缺失的合理性之结果"④。在霍克海默和阿多诺那里,这种病理表现为工具理性的畸变;在哈贝马斯那里,这种病理则表现为系统对生活世界的殖民。相应地,工具理性批判和交往合理性理论分别成为对这种病理的诊治。这两种理论都是内在批判进路的展开,根据这种进路,"这种缺失的原因必须通过理

① 〔德〕阿克塞尔·霍耐特:《为承认而斗争》,胡继华译,曹卫东校,上海人民出版社,2021,第2页。
② 〔德〕阿克塞尔·霍耐特:《为承认而斗争》,胡继华译,曹卫东校,上海人民出版社,2021,第93页。
③ 王凤才:《霍耐特承认理论思想渊源探析》,《哲学动态》2006年第4期,第57页。
④ Alex Honneth, *Pathologien der Vernunft*: *Geschichte und Gegenwart der Kritischen Theorie*, Frankfurt am Main: Suhrkamp Verlag, 2007, S. 32.

性畸变的历史过程来解释"①。对此，一个致命的异议是，既然合理性已经缺失或已被扭曲，我们还如何能够依据它来解释、批判社会病理，又如何能够依据它来实现拯救？

与哈贝马斯一样，霍耐特认为第一代理论家的工具理性批判是不能真正回应这一问题的。工具理性批判预设了社会病理是人对自然的控制延伸到人类社会的结果，如在《启蒙辩证法》中霍克海默和阿多诺"描写的是从对自然过程的那种工具性支配的人类历史步伐中产生的心理和社会影响。社会统治的诸种形式，如今看来似乎干脆是统治自然的那种支配活动在社会内部的衍生物"②。这种预设的结果就是最终排除了社会，既然如此，遑论对社会病理相关问题的回应。相对于此，交往合理性理论的贡献就在于，在主体间范式之下，通过强调主体间关系的优先性而重新发现了社会。霍耐特认为，

> 通过批判理论从生产范式向交往范式的转换，哈贝马斯开启了一个社会领域，它满足了主张一种内在于世界的超越性的所有前提；因为在交往行为之中，诸主体在规范性的期望的视域中相遇，这些期望的落空反过来常常可能成为走出当时已建立的统治形式的道德要求的源泉。③

也就是说，交往合理性理论试图从主体间关系构成的社会内部去发现治愈社会病理的可能性，而不是寄希望于以主客关系的和解为中介来解决问题。也正是因此，在其理论的后期发展中，作为社会典型领域的道德-实践领域才会日益占据中心位置。

不过，霍耐特对于哈贝马斯的方案依然不满意。他指出，交往合理性理论之所以能够从语言理论角度发现突破社会病理的动力，是因为它"将社会互动的规范性潜力与一种无统治的相互理解的语言条件等同起来。伴随着交往范式的这种语言理论版本而来的优点有多大，反过来它

---

① Alex Honneth, *Pathologien der Vernunft: Geschichte und Gegenwart der Kritischen Theorie*, Frankfurt am Main: Suhrkamp Verlag, 2007, S. 41-42.

② 〔德〕阿克塞尔·霍耐特：《权力的批判：批判社会理论反思的几个阶段》，童建挺译，上海人民出版社，2020，第136～137页。

③ Alex Honneth, *Das Andere der Gerechtigkeit: Aufsätze zur praktischen Philosophie*, Frankfurt am Main: Suhrkamp Verlag, 2017, S. 96.

的缺点就可能有多严重，这二者是连为一体的"①。在这里，霍耐特在某种程度上接受了哈贝马斯批评者们的意见，认为在以语言为中介的商谈程序的形式中很难去发现促使行为者达成沟通与共识的动力。因此，霍耐特针锋相对地提出："不能简单地将社会互动的规范性潜力等同于无统治的相互沟通的语言条件。……道德的经验不会在对语言能力的限制上被激发起来，而是由于对以社会化的方式获得的同一性要求的伤害而形成的。"②

正是在这种对哈贝马斯既有继承又有反思的关系中，霍耐特提出了作为其理论标志的新主体间范式概念：承认。如哈贝马斯认为交往合理性理论为学派第一代理论提供了规范性基础那样，霍耐特的承认范式则是要为哈贝马斯的理论乃至于整个社会批判理论进一步奠基："从根本上说，我所关心的是，试图运用承认概念发展出为社会批判的合法性辩护的规范性基础。"③

也正是在推进这一工作的进程中，霍耐特将视角集中在了道德-实践领域上。因为在谈到承认与道德-实践领域的关系时，霍耐特始终认为承认概念指的是一种道德-实践行为。如此一来，他就必须面对哈贝马斯处理道德-实践领域问题的基础理论即商谈伦理学。对此，霍耐特认为，这一与语言结构规范性紧密相关的理论在实际行为领域是力有不逮的，如前所述，语言结构的规范性的动机作用不足以促发行为，这自然也就会削弱商谈伦理学的理论效力。霍耐特相信，他的承认理论能够解决这一困境，因为通过在理论层面上以承认概念(及其否定的对应物——蔑视概念)取代语言学分析的主导地位(这当然不是彻底排除语言，因为承认关系的达成需要语言作为中介，对承认关系受到损害的情况也需要语言来表达)，承认理论能够与现实的道德经验相合。由此，在承认理论中，相较于哈贝马斯的理论，"被施于社会互动的规范性假设上的侵犯与主体在其日常交往中所产生的道德经验之间存在着一种更为紧密的联系"④。

基于这种考虑，霍耐特建构了三种基本类型的承认关系，即爱、法

---

①　Alex Honneth, *Das Andere der Gerechtigkeit*: *Aufsätze zur praktischen Philosophie*, Frankfurt am Main: Suhrkamp Verlag, 2017, S. 97.

②　Alex Honneth, *Das Andere der Gerechtigkeit*: *Aufsätze zur praktischen Philosophie*, Frankfurt am Main: Suhrkamp Verlag, 2017, S. 98.

③　Alex Honneth, "Grounding Recognition: a Rejoinder to Critical Questions", *Inquiry*, 2002(45), p. 513.

④　Alex Honneth, *Das Andere der Gerechtigkeit*: *Aufsätze zur praktischen Philosophie*, Frankfurt am Main: Suhrkamp Verlag, 2017, S. 100.

律和团结。这是在《为承认而斗争》中提出的，在之后的发展中，承认理论的内容不断扩展丰富，而这三种基本承认模式始终是霍耐特理论的基础内核。从文本上看，这三者固然是霍耐特通过结合并改造黑格尔与米德的理论而提出的，不过，如果我们从理论传承的角度来看，这三者又恰恰与交往合理性理论的道德-实践主题中的关键环节和可能遭受的批评不足有关。

（二）爱：道德-实践主体之个体性与社会性的形成起点

如第八章表明的，主体间范式虽然主张主体间关系相对于主客关系的优先性，但无论是为了回应质疑，还是为了稳固自身理论根基，它同样需要一个恰当的主体概念，这一概念对于道德-实践领域来说自然也是必需的。根据主体间范式的要求，这种主体应当既是独立自主、能够对自身言行负责的，同时又是与他者处于交往互动关系当中的。简言之，是社会化了的独立个体。宽泛地讲，霍耐特讨论的三种承认模式都涉及主体的独立性与社会性的双重特征，不过，作为第一种承认模式的爱具有特殊地位，它是一种"本源关系"，这种关系的特点是，"在彼此都感受到爱的关怀时，两个主体都认识到自己在他们的相互需要和相互依赖中相依为命"①。具体来说，它包括友谊关系、父母与子女关系和情侣关系。

在论证爱的承认模式时，霍耐特借鉴了精神分析的相关研究，并且集中在父母与子女的关系，特别是儿童早期的母子关系上。在这一点上，霍耐特可能是受到了哈贝马斯的影响（当然，对精神分析理论的借鉴也是法兰克福学派的传统之一），后者曾在《道德的发展与自我同一性》一文中，综合地考察了分析的自我心理学、认识论的发展心理学和米德等的行为理论对自我同一性概念的研究，并将之与道德意识的发展联系起来。② 在这篇文章中，哈贝马斯也提到了作为第一阶段的学龄前儿童的互动情况。不过，相对于这一"不完美的互动"阶段，哈贝马斯更为关心的是第三阶段的"交往行动和对话"。相对于哈贝马斯，霍耐特无疑提高了这第一阶段的地位，使其不仅仅在时间上是第一位的，而且具有了本体论意义上的本源性。回顾哈贝马斯与当代主体哲学就自我意识展开的论争，可以发现，哈贝马斯并未充分回应"起点"问题，就此而言，霍耐

---

① 〔德〕阿克塞尔·霍耐特：《为承认而斗争》，胡继华译，曹卫东校，上海，上海人民出版社，2021，第131页。

② 参见〔德〕尤尔根·哈贝马斯：《重建历史唯物主义》，郭官义译，北京，社会科学文献出版社，2013，第43～63页。

特关于爱的承认关系的分析，可视为对哈贝马斯这一方面缺憾的一种弥补（虽然他同样并未采取基础主义的方式）。

霍耐特认为，战后的精神分析学家文尼柯特等人的研究表明，儿童在其早期，"通过与他者建立情感关系，学会自视为独立的主体"①。在这一阶段，最初也最重要的，就是母子关系。

最初，母子双方处于"未分化的主体间阶段，即共生阶段"或文尼柯特所称的"绝对依赖"阶段。在此阶段，母子双方作为"两个互动伙伴为满足需要而完全相互依赖，根本不能作为个体彼此区分开来"②。当然，对于母亲来说，她只是在同其孩子的关系中是如此的，而在与其他成员的关系以及社会关系中，她已然是一个完成了社会化的独立个体；相反，儿童才是真正意义上处于绝对依赖关系当中的。

而后，随着儿童的成长发育，母子双方的关系进入了"相对依赖"阶段。在霍耐特看来，这一阶段对于主体的个体性与社会性的形成具有决定性的意义，因为正是在这一阶段，儿童真正开始其作为独立个体的社会化过程。一方面，儿童开始承认母亲是不同于自身并且处于自己控制之外的某种存在，从而在一定程度上将母亲与自身区分开。另一方面，儿童因全能控制的失落而引发了对母亲的进攻行为，此时如果母亲不采取报复行为，那么儿童就会积极主动地去建立自己与母亲的新的共在关系。也就是说，在理想状态下，母子双方能够认可对爱的依赖性，但又不必重新进入最初的共生状态中。如此一来，儿童就能够将"他对母亲的共生依赖性与独立自主的经验协调起来"③。进而，如果母爱能够持久而且可靠，那么儿童因信赖就会将这种经验扩展到同其他主体乃至于同周遭世界的关系当中去。同时，儿童关于自身的独立存在的意识也是在这一过程中形成的："当主体认识到自己为一个独立的个人所爱，而那个人也感到爱时，他就可能发展一种自我关系。"④

就此而言，主体的独立存在并不意味着孤立，恰恰相反，这种存在需要某种类似于母子关系的互动模式的支撑，无论是友谊关系还是情侣

---

① 〔德〕阿克塞尔·霍耐特：《为承认而斗争》，胡继华译，曹卫东校，上海，上海人民出版社，2021，第134页。
② 〔德〕阿克塞尔·霍耐特：《为承认而斗争》，胡继华译，曹卫东校，上海，上海人民出版社，2021，第136～137页。
③ 〔德〕阿克塞尔·霍耐特：《为承认而斗争》，胡继华译，曹卫东校，上海，上海人民出版社，2021，第140页。
④ 〔德〕阿克塞尔·霍耐特：《为承认而斗争》，胡继华译，曹卫东校，上海，上海人民出版社，2021，第143～144页，译文有改动。

之爱，都属于这种模式。因此，霍耐特认为，在爱的承认模式中，主体作为社会化个体的两极得以逐渐形成，"独立存在的能力构成了……一极，与它对立的一极是消融界限进入他者的能力"①。在此意义上，我们可以说，爱的承认关系是主体的独立性与社会性形成的起点，这也正是爱的本源性地位之所在。

（三）法律：道德-实践主体的主要社会活动领域

虽然爱的承认关系无论在逻辑上还是在发生学上都优先于相互承认的其他模式，但霍耐特也意识到，在这种承认关系中，对他者的情感并不是无意识的行为，而是有特定指向的，这就决定了爱的承认关系"不能超越基本的社会关系领域，随意覆盖更多的互动伙伴"②。通过爱的关系的培养，个体的独立性逐渐增强，开始步入社会。在这一过程中，他将面对一种更加普遍的社会关系，即法律或权利（Recht）的承认关系。在这种关系中，"只有当我们反过来认识到必须对他者承担规范义务时，才能把自己理解为权利的承担者"③。而这里的他者不再局限于父母子女、朋友、情侣，而是指向社会中的所有成员。

正像哈贝马斯在其法律-政治理论中分析了法律在不同历史时期的结构差异那样，霍耐特也从黑格尔和米德关于法律的论述入手，阐明了传统法律与现代法律作为承认模式的差异。传统的法律承认形式的规范性意义是有限的。这是因为，社会当中存在诸多共同体，而法律一般来说只对某个或某些共同体内的成员有效，而不是在社会上普遍地有效。结果便是，不同主体的权利与义务的分配是普遍不平等的，由此他们在法律上获得的承认限度也是不同的。与之相反，在现代的法律承认形式中，如哈贝马斯所说，法律应当由共同规范构成，而它们在原则上是不允许有例外和特权情况存在的。这就意味着，法律规范在全社会是普遍有效的，它在原则上承认在其之下进行互动的行为者是自由和平等的。

在哈贝马斯的理论中，法律与道德是其道德-实践领域的两大组成部分，并且在证成法律之有效性时将道德因素视为关键一环。霍耐特在处理法律的承认关系时，虽然以法律为主线，但同样始终强调道德维度所起的作用。他认为，在法律承认形式由传统向现代的过渡中，普遍主义

---

① 〔德〕阿克塞尔·霍耐特：《为承认而斗争》，胡继华译，曹卫东校，上海，上海人民出版社，2021，第145～146页。

② 〔德〕阿克塞尔·霍耐特：《为承认而斗争》，胡继华译，曹卫东校，上海，上海人民出版社，2021，第149页。

③ 〔德〕阿克塞尔·霍耐特：《为承认而斗争》，胡继华译，曹卫东校，上海，上海人民出版社，2021，第150页。

的自律道德起到了重要作用。在这种道德形式中，行为者是能够就道德规范做出自主决断的主体，这也为其具有服从法律规范的自觉意志提供了条件。换言之，现代的法律承认形式要求主体相互之间承认他们具有道德上负责任的能力，这是一种普遍的要求，不因其社会地位或角色而有差异(虽然不同主体因社会地位或角色会承担不同的具体责任)。因此，随着法律的承认关系服从后俗成的道德要求，传统的等级化的承认形式就逐渐被打破了。相应地，权利也被要求平等地赋予，特别是一些基本权利，如人权、政治权和社会福利权等。

由此，传统与现代的法律承认形式的另一个重要差别体现在社会重视上。霍耐特认为，在传统的法律承认形式中，"承认某个人是一个法人，在某种程度上仍然依存于根据他们的社会地位而赋予他们的社会重视"；与之相对，在现代的法律承认形式中，"每一个主体作为法人必须得到的承认，就与社会重视程度分离了开来"①。随之，第三种承认形式就独立了出来，此即团结。

(四)团结：道德-实践主体之个体性与社会性的再统一

法律的承认关系使得主体走出了有限的爱的承认关系而走向了普遍性，而随着与社会重视分离，这种普遍性具有了一定的抽象性，即它强调的是主体权利与义务的普遍分配，而不去充分考虑单个个体的具体特征和特殊能力。而团结的承认关系正是为了弥补这一方面。这种承认关系不是回到最初的爱的承认关系的特殊性，而是对法律关系的普遍性的"具体化"，它要求的是，"以一种普遍的，更确切地说，一种主体间强制的方式表达着人类主体的个性差异"②。这种关系的核心概念是价值。

哈贝马斯也曾谈及价值问题。如在商谈伦理学中，他将涉及价值的伦理商谈与普遍化的道德商谈区分开，认为伦理商谈、伦理价值只有在特定的历史共同体当中才是有意义的。不过，从总体上来说，伦理商谈起到的，更多是对道德商谈的一种补充作用，即解决规范的适用性问题。相应地，伦理问题(以及团结主题)在哈贝马斯理论中实际上是陷入了边缘化的境地。而这正是普遍主义的商谈伦理学的限度所在，哈贝马斯也因此遭受了众多理论家的批评。

就此而言，霍耐特关于团结的讨论，可视为在主体间范式下对哈贝

---

① 〔德〕阿克塞尔·霍耐特：《为承认而斗争》，胡继华译，曹卫东校，上海，上海人民出版社，2021，第154页。

② 〔德〕阿克塞尔·霍耐特：《为承认而斗争》，胡继华译，曹卫东校，上海，上海人民出版社，2021，第169～170页。

马斯上述不足的弥补。霍耐特区分了两类价值，即个体价值和共同价值或"价值共同体"。据此，个体价值不是抽象的，它是由个体因自身之特性与能力而能够对社会目标的实现或共同价值所做的贡献大小来衡量的，反过来说，一个社会会在整体上形成一种关于自身理解的价值系统即共同价值，这是对个体价值进行主体间评判的参照系。团结这种承认形式正是以上述价值及其评判为基础而形成的。因为从一般的意义上来说，团结是"因主体彼此对等重视而互相同情不同生活方式的互动形式"①，而对等重视的前提就是个体能够利用自身之特性与能力，对社会共同价值做出贡献。由于价值评判情形的可变性，与处理法律承认形式时一样，霍耐特也讨论了团结的承认形式从传统到现代的结构转型。

在传统社会中，与社会伦理目标相应的诸种价值观念是以等级制的方式组织起来的，相应地，评判个人价值时所指向的人格特征，"不是生命历史个性化的主体的特征，而是文化分类的地位群体的特征"②。霍耐特认为，在这种情况下，团结的承认形式兼具对称和不对称的双重性质，即在群体内是对称的，而在群体间的对外关系上则是不对称的。这就意味着，在群体内部，主体相互之间作为特殊的个体而彼此予以重视；而对群体外部成员，虽然在一定程度上承认其对群体的贡献，但从原则上来说，群体成员往往会拒绝非群体成员靠近他们的群体。而这也就引发了斗争，这种斗争如果不动摇价值的等级秩序，那么既定的承认关系就不会被推翻。不过，随着现代性的展开，传统的价值秩序以及相应的承认关系还是崩溃了。

在对抗传统社会"以一种古老的承认关系体系把个人束缚起来的强制"的过程中，"资产阶级所进行的斗争就导致了有助于实现社会目标的个人观念的个体化"，在这种个体化过程中，个体认识到，他"恰恰不以一种和他者无分别的方式共有的成就而得到承认"，并由此感到是"有价值的"③。在这种情况下，团结的前提条件就是已经个体化和独立化了的主体之间的对等重视。因此，虽然团结依然意味着对等重视，但个体的特殊性方面相较于传统社会更为凸显。而且，随着价值秩序变得更为多元和开放，再依照某种等级制的价值秩序来进行评判已逐渐变得不可能。

---

① 〔德〕阿克塞尔·霍耐特：《为承认而斗争》，胡继华译，曹卫东校，上海，上海人民出版社，2021，第179页。

② 〔德〕阿克塞尔·霍耐特：《为承认而斗争》，胡继华译，曹卫东校，上海，上海人民出版社，2021，第171页。

③ 〔德〕阿克塞尔·霍耐特：《为承认而斗争》，胡继华译，曹卫东校，上海，上海人民出版社，2021，第174~175页。

此外，为了避免功利主义的误解，霍耐特特别强调对等并不意味着以量化的精确方式去计算个体的贡献，而是意味着"每一主体免于被集体损害，结果他们都被给予了机会，使他们能经验到自己是对社会有价值的存在，据其成就和能力，他们得到了社会承认"①。

由上可见，在现代性条件下，道德-实践主体的个体性得到了凸显，不过，对差异性、特殊性的过度强调，显然不足以构成一个社会，甚至还会威胁社会的存续，进而威胁每个主体的自身存在。因此，每个主体作为个体化了的人相互重视、相互需要，个体性在团结的承认形式下与社会性真正地再度统一起来。

实际上，在哈贝马斯的交往合理性理论中，主体无论是在哪一领域，都需要这种个体性与社会性的统一（只不过统一的显现程度不同）。因此可以说，霍耐特对三种承认形式模型的讨论，以及之后以此为基础而展开的更为具体的工作，既是对哈贝马斯的道德-实践领域工作的回应，也是对其做的充实和推进，并使之成为当前法兰克福学派社会批判理论最为重要的主题。

---

① 〔德〕阿克塞尔·霍耐特：《为承认而斗争》，胡继华译，曹卫东校，上海，上海人民出版社，2021，第180～181页。

结束语：完成现代性事业的理性方案

在 1980 年接受"阿多诺奖"时，哈贝马斯发表了演讲《现代性：一项尚未完成的事业》。在这篇演讲中，哈贝马斯在从审美、文化、社会、启蒙等多个维度讨论了现代性事业的得与失之后，亮明了自己的立场："我们不该把现代性和它的事业看做失败的事业而加以抛弃，而应该从那些试图否定现代性的种种不切实际的纲领的错误中吸取教训。"①因此，现代性事业尚未完成，这要求我们继续寻求可能的方案来完成。为此，哈贝马斯提出，"只有在认知、道德-实践、审美表现诸因素之间，创造一种毫无限制的相互作用时，物化的日常生活才能得到救治"②。哈贝马斯的交往合理性理论正是沿着这一道路不断求索。

作为理性主义的当代传人、作为现代性的坚定捍卫者，哈贝马斯试图以交往合理性为枢纽，通过哲学与经验的社会理论相结合的方式，重构现代合理性图谱，以此来为完成现代性事业提供方案。从概念上来说，某一行为在其相应世界中满足了相应的合理性，因而就是合理的。但人的现实行为不可能总是固着于一个领域或哈贝马斯所称的形式的世界当中，哪怕是同一个行为。因此，不同的世界、不同的合理性之间必然会产生关联。但这就出现了一个问题，同一个行为，在一个世界中是合理的，在另一个世界中并不必然是合理的，这就造成了不同合理性之间的冲突。而这种冲突在现实中体现得尤为明显，并造成了种种现代性危机。在此问题上，交往合理性理论在承认三种基本合理性独立地位的同时，试图使它们形成多样且有序的体系。本书上篇是以交往合理性与三种基本合理性之间的关系为线索展开的，而这实际上已经蕴含了关于它们之间合理关系的构想。在此，我们不妨将之提取出来并概述如下：

第一，道德-实践合理性与另外两种合理性之间的关系。一方面，从单纯认知角度来说，道德-实践合理性并未对认知-工具领域产生直接的、明显的影响。而当转入社会行为时，道德-实践合理性的意义便凸显出

---

① 〔德〕于尔根·哈贝马斯：《现代性：一项尚未完成的事业》下，行远译，《文艺研究》1994 年第 6 期，第 155 页。

② 〔德〕于尔根·哈贝马斯：《现代性：一项尚未完成的事业》下，行远译，《文艺研究》1994 年第 6 期，第 155 页。

来。根据生活世界危机转移顺序及其解决方案，道德-实践合理性构成阻击系统入侵生活世界的关键环节。就此而言，在交往合理性对认知-工具合理性的限制与引导中，道德-实践合理性的重建是主力。另一方面，道德-实践合理性与审美-实践合理性之间的关系。审美-表现合理性充分尊重个体的个性与自由，而按照交往合理性的规定，这又需要在主体间的交往过程中实现出来，或者说，它们要受到共同体的限制。就现实角度而言，这主要是在道德-实践合理性所建构起的规范的社会世界（特别是公共领域）中实现出来的。正是由于道德-实践合理性对于另外两种合理性的上述作用，本书将之称为交往合理性的实现通道，道德-伦理与法律-政治分别从不同维度上具体地构成了这一通道。在道德-伦理领域中，交往合理性的解放兴趣具化为道德-实践合理性中的道德实践兴趣，并在正义观念、道德规范与后俗成道德意识中得以体现。在法律-政治中，通过道德-伦理领域复兴的实践兴趣被制度化，并渗透到民主法治国建构当中，交往权力及其运用通过两重公共领域，具化为一系列法律政治权利及其运作过程。

　　第二，审美-表现合理性与另外两种合理性之间的关系。审美经验能够"渗透"在认知行为和规范行为当中，审美之于公共领域的作用为此提供了现实例证。但这种渗透性是有缺陷的，即它可能使审美-表现合理性误以为自己是高居其他合理性之上的主宰，加之其所特有的对感性和主观世界的关注，会使得审美-表现合理性有可能走向非理性。因而，这就需要交往合理性对审美-表现合理性的地位做出新的、恰当的规定。同时，由于这种渗透性意味着同时指涉三个世界，因而表征着审美的解放兴趣，因此，在重新定位的前提下，它能够与交往合理性的解放兴趣实现合作，从而与另外两种合理性实现良性互动。

　　第三，认知-工具合理性与另外两种合理性之间的关系。在现代合理化过程中，认知-工具合理性的形成与发展具有典型性意义，并且正是在这种合理性支配下所发展的自然科学，成为打破传统理性谱系的重要契机，因而间接地推动了道德-实践合理性和审美-表现合理性的形成。然而同时，认知-工具合理性膨胀导致了另两者合法适用领域被侵蚀，如法律实证化为政治统治的工具，又如工业技术渗透到艺术生产当中造就了工业文化。不过，这并不意味着认知-工具合理性的胜利。恰恰相反，由于这种僭越式膨胀，它不能正确处理与另外两种基本合理性的紧张关系，这也反作用于认知-工具领域自身，从而导致系统和生活世界领域当中出现种种危机。这就要求认知-工具合理性能够服从交往合理性的限制，并由此在交往合理性所规划的现代合理性统一方案的引导下，实现与另两种基本合理性的良性互动。在这种互动中，由于道德-实践合理性作为实现交往合理性的实现通道的地位，认知-工具合理性首先要与之达成合理关系，而审美-表现合理性所展现的个体对自由解放的追求，也将有助于认知-工具合理性克服僭越、克服危机。

总之，在主体间性范式下，交往合理性在现代合理性图谱中，在承认现代性发展所带来的合理性分化结果的同时，既发挥着划分并协调三种基本合理性良性互动的枢纽作用，也发挥着推动它们实现这种互动、进而达成生活世界的正当合理化的动力作用。因此，不可否认，交往合理性理论既为传统的理性统一问题提供了新的解答可能，也为解决当前现代性的现实困境提供了具有启发意义的方案。

当然，由于这是一项宏大的规划，其指向的现代性问题又是当代众多理论家的关注点，因此其在备受赞誉的同时，也难以避免会遭遇种种批评。本书下篇所呈现的只是其中几个侧面而已（虽然这些侧面对于理解交往合理性理论的意义与局限来说是极为重要的）。除了内容方面的争辩，哈贝马斯经常还要面对一个致命的批评，这就是，其方案看似详尽具体，但往往过于理想化，依然是一种乌托邦的构想。例如，他在理论中提出的满足有效性要求的种种条件，如果在严格的意义上来说，几乎是无法完全在现实中实现的。如此一来，其现实效力就是大打折扣的，哈贝马斯试图完成现代性事业的雄心壮志也就只能是可望而不可即的了。

实际上，哈贝马斯本人并不讳言自己理论的乌托邦性质，甚至认为乌托邦在一定意义上是必要的，因为它是与人类走向未来理想社会的理性能力紧密相关的：乌托邦"蕴含着希望，体现了对一个与现实完全不同的未来的向往，为开辟未来提供了精神动力。乌托邦的核心精神是批判，批判经验现实中不合理、反理性的东西，并提出一种可供选择的方案。它意味着，现实虽然充满缺陷，但应相信现实同时也包含了克服这些缺陷的内在倾向。……否认一种仍然存在于破碎与断裂之中的理性的作用，那么，一种理想的、公正的社会秩序无论如何也不可能全面地建立。目前应该做的，正是提出一种较为合理的方案，以消除当今社会所显现出来的缺陷，克服它所带来的负面后果，使世界向较为公正的未来发展"①。

就此而言，哈贝马斯提出的交往合理性理论这一理性方案，以及以

---

① 〔德〕哈贝马斯、章国锋：《哈贝马斯访谈录》，章国锋译，《外国文学评论》2000 年第1 期，第 28 页。

此为核心展开的具体领域的理论，与其被视为必须严格执行的现代性事业"路线图"（虽然在诸如道德-伦理、法律-政治等领域中，哈贝马斯提供了一系列具体的"操作手册"），不如说是"批判经验现实中不合理、反理性的东西"的"理想型"规范。因此，虽然哈贝马斯理论的批判锋芒较之学派前辈有所暗淡（有趣的是，在初入社会研究所时，霍克海默并不喜欢哈贝马斯，因为他认为后者太过于激进、太过于接近马克思主义），虽然其自身存在着一些有待完善的环节和有待回答的难题，但依然不失批判精神。这正是法兰克福学派社会批判理论、也是马克思主义哲学的"活的灵魂"。

参考文献

一、哈贝马斯著作与文章

（一）著作

[1]《包容他者》，曹卫东译，上海，上海人民出版社，2018 年。

[2]《重建历史唯物主义》，郭官义译，北京，社会科学文献出版社，2013 年。

[3]《对话伦理学与真理的问题》，沈清楷译，北京，中国人民大学出版社，2005 年。

[4]《哈贝马斯在华讲演集》，中国社会科学院哲学研究所编，北京，人民出版社，2002 年。

[5]《哈贝马斯精粹》，曹卫东选译，南京，南京大学出版社，2004 年。

[6]《合法化危机》，刘北成、曹卫东译，上海，上海人民出版社，2019 年。

[7]《后形而上学思想》，曹卫东、付德根译，南京，译林出版社，2012 年。

[8]《后民族结构》，曹卫东译，上海，上海人民出版社，2019 年。

[9]《公共领域的结构转型》，曹卫东等译，上海，学林出版社，1999 年。

[10]《交往行为理论》第 1 卷，曹卫东译，上海，上海人民出版社，2018 年。

[11]《理论与实践》，郭官义、李黎译，北京，社会科学文献出版社，2010 年。

[12]《认识与兴趣》，郭官义、李黎译，上海，学林出版社，1999 年。

[13]《现代性的哲学话语》，曹卫东，南京，译林出版社，2011 年。

[14]《在事实与规范之间：关于法律和民主法治国的商谈理论》，童世骏译，北京，生活·读书·新知三联书店，2011 年。

[15]《作为"意识形态"的技术与科学》，李黎、郭官义译，上海，学林出版社，1999 年。

[16] *Communication and the Evolution of Society*, Thomas McCarthy, trans., Boston: Beacon Press, 1979.

[17] *Der philosophische Diskurs der Moderne*: *12 Vorlesungen*, Frankfurt am Main: Suhrkamp Verlag, 1985.

[18] *Erläuterungen zur Diskursethik*, Frankfurt am Main: Suhrkamp Verlag, 1991.

[19] *Faktizität und Geltung*: *Beiträge zur Diskurstheorie des Rechts und des demokratischen Rechtsstaats*, Frankfurt am Main: Suhrkamp Verlag, 1998.

[20] *Kleine Politische Schriften* VII, *Die nachholende Revolution*, Frankfurt am Main: Suhrkamp Verlag, 1990.

[21] *On the Logic of the Social Sciences*, Shierry Weber Nicholsen & Jerry A. Stark, trans., Cambridge: The MIT Press, 1998.

[22] *On the Pragmatics of Communication*，Maeve Cook，ed.，Cambridge：The MIT Press，1998.

[23] *On the Pragmatics of Social Interaction*，Barbara Fultner，trans.，Cambridge：Polity Press，2001.

[24] *Philosophisch-politische Profile*：*Wozu noch Philosophie*，Frankfurt am Main：Suhrkamp Verlag，1984.

[25] *Philosophische Texte*，Bd. 1. *Sprachtheoretische Grundlegung der Soziologie*，Frankfurt am Main：Suhrkamp Verlag，2009.

[26] *Philosophische Texte*，Bd. 3. *Diskursethik*，Frankfurt am Main：Suhrkamp Verlag，2009.

[27] *Philosophische Texte*，Bd. 5. *Kritik der Vernunft*，Frankfurt am Main：Suhrkamp Verlag，2009.

[28] *Theorie und Praxis*，Frankfurt am Main：Suhrkamp Verlag，1978.

[29] *Theorie des kommunikativen Handelns*，Bd. 1. *Handlungsrationalität und gesellschaftliche Rationalisierung*，Frankfurt am Main：Suhrkamp Verlag，1995.

[30] *Theorie des kommunikativen Handelns*，Bd. 2. *Zur Kritik der funktionalistischen Vernunft*，Frankfurt am Main：Suhrkamp Verlag，1995.

[31] *Truth and Justification*，Barbara Fultner，trans.，Cambridge：The MIT Press，2003.

[32] *Moral Consciousness and Communicative Action*，Christian Lenhardt & Shierry Weber Nicholsen，trans.，Cambridge：Polity Press，2007.

[33] *Vorstudien und Ergänzungen zur Theorie des kommunikativen Handelns*，Frankfurt am Main：Suhrkamp Verlag，1995.

[34] *Zeitdiagnosen*：*Zwölf Essays*，Frankfurt am Main：Suhrkamp Verlag，2003.

(二)文章

[1]《关于公共领域问题的答问》，梁光严译，《社会学研究》1999年第3期。

[2]《哈贝马斯访谈录》，章国锋译，《外国文学评论》2000年第1期。

[3]《马丁·布伯：当代语境中的对话哲学》，曹卫东译，《现代哲学》2017年第4期。

[4]《生产力与交往——答克吕格问》，曹卫东、班松梅译，《天津社会科学》2001年第5期。

[5]《瓦尔特·本雅明：提高觉悟抑或拯救性批判》，郭军译，《论瓦尔特·本雅明：现代性、寓言和语言的种子》，郭军、曹雷雨编，长春，吉林人民出版社，2003年。

[6]《我和法兰克福学派——同西德〈美学和交往〉杂志编辑的谈话》，张继武摘译，《哲学译丛》1984年第1期。

[7]《现代建筑与后现代建筑》，《激进的美学锋芒》，周宪译，北京，中国人民大学出版社，2003年。

[8]《现代性：一项尚未完成的事业(下)》，行远译，《文艺研究》1994 年第 6 期。

[9]《现代性对后现代性》，周宪译，《文化现代性读本》，周宪主编，南京，南京大学出版社，2010 年。

[10]《在克鲁格奖颁奖仪式上的演讲》，童世骏译，《哲学分析》2016 年第 1 期。

[11]《再谈道德与伦理生活的关系》，童世骏译，姜锋校，《哲学分析》2020 年第 1 期。

[12] "A Reply to My Critics", in *Habermas: Critical Debates*, John B. Thompson & David Held, eds., London & Basingstoke: The Macmillan Press Ltd., 1983.

[13] "A Reply", in *Communicative Action: Essays on Jürgen Habermas's The Theory of Communicative Action*, Axel Honneth & Hans Joas, eds., Jeremy Gaines & Doris L. Jones, trans., Cambridge: The MIT Press, 1991.

[14] "A Letter to an Old Friend and Colleague on His Birthday", in *Philosophy & Social Criticism*, 2018 (7).

[15] "Some Distinctions in Universal Pragmatics: a Working Paper", in *Theory and Society*, 1976(3-2).

二、相关研究著作与文章

(一)著作

[1] 陈士部：《法兰克福学派批判理论的历史演进》，合肥，安徽大学出版社，2010 年。

[2] 高鸿钧等：《商谈法哲学与民主法治国——〈在事实与规范之间〉阅读》，北京，清华大学出版社，2007 年。

[3] 龚群：《道德乌托邦的重构——哈贝马斯交往伦理思想研究》，北京，商务印书馆，2003 年。

[4] 李佃来：《公共领域与生活世界——哈贝马斯市民社会理论研究》，北京，人民出版社，2006 年。

[5] 李健：《审美乌托邦的想象：从韦伯到法兰克福学派的审美救赎之路》，北京，社会科学文献出版社，2009 年。

[6] 李淑梅、马俊峰：《哈贝马斯以兴趣为导向的认识论》，北京，中国社会科学出版社，2007 年。

[7] 童世骏：《批判与实践：论哈贝马斯的批判理论》，北京，生活·读书·新知三联书店，2007 年。

[8] 王晓升：《哈贝马斯的现代性社会理论》，北京，社会科学文献出版社，2006 年。

[9] 杨仁忠：《公共领域论》，北京，人民出版社，2009 年。

[10]〔德〕阿尔布雷希特·韦尔默：《伦理学与对话——康德和对话伦理学中的道德判断要素》，罗亚玲、应奇译，上海，上海译文出版社，2013 年。

[11]〔德〕阿克塞尔·霍耐特：《权力的批判：批判社会理论反思的几个阶段》，童建

挺译，上海，上海人民出版社，2020 年。

[12]〔英〕安德鲁·埃德加：《哈贝马斯：关键概念》，杨礼银、朱松峰译，南京，江苏人民出版社，2009 年。

[13]〔德〕得特勒夫·霍尔斯特：《哈贝马斯传》，章国锋译，上海，东方出版中心，2000 年。

[14]〔德〕德特勒夫·霍斯特：《哈贝马斯》，鲁路译，北京，中国人民大学出版社，2010 年。

[15]〔美〕弗莱德·R. 多迈尔：《主体性的黄昏》，万俊人译，桂林，广西师范大学出版社，2013 年。

[16]〔德〕汉斯·约阿斯、〔德〕沃尔夫冈·克诺伯：《社会理论二十讲》，郑作彧译，上海，上海人民出版社，2021 年。

[17]〔英〕克里斯·桑希尔：《德国政治哲学：法的形而上学》，陈江进译，北京，人民出版社，2009 年。

[18]〔德〕罗伯特·阿列克西：《法、理性、商谈：法哲学研究》，朱光、雷磊译，北京，中国法制出版社，2011 年。

[19]〔法〕洛克莫尔：《历史唯物主义：哈贝马斯的重建》，孟丹译，北京，北京师范大学出版社，2009 年。

[20]〔德〕斯蒂芬·穆勒-多姆：《于尔根·哈贝马斯：知识分子与公共生活》，刘风译，北京，社会科学文献出版社，2019 年。

[21]〔美〕托马斯·麦卡锡：《哈贝马斯的批判理论》，王江涛译，上海，华东师范大学出版社，2010 年。

[22]〔英〕詹姆斯·戈登·芬利森：《哈贝马斯》，邵志军译，南京，译林出版社，2010 年。

[23] Alex Honneth, *Pathologien der Vernunft*: *Geschichte und Gegenwart der Kritischen Theorie*, Frankfurt am Main: Suhrkamp Verlag, 2007.

[24] Alex Honneth, *Das Andere der Gerechtigkeit*: *Aufsätze zur praktischen Philosophie*, Frankfurt am Main: Suhrkamp Verlag, 2017.

[25] Anthony Giddens, *Profiles and Critiques in Social Theory*, London: Macmillan Education, 1982.

[26] Daivd Ingram, *Habermas*: *Introduction and Analysis*, New York: Cornell University Press, 2010.

[27] Dieter Freundlieb, *Dieter Henrich and Contemporary Philosophy*: *The Return to Subjectivity*, Hants: Ashgate Publishing Company, 2003.

[28] Lasse Thomassen, *Habermas*: *A Guide for the Perplexed*, London & New York: Cotinuum International Publishing Group, 2010.

[29] Luke Goode, *Jürgen Habermas*: *Democracy and the Public Sphere*, London: Pluto Press, 2005.

［30］Maeve Cooke, *Language and Reason*: *A Study of Habermas's Pragmatics*, Cambridge: The MIT Press, 1997.

［31］Placidus Bernhard Heider, *Habermas und Dieter Henrich*: *Neue Perspektiven auf Identität und Wriklichkeit*, Freiburg & München: Karl Alber Verlag, 1999.

［32］Stephen K. White, *The Recent Work of Jürgen Habermas*: *Reason, Justice and Modernity*, Cambridge: Cambridge University Press, 1995.

［33］Steven Best, *The Politics of Historical Vision*: *Marx, Foucault, Habermas*, New York: The Guilford Press, 1995.

（二）文章

［1］傅其林：《论哈贝马斯关于审美领域规范性基础的阐释——兼及文艺学规范性之反思》，《四川大学学报（哲学社会科学版）》2010 年第 1 期。

［2］侯振武：《主体范式与主体间范式之争及其实质——以弗兰克和哈贝马斯为例》，《天津社会科学》2018 年第 4 期。

［3］侯振武：《哈贝马斯理论中的伦理问题探析》，《当代中国价值观研究》2020 年第 4 期。

［4］刘锋：《艺术、公共性和启蒙——哈贝马斯的审美理性理论的发展》，《国外文学》2000 年第 4 期。

［5］戚渊：《论 Geltung》，《中国法学》2009 年第 3 期。

［6］舒红跃：《从胡塞尔到哈贝马斯：多重语境下的"生活世界"概念》，《德国哲学》2011 年卷，邓晓芒、戴茂堂主编，北京，中国社会科学出版社，2012 年。

［7］谭荣培、唐红兵：《审美话语与现代性批判——哈贝马斯美学思想述评》，《求索》2008 年第 3 期。

［8］谢永康：《综合的社会起源——马克思主义认识论的两个方案》，《教学与研究》2015 年第 2 期。

［9］王晓升：《合法化与可辩护性——评哈贝马斯的合法化概念》，《福建论坛（人文社会科学版）》2002 年第 4 期。

［10］汪行福：《社会批判与审美理论：从本雅明的救赎批判到哈贝马斯的新启蒙美学》，《当代国外马克思主义评论》第 6 辑，复旦大学当代国外马克思主义研究中心编，上海，复旦大学出版社，2008 年。

［11］吴彦：《康德法律哲学的两种阐释路向：起源与基础》，《复旦政治哲学评论》第 1 辑，邓正来主编，上海，上海人民出版社，2010 年。

［12］周爱民：《论物化批判的主体间性辩护路径》，《社会科学》2021 年第 3 期。

［13］〔德〕阿克塞尔·霍耐特：《正义的他者：哈贝马斯与后现代的伦理挑战》，侯振武译，《当代中国价值观研究》2018 年第 1 期。

［14］〔加〕查尔斯·泰勒：《坚定不移的激情：为什么说哈贝马斯的声誉和影响是名至实归的》，郁喆隽译，《当代国外马克思主义评论》第 7 辑，北京，人民出版社，2009 年。

[15]〔德〕H. 鲍克纳：《论哈贝马斯对进步、理性和民主的选择》，李黎译，《哲学译丛》1992 年第 4 期。

[16]〔美〕马修·德夫林：《导论：哈贝马斯交往行为理论之法》，《哈贝马斯、现代性与法》，马修·德夫林编，高鸿钧译，北京，清华大学出版社，2008 年。

[17]〔匈〕乔治·马尔库什：《语言与生产——范式批判》，李大强、李斌玉译，曹荣湘校，哈尔滨，黑龙江大学出版社，2011 年。

[18]〔美〕南希·弗雷泽、魏小萍：《论马克思与哈贝马斯——魏小萍访南希·弗雷泽》，高静宇译，《世界哲学》2014 年第 1 期。

[19]〔法〕T. 罗克摩尔：《现代性与理性：哈贝马斯与黑格尔》，郭小平译，《国外社会科学》1991 年第 1 期。

[20]〔法〕汤姆·洛克莫尔：《社会批判理论与资本主义》，祝伟伟译，《国外理论动态》2022 年第 2 期。

[21] Axel Honneth, "The Fragmented World of the Social", in *Essays in Social and Political Philosophy*, Charles W. Wright, eg., New York: State University of New York, 1995.

[22] Charles Taylor, "Language and Society", in *Communicative Action: Essays on Jürgen Habermas' The Theory of Communicative Action*, Axel Honneth & Hans Joas, eds., Cambridge, Polity Press, 1991.

[23] Dietrich Böhler, "Zum Problem des 'emanzipatorischen Interesses' und seiner gesellschaftlichen Wahrnehmung", in *Continental Philosophy Revie*, 1970 (June).

[24] Dieter Henrich, "Kritik der Verständigungsverhältnisse. Laudatio für Jürgen Habermas", in Jürgen Habermas, Dieter Henrich, *Zwei Reden. Aus Anlaß des Hegel-Preises 1973 der Stadt Stuttgart an Jürgen Habermas am 19. Januar 1974*, Frankfurt am Main: Suhrkamp Verlag, 1974.

[25] Dieter Henrich, "Was ist Metaphysik-was Moderne? Zwölf Thesen gegen Jürgen Habermas", in *Konzepte: Essays zur Philosophie in der Zeit*, Frankfurt am Main: Suhrkamp Verlag, 2015.

[26] Fred R. Dallmayr, "Reason and Emancipation: Notes on Habermas", in *Man and World*, 1972(5-1).

[27] Gary Gutting, "Habermas and the Natural Sciences", in *Symposia and Invited Papers*, 1978(2).

[28] Herbert Schnädelbach, "The Transformation of Critical Theory", in *Communicative Action: Essays on Jürgen Habermas's The Theory of Communicative Action*, Axel Honneth & Hans Joas eds., Jeremy Gaines & Doris L. Jones, trans., Cambridge: The MIT Press, 1991.

[29] James Gordon Finlayson, "Modernity and Morality in Habermas's Discourse Ethics", in *Habermas II*, Vol. II, David M. Rasmussen & James Swindal, eds.,

London：SAGE Publications Ltd. , 2010.

［30］Joel Whitebook，"Reason and Happiness：Some Psychoanalytic Themes in Critical Theory"，in *Habermas and Modernity*，Richard J. Bernstein，ed. , Cambridge：The MIT Press，1991.

［31］Martin Jay，"Habermas and Modernism"，in *Habermas and Modernity*，Richard J. Bernstein，ed. , Cambridge：The MIT Press，1991.

［32］Martin Seel，"The Two Meanings of 'Communicative' Rationality：Remarks on Habermas's Critique of Plural Concept of Reason"，in *Communicative Action：Essays on Jürgen Habermas's The Theory of Communicative Action*，Axel Honneth & Hans Joas eds. , Jeremy Gaines & Doris L. Jones，trans. , Cambridge：The MIT Press，1991.

［33］Richard J. Bernstein，"Introduction"，in *Habermas and Modernity*，Richard J. Bernstein，ed. , Cambridge：The MIT Press，1991.

［34］Seyla Benhabib，"Models of Public Space：Hannah Arendt，the Liberal Tradition，and Jürgen Habermas"，in *Habermas and the Public*，Craig Calhoun，ed. , Cambridge：The MIT Press，1992.

［35］Thomas McCarthy，"Rationality and Relativism：Habermas's 'Overcoming' of Hermeneutics"，in *Habermas：Critical Debates*，John B. Thompson & David Held，eds. , London & Basingstoke：The Macmillan Press Ltd. , 1983.

［36］Thomas McCarthy，"Reflections on Rationalization in the *Theory of Communicative Action*"，in *Habermas and Modernity*，Richard J. Bernstein，ed. , Cambridge：The MIT Press，1991.

［37］Thomas McCarthy，"Practical Discourse：on Relation of Morality to Politics"，in *Habermas and the Public Sphere*，Craig Calhoun，ed. , Cambridge：The MIT Press，1996.

三、其他参考文献

（一）著作

［1］陈嘉映：《语言哲学》，北京，北京大学出版社，2003 年。

［2］关锋：《实践的理性和理性的实践——马克思实践理性思想探析》，北京，人民出版社，2009 年。

［3］梁志学：《费希特柏林时期的体系演变》，北京，中国社会科学出版社，2003 年。

［4］舒远招：《德国古典哲学——及在后世的影响和传播》，长沙，湖南师范大学出版社，2005 年。

［5］王南湜、谢永康：《后主体性哲学的视域——马克思唯物主义的当代阐释》，北京，中国人民大学出版社，2004 年。

［6］俞吾金等：《德国古典哲学》，北京，人民出版社，2009 年。

[7] 张庆熊：《社会科学的哲学——实证主义、诠释学和维特根斯坦的转型》，上海，复旦大学出版社，2010 年。

[8] 〔德〕阿尔布莱希特·维尔默：《论现代和后现代的辩证法：遵循阿多诺的理性批判》，钦文译，北京，商务印书馆，2013 年。

[9] 〔德〕阿克塞尔·霍耐特：《为承认而斗争：论社会冲突的道德语法》，胡继华译，曹卫东校，上海人民出版社，2021 年。

[10] 〔美〕阿拉斯戴尔·麦金太尔：《追寻美德：道德理论研究》，宋继杰译，南京，译林出版社，2011 年。

[11] 〔法〕奥古斯特·孔德：《论实证精神》，黄建华译，北京，商务印书馆，2001 年。

[12] 〔英〕奥诺拉·奥尼尔：《理性的建构：康德实践哲学探究》，林晖、吴树博译，上海，复旦大学出版社，2013 年。

[13] 〔加〕查尔斯·泰勒：《自我的根源：现代认同的形成》，韩震等译，南京，译林出版社，2012 年。

[14] 〔美〕道格拉斯·凯尔纳、〔美〕斯蒂文·贝斯特：《后现代理论——批判性的质疑》，张志斌译，北京，中央编译出版社，2006 年。

[15] 〔德〕迪特·亨利希：《思想与自身存在》，郑辟瑞译，杭州，浙江大学出版社，2013 年。

[16] 〔奥〕恩斯特·马赫：《感觉的分析》，洪谦、唐钺、梁志学译，北京：商务印书馆，1986 年。

[17] 〔德〕费希特：《论学者的使命、人的使命》，北京，商务印书馆，2009 年。

[18] 〔德〕费希特：《全部知识学的基础》，王玖兴译，北京，商务印书馆，2010 年。

[19] 〔英〕哈特：《法律的概念》，张文显、郑成良、杜景义等译，北京，中国大百科全书出版社，1996 年。

[20] 〔德〕海因里希·罗门：《自然法的观念史和哲学》，姚中秋译，上海，上海三联书店，2007 年。

[21] 〔奥〕汉斯·凯尔森：《法与国家的一般理论》，沈宗灵译，北京，中国大百科全书出版社，1996 年。

[22] 〔德〕黑格尔：《精神现象学》上卷，贺麟、王玖兴译，北京，商务印书馆，1979 年。

[23] 〔德〕黑格尔：《逻辑学》下卷，杨一之译，北京，商务印书馆，2011 年。

[24] 〔德〕黑格尔：《黑格尔早期神学著作》，贺麟译，北京，商务印书馆，2016 年。

[25] 〔德〕胡塞尔：《欧洲科学的危机与超越论的现象学》，王炳文译，北京，商务印书馆，2001 年。

[26] 〔美〕J. B. 施尼温德：《自律的发明：近代道德哲学史》上册，张志平译，上海，上海三联书店，2012 年。

[27] 〔英〕吉尔德·德兰逊：《社会科学——超越建构论和实在论》，张茂元译，长春，

吉林人民出版社，2005 年。

[28]〔美〕杰弗里·C. 亚历山大：《社会学的理论逻辑》第 1 卷，于晓、唐少杰、蒋和明译，北京，商务印书馆，2008 年。

[29]〔美〕卡斯滕·哈里斯：《无限与视角》，张卜天译，长沙，湖南科学技术出版社，2014 年。

[30]〔匈〕卢卡奇：《历史与阶级意识》，杜章智、任立、燕宏远译，北京，商务印书馆，2009 年。

[31]〔德〕卢曼：《社会的法律》，郑伊倩译，北京，人民出版社，2009 年。

[32]〔德〕罗伯特·阿列克西：《法律论证理论——作为法律证立理论的理性论辩理论》，舒国滢译，北京，中国法制出版社，2002 年。

[33]《马克思恩格斯全集》第 3 卷，北京，人民出版社，1956 年。

[34]《马克思恩格斯全集》第 27 卷，北京，人民出版社，1972 年。

[35]《马克思恩格斯全集》第 46 卷上册，北京，人民出版社，1979 年。

[36]《马克思恩格斯全集》第 46 卷下册，北京，人民出版社，1980 年

[37]《马克思恩格斯文集》第 3 卷，北京，人民出版社，2009 年。

[38]《马克思恩格斯文集》第 5 卷，北京，人民出版社，2009 年。

[39]《马克思恩格斯文集》第 10 卷，北京，人民出版社，2009 年。

[40]〔德〕马克斯·霍克海默、〔德〕西奥多·阿道尔诺：《启蒙辩证法：哲学断片》，渠敬东、曹卫东译，上海，上海人民出版社，2006 年。

[41]〔德〕马克斯·韦伯：《社会学的基本概念》，顾忠华译，桂林，广西师范大学出版社，2005 年。

[42]〔德〕马克斯·韦伯：《宗教社会学·宗教与世界》，康乐、简惠美译，桂林，广西师范大学出版社，2011 年。

[43]〔德〕尼采：《偶像的黄昏》，周国平译，北京，光明日报出版社，1996 年。

[44]〔德〕T. W. 阿多诺：《道德哲学的问题》，谢地坤、王彤译，谢地坤校，北京，人民出版社，2007 年。

[45]〔德〕瓦尔特·本雅明：《机械复制时代的艺术作品》，王才勇译，北京，中国城市出版社，2002 年。

[46]〔德〕沃尔夫·勒佩尼斯：《德国历史中的文化诱惑》，刘春芳、高新华译，南京，译林出版社，2010 年。

[47]〔德〕席勒：《审美教育书简》，张玉能译，南京，译林出版社，2009 年。

[48]〔德〕西奥多·阿多诺、〔德〕瓦尔特·本雅明，《友谊的辩证法：阿多诺、本雅明通信集(1928—1940)》，刘楠楠译，桂林，广西师范大学出版社，2022 年。

[49]〔法〕雅克·德里达：《论文字学》，汪堂家译，上海，上海译文出版社，2015 年。

[50]〔德〕伊曼努尔·康德：《实践理性批判》，邓晓芒译，杨祖陶校，北京，人民出版社，2003 年。

[51]〔德〕伊曼努尔·康德：《纯粹理性批判》，邓晓芒译，杨祖陶校，北京，人民出版社，2004年。

[52]〔德〕伊曼努尔·康德：《判断力批判》，邓晓芒译，杨祖陶校，北京，人民出版社，2002年。

[53]〔美〕约翰·罗尔斯：《正义论》，何怀宏、何包钢、廖申白译，北京，中国社会科学出版社，1988年。

[54]〔美〕约翰·罗尔斯：《政治自由主义》，万俊人译，南京，译林出版社，2000年。

[55] Charles Taylor, *Human Agency and Language*, New York：Cambridge University Press，1985.

[56] Charles S. Peirce, *Philosophical Writings of Peirce*, Justus Buchler, ed.，New York：Dover Publications，Inc.，1995.

[57] Hannah Arendt, *Lectures on Kant's Political Philosophy*, Chicago：The University of Chicago Press，1992.

[58] E. Tugendhat. *Der Wahrheitsbegriff bei Husserl und Heidegger*, Berlin：de Gruyter，1967.

[59] J. M. Bernstein, *Adorno：Disenchantment and Ethics*, New York：Cambridge University Press，2001.

[60] Max Horkheimer, *Eclipse of Reason*, London & New York：The Continuum Publishing Company，2004.

[61] Nicholas Rescher, *The Coherence Theory of Truth*, Oxford：Clarendon Press，1973.

[62] Theodor W. Adorno, *Minima Moralia：Reflexionen aus dem beschädigten Leben*, Rolf Tiedemann，Hg.，*Theodor W. Adorno：Gesammelte Schriften*, Bd.，4，Frankfurt am Main：Suhrkamp Verlag，1996.

[63] Theodor W. Adorno, *Soziologische Schriften I*, Rolf Tiedemann，Hg.，*Theodor W. Adorno：Gesammelte Schriften*, Bd.，8，Frankfurt am Main：Suhrkamp Verlag，2015.

(二)文章

[1] 陈开晟：《超越现代性的困境——论法兰克福学派的审美现代性思想》，《广西大学学报(哲学社会科学版)》2009年第1期。

[2] 侯振武：《实践理性观念的发生及其问题——从苏格拉底到亚里士多德》，《南京师大学报(社会科学版)》2013年第1期。

[3] 侯振武、杨耕：《关于马克思交往理论的再思考》，《哲学研究》2018年第7期。

[4] 刘晚莹：《迪特·亨利希与当代德国哲学》，《清华西方哲学研究》2017年夏季卷，黄裕声主编，北京，中国社会科学出版社，2017年。

[5] 刘玮：《亚里士多德与当代德性伦理学》，《哲学研究》2008年第12期。

［6］王凤才：《霍耐特承认理论思想渊源探析》，《哲学动态》2006 年第 4 期。

［7］王凤才：《霍耐特与批判理论的"政治伦理转向"》，《现代哲学》2007 年第 3 期。

［8］王南湜：《马克思主义价值论何以可能？——一个前提性的考察》，《当代中国价值观研究》2016 年第 1 期。

［9］王南湜：《社会科学对象的建构性与当代中国社会科学的建构》，《学习与探索》2019 年第 8 期。

［10］肖伟胜：《波德莱尔的审美现代性思想及其开创性意义》，《学术月刊》2008 年第 8 期。

［11］谢永康、侯振武：《实现启蒙自身的启蒙——形而上学批判视域下的启蒙辩证法》，《云南大学学报(社会科学版)》2010 年第 4 期。

［12］〔加〕查尔斯·泰勒：《两种现代性理论》，陈通造译，《哲学分析》2016 年第 4 期。

［13］〔德〕迪特·亨利希：《自身意识：一门理论的批判导言》，张任之译，《现代外国哲学》总第 18 辑，张庆熊、孙向晨主编，上海，上海三联书店，2020 年。

［14］〔德〕马克斯·霍克海默：《反对自己的理性：对启蒙运动的一些评价》，《启蒙运动与现代性——18 世纪与 20 世纪的对话》，〔美〕詹姆斯·施密特编，徐向东、卢华萍译，上海，上海人民出版社，2005 年。

［15］〔德〕W. 威尔士：《理性：传统和当代》，张敦敏译，《哲学译丛》2000 年第 4 期。

［16］Alex Honneth, "Grounding Recognition：a Rejoinder to Critical Questions", in *Inquiry*, 2002(45).

［17］Martin Jänicke, "Krisenbegriff und Krisenforschung", in *Beiträge zur politikwissenschaftlichen Krisenforschung*, Martin Jänicke(Hg.), Opladen：Westdeutscher Verlag, 1973.

［18］Robert Stecker, "Ethics and aesthetics", in *The Routledge Companion to Ethics*, John Skorupski, ed., Abingdon：Routledge, 2010.

［19］Sebastian Gurciullo, "Making Modern Identity：Charles Taylor's Retrieval of Moral Sources", in *Critical Horizons*, 2001(2-1).

［20］Otfried Höffe, "Kants kategorischer Imperativ als Kriterium des Sittlichen", in *Zeitschrift für philosophische Forschung*, 1977 (3).

后　记

本书是在我的博士学位论文基础上修改而成的，在此首先感谢国家社科基金后期资助项目的立项支持，以及评审专家与结项鉴定专家对书稿提出的宝贵意见。

虽然相较于博士学位论文，在申请以及结项过程中，本书在内容与结构上做了诸多调整，特别是增加了学位论文中本没有的下篇，力图为评判哈贝马斯的交往合理性理论提供一个坐标系，但是，我在博士学位论文中提出的基本观点并无根本改变。在我看来，哈贝马斯不同时期的理论虽然令人"眼花缭乱"，但其意旨是十分明确的，即完成现代性这项未完成的事业，而支撑起哈贝马斯这项工作的诸多基石中，交往合理性，这样一个后形而上学时代的理性观念，无疑起着核心的作用，它是将其不同时期理论贯穿起来的线索。需要强调的是，本书所讨论的，并非交往合理性"概念"，而是交往合理性"理论"，无疑，后者的范围较前者更大。因此，对于这一理性观念，本书从两个方面展开。一是交往合理性自身的结构，亦即交往合理性"概念"，这部分属于交往行为理论，而且也是交往行为理论的核心内容。二是交往合理性在现代多元合理性图谱中发挥的作用，这已然超出了交往行为理论的范围，涉及道德-伦理、法律-政治、审美-表现、认识等具体领域，因而与以这些领域为主题的单个理论是有交叉的。通过这样一种讨论，我们能够看到的是，哈贝马斯通过建构交往合理性与现代多元合理性的不同关系，意图使交往合理性发挥"枢纽性发动机"作用，从而为解决现代性问题提供一个理性方案。上述观点在本书"结束语"中已做了总结，在此不再赘述。

从博士入学并开始筹划博士学位论文写作，直到今天出版本书，已十二年矣。这十二年时间倏忽而过，我从一个"本命年"来到了另一个"本命年"，似乎与本书的完结冥冥相应。借本书出版之机，我也想对这十二年中关心、爱护、帮助我的各位师友表示深深的谢意。

感谢我的导师王南湜教授。我在王老师的指导下完成了硕士与博士阶段的学业。犹记得，第一次与王老师交流是硕士研究生开学确定导师时，虽不是面对面而是在电话中，但当时激动的心情仍记忆犹新。短短十几分钟的交谈，虽然时间不长，但有幸入"王门"的兴奋之情久久不能平静。两年硕士，三载博士，对于我的学术研究，王老师倾注了不少心血。在王老师的指导下，我渐渐地形成了自己关于哲学的理解，也确立了以哲学为志业的信念。在结束北京师范大学哲学学院的博士后研究回到南开大学哲学学院工作后，王老师也时常关心、关注我的工作和生活。此次，王老师又于百忙之中，为本书作序，再一次指引了我接下来的研究方向。

感谢我在北京师范大学哲学学院从事博士后研究期间的合作导师杨耕教授。在站期间，杨老师时时督促我加强关于马克思主义哲学基础理论特别是经典著作的研读。为此，杨老师结合我博士研究生阶段的工作，为我确定了马克思的交往理论作为博士后期间的研究主题，本书第七章"马克思主义方向中的交往合理性理论"就是在我的博士后出站报告基础上精炼而成的。

感谢我在本科阶段的导师谢永康教授。谢老师是我在哲学道路上的启蒙导师，正是在谢老师的指导下，我从一个茫然无措的外行人成为一个略得门径的初学者，踏进了看似枯燥无味但内中趣味良多的哲学研究领域。在研究生阶段的学习中，谢老师多次给我的论文写作提供意见建议，使得我的研究之路顺利了很多。

感谢南开大学哲学院与北京师范大学哲学学院的各位老师、同事、同学，在我学习和工作期间给予的帮助与关心，这使得我的学位论文的写作与本书的修改得以在愉悦的氛围中进行。感谢博士学位论文评审以及答辩会上，李淑梅教授、张文喜教授、吴向东教授、邹诗鹏教授、韩立新教授、仰海峰教授的指点与建议，使我清楚地意识到学位论文的不足与改进方向，这也是我修改本书的重要参照。同时感谢北京师范大学出版社郭珍编辑，正是她耐心细致的工作，使得本书得以顺利出版。

感谢我的妻子黄亚明女士。十二年前，我们携手于冬夜的吉林大学校园；五年前，我们在国徽的见证下宣誓愿意彼此相守一生。十二年的时间，我们从恋人到夫妻，但没有改变的，是我们的感情，这为我的博士学位论文的撰写以及本书的修改提供了精神支撑，本书也是我们感情的一个见证。感谢我的父母，感谢他们的养育之恩。没有他们的支持与鼓励，我是不可能进入南开大学学习的，也就不可能走上哲学的探索之路。还要感谢吾儿景翕，从呱呱坠地到牙牙学语，我感受到了初为人父的责任，也使得我在修改本书时平添了许多欢乐。

当然，要感谢的人还有很多，言不尽意，我将本书也献给你们。

侯振武

2024 年 8 月于天津